**im DETAIL** Gebäudehüllen

im **DETAIL**

# Gebäudehüllen
Konzepte · Schichten · Material

Christian Schittich (Hrsg.)

Edition DETAIL – Institut für internationale
Architektur-Dokumentation GmbH
München

Birkhäuser – Verlag für Architektur
Basel · Boston · Berlin

Herausgeber: Christian Schittich
Redaktion: Andrea Wiegelmann
Sabine Drey, Ingrid Geisel, Thomas Madlener,
Johanna Reichel-Vossen, Heike Werner
Zeichnungen: Kathrin Draeger, Marion Griese
DTP: Peter Gensmantel, Cornelia Kohn, Andrea Linke

Dieses Buch ist eine Kooperation von
DETAIL – Zeitschrift für Architektur + Baudetail und
Birkhäuser – Verlag für Architektur

Die Deutsche Bibliothek – CIP-Einheitsaufnahme
Im Detail: Gebäudehüllen: Konzepte, Schichten, Material /
Christian Schittich (Hrsg.). – Basel; Boston; Berlin: Birkhäuser, 2001
Engl. Ausg. u. d. T.: In detail: building skins
ISBN 3-7643-6464-5

© 2001 Institut für internationale Architektur-Dokumentation GmbH,
Postfach 33 06 60, D-80066 München und
Birkhäuser – Verlag für Architektur, Postfach 133, CH-4010 Basel, Schweiz

Dieses Werk ist urheberrechtlich geschützt. Die dadurch begründeten
Rechte, insbesondere die der Übersetzung, des Nachdrucks, des
Vortrags, der Entnahme von Abbildungen und Tabellen, der Funksendung,
der Mikroverfilmung oder der Vervielfältigung auf anderen Wegen und
der Speicherung in Datenverarbeitungsanlagen, bleiben, auch bei nur
auszugsweiser Verwertung, vorbehalten. Eine Vervielfältigung dieses
Werkes oder von Teilen dieses Werkes ist auch im Einzelfall nur
in den Grenzen der gesetzlichen Bestimmungen des Urheberrechts-
gesetzes in der jeweils geltenden Fassung zulässig. Sie ist grundsätzlich
vergütungspflichtig. Zuwiderhandlungen unterliegen den Strafbestim-
mungen des Urheberrechts.

Gedruckt auf säurefreiem Papier, hergestellt aus chlorfrei gebleichtem
Zellstoff (TCF∞).

Printed in Germany
Reproduktion: Karl Dörfel Reproduktions-GmbH, München
Druck und Bindung: Kösel GmbH & Co. KG, Kempten

ISBN 3-7643-6464-5

9 8 7 6 5 4 3 2 1

# Inhalt

| | |
|---|---|
| Hülle, Haut, Material<br>Christian Schittich | 8 |
| Alles nur Fassade? Zu den funktionalen, energetischen und konstruktiven Aspekten der Gebäudehülle<br>Werner Lang | 28 |
| Die Gebäudehülle als Wärmeerzeuger und Stromgenerator<br>Roland Krippner | 48 |
| Raum für einen Sommer<br>Johl, Jozwiak, Ruppel, Berlin | 62 |
| Eden Project bei St. Austell<br>Nicholas Grimshaw & Partners, London | 64 |
| Wohnhaus in Okayama<br>Kazuyo Sejima & Ryue Nishizawa, Tokio | 66 |
| Institutsgebäude in Paris<br>Jérôme Brunet & Eric Saunier, Paris | 68 |
| Büro- und Geschäftshaus in Tokio<br>Maki and Associates, Tokio | 70 |
| Supermarkt und Wohngebäude in Muttenz<br>Nissen Wentzlaff Architekten, Basel | 72 |
| Wohnhaus in Amsterdam<br>Heren 5 architecten, Amsterdam | 74 |
| Museum Liner in Appenzell<br>Gigon/Guyer, Zürich | 76 |
| Wohn- und Geschäftshaus in Düsseldorf<br>Frank O. Gehry, Santa Monica | 78 |
| Glasgow Science Centre<br>Building Design Partnership, Manchester | 80 |
| Schwimmhalle in Cranbrook<br>Williams Tsien & Associates, New York | 82 |
| Wohnhaus in Leffe<br>Studio Archea, Florenz | 84 |
| New 42 Studios in New York<br>Platt Byard Dovell Architects, New York | 86 |
| Pavillon in Amsterdam<br>Steven Holl Architects, New York | 88 |
| Wohnhaus in Nidau<br>Leimer Tschanz Architekten, Biel; Jürg Saager, Brügg | 92 |
| Wohnhaus bei Tokio<br>Shigeru Ban Architects, Tokio | 98 |
| Christus-Pavillon in Volkenroda<br>von Gerkan, Marg und Partner, Hamburg | 102 |
| Kirche in München<br>Allmann Sattler Wappner, München | 106 |
| Polizeistation in Boxtel<br>Wiel Arets, Maastricht | 114 |
| Veranstaltungs- und Kongresszentrum in San Sebastián<br>Rafael Moneo, Madrid | 118 |
| Museum Hiroshige Ando in Batoh<br>Kengo Kuma and Associates, Tokio | 126 |
| Radsporthalle in Berlin<br>Dominique Perrault, Paris | 132 |
| Werkhalle in Bobingen<br>Florian Nagler Architekten, München | 138 |
| Badehalle in Bad Elster<br>Behnisch und Partner, Stuttgart | 146 |
| Verwaltungsgebäude in Kronberg<br>Schneider + Schumacher, Frankfurt/Main | 152 |
| Verwaltungsgebäude in Wiesbaden<br>Herzog + Partner, München | 160 |
| Messehochhaus in Hannover<br>Herzog + Partner, München | 168 |
| Verwaltungsgebäude in Berlin<br>Sauerbruch Hutton Architekten, Berlin/London | 174 |
| Bibliothek in Delft<br>mecanoo architecten, Delft | 182 |
| Japanischer Pavillon in Hannover<br>Shigeru Ban Architects, Tokio | 186 |
| Architekten | 192 |
| Autoren / Abbildungsnachweis | 196 |

# Hülle, Haut, Material

Christian Schittich

Als Übergang zwischen innen und außen – zum Haus und zum Stadtraum gehörend – kommt der Gebäudehülle eine besondere Bedeutung zu. In erster Linie bietet sie natürlich Schutz vor Wind und Wetter, grenzt Eigentum ab und schafft Privatsphäre. Doch genauso wichtig ist ihre ästhetische und kulturelle Funktion. Die Gebäudehülle – und ganz speziell die Fassade – ist die Visitenkarte des Hauses und seines Entwerfers, im Kontext prägt sie das Gesicht einer Stadt. Kein Wunder also, dass sie unter allen Bauteilen die größte Aufmerksamkeit erfährt.
Nach den Vorstellungen der Moderne – und diese wirken ja bis heute fort – soll die äußere Erscheinung eines Gebäudes sein Innenleben zum Ausdruck bringen. Form und Funktion, innen und außen sollen im Einklang stehen. Im Lauf der Zeit jedoch wurden diese Forderungen mehr und mehr in Frage gestellt. Denn mit der Loslösung der Gebäudehülle vom Tragwerk wird diese zum Vorhang, zur reinen Haut. Das drückte sich zunächst in den glatten, oft sterilen Curtain Walls aus, die lange das Bild unserer Städte bestimmten. Im Moment aber rückt die Oberfläche – und damit auch ihr Material – in den Mittelpunkt der Betrachtung. Doch die Betonung der Oberfläche birgt die Gefahr der Oberflächlichkeit: Die Gebäudehülle gerät zusehends zur bloßen Verpackung, die nach Aufmerksamkeit schreit.

Dabei ist die Grenze zwischen sinnvoller Hülle und dekorativer Verpackung nicht immer einfach zu ziehen. Die strengen Forderungen nach Ehrlichkeit und materialgerechtem Bauen, wie sie Vertreter der Moderne formulierten, waren schon damals kaum zu erfüllen. In Zeiten immer höherer technischer Anforderungen und rigiderer Dämmvorschriften aber wird beinahe jede Außenhaut zu einem mehrschichtigen System, dessen Oberflächen nur selten etwas vom Innenleben des Hauses erzählen. Und wie kann das Postulat nach Ablesbarkeit der Nutzungen weiterbestehen, wenn diese heute im Laufe eines Gebäudelebens mehrfach wechseln? Oder wenn von vornherein immer häufiger flexible, unterschiedlich nutzbare Räume (im Programm des Investors) verlangt werden?
Auch unsere Sehgewohnheiten haben sich im schnelllebigen Informationszeitalter, gekennzeichnet von einer Flut oft flimmernder bunter Bilder, gewandelt. Es ist faszinierend zu sehen, dass gerade diese Entwicklung bei den Architekten zu vollkommen unterschiedlichen Reaktionen führt. Die eine Seite passt sich den geänderten Sehgewohnheiten an und reagiert ebenfalls mit bunten, serigraphierten Bildern auf sprödem Glas. Oder mit flimmernden Medienfassaden und erleuchteten Screens. Die andere Seite dagegen besinnt sich wieder auf die Qualität bewährter Baustoffe – massiv gefügten Naturstein oder Sichtbeton, unbehandeltes Holz und Ziegelmauerwerk, um in einer zusehends virtuellen Welt die physische Präsenz eines Bauwerks zu demonstrieren. Dazwischen indes liegt noch ein dritter, ebenso aktueller Weg: Die Gebäudehülle als reagierende Haut, als Teil eines nachhaltigen Energiekonzepts. Das beginnt bei den einfachen Klapp- oder Schiebeläden oder den heute so beliebten beweglichen Lamellen und reicht bis zu mehrschaligen Glasfassaden, die mit allen möglichen Apparaturen für Sonnen- und Blendschutz, Lichtlenkung, Wärme- und Energiegewinnung versehen sind.
In der heutigen Zeit, wo Rohstoffe immer knapper und die Problematik des zunehmenden $CO_2$-Ausstoßes immer bewusster wird, bekommt gerade dieser Ansatz zusehends Gewicht. Gleichermaßen bietet er die Möglichkeit einer zeitgemäßen Fassadengestaltung ohne Gefahr des bloßen Dekors (wenn auch hier zugegebenermaßen die Grenzen fließend sind) und ohne die Gefahr des Materialfetischismus.

Mit all diesen Möglichkeiten ist das Thema »Gebäudehülle« so spannend wie selten zuvor. Eine ungemeine Freude am Experiment ist allerorts zu sehen. Grenzen werden ausgelotet, überlieferte Sehgewohnheiten in Frage gestellt, neue Materialien und Konzepte erprobt.
Das vorliegende Buch will ein breites Spektrum heutiger Außenhüllen zeigen, von der innovativen Klimafassade bis zum Einsatz neuer Materialien. Neben den ästhetischen Qualitäten werden dabei die konstruktiven Details im Zusammenhang herausgestellt. Bewusst sind verschiedene »echte« Hüllen integriert – Bauten also, bei denen Dach und Wand eins sind, d.h. ohne sichtbare Trennung ineinander übergehen.

## Vom schützenden Dach zum Curtain Wall – Eine kurze Geschichte der Gebäudehülle

*Das Prinzip der Bekleidung*
Der Mensch baut sich ein Haus zum Schutz vor Wind und Wetter, vor Regen und Kälte, vor Hitze und Sonne. Er will sein Eigentum abgrenzen, sich Privatsphäre schaffen. Doch was schuf er nun zuerst, das Dach oder die Wand? Dieser alte Streit ist eigentlich so müßig wie die Sache mit der Henne und dem Ei. Er impliziert aber die Frage, ob die Gebäudehülle zunächst als oberer Raumabschluss dem Witterungsschutz diente oder als seitliche Umfriedung wilde Tiere fern hielt.
Die Diskussion dieses Themas geht wesentlich auf Gottfried Semper zurück, der im Pferch, einem aus Ästen und Zweigen geflochtenen Zaun den Ursprung der Wand, und damit des architektonischen Raumes, sieht. Mitte des 19. Jahrhunderts verweist Semper in seinem viel zitierten Werk »Der Stil«[1] auf den gemeinsamen Ursprung von Bekleidung und Raumkunst. Er unterteilt die Architektur in Tragwerk und Kleid – eine Theorie, die (u.a. über Otto Wagner) großen Einfluss auf die Moderne ausübte und bis heute nichts an Aktualität verloren hat. Jahrtausende alte Konstruktionen in seinem Sinne sind die Rundzelte einiger Nomadenvölker, die Jurten der Turkvölker etwa oder die mongolischen Ger (Abb. 1.2). Diese Bautypen haben in den zentralasiatischen Steppen bis heute überlebt und zeichnen sich durch die konsequente Trennung von Hülle und Tragwerk aus. Seit Menschengedenken werden auch tragende, massive Außenwände errichtet. Ausschlaggebend für die Entstehung der unterschiedlichen Bauweisen war dabei stets das am Ort verfügbare Material sowie die aus den lokalen Gegebenheiten resultierende Lebensweise, etwa die des Vieh züchtenden Nomaden oder des sesshaften Bauern. Zunächst sind die Gebäudehüllen allein auf die Erfüllung ihrer jeweiligen Funktionen ausgerichtet. Schon sehr früh aber beginnen die Menschen, sie ähnlich wie ihre Gewänder liebevoll zu verzieren. Das gilt für die einfachen Wohnhäuser, ganz besonders aber für die repräsentativen Bauten zu unterschiedlichen Zeiten und in verschiedenen Kulturen.
In der Antike entsteht die Fassade (von lat. facies / Gesicht) als besonders gestaltete Schauseite, mit der sich das repräsentative Gebäude dem Stadtraum zeigt. Vor allem in der Renaissance lösen sich die Fassaden oftmals vom Haus bzw. werden als neues »Gewand« vor eine alte Kirche oder einen alten Palast gestellt (Abb. 1.5). Ihr wichtigster Zweck ist ein ästhetischer: die ansprechende Verpackung.
Die Gestaltung der Fassaden im klassischen Sinne, ihre Proportionierung, Befensterung, ihre Gliederung mit Architraven, Säulen und Rustikaquadern, ist neben der Innenraumgestaltung über Jahrhunderte das Hauptanliegen der Architektur.

*Die zunehmende Öffnung der Außenhaut*
Das Verhältnis von Fenster und Wand – von offener und geschlossener Fläche – ist eines der wesentlichen Themen der Außenhaut. Zunächst, so scheint es, besitzen unsere Vorfahren eine Vorliebe für das Dunkle, Mystische. Kleine Öffnungen in der Wand resultieren in vielen traditionellen Bauweisen nicht nur aus konstruktiven Gegebenheiten – prinzipiell ist es in der massiven Stein- oder Lehmarchitektur schwierig, die Mauer mit großen Fenstern

1.2

1.3

1.4

zu durchbrechen –, sondern gleichermaßen aus dem Wunsch nach Schutz und Geborgenheit: Der Mensch sehnt sich nach seiner Höhle. Aber auch der Energieverlust durch die Öffnung muss in Zeiten, als Glas noch Mangelware ist, klein gehalten werden. Mit der zunehmenden Befreiung der Architektur aus den Zwängen der tragenden Wand und der parallel dazu verlaufenden Entwicklung der Glastechnologie, wächst dann die Wertschätzung des Lichts. Die ursprüngliche, instinktive Vorliebe für das Geheimnisvolle, Dunkle weicht allmählich dem Wunsch nach Helligkeit.

Erste Bestrebungen, die steinernen Hüllen großflächig aufzubrechen, gibt es im Sakralbau der Gotik. Die bislang kompakten Baukörper der Kathedralen und Kirchen werden nun aufgelöst in ein Skelett von (dem Baumaterial Stein entsprechend) fast ausschließlich auf Druck beanspruchten Trag- und Stützelementen. Die Gebäudehülle entwickelt sich zu einer Struktur aus Rippen und Gewölben, Mauerflächen, Strebebögen und Pfeilern. Große Teile der Außenwand werden ihrer statischen Funktion enthoben und sind nun frei für riesige, durch Maßwerk gegliederte Fenster: Der Raum öffnet sich dem Licht. Transluzente farbige Gläser, die das Licht hereinlassen, aber keinen Durchblick gewähren, werden zum Filter zwischen Innen- und Außenraum, aber auch zu riesigen hinterleuchteten Bildträgern.

Im Wohnhausbau bleiben die Fenster noch lange Zeit klein (abgesehen von einigen frühen Lichtbändern im Fachwerkbau, wo, der Struktur aus Pfosten und Riegeln entsprechend, durch Addition vieler kleiner Formate größere Öffnungen möglich sind). Ihre existenzielle Bedeutung als Verbindung zwischen innen und außen zeigt sich an der liebevollen Behandlung und an ihrer besonderen Betonung, farbige oder besonders strukturierte Umrandungen heben die Öffnungen hervor. Seit dem Mittelalter werden die Fenster dann zunehmend verglast. Das Material bleibt aber bis zur Industrialisierung kostbar. Deshalb sind die verglasten Flächen und die Formate nicht allzu groß. Die notwendigen Sprossen gliedern die Öffnung und führen im Innenraum zu einem lebendigen Licht- und Schattenspiel. Zusammen mit den nicht homogenen und noch nicht ganz durchsichtigen Gläsern bilden sie ein transluzentes Element in der Hülle – ein heute wieder aktuelles Phänomen.

Selten ist das traditionelle Fenster ein bloßes Loch in der Wand. Fast immer ist es Teil einer räumlich geschichteten Zone des Übergangs. Vorhänge, Jalousien und Klappläden, Fensterbänke und Blumenkästen übernehmen unterschiedliche Aufgaben und führen zu einer »sanften« Schwelle zwischen außen und innen.

Besonders deutlich ist diese Schwelle beim traditionellen japanischen Haus ausgebildet (Abb. 1.3). Große Teile der Außenwand bestehen hier aus papierbespannten, lichtdurchlässigen Schiebetüren mit Rahmen aus Holz. Geöffnet ermöglichen sie fließende Raumfolgen vom Garten ins Innere. Ein weiter Dachüberstand und eine umlaufende Veranda vergrößern die Zone des Übergangs. An der Außenseite von Dach und Veranda angebrachte Schiebeläden führen zu einer flexiblen zweischaligen Haut, die auch im Winter einen gewissen Schutz gegen Kälte bietet; zu starke Sonneneinstrahlung im Sommer wird durch vorgehängte Textilien oder Bambusrollos verhindert. Die veränderbare Außenhaut des japanischen Hauses kann auf unterschiedlichste Situationen reagieren und ermöglicht auf diese Weise vielfältige Beziehungen zwischen innen und außen.

1.5

*Eisen und Glas – neue Baumaterialien revolutionieren die Gebäudehülle*

Im 19. Jahrhundert verändert die industrielle Revolution die Welt. Neue Materialien und Produktionsverfahren führen nun zu vollkommen neuen Möglichkeiten – Eisen und Glas erobern die Architektur. Der Prozess der Auflösung der Gebäudehülle – ihrer Entmaterialisierung – ist direkt gekoppelt an die fortschreitende Entbindung von ihrer tragenden Funktion. Wesentliche Impulse kommen dabei von den Erbauern der großen Gewächshäuser, von Gärtnern, Konstrukteuren und Ingenieuren. Die Entwicklungsgeschichte der Gewächshäuser ist ein wichtiger Teil der Architekturgeschichte Europas, auch wenn viele davon ohne die Mitwirkung von Architekten entstanden. Die Pioniere der Glas- und Eisenarchitektur, John C. Loudon etwa oder Joseph Paxton, entwerfen ihre kühnen Bauten zunächst nach rein funktionalen Aspekten. Um ein Maximum an Sonneneinstrahlung zu erhalten, versuchen sie, die massiven Wandteile auf ein Minimum zu reduzieren. Auf Dekor, wie sonst in der Architektur dieser Zeit üblich, wird weitgehend verzichtet. Manchmal verwenden sie gleich die Glasscheiben zur Aussteifung der Konstruktion und erreichen damit besonders feingliedrige Tragwerke. So etwa beim Palmenhaus, das die Brüder Bailey um 1830, wahrscheinlich unter Mitwirkung von Loudon, in den Bicton Gardens nahe dem englischen Devon errichten (Abb. 1.7). Die gekrümmte Glashaut hier gleicht einer Membran, so dünn und beinahe glatt ist sie ausgeführt. Den Höhepunkt der optisch hüllenlosen Bauten des 19. Jahrhunderts aber bildet Joseph Paxtons Kristallpalast für die Weltausstellung 1851 in London (Abb. 1.6). Alles an diesem wegweisenden Bau ist aus den Anforderungen der Aufgabe entwickelt, aus den Bedingungen der Größe und Spannweite, der Kosten, Vorfertigung und Montagezeit. Nur ein »Nicht-Architekt« wie Paxton konnte damals gestalterisch so unbefangen an diese Aufgabe gehen. Nur ein Gärtner wie er konnte den tradierten Formenkanon so gelassen negieren. Der Londoner Kristallpalast faszinierte die Menschen in ganz Europa, sein Vorbild führte umgehend zur Errichtung zahlreicher gläserner Ausstellungsbauten in anderen Städten. Auch bei anderen Bauaufgaben finden sich bald die transparenten Konstruktionen aus Eisen und Glas, bei Bahnhofsüberdachungen etwa oder den großen Passagen. Auch hier erfolgen die kühnen, oft visionären Entwürfe durch Ingenieure und andere Nicht-Architekten, während sich die Architekten damit begnügen, die Fassaden und Zugangsbauten mit überlieferten Stilmitteln zu dekorieren, welche die längst veränderten Gegebenheiten ihrer Zeit ignorieren.

*Die transparente Fassade*

Funktionale und kommerzielle Anforderungen treiben auch die zunehmende Öffnung der städtischen Fassaden voran. In Amerika entstehen zur Mitte des 19. Jahrhunderts die ersten Eisentragwerke im Geschossbau, zu einer Zeit, als offene, nur von Stützen unterbrochene Innenräume gefragt sind. Die konstruktiven Gegebenheiten der Skelettbauweise ermöglichen es, gleichzeitig die Außenwände mit großflächigen Fenstern in Metallrahmen zu öffnen. Das geschieht zunächst bei Warenhäusern, Fabriken und anderen Zweckbauten, bei denen Architektur keine so große Rolle spielt.
In Chicago erfolgt bald darauf der Durchbruch.
Zwei große Stadtbrände (1871 und 1874) lösen hier, zusammen mit einem enormen wirtschaftlichen Aufschwung einen

Bauboom aus. Schnell verteuern sich die innerstädtischen Grundstückspreise, was zusammen mit der Entwicklung neuer Gebäudetechnologien (Stahlskelettbau und Aufzugstechnik) zur Entstehung der ersten Hochhäuser führt. Die herkömmlichen massiven Außenwände jedoch sind unwirtschaftlich und bieten schlechte Möglichkeiten für die Belichtung. Was liegt also näher, als Eisen und Glas nun auch an den Fassaden der repräsentativen Bürogebäude immer großflächiger zu verwenden? Freilich: Die frühen Hochhäuser in Chicago zeigen, wie sich die Architekten trotz neuer Aufgaben nur schwer von den überlieferten Gestaltungsgrundsätzen lösen. So erinnert Henry H. Richardsons vorgeblendete Natursteinfassade des Marshall Field Store (1885–87) durchaus noch an die römische Antike und verrät nichts von der dahinter liegenden Stahlkonstruktion (Abb. 1.8). Wesentlich transparenter und bereits horizontal, entsprechend den Geschossdecken gegliedert bildet dagegen Daniel H. Burnham die Fassaden des Reliance Building 1894 aus. Ein Gestaltungsprinzip, dem auch der Schlesinger and Mayer Store (später Carson Pirie Scott Building 1899–1906) von Louis H. Sullivan folgt (Abb. 1.9). Dessen eindrucksvolle Wirkung beruht auf der klaren Gliederung durch horizontale Linien, welche die Struktur des Tragwerks an der Fassade sichtbarmachen. Sullivan demonstriert hier seinen Leitgedanken, dass das Äußere eines Gebäudes Ausdruck seiner inneren Struktur und seiner Funktion sein muss, also eine Korrespondenz zwischen Inhalt und äußerer Form besteht (»form follows function«). Doch genauso überzeugt ist Sullivan von der Notwendigkeit des Ornaments. Er möchte damit ein Bauwerk im Detail bereichern und ausdrucksstärker machen, verwendet es aber nie aufgesetzt, sondern stets als integralen Bestandteil des Ganzen.

*Aufstieg und Fall des Curtain Wall*
Die zunehmende Entbindung der Außenhaut von ihrer statischen Funktion führt beinahe zwangsläufig dazu, sie vom Tragwerk zu lösen. Die Wurzeln dazu liegen im Chicago des ausgehenden 19. Jahrhunderts, auch wenn die Fassaden der frühen Hochhäuser dort noch in der Ebene der Tragkonstruktion liegen, die Verglasung sich also in den von Geschossdecken und Stützen begrenzten Feldern befindet. Wie schon zuvor die frühen Metallfassaden in Amerika, so entstehen die ersten vom Tragwerk losgelösten Hüllen – später als Curtain Wall bezeichnet – im Industriebau und ohne sichtbare Mitwirkung von Architekten. Auch hier geht es zunächst um funktionale Aspekte: Um die größtmögliche Belichtung zu erzielen, werden die Außenwände soweit es geht verglast. Eines der frühesten Beispiele dafür ist die 1903 errichtete Ostseite des Fabrikgebäudes der Margarethe Steiff GmbH im süddeutschen Giengen – ein Projekt, das vermutlich maßgeblich auf Richard Steiff, den Enkel der Firmengründerin zurückgeht. Die äußere Schicht der zweischaligen Fassade aus transluzenten Glaspaneelen läuft – vor die Konstruktion gehängt – als gleichmäßig gegliederte glatte Haut über drei Geschosse und wird auch über Eck geführt. Die innere Schale steht zwischen den Stützen. Am Werksgebäude der Schuhleistenfabrik in Alfeld an der Leine (Fagus-Werke 1911–19) gelingt es schließlich Walter Gropius in Zusammenarbeit mit Adolf Meyer, einer Industriehalle eine gläserne Vorhangfassade (Curtain Wall) als filigrane transparente Haut vorzusetzen, die keine tragende Funktion mehr erfüllt und dies auch deutlich zeigt. Gropius demonstriert das Prinzip »Vorhangfassade«, indem er die

1.8

1.9

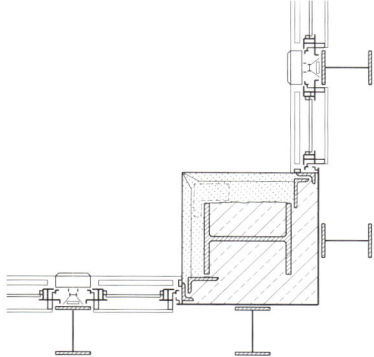

1.10

1.11

Eckstützen entfallen lässt und so eine gläserne Kante über drei Geschosse erreicht.
1918 hängt Willis J. Polk am Halladie Building in San Francisco einen Glasvorhang erstmals vor ein innerstädtisches Bürogebäude (1.11). Das sich über vier Geschosse erstreckende Glasfeld ist wie ein Bild von den eisernen Verzierungen und den Feuerleitern gerahmt. Auch hier dürften überwiegend funktionale Gründe ausschlaggebend gewesen sein. Eine gestalterische Hervorhebung des Curtain Wall wie dies Gropius bei seinem etwa parallel entstehenden Fagus-Werk gelingt oder später mit den aufgelösten Ecken des Bauhauses in Dessau, ist diesem Gebäude noch fern. Die kühnste Idee einer Glasfassade in dieser Zeit freilich, Mies van der Rohes Entwurf für ein gläsernes Hochhaus in Berlin (1922), bleibt damals noch Vision.
Erst etwa 30 Jahre später, 1951, kann Mies sein erstes Hochhaus am Lake Shore Drive in Chicago bauen. Doch von der Transparenz und Leichtigkeit seiner Entwürfe aus den 20er-Jahren bleibt nun nicht viel. Mies interpretiert mit seinen amerikanischen Hochhausfassaden den Curtain Wall neu und ästhetisiert ihn nach seinen eigenen Vorstellungen. Dabei scheut er sich nicht, konstruktiv funktionslose Profile vor die Fassaden zu hängen: Da die Baubehörden bei den beiden 26 Geschoss hohen, streng quaderförmigen Baukörpern der Lake Shore Drive Apartments aus Brandschutzgründen eine Betonummantelung der tragenden Stahlstützen verlangen, blendet er Doppel-T-Stahlprofile vor, um das »Nach-oben-Streben« – die Vertikalität des Gebäudes – zu betonen (Abb. 1.10). Für das Seagram Building in New York (1958) schließlich verwendet er keine Serienprodukte mehr (die gliedernden Profile liegen hier in der Glasebene), sondern teure Sonderanfertigungen aus Bronze. Dadurch wird es ihm möglich, Einfluss auf den Querschnitt der Profile zu nehmen: Mies verstärkt die sichtbaren Flansche, um ihnen optisch mehr Gewicht zu verleihen. Die Fenster lässt er ohne Querteilung vom Boden bis zur Decke der Büroetagen durchlaufen und erreicht somit eine entschiedene Vertikalität der Fassaden. Alle Glasscheiben sind durch Beimengung von Eisenoxid und Selen goldbraun gefärbt. Das führt dazu, dass der Baukörper nicht mehr transparent und leicht, sondern beinahe massiv wirkt: Die in den 20er-Jahren angestrebte Transparenz scheint ihm nun nicht mehr wichtig zu sein.
Schräg gegenüber vom Seagram Building an der New Yorker Park Avenue hatten bereits wenige Jahre zuvor die Architekten Skidmore, Owings & Merrill (SOM) am Lever Building (1952) den Prototyp für einen filigranen Curtain Wall an einem Hochhaus geschaffen (Abb. 1.12). Ein gleichförmiges Netz aus polierten Edelstahlprofilen überzieht hier die Fassaden, die vollständig vom Tragwerk losgelöst und nur zur Aufnahme der Windkräfte punktförmig mit diesem verbunden sind. Die in ihrer Dimensionierung absolut minimierten Profile sind mit blaugrün schimmerndem, halbreflektierendem Glas ausgefacht. Da auch die geschlossenen Brüstungsbereiche mit dem gleichen blaugrünen Glas verkleidet sind, treten sie äußerlich kaum in Erscheinung. Natürlich kann eine derartige Leichtigkeit nur mit einer feststehenden Einfachverglasung erreicht werden. Die Folge davon ist ein allseitig geschlossenes Gebäude ohne öffenbare Fenster, das nur mit künstlicher Belüftung und Klimaanlage funktioniert.

So unterschiedlich die zwei Lösungen sind, tragen sie doch beide zur raschen Verbreitung der Vorhangfassade bei. Gerade Mies ist jetzt fest davon überzeugt, dass die äußere

15

Erscheinung eines Gebäudes schlicht sein muss und das Hauptaugenmerk auf der Wahl der geeigneten Materialien und der sorgfältigen Ausbildung aller Details zu liegen hat. Er ist besessen von der Perfektionierung bestimmter formaler Aspekte und stellt mit seiner Formensprache weder den Bezug zum Ort noch zur Bauaufgabe her. Ein Wohngebäude gestaltet er ähnlich wie einen Verwaltungsbau; Hochhäuser mit einer ähnlichen Formensprache wie in New York baut er anschließend auch in Chicago und Toronto. Durch diese Einstellung fördert er die weltweite Nachahmung seiner Bauwerke. Mit der seriellen Vervielfältigung geht aber nicht nur die Originalität, sondern auch die Liebe zum Detail verloren.

Unter dem Einfluss des Internationalen Stils verbreiten sich bis Anfang der 70er-Jahre die gläsernen Curtain-Wall-Gebäude weltweit mit einer ungeheuren Geschwindigkeit. Das Bürogebäude wird zu einer bedeutenden Bauaufgabe und die gerasterte Glasfassade zu ihrem Symbol. Zusätzlich wird das Entstehen gleichförmig glatter Vorhangfassaden durch die zunehmende Verbreitung anonymer Investorenarchitektur begünstigt. Ursprünglich kreativ entwickelte, elegante Fassadenschöpfungen degenerieren zur monotonen Fläche.

Die in den USA aufkommende Technik, Außenverglasungen durch Verklebung mit tragendem Silikon zu befestigen (Structural Glazing) und andere innovative Befestigungsarten bewirken ab Mitte der 60er-Jahre ein Übriges. Denn sie ermöglichen es, die gesamte Gebäudehülle – Dach und Fassaden – mit der gleichen glatten Haut zu verkleiden. Alle denkbaren geometrischen Formen können nun einheitlich umhüllt werden. Eine verführerische Idee in einer Zeit, als die Kritik an den immer gleichen, rechtwinkeligen Kuben wächst und die Semantik in der Architektur wieder an Bedeutung gewinnt. Die resultierende formale Freiheit wird zunächst dem Wunsch vieler Investoren und Bauherren nach unverwechselbaren, werbeträchtigen Gebäuden gerecht, gerät aber selbst schon bald in die Kritik. Verschärft wird diese Kritik durch ein zunehmendes Energiebewusstsein infolge der Ölkrise in den 70er-Jahren, denn die glatt versiegelten Behälter, meist nur einfach verglast und ohne öffenbare Fenster, verlangen nach künstlicher Klimatisierung. Der Curtain Wall im ursprünglichen Sinn ist nun an einem unüberwindlichen Endpunkt angelangt.

Unterschiedliche Architekturströmungen folgen dem Internationalen Stil und reagieren auf unterschiedliche Weise: Die Postmoderne greift auf historische Zitate zurück, der Dekonstruktivismus stellt tradierte Ordnungen in Frage, während die Vertreter der Hightech-Architektur mit konstruktiven Mitteln gestalten. Doch sie alle haben das gleiche Ziel:
Der Gebäudehülle wieder ein Gesicht zu geben.

1.12

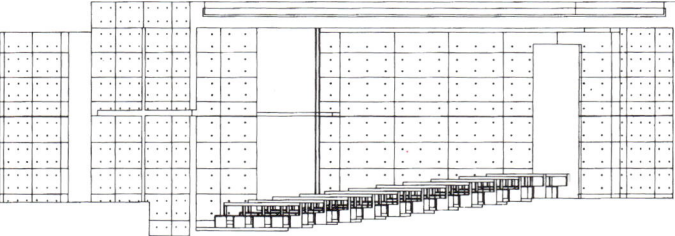

1.14

1.15

## Materialästhetik und Ornament

*Das Material wird zum Konzept*

Mit der zunehmenden Fixierung auf die Oberfläche rückt das Wesen der verwendeten Baustoffe in den Mittelpunkt der architektonischen Betrachtung: Das Material an sich wird zum Konzept. Dabei geht es nun nicht mehr um das Materialgerechte Bauen der Moderne (das es in letzter Konsequenz ohnehin nie gab), sondern um die gewünschte Materialerscheinung, um ästhetische und stoffliche Qualitäten, um Farbwirkung und Textur. Die Ausstrahlung traditionsreicher Baustoffe wie Naturstein, Ziegel und Holz wird allerorts neu entdeckt und inszeniert. Doch auch industrielle Bauprodukte, Sperrholz und Faserzement, Kunststoffplatten, Streckmetall und Riffelblech, geben ihr jahrelanges Schattendasein auf und treten nun auch bei repräsentativen Bauten an die Oberfläche – ins Zentrum der visuellen Wahrnehmung. Vorbilder und Parallelen zu diesem sinnlichen Einsatz auch einfacher Materialien finden sich in der bildenden Kunst, in der Arte Povera etwa oder bei Beuys. Daneben werden Produkte aus anderen Bereichen der Industrie, die beim Bauen bisher keine Verwendung fanden, in der Architektur eingesetzt. Die Freude am Experiment drückt sich in zahlreichen Innovationen aus. Doch nicht immer ist die Materialverwendung ins Gesamtkonzept integriert. Allzu oft bleibt es bei der bloßen Dekoration der vom Gebäude losgelösten Hüllen. Und: Auffallen um jeden Preis scheint der Antrieb mancher Erfindung zu sein, denn unsere immer schnelllebigere Welt verlangt stets Neues.

Dabei ist der bewusste Umgang mit dem Material auch in der gegenwärtigen Architektur nicht neu. Tadao Ando etwa nutzt seit über 20 Jahren »authentische Baustoffe mit Substanz« wie unbehandeltes Holz oder (anknüpfend an Le Corbusier oder Louis I. Kahn) die rohe Kraft des Sichtbetons (Abb. 1.14). Nach eigener Aussage geht es ihm nicht darum das »Wesen des Materials auszudrücken«, sondern er verwendet es, um architektonische Räume zu schaffen, Stimmungen zu erzeugen.[2] Gerade in vielen seiner besten Bauten sind die Oberflächen nicht absolut eben, sondern innerhalb der einzelnen Schalungsfelder leicht gewellt, was durch das Spiel des Lichts und die entsprechenden Schatten zu einer raffinierten Lebendigkeit der Oberfläche führt.

Ando verhalf mit seinen Bauten dem Sichtbeton zu einer Renaissance. Doch meist sind es die vollkommen glatten, streng im Raster der Schaltafeln gegliederten und von einem gleichmäßigen Muster echter und manchmal auch vorgetäuschter Ankerlöcher perforierten Oberflächen seiner immer größeren Werke, die jahrelang weltweit Nachahmer finden. In jüngster Zeit allerdings tritt der Beton zunehmend in der ganzen Vielfalt seiner Erscheinungsformen ans Licht: Durchgefärbt, mit besonderen Zuschlägen, die Oberflächen kanneliert, gestockt oder mühsam poliert.

Ein kurzer Blick nur auf die Fassaden des neuen Kunstmuseums Liechtenstein (2000) von Morger, Degelo, Kerez: Gebrochener grüner und schwarzer Basalt, Flusskies und schwarzer Pigment – die Oberflächen anschließend geschliffen zu einer marmorähnlichen Haut (Abb. 1.15) – liebevoller aber auch aufwändiger kann man den künstlichen Stein kaum komponieren.

Auch Peter Zumthor ist ein Virtuose im Umgang mit dem Material. Seine Bauten beziehen ihre eindrückliche Kraft aus dem bewussten Einsatz weniger, überwiegend unbehandelter Baustoffe – Stein, Holz oder Beton. Zumthor möchte das

»eigentliche Wesen dieser Materialien, das bar jeglicher kulturell vermittelter Bedeutung ist«, freilegen, die »Materialien in der Architektur zum Klingen und Strahlen«[3] bringen. Bei Werken wie dem steinernen Thermalbad in Vals oder der Kapelle in Sumvitg knüpft er mit der Wahl der Baustoffe an lokale Traditionen an, verwurzelt die Bauwerke mit dem Ort. Eigenart und Gegensätzlichkeit von zwei unterschiedlichen Materialien – Beton und Glas – thematisiert Peter Zumthor eindrucksvoll am Kunsthaus in Bregenz (1997, Abb. 1.16). Den monolithischen Kern, bei dem der gegossene Beton von Wänden und Böden unbeschichtet und damit stofflich präsent in Erscheinung tritt, umhüllt er mit einem geschuppten Mantel aus geätztem Glas. Dieser löst sich konstruktiv vom Gebäude und übernimmt alle wesentlichen Funktionen der Außenhaut – vom Wetterschutz bis zur Tageslichtmodulation. Durch die konstruktive Trennung von Haus und Hülle (die optische Verzahnung erfolgt durch die Lichtdecken aus geätztem Glas) kann der Beton im Kern – befreit von allen Funktionen der Außenwand – seinen skulpturalen Charakter voll entfalten. Gleichzeitig gelingt es dem Architekten auf diese Weise eindrucksvoll, die stofflichen Qualitäten des an sich unsichtbaren Materials Glas an den Fassaden zu visualisieren, zu inszenieren. Durchscheinend, aber nicht transparent, ändert die baulich gleichförmige Hülle je nach Blickwinkel, Tageszeit und Lichtverhältnissen ihr Aussehen. Mal spiegelt oder glänzt sie und reflektiert die Sonnenstrahlen, dann wieder wirkt sie stumpf und opak. Im Gegenlicht hebt sich der Dachrand als leuchtender Kranz ab: Konturen verschwimmen, der Übergang zum Himmel wird unscharf.

Überhaupt spielt Glas nach wie vor eine große Rolle beim Thema Gebäudehülle. Dabei geht es im Moment meist weniger darum, die Fassaden vollkommen aufzulösen, als vielmehr um die stofflichen Eigenschaften des an sich unsichtbaren Baustoffs: Das Sichtbarmachen seiner Dichte und Materialität. Dazu gehört es auch, den vielfältigen Bereich zwischen Transparenz und Transluzenz auszuloten. Das kann durch Überlagerungen der Gläser mit Lamellen oder perforierten Metallen, durch Bedrucken, Ätzen oder Beschichten geschehen. All diese Möglichkeiten und Erscheinungsformen machen das Glas zu dem Baustoff, der wie kein anderer dazu geeignet scheint, die Komplexität der heutigen Gesellschaft zu repräsentieren.

Wie aber kann eine dem elektronischen Zeitalter entsprechende Architektur aussehen? Diese Frage stellt sich der Japaner Toyo Ito in seinen theoretischen Betrachtungen[4] sowie in seiner Architektur. Itos Schlüsselwerk ist die Mediathek im japanischen Sendai (2001, Abb. 1.17). Bereits im Wettbewerbsprogramm war hier gefordert, einen öffentlichen Bau für das beginnende 21. Jahrhundert zu gestalten. In Toyo Itos Mediathek sind die inneren Grundrissfunktionen nicht mehr eindeutig festgelegt, statt dessen werden weitgehend flexibel nutzbare Bereiche geschaffen. Die Gebäudehülle also kann die innere Struktur des Hauses kaum widerspiegeln. Sie repräsentiert aber die Nutzung als Ort elektronischer Medien und damit gleichzeitig das Computerzeitalter, die virtuelle Welt. Toyo Ito experimentiert dabei mit verschiedenen Stufen der Transparenz, die er durch Bedrucken von Glas mit unterschiedlichen Rastern, die Verwendung von Profilglas und die Überlagerung verschiedener Schichten erreicht. Die resultierenden vielschichtigen Raumeindrücke, all die Spiegelungen und Reflexe zeigen den Versuch, das Thema Virtual Reality in reale Architektur umzusetzen.

1.16

Einer der ersten, der konsequent die Möglichkeiten bedruckter Gläser gestalterisch nutzte, war Jean Nouvel. In seinem Wettbewerbsprojekt für den Tour Sans Fins in Paris La Défense schlug er 1989 vor, das Gebäude durch die Verwendung serigraphierter Gläser zu entmaterialisieren. Der nie realisierte Turm sollte unten massiv und erdverwurzelt sein und sich nach oben hin durch eine zunehmend dichtere Bedruckung, die immer mehr Farbnuancen widerspiegeln sollte, zusehends auflösen. Gleichzeitig sollte dieser sich verflüchtigende Charakter durch die Höhenabstufung mittels verschiedener Glasarten erreicht werden.

Ebenfalls zur Entmaterialisierung des Baukörpers verwenden Herzog & de Meuron serigraphierte Gläser an der neuen Spitalpharmazie in Basel (1999): Hier ist ein vollkommen gleichmäßiger grüner Punktraster auf die Fassadenverkleidung aus Glasplatten, die das gesamte Gebäude bis hinein in die Fensterlaibungen umhüllen, aufgebracht (Abb. 1.18). Sie erreichen damit eine sich entsprechend der Distanz des Betrachters ändernde Erscheinung. Von Weitem wirkt der Baukörper homogen grün, aus nächster Nähe werden die einzelnen Punkte erkennbar. Der Raster ist so grob, dass die dahinter liegenden Dämmplatten und Befestigungsklammern erkennbar bleiben: Fast meint man, dass der grünliche Schleier mehr aufdeckt, als er verbirgt. Die Bewegung des Betrachters führt zu ständigen visuellen Interferenzphänomenen, die den Baukörper beleben und seine harten Konturen brechen. Die Spiegelbilder der umstehenden grünen Laubbäume verschmelzen mit den Fassaden. Doch ein semitransparenter Schleier muss nicht unbedingt die Gebäudekonturen auflösen. Mit einer ihrer radikalsten Fassadenlösungen demonstrieren Jacques Herzog und Pierre de Meuron an ihrer Dominus Winery (1998) im kalifornischen Napa Valley, dass er von außen auch fest und massiv wirken und das Haus in der Landschaft verwurzeln kann (Abb. 1.1, Seite 8).

Drahtkörbe mit Bruchsteinen gefüllt, wie sie üblicherweise bei Uferbefestigungen verwendet werden, dienen als Außenhaut oder sind vor die Fassaden gestellt und lassen – lockerer oder dichter gefüllt – das Licht mehr oder weniger stark durchscheinen. Die Architekten zelebrieren regelrecht den Naturstein. Das Material, hinter dem je nach Raumnutzung noch eine Glasschicht angeordnet sein kann, wird mehr im Sinne einer Haut denn als traditionelle Mauer verwendet. Daneben sorgt die Speichermasse des Steins für den Temperaturausgleich zwischen heißen Tagen und kalten Nächten. Die Konstruktion wirkt ebenso archaisch wie modern.

Doch zurück zur Transparenz. Auch durchsichtige Kunststoffe eröffnen hier ein breites Spektrum oft innovativer Möglichkeiten. Und auch in diesem Bereich gehen wesentliche Impulse von Toyo Ito sowie der nächsten Generation japanischer Architekten aus. Von Kazuyo Sejima etwa, seiner ehemaligen Mitarbeiterin (siehe Seite 66f.) oder von Shigeru Ban (siehe Seite 98ff.).

Dass gerade in Japan soviel mit transparenten Kunststoffen experimentiert wird, liegt auf der Hand: Einerseits schaffen liberalere Bauordnungen und ein gemäßigteres Klima einen größeren gestalterischen Freiraum. Auf der anderen Seite wird kostengünstiger, dafür aber kurzlebiger als beispielsweise in Deutschland gebaut. Es ist dort also leichter möglich, zu experimentieren, weniger erprobte oder weniger haltbare Materialien zu verwenden. Daneben gibt es noch einen weiteren Grund: Gerade in Japan, einem Land, das geprägt ist von der schnellen Adaption neuester Technologien, besinnt man sich mehr und mehr auf die Werte seiner traditionellen Architektur. Und dabei geht es eben nicht darum, einzelne Details von damals zu übernehmen. Vielmehr versuchen führende Architekten, den Geist und das Wesen der alten Häuser, ihre Leichtigkeit und Vielschichtigkeit, ihre räumliche Flexibilität und die Lichtstimmungen der papierbespannten Wände mit den Mitteln unserer Zeit in neue Bauformen zu integrieren. Gerade hierfür sind die Kunststoffe mit ihrer oft produkt-immanenten Struktur – als Schüttung oder Stegplatte, als gewellte Tafel oder faserverstärkt – besonders geeignet.

Shigeru Ban wollte mit seinem Japanischen Pavillon (siehe S.186ff.) auf der EXPO 2000 in Hannover noch einen Schritt weiter gehen. Er schlug eine Gebäudehülle ganz aus Papier vor – als Anspielung auf die traditionellen Shoji-Wände und auch wegen der Nachhaltigkeit, entsprechend dem Motto der Weltausstellung. Das aber war den deutschen Behörden dann doch zu revolutionär: Aufgrund der Brandschutzverordnungen musste die mehrlagige hauchdünne Membran mit Kunststoffgeweben laminiert werden. Der Leichtigkeit und dem zukunftsweisenden Charakter des fertigen Gebäudes tat das keinen Abbruch.

Überhaupt war die EXPO in Hannover ein Jahrmarkt der Hüllstoffe, eine Musterschau heutiger Möglichkeiten. Das Experiment scheint ebenso in der Natur einer Weltausstellung zu liegen wie das effekthaschende Verkleiden. Transparenz und Transluzenz waren dabei wie im Moment überall ein wesentliches Thema: Im Hof des finnischen Pavillons führte die Überlagerung der mit Pflanzenmotiven bedruckten Gläser mit den Schatten der echten Bäume zu faszinierenden Effekten (Abb. 1.19). Am holländischen Pavillon wurden allerlei Gewebe als Filter eingesetzt (Abb. 1.22). An verschiedenen Stellen floss Wasser darüber, dessen Bewegung zu vielfältigen kaleidoskopartigen Mustern, zum ständigen Wechsel von Durchsicht zu Durchscheinen führte: Die Flüssigkeit diente als strukturierender Schleier (Abb. 1.21). Auch der klare »Eiswürfel« Islands lebte vom bewegten Ornament des Wassers, das allseitig über seine blauen Membranen floss (Abb. 1.20).

Ein weiteres Experiment mit der Hülle, vollkommen anders, aber gleichermaßen raffiniert, ist am Christus-Pavillon der EXPO (von Gerkan, Marg und Partner, siehe S. 102ff.) zu sehen, der mittlerweile im thüringischen Volkenroda als Teil des dortigen Klosters wiederaufgebaut ist. An den Begrenzungswänden des Kreuzgangs sind Gegenstände des täglichen Lebens – ausgewählt entsprechend dem Motto der Ausstellung: »Mensch Natur Technik« – in die einzelnen vitrinenartigen Felder der Doppelverglasung gefüllt. Es entsteht ein abstrakter Bilderzyklus der an die bunten Fenster der gotischen Kathedralen erinnert. Die unterschiedlichen Dinge, von Federn oder Holzspänen bis hin zu Glühbirnen, Teesieben oder Musikkassetten, bilden raffinierte Muster, effektvoll zeichnen sich vielfältige Lichtspiele am Boden ab. Die Materialien werden hier in neuem, ungewohntem Zusammenhang präsentiert. Das reine Wesen des Materials wird herausgestellt, es wird durch seine Struktur zum Ornament.

*Die dekorierte Hülle oder das Bedürfnis nach Ornament*
Beinahe hundert Jahre lang war es Lehrmeinung, dass die Architektur kein Ornament braucht. Die Moderne hatte es

1.18

1.19

1.20

1.21

abgeschafft – oder zumindest hat sie es abzuschaffen versucht. Dabei kamen bereits ihre führenden Vertreter nicht ganz ohne Verzierungen aus. Auch Mies van der Rohes konstruktiv überflüssige Stahlprofile, die er vor die Fassaden der Lake Shore Drive Apartments montierte, sind nichts anderes als eine Art tektonisches Ornament. Sie haben keinen anderen Zweck, als dem Gebäude Struktur zu geben und die Vertikalität zu betonen.

Mit ihrer Ächtung des Ornaments unterbricht die Moderne, die statt auf Dekoration ganz auf »die plastische Wirkung der Baukörper im Licht« setzt, eine Jahrtausende alte Tradition. Denn seit je verzieren die Menschen aller Kulturkreise ihre Häuser. Das gilt für Repräsentations- wie für Wohnbauten und reicht von einfachen Reliefs und Schnitzwerk bis hin zu aufwändigen Malereien, vom griechischen oder chinesischen Tempel bis zu den Moscheen, von den Lüftlmalereien im Alpenraum bis zu den Azulejos, den farbigen Fliesen in Spanien und Portugal.

In den 60er-Jahren, einer Zeit, als immer mehr innerstädtische Gebäude von gesichtslosen, eintönigen Curtain Walls überzogen werden, als sich die Hülle also faktisch bereits vom Haus getrennt hat und sich anschickt, zur bloßen Verpackung zu degradieren, untermauert Robert Venturi diese Realität mit seiner Theorie vom »dekorierten Schuppen« (Abb. 1.23). Venturi unterscheidet das Haus in Baukörper und Fassade, wobei er der Fassade die Funktion des autonomen Bedeutungsträgers zuweist. Im Gegensatz zum dekorierten Schuppen sieht er die Ente, ein Gebäude, das seine Form aus der Nutzung herleitet. Die in den 70er-Jahren aufkommende Postmoderne ist eine erste Reaktion darauf. Statt aber in die Zukunft zu denken, statt den veränderten technologischen und gesellschaftlichen Bedingungen Rechnung zu tragen, richtet sie den Blick zurück, in die Zeit vor der Moderne, als die Gebäude noch Gesichter (Fassaden) hatten. Deshalb hat die Bewegung nicht lange Bestand. Wie auch die nachfolgende Modeströmung des Dekonstruktivismus teilt sie das Schicksal aller Moden: Die schnelle Vergänglichkeit.

Indes: Unsere schnelllebige Zeit verlangt nach Moden. Der permanente Wandel ist das einzig Beständige, Stillstand wird als Rückschritt angesehen. Je mehr aber die Gesellschaft von der Adaption immer neuer Lebensstile und Technologien geprägt ist, umso weniger kann sich auch die Architektur solchen Strömungen entziehen. In einer Zeit der permanenten Reizüberflutung muss, wer auffallen will, Neues, am besten Spektakuläres schaffen. Die Medien, darunter auch die Fachzeitschriften, greifen die vermeintlichen Innovationen meist dankbar auf (auch sie wollen ja auffallen) und tragen so zur Verbreitung und Vervielfältigung von oftmals Banalem bei. Die Neuentdeckung des Ornaments kommt also gerade recht!

Andererseits: Gilt nicht auch für die Architektur, dass Fortschritte nur erzielt werden können, wenn immer neue Grenzgebiete erforscht werden? Heißt es nicht, auf die veränderten Gegebenheit angemessen zu reagieren? Wie nie zuvor verändert der Computer unser ästhetisches Empfinden und unsere Möglichkeiten zu gestalten. Bunte Bilder beispielsweise werden heute sekundenschnell weltweit verbreitet, beliebig oft kopiert und manipuliert. Beinahe zwangsweise beeinflusst das auch die Architektur. Dazu kommen neue Herstellungsverfahren und Fertigungstechniken, gerade auch im Zusammenhang mit der Beschichtung von Glas.

1.23

1.24

Das Aufbringen von Siebdrucken, von Folien mit Fließkristallen oder Holographien eröffnet unbegrenzte Möglichkeiten, Informationen zu vermitteln oder einfach nur zu ornamentieren.

Das zeigt sich beispielsweise an dem von Francis Soler gebauten Pariser Wohnhaus (1997, Abb. 1.26), direkt gegenüber der Bibliothèque Nationale. Soler dekoriert seine rigorose, aber fein detaillierte Kiste mit bunten Bildern, die er auf die äußere von drei Glasschichten aufbringt: mit Ausschnitten aus einem Renaissance-Fresko von Giulio Romano aus dem berühmten Palazzo del Tè in Mantua! Pro Geschoss reiht er ein anderes Motiv, jeweils über zwei Fenster reichend, seriell aneinander. Von außen betrachtet verleihen die Bilder dem Bau (bei Tag) ein leicht farbiges Muster. Von innen aber wirken sie durch das einfallende Licht wie ein überdimensionales Dia – oder wie die Glasfenster einer gotischen Kathedrale. Doch im Gegensatz zu den Kathedralen verkünden sie keine Botschaft, haben keinen Bezug zum Raum. Der Blick nach draußen indes wird überspielt, verfremdet: Der Bewohner muss mit den Bildern leben, ob er will oder nicht. Die Gebäudehülle wird zur modischen Verpackung, die ins Auge springt. Doch anders als bei der Kleidermode kann man sie bei Bedarf nicht einfach wechseln.

Einen subtileren Umgang mit dem Ornament zeigen die meist kleineren Bauten der Münchener Architekten Hild und Kaltwasser. Diese versuchen, damit Grenzen auszuloten, die Moderne herauszufordern, Tabus zu brechen, zu provozieren. Bei ihrem Buswartehäuschen in Landshut aus gekanteten Cortenstahlplatten, die selbsttragend wie ein Wandschirm aufgestellt sind, steht das Ornament als Sinnbild für die Beliebigkeit des ausgeschnittenen Musters (1.24). Denn die modernen, computergesteuerten Entwurfs- und Schneideverfahren ermöglichen mit gleichem Aufwand fast jedes Motiv, egal ob gleichmäßiges Raster oder komplexes florales Dekor.

Auch Jacques Herzog und Pierre de Meuron fordern mit ihren Bauten die Theorien der Moderne heraus, speziell den Kubismus, der Volumen und Raum glorifiziert. Sie sehen die Architektur als einen Akt der Kommunikation, repräsentiert nicht durch starre, feste Formen, sondern durch ein oszillierendes Feld der Wahrnehmung[5]. Die Auseinandersetzung mit den Oberflächen ist ein Hauptthema ihrer Architektur. Schon sehr früh experimentieren sie mit ornamentalen Dekors. Mit ihrer Bibliothek der Fachhochschule für Forstwirtschaft in Eberswalde (1999) schaffen sie die radikalste Form einer dekorierten Kiste (Abb. 1.25). Der streng rechteckige Kubus, bekleidet mit Glas- und Betonfertigteilplatten ist auf allen Seiten vollständig mit fotografischen Abbildungen bedeckt. Jedes Paneel zeigt ein Bild, jedes Motiv wird horizontal 66-mal wiederholt. Von weitem können die beiden Materialien – Glas und Beton – kaum unterschieden werden. Aus der Nähe aber wirkt das eine beinahe glänzend, das andere zurückhaltend stumpf. Herzog und de Meuron spielen in Eberswalde mit den tradierten Sehgewohnheiten und definieren das Verhältnis von Fläche und Volumen neu, indem sie die Fassaden in immaterielle Bildschichten auflösen. Die Motive ihrer Fotos ließen sie einen Künstler auswählen – eine fragwürdige Art der Legitimation. Die Bilder sollen Geschichten erzählen und machen die Fassade zur Leinwand, zum Screen. Entlehnt sind sie der Zeitgeschichte, der Wissenschaft und Kunst, doch über die Nutzung des Bauwerks vermitteln sie kaum etwas.

Zweifellos ist den Architekten mit der Bibliothek ein provozierendes Haus gelungen, das zur Stellungnahme, zum Diskurs anregt. Was aber passiert, wenn das von Leitfiguren der Architekturszene entworfene Modell hundertfach dupliziert wird, wenn irgendwann auch noch die Fassaden die ohnehin enorme Bilderflut vergrößern?

*Medienfassaden – die Gebäudehülle als Bildträger oder flimmernder Screen*
In gewisser Weise ist die Bibliothek in Eberswalde eine Medienfassade: eine Fassade, die unabhängig von ihrer architektonischen Form und der Qualität ihrer Materialien Botschaften vermittelt. Frühe Formen der Medienfassade finden sich an vielen Moscheen und überbringen mit kunstvollen Kalligraphien meist Auszüge aus dem Koran. Oder an den gotischen Kathedralen mit ihrem Skulpturenprogramm und den bemalten Glasfenstern, die wie überdimensionale Bildschirme mit Hilfe des natürlichen Lichts visuelle Informationen vermitteln.[6]

Zahlreiche Impulse für heutige Medienfassaden gehen von Jean Nouvel aus. Seit Ende der 80er-Jahre schlägt er in verschiedenen meist nicht oder nur stark verändert ausgeführten Projekten die Integration neuester Informationstechnologien vor, seine Fassaden werden zu flimmernden Bildschirmen (Abb. 2.16, S. 47). Auch bei ihm wird die Außenhaut zur reinen Verpackung, zur Dekoration. Nouvel interpretiert seine Gebäudehüllen als Spiegelbilder unserer medienüberfluteten Welt, lässt sie allerdings selbst zur immensen Bilderflut beitragen: Eine neue Art des Ornaments entsteht.

Häufiger als bewegte Bilder finden sich aufgedruckte Muster und Schriftzüge an der Fassade. Neben dekorativen Zwecken dienen sie der Übermittlung von Werbebotschaften. Nouvels verspiegeltes Cartier-Lagergebäude bei Fribourg ist das eindringlichste Beispiel dafür.

Trotz zahlreicher Ideen sind anspruchsvolle elektronische Medienfassaden bisher kaum umgesetzt. Und doch sind sie in unseren Städten längst Realität. Vor allem bei Nacht

1.25

1.26

springen die großen, bunt leuchtenden Werbeflächen ins Auge. Man denke nur an den Piccadilly Circus in London oder den Times Square in New York (Abb. 1.27). Oder an die bunt flimmernden Zentren der japanischen Metropolen. Gerade in Japan realisieren wir, dass die Dunkelheit zum Tagesverlauf gehört wie das Licht. Viele der tagsüber chaotisch wirkenden Städte zeigen durch ihre Beleuchtung bei Nacht ein vollkommen anderes, faszinierndes Gesicht. In der Architektur jedoch werden die meisten Fassadenentwürfe beinahe ausschließlich auf ihre Wirkung bei Tag abgestimmt. Aber es gibt auch den anderen Fall, die reine Lichtarchitektur.
Ein Prototyp dafür ist der (mittlerweile abgerissene) Turm der Winde (1986) von Toyo Ito (Abb. 1.28, 1.29), wo zahlreiche Lichtquellen – Glühbirnen, Neonringe und Scheinwerfer – auf einen funktionslosen Abluftkamin installiert und computergesteuert synchronisiert wurden. Indem sie auf die Bedingungen ihrer Umgebung, auf den Verkehrslärm oder die Windböen, reagierten, entstand ein bewegtes Lichtspiel – eine Art optischer Umweltmusik.

Toyo Itos Turm der Winde ist ein Beispiel für eine faszinierende Gebäudedekoration, die Sinn macht. Denn der nutzlose Betonturm stand schon da und wartete nur darauf, verkleidet zu werden. Doch das ist nicht immer so.
So elektrisierend manche Experimente auch sind: Sobald Gebäudehüllen nur um ihrer selbst willen inszeniert werden, gehen wesentliche architektonische Qualitäten verloren. Architektur kann nicht auf Bilder oder Oberflächen reduziert werden. Sie ist dann ihrer Hauptaufgabe beraubt, Raum zu schaffen. Und die Architekten laufen Gefahr, weiter an Einfluss im Bauprozess zu verlieren. Irgendwann sind sie dann nur noch reine Verpackungskünstler.

Anmerkungen:
1 Semper, Gottfried: Der Stil in den technischen und tektonischen Künsten, oder praktische Ästhetik. Ein Handbuch für Techniker, Künstler und Kunstfreunde. Frankfurt 1860
2 Ando, Tadao: Light, Shadow and Form. In: dal Co, Francesco: Tadao Ando – Complete Works. London 1995
3 Zumthor, Peter: Architektur denken. Basel/Boston/Berlin 1999
4 vgl. Ito, Toyo: Blurring Architecture. Aachen/ Mailand 1999
5 vgl. Mack, Gerhard: Building with Images, Herzog & de Meuron's Library at Eberswalde. In: Architecture Landscape Urbanism 3: Eberswalde Library, Herzog & de Meuron. London 2000
6 vgl. Pawley, Martin: Theorie und Gestaltung im Zweiten Maschinenzeitalter. Braunschweig/Wiesbaden 1998
7 AIT-Skript: Die Versachlichung des Materials. Band 1–3, Leinfelden–Echterdingen 1997
8 archithese 2/00: Textiles
9 Daidalos 56, Juni 1995: Magie der Werkstoffe
10 Detail 7/98: Fassaden, Außenwand
11 Hix, John: The Glasshouse. London 1996
12 l'architecture d'aujourd'hui 333, mars-avril 2001: ornement
13 Schittich, C.;Staib. G.;Balkow, D.;Schuler, M.;Sobek, W.: Glasbau Atlas. München/Basel 1998
14 Schulitz, Helmut C.: Die unvollendete Moderne. In: Schulitz + Partner: Bauten und Projekte. Berlin 1996
15 The Saint Louis Art Museum: Louis Sullivan: The function of ornament. New York 1986
16 Michael Wigginton: Glass in architecture. London 1996

Abbildungen:
1.1 Dominus Winery in Kalifornien, Herzog & de Meuron (S. 8)
1.2 Kirgisen-Jurte, Pamir
1.3 Traditionelles Wohnhaus, Japan
1.4 Traditionelles Holzfenster in Bhaktapur, Nepal
1.5 Santa Maria Novella in Florenz, Fassade, Leon Battista Alberti 1458–70
1.6 Kristallpalast in London, Joseph Paxton 1851
1.7 Palmenhaus in den Bicton Gardens in Devon, Großbritannien (S. 13)
1.8 Marshall Field Store in Chicago, Henry H. Richardson 1885–87
1.9 Schlesinger and Mayer Store (später Carson Pirie Scott Building) in Chicago, Louis H. Sullivan 1899–1904
1.10 Lake Shore Drive Appartements in Chicago, Eckdetail, Ludwig Mies van der Rohe 1948-51
1.11 Halladie Building in San Francisco, Willis J. Polk 1915–18

1.27

1.12 Lever Building in New York, Skidmore, Owings & Merrill, 1952
1.13 Material und Ornament, Pahlawan Mahud Mausoleum in Chiwa, Usbekistan (S. 17)
1.14 Kirche mit dem Licht in Ibaraki, Japan, Tadao Ando 1987–89
1.15 Kunstmuseum Liechtenstein, Morger Degelo Kerez 2000
1.16 Kunsthaus Bregenz, Peter Zumthor 1997
1.17 Mediathek in Sendai, Toyo Ito 2001 (S. 20)
1.18 Spitalpharmazie in Basel, Herzog & de Meuron 1999
1.19 Finnischer Pavillon, Expo 2000 Hannover, Detail der Gebäudehülle, SARC Architects
1.20 Isländischer Pavillon, Expo 2000 Hannover, Detail der Gebäudehülle, Ami Pall Johannsson
1.21 Niederländischer Pavillon, Expo 2000 Hannover, Detail der Gebäudehülle, MVRDV
1.22 Niederländischer Pavillon, Expo 2000 Hannover, Detail der Gebäudehülle, MVRDV
1.23 Ente kontra dekorierter Schuppen«, Skizze, Robert Venturi
1.24 Buswartehaus in Landshut, Hild & Kaltwasser 1999
1.25 Bibliothek für Forstwirtschaft in Eberswalde, Herzog & de Meuron 1999
1.26 Wohnhaus in Paris, Francis Soler 1997
1.27 Times Square in New York
1.28 Turm der Winde in Yokohama, Toyo Ito 1986
1.29 Turm der Winde in Yokohama, Toyo Ito 1986

1.28  1.29

# Alles nur Fassade?
## Zu den funktionalen, energetischen und konstruktiven Aspekten der Gebäudehülle

Werner Lang

»Die Architektur ist eine reine Kunst der Erfindung, denn für Ihre Formen gibt es keine fertigen Prototypen in der Natur, sie sind freie Schöpfungen der menschlichen Phantasie und Vernunft. Mit Rücksicht hierauf könnte man sie für die freieste aller Künste der Darstellung ansehen, wenn sie nicht von den allgemeinen Naturgesetzen und den mechanischen Gesetzen des Materials im einzelnen durchaus abhängig wäre: Denn welchen Gegenstand der architektonischen Kunst wir auch betrachten mögen, die erste und ursprüngliche Konzeption derselben wird immer aus der Befriedigung irgendeines materiellen Bedürfnisses, vornehmlich desjenigen des Obdaches und des Schutzes gegen die Unbilden des Klimas und der Elemente oder andere feindliche Mächte, entstanden sein; und da wir solchen Schutz nur durch feste Verbindungen von Materialien, die uns die Natur bietet, erhalten können, so sind wir bei derartigen Konstruktionen genötigt, die statischen und mechanischen Gesetze streng zu berücksichtigen.«[1]  Gottfried Semper, 1854

Trotz des Wandels der kulturellen, wirtschaftlichen, bautechnischen und energietechnischen Rahmenbedingungen bleibt der Kern des architektonischen Schaffens die Herstellung eines für den Menschen behaglichen »Obdaches«. Der wesentliche Anlass jeder Bauaktivität ist also der Schutz des Menschen vor den äußeren klimatischen Bedingungen, wie etwa intensiver Sonneneinstrahlung, extremen Temperaturen, Niederschlägen und Wind. Die Gebäudehülle stellt das zentrale bauliche Subsystem dar, um die vorhandenen Außenbedingungen so zu beeinflussen, dass den Komfortansprüchen des Nutzers im Gebäudeinneren entsprochen werden kann. Die Erfüllung dieser Aufgabe erfordert – wie im Falle der Haut und der Kleidung des Menschen – die Übernahme einer Vielzahl von Funktionen, die durch eine entsprechende Konzeption und Konstruktion der Gebäudehülle ermöglicht wird. In diesem Zusammenhang ergeben sich folgende Fragestellungen, welche sowohl bei einer analytischen Auseinandersetzung mit Architektur als auch für das Planen und Entwerfen von zentraler Bedeutung sind:
1. Funktion: Welchen praktischen Nutzen hat das Gebäude bzw. die Gebäudehülle?
2. Konstruktion: Aus welchen Teilen besteht das Gebäude bzw. die Gebäudehülle, und wie werden diese Teile zu einem Ganzen zusammengefügt?
3. Gestalt: Wie sieht das Gebäude bzw. die Gebäudehülle aus?
Während diese Betrachtungskategorien in den vergangenen Jahrtausenden bis hin zum heutigen Tag nahezu unverändert gültig sind, ist in ökologischer Hinsicht ein Bewusstseinswandel festzustellen, welcher auf den zunehmenden $CO_2$-Ausstoß und die Verknappung der fossilen Brennstoffe zurückzuführen ist. Dieser Wandel verlangt ein grundsätzliches Umdenken bei der Konzeption von Gebäuden und der Ausformung der Gebäudehülle, da Fragen der Nachhaltigkeit im Bauen in den Mittelpunkt des Planungsprozesses treten. In diesem Sinne lassen sich die vorhergehend genannten Aspekte um den folgenden Punkt erweitern:
4. Ökologie: Welchen Energieverbrauch hat das Gebäude bzw. die Gebäudehülle während der Herstellung, des Gebrauchs und der Entsorgung?
Bezogen auf das Wohlbefinden des Menschen in Gebäuden sind die funktionalen Eigenschaften gegenüber den konstruktiven, gestalterischen oder ökologischen Aspekten von übergeordneter Bedeutung. Im »Gesamtsystem Gebäude« jedoch sind die vier Betrachtungskategorien als gleichrangig zu setzen, da sie unmittelbar ineinander greifen und sich gegenseitig beeinflussen. So sind die bauphysikalischen Eigenschaften einer Außenwand von deren konstruktivem Aufbau, der Schichtenfolge und den Materialeigenschaften abhängig. Die ökologischen Eigenschaften werden wiederum von funktionalen bzw. bauphysikalischen Aspekten wie den Wärme- und Sonnenschutzeigenschaften definiert. Aber auch konstruktive Fragen wie die Wahl der Werkstoffe bestimmen mit dem jeweiligen Primärenergieinhalt den Herstellungsenergieaufwand.[2] Erst die Betrachtung aller vier Teilaspekte lässt im Sinne Gottfried Sempers anstatt einer »reinen Kunst der Erfindung« eine von Vernunft geleitete Baukunst entstehen, die – den »allgemeinen Naturgesetzen und den mechanischen Gesetzen des Materials« folgend – einerseits der »Befriedigung (...) eines materiellen Bedürfnisses« dient, andererseits jedoch aufgrund ihrer gestalterischen Qualität den freien Künsten zugeordnet werden kann. Unter Berücksichtigung dieser gesamtheitlichen Betrachtungsweise sollen nachfolgend vor allem die »materiellen« Teilaspekte der Gebäudehülle aufgezeigt werden. Hierzu wird zunächst der Zusammenhang zwischen den physischen Bedürfnissen des Nutzers und den daraus

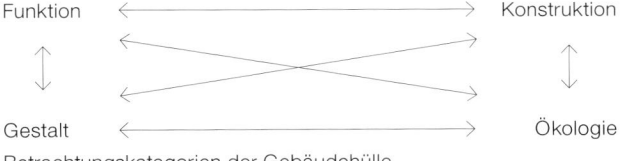

Betrachtungskategorien der Gebäudehülle

2.2

resultierenden bauphysikalischen Anforderungen an die Gebäudehülle diskutiert. Anschließend werden die funktionalen Eigenschaften und Möglichkeiten der Gebäudehülle aufgezeigt, bevor Fragen der konstruktiven Umsetzung und Materialisierung näher untersucht werden.

*Die Gebäudehülle als trennendes und verbindendes Element zwischen innen und außen: funktionale Fragen der Gebäudehülle*

Im Vergleich zu den anderen baulichen Subsystemen »Tragwerk«, »technischer Ausbau« und »Raumgefüge« stellt die Gebäudehülle nicht nur das in gestalterischer Hinsicht dominierende System dar. Sie hat zudem eine Vielzahl von zentralen Funktionen zu übernehmen und bestimmt darüber hinaus den Energieverbrauch eines Gebäudes in entscheidender Weise. Auch wenn Fassade und Dach verschieden stark von der Witterung beansprucht werden, haben sie sehr ähnliche Aufgaben zu erfüllen, weshalb beide im Folgenden unter dem Oberbegriff der Gebäudehülle bzw. Außenhaut zusammengefasst werden.

Zu diesen Funktionen gehören unter anderem:
- Belichtung
- Belüftung
- Feuchtigkeitsschutz
- Wärmeschutz
- Windschutz
- Sonnenschutz
- Blendschutz
- Sichtschutz
- Durchsicht
- Einbruchsschutz
- Schutz vor mechanischer Beschädigung
- Schallschutz
- Brandschutz
- Energiegewinnung

Die Gebäudehülle hat in den letzten Jahren in den Bereichen Forschung und Entwicklung aufgrund des gestiegenen Bewusstseins für umwelt- und menschenverträgliche Lebensweisen an Bedeutung gewonnen. Wurde in den späten 60er- und den frühen 70er-Jahren gerade im Verwaltungsbau die Bereitstellung eines behaglichen Innenraumklimas nahezu ausschließlich als Aufgabe einer leistungsfähigen Klimatechnik angesehen, so ist die Außenhaut inzwischen in den Mittelpunkt der Diskussion gerückt. Die Möglichkeiten zur Verringerung des Energieverbrauchs und vor allem die Diskussion des Sick-Building-Syndroms[3] haben hier eine veränderte Sichtweise begünstigt. Dies spiegelt sich auch darin wider, dass noch vor wenigen Jahren die Konzeption der Hüllkonstruktion neben dem Architekten allenfalls noch den Bauphysiker und – bei aufwändigeren Konstruktionen – den Tragwerksplaner beschäftigt hat. Heute werden dagegen bei fortschrittlichen Projekten mehrere Fachberater hinzugezogen, um die Leistungsfähigkeit der Außenhaut zu optimieren. Das Entstehen von Berufen wie dem des Tageslichtplaners, des Fassadeningenieurs, des Energieplaners oder des Gebäudeaerodynamikers ist zweifelsfrei auf die Neubewertung der Gebäudehülle im Hinblick auf den Energiehaushalt von Gebäuden zurückzuführen.

Aufgrund der großen Bedeutung funktionaler Kriterien wie Belichtung, Wärme- und Sonnenschutz für den Komfort

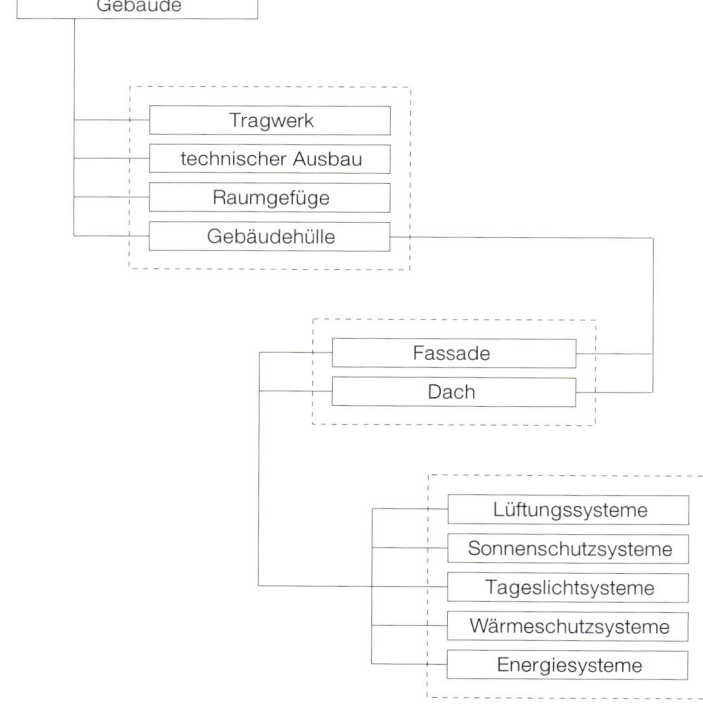

Das »Gesamtsystem Gebäude«

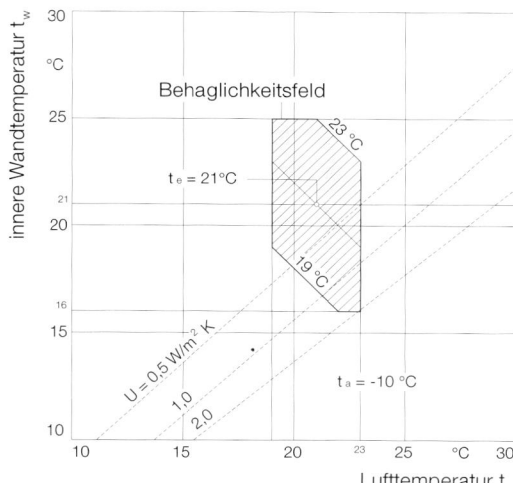

Einflussfaktoren auf die Behaglichkeit[4]

nutzungsbedingte Anforderungen:
- Raumlufttemperatur
- Oberflächentemperaturen
- Luftwechsel
- Raumluftfeuchte
- Beleuchtungsstärke
- Leuchtdichte

Energieverbrauch Verwaltungsgebäude:
- Gebäudehülle
- Heizenergieverbrauch
- Kühlenergieverbrauch
- künstliche Beleuchtung
- Gebäudetechnik

witterungsbedingte Einflüsse:
- Außenlufttemperatur
- Luftbewegung
- Außenluftfeuchte
- Solarstrahlung

Einflussfaktoren auf die Gebäudehülle

und den Energiehaushalt sollen wichtige Fragen aus diesen Bereichen nachfolgend erörtert werden.

*Behaglichkeitsfaktoren als bestimmende Zielgrößen für die Konzeption der Gebäudehülle*

Eine der primären Aufgaben der Gebäudehülle ist es, die im Außenbereich herrschenden Konditionen zu beeinflussen, um im Gebäudeinneren einen behaglichen Zustand sicherzustellen. Aufgrund des zusätzlich notwendigen Energieaufwandes für das Betreiben gebäudetechnischer Anlagen, sollten diese lediglich als ein die Hülle unterstützendes System verstanden werden. Fassade und Dach müssen also auf die klimatischen Gegebenheiten reagieren, um deren Auswirkungen auf das Innenraumklima steuern zu können. Der unmittelbare Zusammenhang von Gebäudehülle und Innenraumklima erfordert die genaue Definition des Begriffs der Behaglichkeit, da sich hieraus Vorgaben für die Konzeption von Außenwand und Dach ableiten lassen. Zu den wesentlichen Einflussgrößen gehören die Raumlufttemperatur und die mittlere Temperatur der umgebenden Oberflächen, die Luftwechselrate, die relative Raumluftfeuchte, die Beleuchtungsstärke und die Leuchtdichte. Diese nachstehend näher erläuterten Behaglichkeitsfaktoren sind hierbei keineswegs als unabhängige Größen anzusehen, sondern stehen in enger Beziehung zueinander. So ist beispielsweise die als behaglich empfundene Raumlufttemperatur in starkem Maße von der relativen Raumluftfeuchte, der Temperatur der Umschließungsflächen oder der Luftbewegung im Raum, aber auch von individuellen Faktoren wie Kleidung und körperlicher Aktivität abhängig.

*Raumlufttemperatur*
Der Behaglichkeitsbereich für die Raumlufttemperatur liegt zwischen 20 und 25°C; im Sommer werden Werte bis 27°C als gerade noch akzeptabel eingestuft.[5] Wenn die innere Wandoberflächentemperatur und die relative Raumluftfeuchte entsprechend abgestimmt sind, werden auch tiefer liegende Raumlufttemperaturen bis zu 18°C als behaglich empfunden.

*Mittlere Temperatur der umgebenden Oberflächen*
Diese sollte sich nach Möglichkeit nicht um mehr als 2–3 K von der Raumlufttemperatur unterscheiden; die Oberflächentemperaturen der Umschließungsflächen sollten nicht mehr als 3–4 K voneinander abweichen.[6]

*Luftwechselrate und Luftbewegung*
Während bei nicht benutzten Räumen eine Mindestluftwechselrate von ca. 0,3/h ausreicht, liegt dieser Wert während der Arbeitszeit bei ca. 1,1/h. Dies entspricht einem Außenluftstrom von 40–60 m³/h pro Person.[7] Für Zu- und Abluftöffnungen bei natürlicher Lüftung ist in der Regel eine Größe von 200 cm²/m² Bodenfläche ausreichend.[8] Gleichzeitig ist darauf zu achten, dass die Luftgeschwindigkeit den Wert von 0,15 m/s nicht überschreitet, um Zugerscheinungen zu vermeiden.[9]

*Relative Raumluftfeuchte*
Abhängig von der Raumlufttemperatur schwankt der Bereich der relativen Raumluftfeuchte, der als behaglich empfunden wird, zwischen 30 und 70%. Nach Grandjean[10] ist der Spielraum der als behaglich empfundenen relativen

2.3

Luftfeuchte jedoch deutlich geringer und liegt in einem Bereich von 40–60%.

*Beleuchtungsstärke*
Die Richtwerte für die Beleuchtung von Arbeitsstätten sind abhängig von der Tätigkeit, dem Raumzuschnitt und der Nähe des Arbeitsplatzes zu Fenstern. Typische Werte liegen bei 300 Lux für Arbeitsplätze in Fensternähe, 500 Lux bei gewöhnlichen Zellenbüros und 700 Lux bei Großraumbüros mit hohem Reflexionsgrad der Oberflächen bzw. 1000 Lux bei Großraumbüros mit mittlerem Reflexionsgrad der Oberflächen.[11]

*Leuchtdichte*
Im Hinblick auf die Qualität der Raumbelichtung ist neben der Beleuchtungsstärke die Frage der Blendung von großer Bedeutung. Die Leuchtdichte des Umfelds sollte etwa 2/3 bis 1/10 der Infeldleuchtdichte ausmachen[12], weshalb bei Auswahl und Lage des Blendschutzes darauf zu achten ist, dass ausreichend Tageslicht blendfrei und in gleichmäßiger Verteilung in den Raum eingebracht wird, gleichzeitig aber unnötige Kühllasten vom Rauminneren ferngehalten werden.

Mit Ausnahme der relativen Raumluftfeuchte können sämtliche die Behaglichkeit bestimmenden Bezugsgrößen unmittelbar durch die Ausbildung von Fassade und Dach gesteuert werden. So ergibt sich die im Raum entstehende Luft- und mittlere Oberflächentemperatur der Umschließungsflächen aus den Transmissions- und Lüftungswärmeverlusten der Gebäudehülle und dem Austausch zwischen den internen sowie externen Wärmegewinnen. Die Luftwechselrate lässt sich über die Anzahl und Größe der Lüftungsöffnungen steuern. Auch die Beleuchtungsstärke sowie die Leuchtdichte werden durch die Art, Lage und Größe von Öffnungen in der Gebäudehülle bestimmt. Bei genauerer Betrachtung zeigt sich, dass die Außenhaut bei entsprechender Ausformung auch unter weniger günstigen Klimabedingungen mittels Nutzung von Umweltenergien in der Lage ist, ein behagliches Innenraumklima zu erzeugen.

*Hinsichtlich des Komforts und Energieverbrauchs relevante Kenngrößen der Gebäudehülle*

*U-Wert*
Der Wärmedurchgangskoeffizient (ehemals k-Wert) gibt den Wärmedurchgang von Außenwandkonstruktionen in $W/m^2K$ an. Typische Werte für opake Wand- und Dachkonstruktionen liegen bei 0,3 $W/m^2K$, die mit handelsüblichen Wärmedämmstoffen bei Stärken von 12–16 cm erreicht werden können. Mit heutigem Isolierglas lassen sich problemlos Werte von 1,4 $W/m^2K$ erreichen; unter Einsatz von Spezialfüllungen sind Wärmedurchgangskoeffizienten von 1,1 $W/m^2K$ und darunter möglich. Bei transparenten und transluzenten Außenwandkonstruktionen muss zudem beachtet werden, dass hier solare Wärmegewinne möglich sind, die sich positiv auf die Energiebilanz auswirken können.

*g-Wert*
Der Gesamtenergiedurchlassgrad (g-Wert) gibt an, welcher Anteil der auf eine transparente oder transluzente Außenwandkonstruktion auftreffenden Solarstrahlung im Wellenlängenbereich von 320–2500 nm in den Raum gelangt. Dieser Wert ergibt sich aus der Summe von trans-

|  | U-Wert | g-Wert | z-Wert | $t_{vis}$-Wert |
|---|---|---|---|---|
| Sommertag, klarer Himmel | hoch | niedrig | niedrig | hoch |
| Sommertag, bedeckt | hoch | nicht relev. | nicht relev. | hoch |
| Sommernacht | hoch | nicht relev. | nicht relev. | niedrig |
| Wintertag, klarer Himmel | niedrig | hoch | hoch | hoch |
| Wintertag, bedeckt | niedrig | nicht relev. | nicht relev. | hoch |
| Winternacht | niedrig | nicht relev. | nicht relev. | niedrig |

Kenngrößen und Anforderungen an die Gebäudehülle

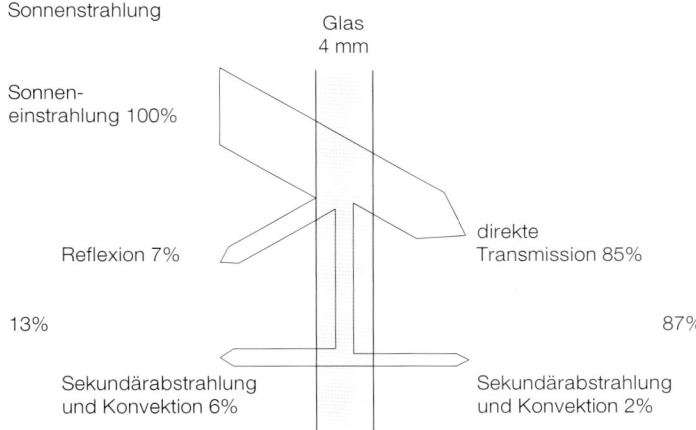

Strahlungsaustausch von strahlungsdurchlässigen Fassaden

mittierter Strahlung und Wärmeabgabe der inneren Scheibe an den Raum. Die g-Werte von Isolierverglasungen liegen heute in der Regel zwischen 60 und 80%.

*z-Wert*
Der Abminderungsfaktor z bezieht sich auf die Sonnenschutzwirkung von Verschattungseinrichtungen und gibt an, welcher Anteil der auftreffenden Strahlungsenergie von einem Sonnenschutzsystem durchgelassen wird. Dieser Wert hängt unmittelbar von der Ausführung und dem Stellwinkel des Sonnenschutzsystems ab und lässt Rückschlüsse darauf zu, wie sehr sich ein Innenraum unter Sonneneinstrahlung aufwärmt.

*$t_{vis}$-Wert*
Der Tageslichtdurchlassgrad ($t_{vis}$) gibt an, welcher Prozentsatz des außerhalb eines Gebäudes vorhandenen Tageslichts (Wellenlängenbereich 320–780 nm) durch die Verglasung hindurchtritt. Ein typischer $t_{vis}$-Wert für heutige Isolierverglasungen liegt bei etwa 70%. Aufgrund der im Tages- und Jahresverlauf variierenden Außenbedingungen ergeben sich sehr unterschiedliche, teilweise widersprüchliche Anforderungen, auf welche die Außenhaut reagieren können muss, um den Komfort im Gebäudeinneren sicherzustellen.

Bereits zu den Zeiten, als die Erzeugung von Energie für die Konditionierung des Gebäudeinneren noch mit hohem Aufwand verbunden war, stellte die Funktionalität der Gebäudehülle ein zentrales Thema dar. In der Architektur vergangener Jahrhunderte lassen sich zahllose Beispiele finden, welche die heutigen Prinzipien des nachhaltigen Bauens auf eindrucksvolle Weise vorwegnehmen.
Themen wie die Minimierung des Primärenergieinhaltes und des Betriebsenergieverbrauchs oder Baustoffrecycling waren aufgrund begrenzter Ressourcen Grundlagen des damaligen Bauens. Darum wurde bewusst eine leistungsfähige, primär von den regionalen Witterungsbedingungen geprägte Gebäudehülle konzipiert. Um den Energieverbrauch zu minimieren und die Behaglichkeit zu optimieren, standen in Mitteleuropa der bauliche Wärmeschutz und die Speicherfähigkeit der Gebäudehülle im Vordergrund. Aufgrund der damals fehlenden Möglichkeit der Tageslichtnutzung und der geringeren bautechnischen Möglichkeiten fielen die Fensteröffnungen in Relation zu der opaken Außenwandfläche eher klein aus, was sich erst mit den Fortschritten in der Glasherstellung im 19. Jahrhundert ändern sollte. Die zunehmende Verwendung von Glas in der zweiten Hälfte des 19. Jahrhunderts führte aufgrund der hohen Strahlungsdurchlässigkeit zu einer wachsenden Bedeutung von Manipulatoren, um Funktionen wie den ausreichenden Sonnen- und Wärmeschutz aufrechtzuerhalten (Abb. 2.3). Gerade im Bereich von transparenten Außenwandkonstruktionen wurden zahlreiche Prinzipien entwickelt, um die Wärmeschutzeigenschaften den Außenbedingungen flexibel anpassen zu können. Der großzügige Einsatz von Glas, hohe interne Wärmelasten, sich verändernde Nutzeranforderungen, steigende Energiepreise und das Erreichen der Belastungsgrenzen unserer Umwelt machen es heute wichtiger den je, die Funktionalität der Gebäudehülle neu zu hinterfragen, um mit den sich ändernden Rahmenbedingungen Schritt zu halten.
Hierbei stehen neben neuen Entwicklungen im Bereich von

Isolierverglasungen und Wärmedämmstoffen die Anwendung und die Weiterentwicklung von Manipulatoren sowie eine vernünftig konzipierte, auf die Grundanforderungen abgestimmte Außenhaut im Mittelpunkt des Interesses.

*Der Einfluss der Gestaltung von Fassade und Dach auf Energieverbrauch und Komfort im Gebäudeinneren*

Während im Wohnungsbau der Heizenergieverbrauch nach wie vor von zentraler Bedeutung ist, gewinnt im Verwaltungsbau der Kühlenergiebedarf infolge steigender interner Kühllasten an Bedeutung, weshalb Komponenten zum Schutz vor übermäßigem Wärmeeintrag im Sommer und unerwünschten Transmissions- und Lüftungswärmeverlusten im Winter eine besondere Bedeutung zukommt. Bei konventionellen Bürogebäuden werden etwa 40% der Energie für die Heizung verbraucht, weitere 40% entfallen auf den Betrieb von raumlufttechnischen Anlagen und die Gebäudekühlung. Der restliche Bedarf von 20% wird für die künstliche Beleuchtung aufgewendet.[13] Um den Komfort zu steigern und den Energieverbrauch zu reduzieren, müssen die Kühllasten mittels optimiertem Sonnenschutz, einer verbesserten Tageslichtnutzung und einer tageslichtabhängigen Beleuchtungsregelung vermindert werden. Überschüssige Wärmegewinne können unter Einsatz von Nachtlüftung abgeführt werden, wozu eine entsprechend konzipierte Gebäudehülle in Verbindung mit exponierten Speichermassen im Gebäudeinneren einen wichtigen Beitrag leisten kann. Um die bereits erwähnten, teilweise widersprüchlichen Anforderungen erfüllen zu können, spielen flexibel einsetzbare Elemente eine bedeutende Rolle. Mittels Sonnen-, Blend- und Wärmeschutzsystemen sowie Vorrichtungen zur Tageslichtlenkung können, je nach Bedarf, der Wärmeenergieeintrag in den Raum oder die Transmissionswärmeverluste der Fassade minimiert werden.

Grundanforderungen an den Wärmeschutz sowie effizient und flexibel einsetzbare Sonnen- und Blendschutzsysteme haben bereits heute den Energieverbrauch von Gebäuden drastisch verringert. So liegt der durchschnittliche Heizwärmebedarf von Altbauten, die vor 1968 erstellt worden sind, bei etwa 260 kWh/m²a, während der vergleichbare Wert bei Neubauten in Niedrigenergiebauweise ca. 60 kWh/m²a beträgt.[15] Elemente für den temporären Sonnen- und Wärmeschutz beinhalten gerade bei transparenten bzw. transluzenten Fassadenkonstruktionen das größte Potential, um den Energiebedarf deutlich zu reduzieren.

Die Anwendung dieser Kenntnisse zur Minimierung des Verbrauchs und zum Einsatz von erneuerbaren Energien erfordert vom Architekten die genaue Betrachtung der komplexen Fragen zum Austausch von Stoffen und Energien, aber auch eine enge Zusammenarbeit mit den beteiligten Fachingenieuren.[16]

Verdichtetes Bauen, Kraft-Wärme-Kopplung und die richtige Orientierung des Baukörpers sind Voraussetzungen um das bestehende Energiesparpotential zu nutzen. Fehlt das dazu erforderliche Wissen bzw. wird es unzureichend genutzt, so lassen sich mögliche Defizite durch alleinige Maßnahmen an der Gebäudehülle nur sehr schwer kompensieren.

*Sonnenschutzsysteme*
Unabhängig vom Wärmedämmstandard einer transparenten Fassade hat die Anordnung von Sonnenschutzsystemen einen entscheidenden Einfluss auf den Energieverbrauch

2.4

2.5

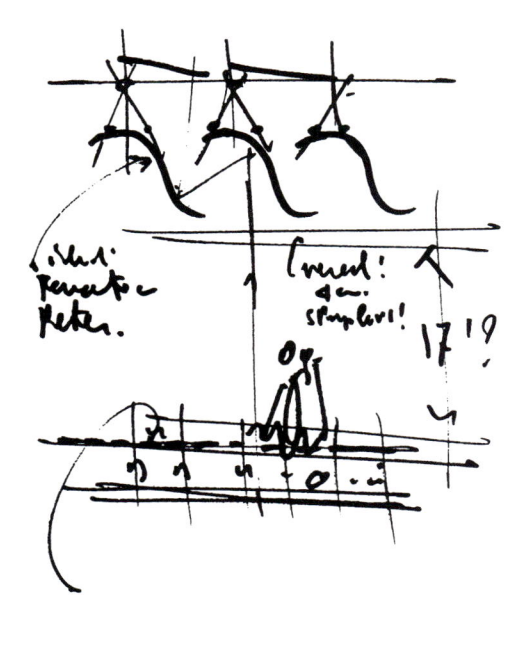

2.6

von Gebäuden. Berechnungen an konventionellen Fassaden mit Ost- und Westorientierung haben ergeben, dass gegenüber einer Glasfassade ohne Sonnenschutz der Kühlenergieverbrauch beim Einsatz einer Außenjalousie auf weniger als die Hälfte fällt. Im Vergleich dazu bringt die Verwendung einer Innenjalousie eine Verringerung des Energieverbrauchs auf nur 80% gegenüber einer Fassade ohne Sonnenschutzsystem.[17] Sonnenschutzelemente sind also zur Vermeidung von Überhitzung bei jedem Gebäudetypus notwendig, vor allem aber bei Gebäuden mit hohen internen Kühllasten und/oder hohem Verglasungsanteil, wie dies bei Verwaltungsbauten häufig der Fall ist. Starre, stationär eingesetzte Systeme erlauben in der Regel keine sonnenstandsabhängige Nachführung des Verschattungselements, was funktionale Nachteile hinsichtlich der Verschattung, Durchsicht und der Tageslichtnutzung mit sich bringen kann. Bewegliche Systeme können dem jahreszeiten- und tageszeitenabhängigen Sonnenstand nachgeführt werden und ermöglichen somit eine individuell regelbare, optimale Verschattung der Fassade bei gleichzeitig maximaler Nutzung des Tageslichts (Abb. 2.4).

Auf die energietechnischen Nachteile innen liegender Sonnenschutzelemente ist besonders hinzuweisen, da die an ihnen absorbierte Solarstrahlung an den Raum abgegeben wird. Dies führt im Sommer zu einer unerwünschten Erhöhung der Kühllasten. Lediglich im Winter kann der mögliche Wärmegewinn zur Raumlufttemperierung genutzt werden. Hinter Glas montierte Systeme haben allerdings aufgrund des Witterungsschutzes den großen Vorteil, dass sie einfacher konstruiert und ausgeführt werden können. Dies ist auch bei Doppelfassaden der Fall, die den Einsatz vielfältigster Manipulatoren hinter einem Wetterschutz aus Einfachverglasung zulassen. Bedingt durch die geringere Verschmutzungsgefahr können Elemente mit empfindlichen bzw. hochreflektierenden Oberflächen, die eine Tageslichtlenkung zulassen, eingesetzt werden. Bei Elementen, die in den Zwischenraum von Isolierverglasungen eingebaut sind, wird der Reinigungs- und Wartungsaufwand gegebenenfalls noch weiter reduziert (und die Lebensdauer erhöht), so beispielsweise bei Mikroraster- oder Prismensystemen (Abb. 2.6). Trotz dieser Vorteile von wettergeschützt montierten Sonnenschutzsystemen stellen außen liegende Sonnenschutzelemente hinsichtlich des sommerlichen Wärmeschutzes aufgrund der bereits erwähnten unmittelbaren Wärmeabgabe an die Außenluft die günstigste Variante dar. Allerdings sind bei der Wahl der Komponenten die Witterungsbedingungen und die Windfestigkeit zu berücksichtigen, da bei hohen Windlasten mit einem temporären, windbedingten Ausfall des Systems zu rechnen ist.

*Blendschutzsysteme*
Die wesentliche Aufgabe von Blendschutzsystemen liegt darin, unzuträgliche Leuchtdichtekontraste zu vermeiden, was vor allem im Verwaltungsbau mit Bildschirmarbeitsplätzen eine große Rolle spielt. Hier liegt ein Hauptunterschied zu den Sonnenschutzsystemen. Lichtdämpfung und -streuung können von unterschiedlichen Systemen übernommen werden, dazu zählen:
- Vorhänge
- Raffstores
- Vertikallamellen
- Jalousetten
- Folienrollos

- transluzente Verglasungen
- elektrochrome Verglasungen

Bei Einsatz dieser Systeme ist jedoch darauf zu achten, dass die Tageslichttransmission nicht soweit herabgesetzt wird, dass Kunstlicht zugeschaltet werden muss oder die Sichtbeziehungen zwischen innen und außen unterbunden werden. Textile Blendschutzsysteme, Folienrollos oder perforierte Alu-Lamellen stellen hier sinnvolle Varianten dar. Die Lage eines Blendschutzsystems in Relation zu der inneren Verglasungsebene bestimmt die Größe der strahlungsbedingten Wärmegewinne im Rauminneren. So ist bei der Kombination von Sonnenschutzverglasung mit innen liegendem Blendschutz davon auszugehen, dass der Heizenergiebedarf im Winter aufgrund der geringeren Strahlungstransmission um ca. 20–30%, der Kühlenergiebedarf aufgrund der Erwärmung des Blendschutzsystems im Sommer um ca. 10–20% höher liegt als bei einem Bürogebäude mit außen liegendem Sonnenschutz.[18]

*Tageslichtnutzung*
Die Nutzung des natürlichen Tageslichts gewinnt sowohl hinsichtlich des Komforts und der Zufriedenheit der Nutzer als auch im Hinblick auf die Verringerung des Kunstlichtbedarfs zunehmend an Bedeutung. Tageslichtsysteme sollten vor allem in Bereichen zum Einsatz kommen, bei welchen infolge großer Raumtiefen eine unmittelbare Nutzung des Tageslichts nicht möglich ist (Abb. 2.7) und/oder aufgrund erhöhter Anforderungen an das Lichtmilieu, wie beispielsweise bei Bildschirmarbeitsplätzen, auf eine optimale Steuerung der Raumbelichtung geachtet werden muss. Hierbei bietet eine tageslichtabhängige Kunstlichtbeleuchtung zusätzliche Einsparpotentiale. Maßnahmen zur optimierten Nutzung des Tageslichts sind eng an Sonnenschutzmaßnahmen zu koppeln, um den Tageslichtanteil der transmittierten Sonneneinstrahlung möglichst hoch, den kurz- und langwelligen Spektralbereich der Solarstrahlung möglichst gering zu halten.
Hierfür können folgende Systeme eingesetzt werden:
- Verglasungen mit selektiv beschichteten Gläsern
- Reflektoren zur Spiegelung des Tageslichts in die Tiefe
- des Raumes
- Mikrorastersysteme mit hochreflektierender
- Beschichtung
- Prismensysteme
- lichtstreuende Verglasungen
- Glaslamellensysteme
- holographisch-optische Elemente (HOE)

*Wärmeschutzsysteme*
Zu den Möglichkeiten, den Wärmedurchgangswiderstand einer Fassaden- oder Dachkonstruktion in Abhängigkeit von den inneren Anforderungen und äußeren Witterungsbedingungen flexibel zu steuern, gehört der Einsatz von Materialien und Komponenten, welche die Wärmeverluste durch Transmission, Konvektion oder Strahlung verringern. Generell werden hierfür Werkstoffe mit einem geringen Wärmedurchlassgrad, einem geringen Emissionsverhalten zur Minderung der Strahlungswärmeverluste und hochreflektierende Folien bzw. Oberflächenbeschichtungen zur Reflexion der Wärmestrahlung verwendet. Neben der Verringerung der Transmissionswärmeverluste kann durch diese Maßnahmen eine Erhöhung der inneren Oberflächentemperatur der Außenwand erreicht werden. Während opake

2.7

Verbesserungsmöglichkeiten der Sonnenschutzeigenschaften von Fassaden

| Prinzip | Bezeichnung | Lage zur Außenwand | |
|---|---|---|---|
| | | i | a |
| *Starre Systeme* | | | |
| opake Systeme | Vordach, Lightshelf, Lamellen | o | x |
| | Lichtrastersysteme | o | o |
| transparente/-luzente Systeme | reflektierende Verglasung | o | x |
| | absorbierende Verglasung | – | x |
| | lichtstreuende Verglasung | x | x |
| | Prismensysteme | x | o |
| | Holografisch-optische Elemente | x | x |
| *Bewegliche Systeme* | | i | a |
| opake Systeme | Rolladen | o | x |
| | Klappladen | o | x |
| | Schiebeladen | o | x |
| | Faltladen | o | x |
| | Vorhang | o | – |
| | Lamellen (Holz, Metall, Kunststoff) | o | x |
| transparente/-luzente Systeme | Glaslamellen | x | x |
| | Prismensysteme | x | o |
| | Holografisch-optische Elemente | x | x |

Verbesserungsmöglichkeiten der Wärmeschutzeigenschaften von Fassaden

| Prinzip | Bezeichnung | Lage zur Außenwand | |
|---|---|---|---|
| | | i | a |
| *Starre Systeme* | | | |
| opake Wärmedämmung (WD) | Wärmedämmverbundsystem | x | x |
| | hinterlüftete Fassade, gedämmt | – | x |
| transparente/-luzente WD | Solare Wandheizung | – | x |
| transp./-luzente Vorsatzschale | Winterfenster | x | x |
| | Wintergarten | – | x |
| | Zweite-Haut-Fassade | – | x |
| | Abluftfassade | x | – |
| | Solar-Luftkollektor | – | x |
| *Bewegliche Systeme* | | i | a |
| opake Wärmedämmelemente | Rolladen | x | x |
| | Klappladen | x | x |
| | Schiebeladen | x | x |
| | Faltladen | x | x |
| | Vorhang | x | – |
| | Lamellen | x | x |
| transp. Wärmedämmelemente | Fensterflügel (z. B. Kastenfenster) | x | x |
| | Folienelement | x | x |

($i$ = innen, $a$ = außen)

x Komponente für angegebene Funktion gut geeignet
o Komponente für angegebene Funktion bedingt geeignet
– Komponente für angegebene Funktion ungeeignet

Luftschalldämmung verschiedener Bauteile

| Bauteil | Schalldämmmaß $R'_w$ [dB] |
|---|---|
| Schaumstoff, offenporig, 5 cm | 5 |
| Holzspannplatte, 2 cm | 22 |
| Isolierglasscheibe 2× 5 mm, SZR 12 mm | 33–35 |
| einschalige Backsteinwand, 15 cm, beidseitig verputzt | 46–48 |
| Betonwand, 15 cm | 53–55 |

Baustoffklassen (eingeteilt nach Brandverhalten)

| Bauaufsichtliche Benennung | Baustoffklasse |
|---|---|
| nichtbrennbare Baustoffe | A |
| Baustoffe ohne brennbare Anteile, z.B. Beton, Stahl, Naturstein | A1 |
| Baustoffe mit geringen brennbaren Anteilen, z.B. Gipskartonplatten | A2 |
| brennbare Baustoffe | B |
| schwer entflammbare Baustoffe, wie z.B. imprägnierte Holzbauteile oder Textilien | B1 |
| normal entflammbare Baustoffe, wie z.B. Holzbohlen, -dielen | B2 |
| leicht entflammbare Baustoffe, wie z.b. Folien, Papier | B3 |

Feuerwiderstandsklassen

| Bauaufsichtliche Benennung | Kurzbezeichnung |
|---|---|
| feuerhemmend | F30-B |
| feuerhemmend und in den tragenden Teilen aus nicht brennbaren Baustoffen | F30-AB |
| feuerhemmend und aus nicht brennbaren Baustoffen | F30-A |
| feuerbeständig | F90-AB |
| feuerbeständig und aus nicht brennbaren Baustoffen | F90-A |

Hüllkonstruktionen mit einer Wärmedämmstoffstärke von 12–16 cm U-Werte von unter 0,3 W/m²K aufweisen, können mit transparenten bzw. transluzenten Wand- oder Dachkonstruktionen vergleichbare Werte nur unter Einsatz temporärer Wärmeschutzmaßnahmen erreicht werden. Allerdings muss bei einem unmittelbaren Vergleich die Möglichkeit der Nutzung von Solarenergie unbedingt berücksichtigt werden, da die Energiebilanz einer Fassade entscheidend von diesem Faktor abhängt. Auch die Strahlungsdurchlässigkeit eines Wärmedämmstoffes beeinflusst die Möglichkeiten der direkten Nutzung der Solarenergie, beispielsweise für die Vorwärmung der Zuluft oder die Erwärmung einer massiven Außenwandkonstruktion. In funktionaler Hinsicht sind Wärmeschutzmaßnahmen nach ihrer Anpassungsfähigkeit einzuteilen. Starre Systeme, wie z.B. Wärmedämmverbund- oder hinterlüftete Fassadensysteme, lassen eine Anpassung der Wärmeschutzeigenschaften der Gebäudehülle an die jahres- und tageszeitenbedingten Schwankungen der Außenlufttemperatur und der Strahlungsverhältnisse nicht zu. Dies kann vor allem bei transparenten oder transluzenten Wärmedämmelementen problematisch sein, bei welchen eine Überhitzung im Sommer vermieden werden muss. Bei beweglichen Systemen, wie beispielsweise bei Schiebe- und Klappläden, ist das Wärmedämmmaterial bzw. -element innerhalb oder außerhalb der vorhandenen Außenwand- konstruktion angebracht. Unter Einsatz transparenter und transluzenter Bauteile kann damit im Winter ein möglicher Wärmegewinn gezielt zur Vorwärmung der Luft im Fassadenzwischenraum genutzt werden, während im Sommer die erwärmte Luft über die Fassadenöffnungen entweichen kann. Dieser Vorteil der Nutzung solarer Gewinne ist bei opaken Wärmedämmsystemen nicht gegeben.

*Natürliche Lüftung*
Neben den erwähnten Einflussgrößen zur Steuerung des Energiehaushaltes spielt die Außenhaut hinsichtlich des natürlichen Luftaustauschs in Gebäuden eine bedeutende Rolle. Die Erfüllung raumlufthygienischer Anforderungen steht hierbei im Vordergrund, wobei auf einen kontrollierten Luftwechsel zu achten ist, um bei kühler Witterung die Wärmeverluste gering zu halten. Freie Lüftung über vorhandene Öffnungen in der Gebäudehülle ist in der Regel bei Räumen ausreichend, deren Raumtiefe das 2,5-fache der Raumhöhe nicht überschreitet. In Abhängigkeit von der Öffnungsart sowie der Anordnung und Stellung des Öffnungsflügels werden hier Luftwechselzahlen zwischen 0,2 und 50 1/h erreicht.[20] Die gezielte Gestaltung der Gebäudehülle unter Nutzung natürlicher Prinzipien, wie etwa des thermischen Auftriebs, kann dazu führen, dass eine natürliche Durchlüftung auch von sehr tiefen Räumen erreicht wird.[21]

*Weitere funktionale Aspekte*
In Bezug auf Komfort und Sicherheit stellen der Schall- und Brandschutz weitere relevante Eigenschaften von Gebäudehüllen dar. Bezüglich des Schallschutzes ist bei der Konzeption der Gebäudehülle darauf zu achten, dass sowohl der außerhalb des Gebäudes vorhandene als auch der im Gebäudeinneren entstehende Schall soweit wie möglich reduziert wird. Dies geschieht durch den Einsatz von Werkstoffen, die aufgrund ihrer Masse den im Freien oder Gebäudeinneren vorhandenen Schall reflektieren und damit schalldämmend wirken. Eine andere Möglichkeit stellt

2.8

2.9

die Schalldämpfung dar, bei der die Schallenergie absorbiert und in Wärme umgewandelt wird. Die Mindestwerte für das Schalldämmmaß von Außenbauteilen liegen je nach Wohnlage zwischen 50 und 75 dB.

Hinsichtlich des Brandschutzes besteht die Forderung an die Gebäudehülle, dass sowohl die Sicherheit der Benutzer gewährleistet ist als auch der Entstehung von Bränden und Explosionen vorgebeugt sowie der Ausbreitung von Flammen, Hitze und Rauch entgegengewirkt wird. Zudem muss die Tragfähigkeit der Konstruktion während eines bestimmten Zeitraumes erhalten bleiben und eine wirksame Brandbekämpfung ermöglicht werden. Eine Klassifikation der Außenhautkonstruktion ist vor allem hinsichtlich der Brennbarkeit der verwendeten Baustoffe und der Feuerwiderstandszeit von Bauteilen und Tragelementen möglich. Hierbei bezieht sich die Feuerwiderstandklasse F auf Wände, Stützen, Decken, Balken und Treppen, welche die Ausbreitung von Feuer und Rauch sowie den Durchtritt von Wärmestrahlung verhindern. Die Feuerwiderstandsklasse G bezieht sich auf lichtdurchlässige Bauteile, also Verglasungen, welche die Ausbreitung von Feuer und Rauch, jedoch nicht den Durchtritt von Wärmestrahlung verhindern. Die Feuerwiderstandsklasse W bezieht sich auf nichttragende Außenwände, die Feuerwiderstandsklasse T auf Türen und Tore. Im Bereich der Gebäudehülle bedeutet dies, dass unter Berücksichtigung der jeweiligen Landesbauordnung sowie spezifischen Richtlinien zu klären ist, ob brandschutzbezogene Anforderungen vorliegen, die die Baustoffwahl oder Konstruktionsart einschränken könnten. In brandschutztechnischer Hinsicht sind vor allem tragende und raumabschließende Wände wie z.B. Wände an Rettungswegen, Treppenraumwände und Brandwände besonders zu beachten. Derartige Bauteile müssen bei einem vorhandenen Brandrisiko je nach Gebäudeklasse und Nutzungsart eine Feuerwiderstandsdauer zwischen 30 und 120 Minuten aufweisen.[22]

*Die Gebäudehülle als Kraftwerk*
Bevor fossile Brennstoffe in großen Mengen verfügbar waren, stellte der sparsame Umgang mit Heizenergie sowie die Anwendung von Prinzipien solarer Energienutzung einen unabdingbaren Bestandteil in der Konzeption von Gebäuden bzw. Gebäudehüllen dar. Materialwahl, Orientierung des Baukörpers zur Sonne, Exposition im Hinblick auf Witterungseinflüsse sowie die Planung des Grundrisses und die Ausformung der Fassaden- und Dachflächen wurden abgestimmt auf die Rahmenbedingungen des Ortes. Dazu zählen das lokale Klima, die Topographie, die Verfügbarkeit von Werkstoffen für die Herstellung und Brennmaterial für den Betrieb von Gebäuden. Auf diese Weise entwickelte sich über Jahrhunderte hinweg eine Baukultur, bei der ein unmittelbarer Zusammenhang zwischen den funktionalen Anforderungen und dem Erscheinungsbild der Bauten bestand, was sich auch heute noch an traditionellen Gebäuden ablesen lässt (Abb. 2.8).

Durch den drastischen Wandel auf dem Energiesektor, speziell durch die einfache und kostengünstige Verfügbarkeit von fossilen Brennstoffen und elektrischem Strom, wurde dieser Zusammenhang grundlegend verändert. Die Beziehung zu den lokalen Verhältnissen und deren Ausprägung in Form der gebauten Umwelt ist damit nahezu vollständig aufgelöst (Abb. 2.9). Erst die Erkenntnis, dass fossile Brennstoffe nicht unendlich verfügbar sind und die Folgen der

Verbrennung von Kohle, Öl und Gas eine ernste Gefahr für die Umwelt und den Menschen darstellen, hat einen Wandel im Denken der Planer mit sich gebracht. Europaweit wird rund die Hälfte der genutzten Primärenergie für den Bau und Betrieb von Gebäuden verbraucht. Darum stellt die drastische Verringerung des Energiebedarfs, gekoppelt an eine zunehmende Nutzung solarer Energien den einzig sinnvollen Ausweg aus der Problematik von Energieverknappung und Umweltzerstörung dar.

Der Einsatz der Solarenergie kann in zweierlei Hinsicht erfolgen. Die direkte Nutzung betrifft hauptsächlich die Ausrichtung, Grundrissorganisation und Ausformung des Gebäudes und seiner Teile, insbesondere der Fassade. Auf die Gebäudehülle bezogen erfolgt die Anwendung der Solarenergie für die natürliche Lüftung unter Berücksichtigung des thermischen Auftriebs und der entstehenden Druckdifferenzen, für die Belichtung von Innenräumen unter Nutzung des Tageslichts und für die Beheizung von Innenräumen durch Ausnutzung des Glashauseffektes (Abb. 2.10).

Die verschiedensten Systeme stehen zur Auswahl, um die verfügbare Energie zu sammeln, zu verteilen und zu speichern. Pufferräume, transparente Wärmedämmung, Aerogelverglasungen und hochwärmedämmende Isoliergläser mit U-Werten unter 1,0 W/m$^2$K erweitern die Möglichkeiten des direkten Einsatzes von Solarenergie und reduzieren die Wärmeverluste im Vergleich zu herkömmlicher Isolierverglasung. Komponenten und Systeme, wie beispielsweise massive Wandelemente mit vorgelagerter transluzenter Wärmedämmung, lassen zudem die Verwendung der tagsüber eingelagerten Sonnenenergie während der Abend- und frühen Nachtstunden zu. Eine effizientere Nutzung von Tageslicht wird durch Mikrorastersysteme, Prismengläser und HOE-Elemente ermöglicht. Dies ist vor allem im Verwaltungsbau aufgrund gestiegener Kühllasten und Komfortansprüche der Nutzer von Bedeutung.

Die indirekte Nutzung betrifft die mittelbare Anwendung von Solarenergie unter Einsatz von Kollektoren, also eigenständigen Systemen, die in die Hülle von Gebäuden integriert werden können. In diesem Bereich wird Solarenergie beispielsweise für die Erzeugung von Warmwasser oder von Warmluft, für das Beheizen von Innenräumen oder für die Bereitstellung von Brauchwasser genutzt. Die Umwandlung von Solarstrahlung in Kälte ist eine weitere Anwendungsform, bei welcher Sonnenkollektoren in Verbindung mit Absorptionswärmepumpen oder thermochemischen Speichersystemen eingesetzt werden. Die Erzeugung von elektrischem Strom unter Einsatz von Photovoltaikelementen hat aufgrund der ausgereiften Technik, staatlicher Förderprogramme und einfach zu integrierender Paneele während der letzten Jahre einen Aufschwung erfahren, wobei vielfältige Anwendungsformen in der Gebäudehülle entwickelt wurden.

Anders als bei frei auf die Gebäudehülle aufgesetzten Kollektoren ist gerade bei diesen Systemen eine ganzheitliche Integration sowohl in konstruktiver als auch gestalterischer Hinsicht möglich.[23] Neben funktionalen Vorteilen bietet dies auch Kostenersparnisse, da die durch Kollektoren belegte Dach- oder Fassadenfläche nicht noch zusätzlich finanziert werden muss.

Baustoffe, Komponenten und Techniken müssen unter Berücksichtigung des Gebäudekonzepts bewusst ausgewählt und aufeinander abgestimmt werden. Die

2.10

Gebäudehülle bietet sowohl im Bereich des Daches als auch der Fassade vielfältige Anwendungsmöglichkeiten der Solartechnik, die bei entsprechender Auslegung der Systeme, Kopplungs- und Speichermöglichkeiten eine nahezu vollständige Deckung des Energiebedarfs ermöglichen.

*Konstruktive Aspekte der Gebäudehülle*

Neben den komfortbedingten und energietechnischen Anforderungen hat die Gebäudehülle als raumbildendes Element eine Reihe von weiteren Funktionen zu übernehmen, die im Wesentlichen die Ausbildung der Fassaden- und Dachkonstruktion betreffen.
Zu diesen Funktionen gehören:
- Abtragung von vertikal wirkenden Lasten, wie den Eigen- und Verkehrslasten
- Abtragung von horizontal wirkenden Lasten, wie windbedingten Druck- oder Sogkräften der Anprallasten
- Schutz vor Einbruch und mechanischer Beschädigung
- Ermöglichen der konstruktiven Integration von Komponenten für die direkte und indirekte Nutzung der Solarenergie oder den Sonnen- und Wärmeschutz des Innenraumes
- Ermöglichen der konstruktiven Integration von Manipulatoren für die Anpassung der Gebäudehülle an die sich ändernden funktionalen oder nutzerbedingten Anforderungen

Darüber hinaus stehen bei der konstruktiven Ausbildung der Gebäudehülle gestalterische Fragen im Vordergrund. Konstruktion und Gestalt sind untrennbar miteinander verbunden, da der strukturelle Aufbau der Außenhaut das Erscheinungsbild eines Gebäudes prägt. Tragende Elemente, wie Balken, Stützen und Wände, bestimmen durch ihren Abstand untereinander den Rhythmus, die Gliederung und die Proportionen der Hülle. Zu den gestaltgebenden Merkmalen einer Außenwandkonstruktion gehören die Größe, Form und Anordnung von Öffnungen sowie die Gliederung, Materialwahl und die Oberflächenbehandlung geschlossener Wand- bzw. Dachflächen. Vor diesem Hintergrund werden im Folgenden Fragen der Lastabtragung, des strukturellen Aufbaus sowie Möglichkeiten der konstruktiven Ausbildung intensiver diskutiert und hinsichtlich ihrer Bedeutung für das Erscheinungsbild des gesamten Gebäudes dargestellt.

*Zur Klassifizierung der Gebäudehülle unter Berücksichtigung konstruktiver Kriterien*

Aus der Betrachtung der konstruktiven Ausbildung und der Eigenschaften der verwendeten Werkstoffe ergeben sich folgende Kriterien, anhand welcher sich Hüllkonstruktionen beschreiben und klassifizieren lassen[24]:
- Lastabtragung (tragend/nicht tragend)
- Aufbau der Außenwand hinsichtlich der Anordnung von Schalen (einschaliger oder mehrschaliger Aufbau)
- Aufbau der Außenwand hinsichtlich der Schichtenfolge
- Strahlungsdurchlässigkeit der Hüllkonstruktion (transparent, transluzent, opak)

Andere Kriterien, etwa die Lage und der Abstand der Gebäudehülle in Relation zu tragenden und aussteifenden Elementen, wie Stützen, Decken und Wänden, sind für eine Typologisierung von untergeordneter Bedeutung.

Einteilungskriterien der Gebäudehülle

2.11

2.12

*Tragende und nicht tragende Hüllkonstruktionen*
Eines der wohl ältesten Prinzipien, sich vor den Einflüssen der Witterung oder vor der Bedrohung durch Tiere oder andere Feinde zu schützen, ist die Herstellung von einfachen Hüllkonstruktionen aus geschichteten Steinen (Abb. 2.11) oder gestapelten, zugeschlagenen Baumstämmen, welche mit einem Dach aus auskragenden Steinplatten oder aus Holzbohlen und einer Verkleidung aus Holz- oder Steinschindeln versehen werden.
Die tragende Außenhaut besteht in der Regel aus biegesteifen, druckfesten Konstruktionen, welche aus Lehm, Mauerwerk oder Stahlbeton, aber auch aus Glas gefertigt werden können. Auch massive Wände aus bearbeiteten Holzstämmen oder Holzbalken, wie sie sich bei traditionellen Gebäuden im Alpenraum finden, sind hier zu nennen.
Eine Zwischenform stellen Fachwerkbauten dar, da die Funktionen »Tragen« und »Raumabschluss« in derselben Ebene liegen, die Lastabtragung erfolgt über das hölzerne Stabtragwerk. Die Ausfachung der Zwischenräume ist somit vollkommen flexibel, wobei auf die Variabilität heutiger Skelettkonstruktionen hingewiesen sei. Moderne Außenwände aus Massivholz stellen u.a. so genannte Brettstapelkonstruktionen dar, deren Verbreitung in den letzten Jahren im Bereich des ressourcenschonenden Bauens zugenommen hat. Bei den Dachkonstruktionen sind an dieser Stelle vor allem Kuppel-, Schalen- und Gewölbekonstruktionen zu nennen. Neben diesen druckbeanspruchten Außenwand- bzw. Dachkonstruktionen zählen auch zugbeanspruchte Konstruktionen zu den »tragenden« Gebäudehüllen. Die Ableitung der Lasten erfolgt hier über Kunststofffolien oder -gewebe, also über biegeweiche und zugfeste Werkstoffe. Deren Eigenschaften sind infolge einer intensiven Forschungs- und Entwicklungsarbeit während der vergangenen Jahre deutlich verbessert worden, was zu einer zunehmenden Verwendung zugbeanspruchter Hüllkonstruktionen geführt hat.
Ein zweites, ebenso früh angewendetes Prinzip der Konstruktion von Gebäudehüllen ist der Einsatz von Häuten, Blättern, Decken oder geflochtenen Elementen, die – vergleichbar mit der Kleidung des Menschen – über eine einfache Tragkonstruktion gelegt oder gespannt werden. In gewisser Weise können derartige Konstruktionen als Vorläufer heutiger Vorhangfassadensysteme betrachtet werden, da hier erstmals die Funktion der vertikalen Lastabtragung von den übrigen Aufgaben der Gebäudehülle getrennt wurde.
Nichttragende Außenwandkonstruktionen bestehen heute zumeist aus Holz-, Glas-, Metall-, Keramik- oder Natursteinschalen, bei welchen die Lastabtragung über eigene Stützelemente erfolgt. Im Bereich des Wohnungsbaus entdeckten die Architekten der Moderne Anfang des 20. Jahrhunderts den Baustoff Glas und entwickelten unter Einsatz von Schotten- und Skelettkonstruktionen für die Lastabtragung vollkommen transparente Außenwandkonstruktionen. Mit dem Ziel, nicht nur die Gebäudehülle, sondern das gesamte Gebäude möglichst durchsichtig erscheinen zu lassen, wurde in den letzten Jahren die Grenze zwischen nichttragenden, hochtransparenten Vorhangfassaden und tragenden, monolithisch aufgebauten Außenwandkonstruktionen aufgelöst, da unter Einsatz bestimmter Konstruktionsmethoden die Abtragung von Lasten und die Gebäudeaussteifung dem Werkstoff Glas zugewiesen werden kann (Abb. 2.12).

2.13

Unabhängig davon erlaubt die Trennung der Funktion der Lastabtragung von den weiteren Aufgaben der Gebäudehülle den Einsatz unterschiedlichster Werkstoffe und Komponenten für ihre Konstruktion. Die Möglichkeiten der funktionalen Eigenschaften und gestalterischen Ausdrucksformen scheinen dadurch nahezu unbegrenzt.

Im Bereich moderner Verwaltungsgebäude haben sich vor allem folgende Fassadenarten durchgesetzt:
• Pfosten-Riegel-Fassaden (Abb. 2.13)
• Element-Fassaden (Abb. 2.14)

Die beiden Systeme unterscheiden sich vor allem hinsichtlich ihrer Fertigung und Montage auf der Baustelle. Bei beiden Fassadenvarianten werden Paneele und Verglasungen linear auf einer Unterkonstruktion befestigt. Während bei einer Pfosten-Riegel-Konstruktion die Montage der Füllelemente erst auf der Baustelle erfolgt, können bei einer Elementfassade größere Teilstücke komplett unter kontrollierten Werkstattbedingungen vormontiert werden.

*Einschalige und mehrschalige Hüllkonstruktionen*
Als zweiter wesentlicher Teilaspekt für eine Klassifikation ist der konstruktive Aufbau der Außenhaut anzusehen. Hierbei ist in erster Linie zwischen einschaligen und mehrschaligen Konstruktionen zu unterscheiden. Von diesem Kriterium werden wesentliche funktionale Eigenschaften wie Wärmeschutz oder die Anpassungsfähigkeit der Gebäudehülle an die Erfordernisse des Nutzers bestimmt. Schalen bestehen in der Regel aus druck- und/oder zugfesten Werkstoffen, die durch eine Luftschicht voneinander getrennt sind. Während bei monolithischen Konstruktionen die bauphysikalischen Eigenschaften von einem einzelnen Baustoff bestimmt werden, kann bei mehrschaligen Hüllen das Leistungsprofil der Gebäudehülle unter Einsatz verschiedener Werkstoffe entsprechend eingestellt und optimiert werden. So lässt sich bei einer mehrschaligen Außenwandkonstruktion der Schutz vor Sonne, Wind und Niederschlägen mittels einer dünnen, leichten und wetterbeständigen Verkleidung bewerkstelligen, während eine dahinter angeordnete Wärmedämmstoffschicht einen guten Wärmeschutz bietet. Raumseitig kann eine leichte Konstruktion aus dünnen Werkstoffplatten den notwendigen festen Raumabschluss bilden, während auftretender Wasserdampf bei einer Hinterlüftung der Fassade problemlos abgeführt werden kann, was einen weiteren bauphysikalischen Vorteil dieser Konstruktion darstellt. In diesem Zusammenhang sind auch Manipulatoren, die aufgrund ihrer mechanischen und konstruktiven Eigenschaften eine zusätzliche Ebene vor oder hinter bestimmten Teilen der Außenhaut aufbauen, als »Schalen« zu bezeichnen. Hierzu gehören beispielsweise Schiebe- und Klappläden oder drehbare Lamellen für den temporären Wärme-, Schall-, Sonnen- oder Sichtschutz. Im Bereich transparenter Hüllkonstruktionen haben mehrschalige Aufbauten sowie die Integration von Manipulatoren zur flexiblen Regelung der funktionalen Fassadeneigenschaften an Bedeutung gewonnen. Dies trifft besonders auf moderne Verwaltungsgebäude zu, da zunehmende Komfortansprüche, geänderte Arbeitsweisen, interne Kühllasten und ein sich wandelndes Energiebewusstsein erhöhte Anforderungen an die Ausbildung der Gebäudehülle stellen, welche mit einschaligen Konstruktionen nicht mehr erfüllt werden können. Die anhaltende,

2.14

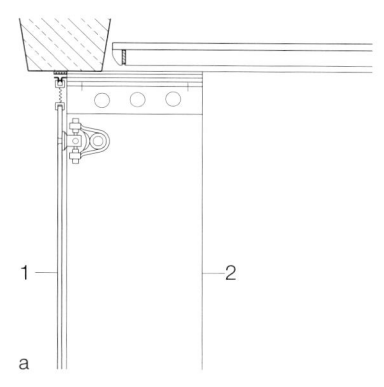

a
*einschalig • einschichtig • transparent*
1 ESG
2 Glasschwert ESG

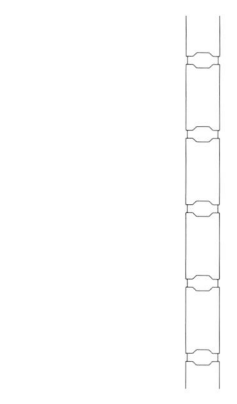

b
*einschalig • einschichtig • transluzent*
Wand aus Gussglassteinen

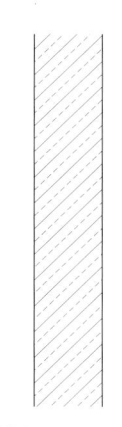

c
*einschalig • einschichtig • opak*
Wand aus Stahlbeton

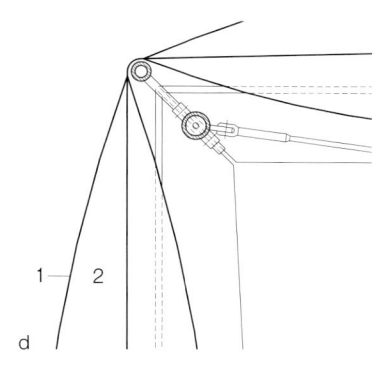

d
*einschalig • mehrschichtig • transparent*
1 ETFE-Kissen dreilagig,
  mit transparenter Innenlage
2 Luftschicht, abgeschlossen

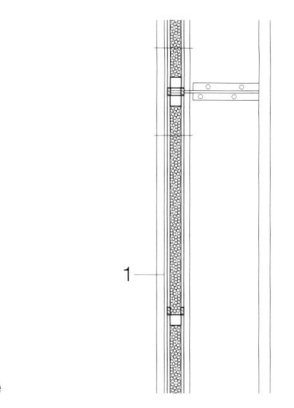

e
*einschalig • mehrschichtig • transluzent*
1 Floatglas, Aerogel-Granulat, Floatglas

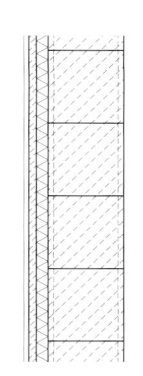

f
*einschalig • mehrschichtig • opak*
Wandaufbau: Holzfaserzementplatten
            Wärmedämmung
            Betonsteinmauerwerk

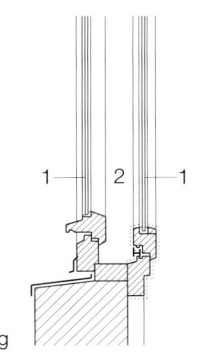

g
*mehrschalig • einschichtig • transparent*
Kastenfenster
1 Einfachverglasung
2 Luftraum

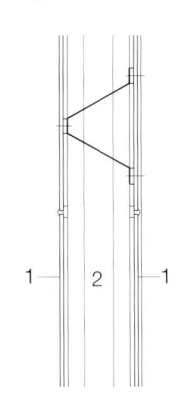

h
*mehrschalig • einschichtig • transluzent*
1 Gussglas, transluzent
2 Luftraum

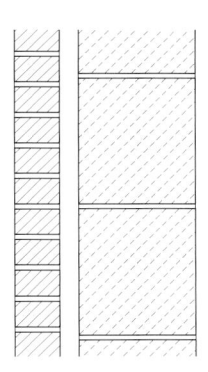

i
*mehrschalig • einschichtig • opak*
Wandaufbau: Ziegelverblendung
            Hinterlüftung
            Leichtbetonmauerwerk

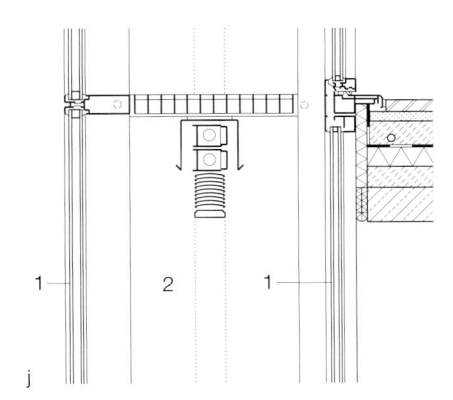

j
*mehrschalig • mehrschichtig • transparent*
1 ESG, SZR, Floatglas
2 Luftraum

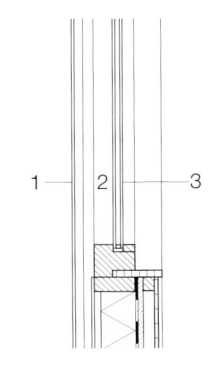

k
*mehrschalig • innen mehrschichtig • transluzent*
1 ESG, weiß bedruckt
2 Luftraum
3 Isolierverglasung

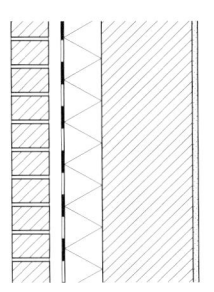

l
*mehrschalig • innen mehrschichtig • opak*
Wandaufbau: Recyclingziegel
            Hinterlüftung
            Windsperre
            Dämmung
            Kalksandstein
            Innenputz

Einteilungskriterien der Gebäudehülle – Beispiele

intensiv und kontrovers geführte Diskussion mehrschaliger Glasfassaden ist als Indiz dafür zu werten, dass Planer die Bedeutung flexibel einstellbarer Außenhautkonstruktionen erkannt haben und deren Vorteile hinsichtlich der Minimierung des Energieverbrauchs und der Optimierung des Komforts nutzen möchten.[25]

*Einschichtige und mehrschichtige Hüllkonstruktionen*
Eine weitere Einteilungsmöglichkeit besteht im Hinblick auf die Schichtung der Gebäudehülle, wobei zwischen einschichtigen und mehrschichtigen Konstruktionen unterschieden werden kann. Analog zu einem Aufbau aus unterschiedlichen Schalen kann die Auswahl der verschiedenen Schichten so ausgerichtet sein, dass ein in funktionaler Hinsicht optimierter, statischer Endzustand der Gebäudehülle erreicht wird. Ziel ist es, den Komfort im Gebäudeinneren auf möglichst effiziente, also energiesparende Weise sicherzustellen. Ein typisches Beispiel für eine einschichtige Konstruktion ist eine Außenwand aus Sichtziegelmauerwerk, bei welcher die Funktionen Wärme-, Witterungs- und Einbruchschutz von einem Material übernommen werden. Derartige Konstruktionen entsprechen in der Regel nicht den heutigen Wärmeschutzanforderungen, weshalb im Sanierungsfall zusätzliche, hinterlüftete Schalen oder eine Schicht aus einem Wärmedämmverbundsystem aufgebracht wird. Zu den typischen Beispielen mehrschichtiger Konstruktionen gehören Außenwandsysteme aus Mauerwerk, welche mit Innen- und Außenputz versehen sind, oder nicht hinterlüftete Flachdachkonstruktionen, bei welchen diverse Schichten unterschiedlicher Baustoffe fest miteinander verbunden werden.

*Transparent, transluzent, opak*
Neben der Frage der Lastabtragung und des konstruktiven Aufbaus stellt die Licht- bzw. Strahlungsdurchlässigkeit das dritte wesentliche Einteilungskriterium dar, welches die Gestalt und Funktion der Gebäudehülle prägt. In Bezug auf den Energiehaushalt und die Möglichkeiten der direkten Solarenergienutzung ist dies vor allem in Hinblick auf die Tageslichtnutzung aber auch den Glashauseffekt sowie die Gefahr der sommerlichen Überhitzung von Innenräumen zu beachten. Die Chancen der heutigen Solararchitektur sind also unmittelbar vor diesem Hintergrund zu sehen. Sowohl im Bereich tragender als auch nichttragender sowie ein- und mehrschaliger Außenhautkonstruktionen findet sich eine große Vielfalt von transparenten (durchsichtigen) und transluzenten (durchscheinenden) Fassadensystemen. Diese weisen eine Fülle unterschiedlicher funktionaler Eigenschaften auf, welche eine gezielte Anpassung des Wärme- und Sonnenschutzes der Außenhautkonstruktion an die lokalen Verhältnisse oder die individuellen Anforderungen erlauben. So vereinen beispielsweise mehrschalige Glasfassadensysteme gute Schall- und Windschutzeigenschaften mit einem hohen Grad an Transparenz, während die Kombination von transluzenter Wärmedämmung mit massiven Speicherwänden die zeitversetzte Nutzung der Solarenergie ermöglicht. Die Verwendung von transluzenten Fassadenelementen in Form von gespannten Tierhäuten und dünnen Alabaster- und Onyxplatten ist in der Architektur ein bekanntes Thema, welches heute durch den Einsatz spezieller lichtstreuender Verglasungen zur Optimierung der Tageslichtnutzung vermehrt Beachtung findet. In Weiterführung überlieferter Lösungsprinzipien, wie sie in

der traditionellen japanischen Architektur in Form verschiedenster Schiebeelemente aufgezeigt werden, lassen sich in der Kombination von transparenten oder transluzenten und opaken Elementen sowohl die gestalterischen als auch die funktionalen Eigenschaften der Gebäudehülle optimal einstellen.

In den vorhergehenden Abschnitten wurden prinzipielle Möglichkeiten aufgezeigt, um unter Einsatz der verschiedensten Konstruktionen in funktionaler Hinsicht sehr unterschiedliche Gebäudehüllen zu entwickeln.
In Anbetracht der Kombinationsmöglichkeiten ergibt sich dadurch eine sehr große Vielfalt unterschiedlicher Hüllsysteme. Zugleich wird die große gestalterische Freiheit deutlich, die unter Einsatz der verschiedensten Materialien, Oberflächenstrukturen, Farben, Formate und Proportionen erreicht werden kann.
Die konstruktive Umsetzung darf sich jedoch niemals ausschließlich an nur einer der eingangs erwähnten Betrachtungskategorien orientieren; es sollte unter Berücksichtigung der funktionalen, gestalterischen und ökologischen Teilaspekte eine in jeder Hinsicht befriedigende Gebäudehülle entwickelt werden. Hierzu gehört die Klärung des Anforderungsprofils der Gebäudehülle:
- Welche äußeren klimatischen Bedingungen herrschen, wie verändern sich diese im jahres- und tageszeitlichen Verlauf und welche lokalen Bedingungen sind im Hinblick auf die umgebende Bebauung und die jeweilige Ausrichtung der Fassaden- oder Dachfläche zu berücksichtigen?
- Welche Anforderungen stellt der Nutzer an das gewünschte Raumklima? Welche besonderen internen Belastungen liegen vor (Kühllasten, Schadstoffe etc.)?

Um optimal auf die Bedürfnisse des Nutzers reagieren zu können und gleichzeitig einen minimalen Herstellungs- und Betriebsenergieverbrauch zu berücksichtigen, muss die Gebäudehülle also stets in ihrer Wechselwirkung mit der Konstruktion und der Gebäudetechnik betrachtet werden, wodurch die Klärung folgender Fragestellungen erreicht werden sollte:
- Kann die Gebäudehülle den sich wandelnden Bedürfnissen des Nutzers angepasst werden?
- Wie sieht das energietechnische Gesamtkonzept des Gebäudes aus? Können Speichermassen zur Dämpfung extremer Temperaturschwankungen genutzt werden?
- Welche Möglichkeiten bestehen für die Nutzung von Umweltenergien? Lassen sich gezielt Maßnahmen zur direkten und/oder indirekten Nutzung der Solarenergie einsetzen? Kann die Gebäudehülle so konzipiert werden, dass die natürliche Lüftung den erforderlichen Luftwechsel sicherstellt? Können überschüssige Energiegewinne im Sommer über die Fassade wieder abgeführt werden? Bestehen Chancen zu einer integrierten Energieversorgung, z.B. durch Kraft-Wärme-Kopplung oder Nahwärmesysteme?
- Können Werkstoffe mit niedrigem Primärenergieinhalt eingesetzt werden? Haben diese eine besonders hohe Lebensdauer und/oder können sie recycelt werden?

Neben diesen funktionalen und ökologischen Fragen steht auch die Gestaltung der Hülle im Vordergrund, wenn das Gebäude einen in jeder Hinsicht positiven Beitrag zur Aufwertung seines jeweiligen Standortes leisten soll.

2.15

*Die Gebäudehülle der Zukunft*

Neue Formen der Energiegewinnung werden die Gestaltung der Außenhaut unserer Gebäude ebenso beeinflussen, wie kommende Entwicklungen im Bereich der Arbeitsumwelt und der Bürotechnik. Einen weiteren wesentlichen Faktor stellt die Erforschung neuer Werkstoffe, Fertigungsmethoden und Fassadenkomponenten dar, die das Leistungs- und Erscheinungsbild der Gebäudehülle in ähnlicher Weise revolutionieren könnten, wie dies bei der Erfindung des Floatglasverfahrens im Jahre 1955 geschehen ist. Leistungsfähige Rechner und neue Testmethoden erweitern die Möglichkeiten des konstruktiven Einsatzes von Glas. Die Weiterentwicklung und Optimierung von Kunststoffen ist ein Beispiel dafür, wie sich die funktionalen, konstruktiven und gestalterischen Eigenschaften der Gebäudehülle der Zukunft verändern könnten. So ist die Herstellung mehrlagiger, weitgespannter Membranen durch die Entwicklung von Fluorpolymerfolien (ETFE) möglich geworden. Die wärmetechnischen Eigenschaften bisheriger Membrankonstruktionen konnten damit um ein Vielfaches verbessert und somit transparente, sehr leichte und dauerhafte Außenwand- und Dachkonstruktionen erstellt werden (Abb. 2.15). Anhaltende Forderungen nach leistungsfähigen und flexiblen Fassadensystemen werden die Entwicklung der Außenhaut vom statischen System zu einer mehrschaligen und mehrschichtigen, mit Manipulatoren ausgestatteten Hülle weiter vorantreiben. Vielfältige Steuerungsfunktionen, die den thermischen und visuellen Komfort so regeln wie den Energiegewinn und -verbrauch unserer Gebäude, werden die reine Schutzfunktion ergänzen.

Das Thema der veränderlichen Außenhaut gewinnt damit weiter an Bedeutung, wobei auch hier die Entwicklung neuer kostengünstigerer Werkstoffe und Komponenten eine maßgebliche Rolle spielen wird. Schon heute ermöglichen elektrochrome Verglasungen durch Anlegen einer Spannung die Veränderung der Strahlungsdurchlässigkeit, während thermotrope Verglasungen sich mit zunehmender Temperatur von einem vollkommen transparenten in einen milchig weißen Zustand verfärben. Die Verbindung von Gebäudehülle und Gebäudetechnik ist hierbei von ausschlaggebender Bedeutung für eine erfolgreiche Umsetzung innovativer Fassadenkonzepte. Die von Le Corbusier bereits im Jahre 1929 konzipierte »mur neutralisant« wurde als Verbindung von Gebäudetechnik und Außenhaut in Form der modernen Abluftfassade umgesetzt. Dies deutet den Beginn eines Prozesses an, bei dem die Verlagerung der Gebäudetechnik in die Außenhaut deren funktionales und gestalterisches Potential stark erweitert. Die selbstregelnde, polyvalente Hülle (Mike Davies), bei welcher die vielen Aufgaben der Gebäudehülle von einer dünnen, mehrschichtigen und multifunktionalen Konstruktion übernommen werden, ist eine Vision, die eine der möglichen Entwicklungsrichtungen definiert. Eine individuell regelbare Außenhaut kann jedoch nur dann vom Nutzer richtig verstanden und zur eigenen Zufriedenheit eingestellt werden, wenn die Zusammenhänge zwischen dem eigenen Handeln und den daraus resultierenden Folgen für das Gebäudeklima erkannt werden bzw. eine intelligent geplante und einfach zu bedienende Regelungstechnik die Anpassung der Hülle übernimmt.

Neben bereits mehrfach erwähnten Aspekten der primären Schutzfunktionen der Gebäudehülle wird auch das Thema der Fassade als Informationsträger wieder in den Vordergrund rücken und aufgrund neuer Entwicklungen im Bereich der Leuchtdiodentechnik, dem Einsatz von holographisch-optischen Elementen (HOE) und neuen Beschichtungsmethoden für Glasoberflächen wieder vermehrt aufgegriffen werden (Abb. 2.16).

In Anbetracht der rasanten Entwicklung im Bereich der Erfindung neuer Werkstoffe, Planungsinstrumente und Fertigungsmethoden sowie der zahllosen Kombinationen vorhandener Materialien und Systeme scheinen den Möglichkeiten der Gebäudehülle keine Grenzen gesetzt zu sein. So haben neue Verfahren zur Bestimmung von Materialfestigkeiten den Einsatz nachwachsender Rohstoffe im Bereich innovativer Tragwerkskonzepte ermöglicht. Es bedarf hierzu einer zielgerichteten, verantwortungsbewussten und sensiblen Planung, um das Thema der Gebäudehülle im Hinblick auf eine nachhaltige Architektur voranzutreiben. Hohes technisches und gestalterisches Können sind von ausschlaggebender Bedeutung. Das enorme Potential der Hülle muss in konstruktiver, funktionaler, gestalterischer und ökologischer Hinsicht genutzt werden, um die Weiterentwicklung einer zukunftsorientierten Architektur zu ermöglichen.

Anmerkungen:
1. Müller, Werner; Vogel, Gunther. dtv-Atlas zur Baukunst, Band I. 4. Aufl. München: 1982, S. 15
2. Schweizerischer Ingenieur- und Architekten-Verein (SIA), Hg. Hochbaukonstruktionen nach ökologischen Gesichtspunkten, SIA-Dokumentation D 0123, Zürich: 1995
3. Kröling, Peter: Das Sick-Building-Syndrom in klimatisierten Gebäuden: Symptome, Ursachen und Prophylaxe. In: Innenraumbelastungen: erkennen, bewerten, sanieren. Wiesbaden/Berlin: 1993, S. 22–37
4. Recknagel, Sprenger, Schramek. Taschenbuch für Heizung, Klima, Technik. München: 1999, S. 55.
5. Während in der DIN 1946, Teil 2, der untere Grenzwert des Behaglichkeitsbereichs bei 22°C angegeben wird, liegt nach VDI 2067 die anzunehmende Norminnentemperatur bei 20°C.
6. Zürcher, Christoph; Frank, Thomas. Bauphysik. Bau und Energie. Leitfaden für Planung und Praxis. Stuttgart: 1998, S. 15
7. Daniels, Klaus. Technologie des ökologischen Bauens. Basel, Berlin, Boston: 1995, S. 39
8. Arbeitsstättenverordnung § 5: Lüftung sowie Arbeitsstättenrichtlinien § 5, Abschnitt 3: Freie Lüftung. Filderstadt: 1988
9. RWE Energie Bau-Handbuch. 12. Aufl. Heidelberg: 1998, Kap. 16, S. 6
10. Grandjean, Etienne. Wohnphysiologie. Zürich: Artemis, 1974, S. 205
11. Hinweise hierzu finden sich sowohl in DIN 5035, Teil 2, als auch in der Arbeitsstättenrichtlinie ASR 7/3 zur künstlichen Beleuchtung von Räumen.
12. Bartenbach, Christian; Witting, Walter. Licht- und Raummilieu. Jahrbuch für Licht und Architektur. Berlin: 1995, S. 13–23
13. Tepasse, Heinrich. Ganzglasgebäude im Simulator – eine Kritik der neuen Energiekonzepte. Bauwelt 43/44 (1996), S. 2489
14. Bundesarchitektenkammer (Hg.). Energiegerechtes Bauen und Modernisieren. Basel/Berlin/Boston: Birkhäuser, 1996, S. 19
15. Johrendt, Reinhold; Küsgen, Horst. Energiesparen bei Altbauten – vergessen? In: Deutsches Architektenblatt (DAB), 32. Jg., Heft 9/2000, S. 1142
16. Eine Auseinandersetzung mit der Frage der Integration des Wissens über Umweltenergien in die Architektenpraxis findet sich in: Herzog, Thomas; Krippner, Roland; Lang, Werner. Sol-Arch-Data. Deutsche Bauzeitschrift (DBZ), 4/98, S. 97–102
17. Bei den angegebenen Werten handelt es sich um die Ergebnisse einer modellhaften Energiebedarfsberechnung, die von spezifischen Rahmenbedingungen ausging. Die Werte sind nicht allgemeingültig oder unmittelbar auf andere Gebäude übertragbar, da gerade der Kühlenergiebedarf sehr stark von der Raumlüftung abhängt. Siehe: Heusler, Winfried. Energie- und komfortoptimierte Fassaden. Fassade 4 (1996), S. 48
18. Gülec, T.; Kolmetz, S.; Rouvel, L. Energieeinsparungspotential im Gebäudebestand durch Maßnahmen an der Gebäudehülle. Bericht des Entwicklungsvorhabens IKARUS Nr. 5–22. Forschungszentrum

    Jülich GmbH, Hg. Jülich: 1994, S. 33
19  Zürcher, Christoph; Frank, Thomas. Bau und Energie: Bauphysik. Stuttgart: Teubner, 1998, S. 140–145
20  Daniels, Klaus. Gebäudetechnik. Ein Leitfaden für Architekten und Ingenieure. 2. Aufl. München: 1996, S. 262
21  Das Dach als Klimamodulator – zur Rolle des Daches als Bestandteil natürlicher Lüftungskonzepte. In: Detail, Heft 5/1999, 39. Jg., S. 859–865
22  Härig, Siegfried. Technologie der Baustoffe: Handbuch für Studium und Praxis. 12. völlig überarb. Aufl. Heidelberg: 1994, S. 499–515
23  Krippner, Roland. Die Gebäudehülle als Wärmeerzeuger und Stromgenerator. In »Im Detail: Gebäudehüllen«, München und Boston/Berlin/Basel 2001, S. 47–59
24  Eine Auseinandersetzung mit den typologischen Merkmalen von Außenwandkonstruktionen findet sich in: Herzog, Thomas; Krippner, Roland. Synoptical Description of Decisive Subsystems of the Building Skin. Tagungsband der »5th European Conference Solar Energy in Architecture and Urban Planning«. Bonn: 1999, S. 306–310
25  Hinweise zu diesem Themenbereich finden sich in folgenden Beiträgen: Lang, Werner: Zur Typologie mehrschaliger Gebäudehüllen aus Glas. Detail, Heft 7/1998, 38. Jg., S. 1225–1232. Lang, Werner; Herzog, Thomas: Wärme- und Sonnenschutzsysteme aus Holz für Zweite-Haut-Fassaden. Detail, Heft 3/2000, 40. Jg., S. 428–433
26  Gebhard, Helmut. Besser Bauen im Alltag. München: Bayerischer Landesverein für Heimatpflege e.V., 1982

Abbildungen:
2.1  Lehrerseminar in Chur, Bearth + Deplazes
2.2  Markusplatz in Venedig
2.3  Mehrschalige Fassade in Jaén, Andalusien
2.4  GSW-Hochhaus in Berlin, Sauerbruch + Hutton
2.5  Menil Collection, Skizze, Renzo Piano
2.6  Design Center in Linz, Herzog + Partner
2.7  Reichstagsgebäude Berlin, Foster and Partners
2.8  Traditionelle Bauweisen in Bayern[26]
2.9  Situation heute[26]
2.10 Museum für Hamburgische Geschichte, von Gerkan, Marg + Partner
2.11 Steinhäuser bei Gordes, Provence
2.12 Verbindungssteg in Rotterdam, Dirk Jan Postel, Kraaijvanger • Urbis
2.13 Infobox in Berlin, Schneider + Schuhmacher
2.14 GSW-Hochhaus in Berlin, Sauerbruch + Hutton
2.15 Wohnhaus in Tokio, F.O.B.A.
2.16 Einkaufszentrum in Lille, Jean Nouvel

Beispiele auf S. 41:
a  Bahnhof in London, Grimshaw and Partners
b  ohne Nennung
c  ohne Nennung
d  Pavillon in Doncaster, Alsop + Störmer
e  Ateliergebäude in München, Herzog + Partner
f  Filmstudios in Barcelona, Ferrater + Guibernau
g  ohne Nennung
h  Steiff-Werke in Giengen
i  Bürogebäude in Lünen, Hillebrandt + Schulz
j  Verwaltungsgebäude in Würzburg, Webler + Geissler
k  Wohnhaus in Almelo, Dirk Jan Postel, Kraaijvanger • Urbis
l  Gründerzentrum in Hamm, Hegger Hegger Schleiff

2.16

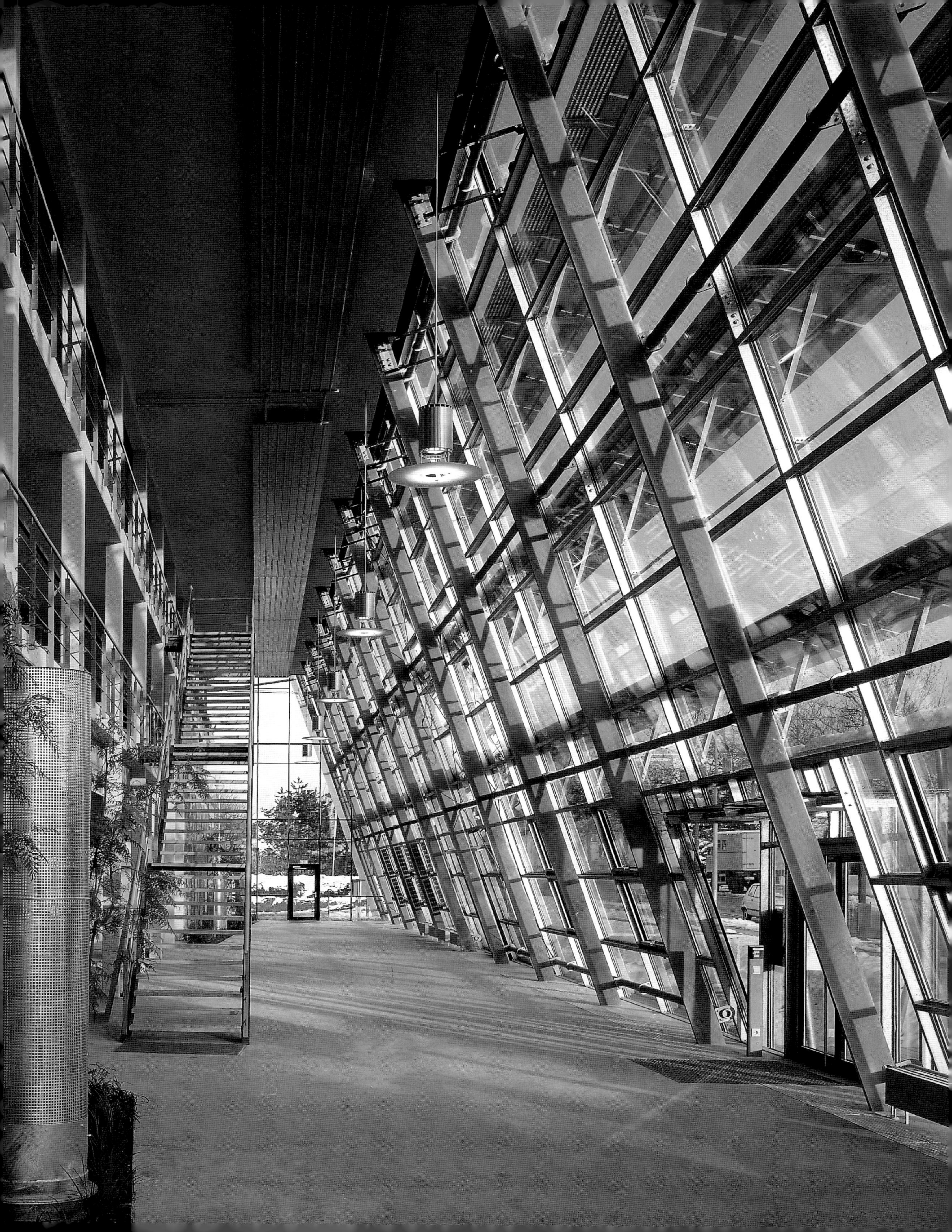

# Die Gebäudehülle als Wärmeerzeuger und Stromgenerator

Roland Krippner

Die Nutzung der Solarenergie hat in den letzten Jahren einen zunehmend größeren Stellenwert im Bauwesen erreicht. In verschiedenen Disziplinen und auf unterschiedlichen Ebenen wird gleichermaßen praktisch-experimentell wie auch theoretisch-konzeptionell an diesem Thema gearbeitet und geforscht. Aus der dringenden Erfordernis, den Energieverbrauch der Häuser deutlich zu senken, und zwar bei allen Gebäuden, vom Einfamilienhaus bis zur Messehalle, erwachsen neue Anforderungen an Nutzung, Konstruktion und Ökologie. Dies kann, will man die Solarenergie direkt oder indirekt sinnvoll in das Gebäudekonzept einbeziehen, nicht ohne Auswirkungen auf die bauliche Gestalt bleiben. Damit gewinnt die Beziehung von Architektur und Technik weiter an Bedeutung. Bei der Integration solartechnischer Systeme in die Gebäudehülle dürfen die Technologien darum nicht isoliert von dem Gebäude betrachtet werden. Eine Vielzahl von Fachtagungen und Baumessen zeigt, dass mittlerweile ein breites Repertoire an erprobten und leistungsfähigen Produkten am Markt zur Verfügung steht. Doch gerade bei der Verknüpfung von Architektur und Solartechnik im Sinne eines »Solar Design«[1] besteht noch ein großes Defizit.

*Bezug zur solaren Energietechnik[2]*

Für die Energiebilanz von Gebäuden stellt die Hülle das wichtigste bauliche Subsystem dar. Sie ist bei der Integration solartechnischer Systeme die wesentliche, auch optisch wirksame Schnittstelle zwischen Architektur und Solartechnik. Grundlegendes Merkmal der Nutzung von Solarenergie in Gebäuden ist der sichtbare Einbau der Systeme in Dach und Wand. Sie haben dabei die Schutzfunktionen der Hülle ebenso zu übernehmen, wie sie auf die baukonstruktive Ausführung abgestimmt werden müssen. Darüber hinaus beeinflussen sie nachhaltig das Erscheinungsbild. Ein technisch und energetisch schlüssiger Entwurf, der auch ästhetisch überzeugt, erfordert die Kenntnis prinzipieller systemtechnischer Funktionsmechanismen und bautypologischer Zusammenhänge sowie deren gestalterische Ausprägungen.

*Direkte und indirekte Nutzung*

Solarenergie fällt in verschiedenen Formen an, von denen insbesondere die Strahlung für den Gebäudebereich eine wesentliche Energiequelle darstellt. Dort lassen sich die direkte, d.h. passive Nutzung, sowie die indirekte, d.h. aktive Nutzung unterscheiden.

Direkte Nutzung bezeichnet den Einsatz gezielter baulicher Maßnahmen zum Sammeln, Speichern und zur Verteilung eingestrahlter Solarenergie unter weitgehendem Verzicht auf technische Geräte. Die gebäudespezifischen Merkmale zur Regulierung des Innenraumklimas und des Energiehaushalts umfassen Grundprinzipien des solaren Heizens und Kühlens sowie der Tageslichtnutzung. Die indirekte Nutzung bezeichnet die darüber hinausgehenden technischen Maßnahmen zur Aufnahme, Verteilung und ggf. Speicherung von Solarenergie; d.h. Kollektortechnik und Wärmepumpen zur Ergänzung der Wärmenutzung und Kühlung sowie Photovoltaik und Windenergie zur Stromgewinnung.
Diesen Anwendungsarten können eine Vielzahl von technischen Systemen zugeordnet werden, die ein breites Spektrum der gebäudespezifischen Nutzung von Solarenergie darstellen. Die Betrachtung solartechnischer Systeme behandelt nachfolgend in erster Linie (Flach-)Kollektoren und Photovoltaikmodule.

*Solarstrahlungsangebot*

Die Solarstrahlung unterliegt im Tages- und Jahresverlauf enormen Schwankungen und wird durch die jeweils vorherrschenden Witterungsbedingungen stark beeinflusst. Die eingestrahlte Energie kann sich an zwei aufeinander folgenden Tagen bis zum Faktor 10 unterscheiden und erreicht an einem klaren Sommertag mitunter fünfzigmal höhere Werte als an einem trüben Wintertag.
Außerdem fällt in Mitteleuropa das Angebot an Solarstrahlung sowohl tages- als auch jahreszeitlich deutlich versetzt zum Bedarf an Wärme oder Strom an. Kurzfristige Wechsel können durch Wärmespeicher ausgeglichen werden. Dagegen stellen die saisonalen Schwankungen ein großes Problem dar: In Deutschland fallen etwa drei Viertel des jährlichen Einstrahlungsangebotes auf das Sommerhalbjahr; das Einlagern der gewonnenen Energie ist nur mittels sehr aufwändiger unterirdischer Speicheranlagen möglich. Diese Einschränkungen in der Verfügbarkeit setzen der Nutzung der Solarenergie technische und wirtschaftliche Grenzen.
Ihr sinnvoller Einsatz in Gebäuden wird von zwei wichtigen Parametern bestimmt: der Exposition der Fläche, d.h. der Himmelsorientierung und dem Neigungswinkel, sowie der Verschattungsfreiheit. Die Solarstrahlung (Globalstrahlung) setzt sich aus der direkten Strahlung der Sonne und diffuser, indirekter, von Himmel und Umgebung reflektierter Strahlung (Himmelsstrahlung) zusammen. In Mitteleuropa besteht die Gesamtstrahlung über das Jahr zu mehr als 50% aus diffuser

Strahlung. Dieser Anteil wird durch Trübungseffekte in städtischen und industriellen Regionen noch gesteigert. Innerhalb Deutschlands lassen sich bezüglich der geographischen Lage leichte Unterschiede bei der eingestrahlten Energie feststellen, wobei im Allgemeinen südlich der Mainlinie günstigere klimatische Bedingungen vorherrschen.[3]

*Solarthermie*[4]

*Kollektorarten*
Als Solarkollektoren bezeichnet man technische Systeme, die Strahlung absorbieren, in Wärme umwandeln und an ein strömendes Trägermedium (Wasser, Luft) abgeben. Den Teil, in dem die Energieumwandlung und der Wärmeübergang stattfinden, bezeichnet man als Absorber. Kollektoren werden meist für die Warmwasserbereitung und die Raumheizung eingesetzt. Darüber hinaus finden spezielle Bauarten zur Erzeugung von Prozesswärme (z.B. gewerbliche Anwendungen wie Autowaschanlagen, Wäschereien) und zur Kühlung Verwendung. Der Kollektor ist Kernstück einer solarthermischen Anlage und bildet zusammen mit den klassischen Haustechnikkomponenten (Rohrleitungen, Wärmetauscher, Pumpen, Speicher) das Gesamtsystem. Je nach Nutzungsart kann zwischen unterschiedlichen Anlagenkonfigurationen gewählt werden. Bei konventionellen Kollektoren für den Hausgebrauch unterscheidet man Solarabsorber, Flachkollektoren und Vakuum-Röhrenkollektoren.

*Solarabsorber*
Die einfachste Form eines Kollektors ist der freiliegende Absorber, vorwiegend aus schwarz eingefärbten Schläuchen oder Kunststoffmatten. Die Installation erfolgt in der Regel auf horizontalen oder leicht geneigten Dächern. Solarabsorber stellen sehr kostengünstige Systeme dar, weisen aber auch einen relativ geringen Wirkungsgrad auf. Häufigster Einsatzbereich ist die Wassererwärmung für Freibäder, da sich dort Strahlungsangebot und Wärmebedarf im Wesentlichen decken.
Es gibt auch Solardächer als Komplettsysteme aus hochwertigem Edelstahl, bei welchen der Solarkollektor als Teil- oder Gesamtfläche integriert ist. Diese selektiven beschichteten Metallflächen ermöglichen auch die Ausbildung von gekrümmten Dachformen.

*Flachkollektoren*
Flachkollektoren sind die gebräuchlichste Kollektorart. Im Unterschied zu den konventionellen Solarabsorbern ist beim Flachkollektor der Absorber aus Metall, in der Regel Kupfer, und mit einem transparenten und hagelschlagbeständigen Sicherheitsglas abgedeckt. Als Absorberbeschichtung werden heute statt mattschwarzer Lacke zunehmend so genannte selektive Beschichtungen verwendet, welche die Solarstrahlung nahezu vollständig absorbieren (bis 95%) und in Wärme umwandeln sowie gleichzeitig deutlich geringere Wärmestrahlungsverluste aufweisen (Emissionsgrad ≤ 12%). Eine Sonderform stellen die Luftkollektoren dar. Luft hat als Trägermedium den Vorteil, direkt, ohne Wärmetauscher für die Raumheizung oder Trocknung genutzt werden zu können. Ferner besteht keine Frost- und damit keine Korrosionsgefahr und auch die Anforderungen an die Dichtigkeit des Bauteils sind geringer. Allerdings weist Luft im Vergleich zu Wasser

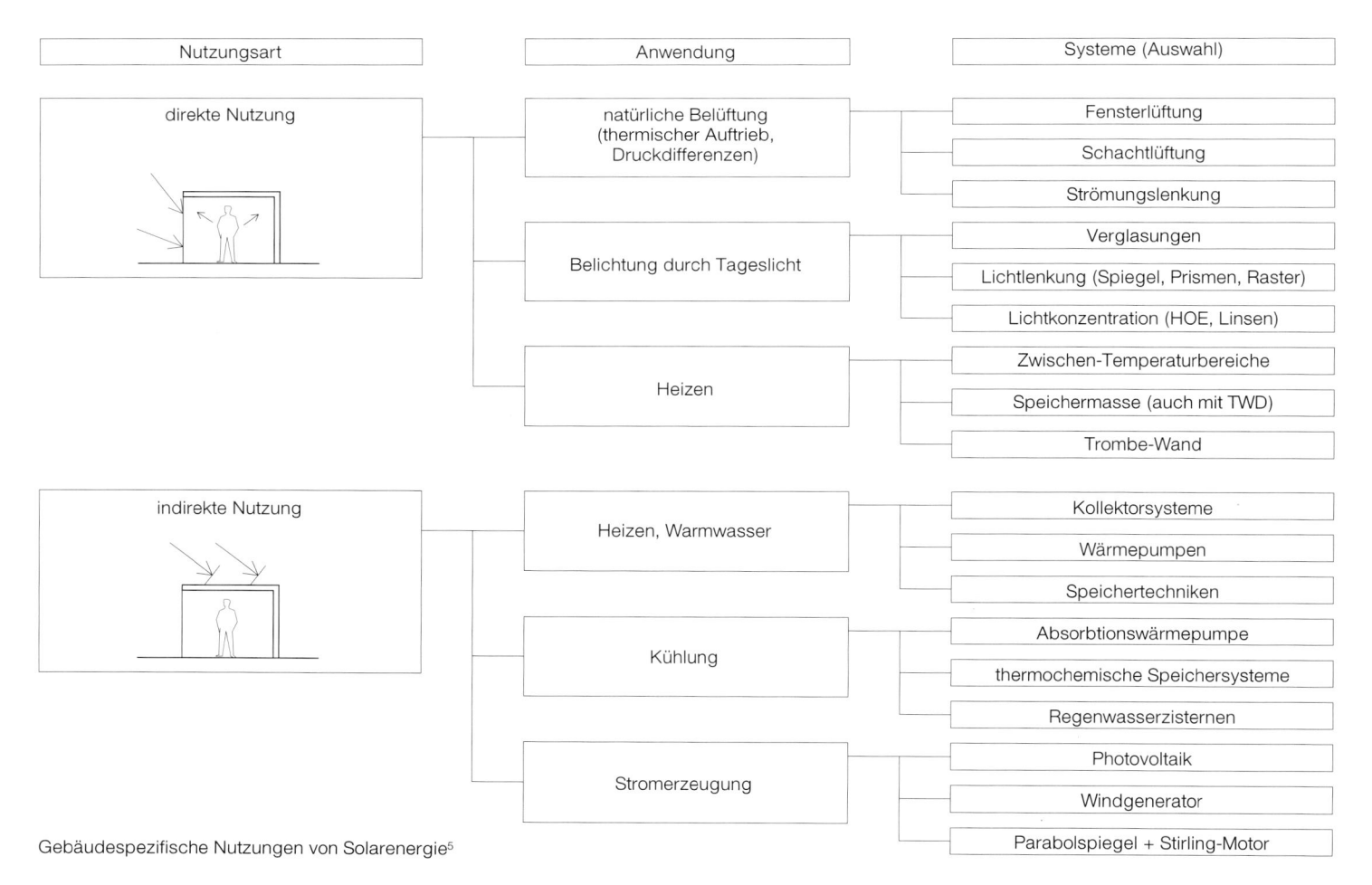

| Nutzungsart | Anwendung | Systeme (Auswahl) |
|---|---|---|
| direkte Nutzung | natürliche Belüftung (thermischer Auftrieb, Druckdifferenzen) | Fensterlüftung |
| | | Schachtlüftung |
| | | Strömungslenkung |
| | Belichtung durch Tageslicht | Verglasungen |
| | | Lichtlenkung (Spiegel, Prismen, Raster) |
| | | Lichtkonzentration (HOE, Linsen) |
| | Heizen | Zwischen-Temperaturbereiche |
| | | Speichermasse (auch mit TWD) |
| | | Trombe-Wand |
| indirekte Nutzung | Heizen, Warmwasser | Kollektorsysteme |
| | | Wärmepumpen |
| | | Speichertechniken |
| | Kühlung | Absorbtionswärmepumpe |
| | | thermochemische Speichersysteme |
| | | Regenwasserzisternen |
| | Stromerzeugung | Photovoltaik |
| | | Windgenerator |
| | | Parabolspiegel + Stirling-Motor |

Gebäudespezifische Nutzungen von Solarenergie[5]

3.2

*Vakuum-Röhrenkollektoren*
Beim Vakuum-Kollektor werden durch Evakuierung der Luft zwischen Absorber und umschließender Hüllfläche die Konvektions- und Wärmeleitungsverluste deutlich reduziert. Das Vakuum muss in bestimmten Wartungsabständen erneuert werden und stellt sehr hohe Anforderungen an die Dichtigkeit der Konstruktion.
Bei dem Vakuum-Röhrenkollektor ist der Absorber in eine evakuierte Glasröhre eingebaut. Die Vakuumröhren werden in einem Kollektormodul von bis zu 30 Röhren nebeneinander angeordnet, in einem wärmegedämmten Anschlusskasten zusammengeführt und an den Solarkreislauf angeschlossen. Man unterscheidet zwei Prinzipien: die Direktanbindung mit einem im Absorber liegenden koaxialen Doppelrohr für getrennten Vor- und Rücklauf des Wärmeträgers sowie die indirekte, »trockene« Anbindung mit Wärmerohr, der so genannten heatpipe, bei der Trägermedium und Solarkreislauf entkoppelt sind. Die hohe Modularität hat u.a. den Vorteil, dass ein Austausch von Röhren auch bei laufendem Betrieb möglich ist. Vakuum-Röhrenkollektoren weisen deutlich geringere Wärmeverluste auf, was besonders bei hohen Arbeitstemperaturen (Prozesswärme) von Vorteil ist.

eine um den Faktor 4 geringere spezifische Wärmekapazität auf. Daher sind relativ große Luftmengen bei entsprechend größeren Kanalquerschnitten sowie leistungsfähige Ventilatoren erforderlich.

*Klimatische Parameter und Einsatzbereiche*

*Kollektorausrichtung und -neigung*
Die Ausrichtung und der Neigungswinkel einer Kollektorfläche stellen wesentliche Rahmenbedingungen für einen guten Wärmeertrag dar. Da sich in der Regel nicht überall eine optimale Exposition realisieren lässt, muss bei Abweichungen von der reinen Südausrichtung mit Ertragseinbußen gerechnet werden, die allerdings nicht so gravierend sind wie allgemein angenommen. Es gibt eine Reihe sinnvoller Optionen, innerhalb derer für den hauptsächlichen Nutzungszeitraum ein guter Deckungsgrad zu erzielen ist. In diesem Zusammenhang ist festzuhalten, dass Kollektoren kaum in der Lage sind, Strahlungserträge von unter 200 W/m² zu nutzen.
Neben der Anlagengröße ist auch die Nutzungsart für die Aufstellung der Kollektoren maßgebend. So sollten Anlagen zur Warmwassererwärmung auf eine möglichst hohe Sonnenbestrahlung im Sommerhalbjahr ausgerichtet werden und Anlagen zur Unterstützung der Raumheizung den niedrigen Sonnenstand im Winterhalbjahr stärker berücksichtigen. Daraus resultiert für eine günstige Strahlungsmenge von nach Süden ausgerichteten Flächen im Winter ein steilerer Neigungswinkel von 60° und im Sommer eine flachere Anstellung von 20°. Neigungswinkel < 20° sollten aufgrund der dann beeinträchtigten Selbstreinigung der Glasflächen vermieden werden.
Trotz der Abhängigkeit von Ausrichtung und Kollektorneigung zeigt sich, dass im Sommerhalbjahr bei einem Neigungswinkel bis etwa 40° der Strahlungsertrag zwischen Südost und Südwest nur geringfügig abnimmt. Bei reiner Ost- bzw. Westausrichtung erweisen sich flachere Neigungen bis 20° als günstiger, da hierdurch eine längere Sonnenbestrahlung gewährleistet ist. Im Winterhalbjahr führt die Abweichung von der reinen Südausrichtung zu stärkeren Einbußen bei den

| Flächenneigung | 0° | 20° | 40° | 60° | 90° |
|---|---|---|---|---|---|
| Ausrichtung | | | | | |
| Ost | > 95% | 93% | 86% | 72% | 46% |
| Südost | > 95% | > 95% | 93% | 81% | 50% |
| Süd | > 95% | **100%** | 95% | 82% | 49% |
| Südwest | > 95% | > 95% | 93% | 81% | 50% |
| West | > 95% | 93% | 86% | 72% | 46% |

Energieeintrag bei unterschiedlicher Orientierung und Neigung eines Kollektors für das Sommerhalbjahr (April bis September)[6]

| Flächenneigung | 0° | 20° | 40° | 60° | 90° |
|---|---|---|---|---|---|
| Ausrichtung | | | | | |
| Ost | 58% | 57% | 53% | 45% | 32% |
| Südost | 58% | 75% | 83% | 83% | 69% |
| Süd | 58% | 82% | 96% | **100%** | 88% |
| Südwest | 58% | 75% | 83% | 83% | 69% |
| West | 58% | 57% | 53% | 45% | 32% |

Energieeintrag bei unterschiedlicher Orientierung und Neigung eines Kollektors für das Winterhalbjahr (Oktober bis März)[7]

Strahlungserträgen. Während für das Sommerhalbjahr eine Solarbestrahlung bis zu 85% des Optimalwertes noch sinnvoll ist, liegt im Winter die Grenze bei etwa 90%.
Bei Flachdachinstallationen lassen sich dagegen Neigung und Ausrichtung der Kollektorfläche leicht anpassen. Allerdings muss eine gegenseitige Verschattung der Elemente vermieden werden. Im Sommer sollte der Mindestabstand zwischen den Elementen das 1,5-fache und im Winter das 5-fache ihrer Stellhöhe betragen.
Einen deutlichen Rückgang der Bestrahlungsstärke zeigt die Betrachtung von vertikalen Fassadenflächen. Während im Winter bei Südausrichtung und verschattungsfreien Standortbedingungen noch knapp 90% zu erzielen sind, steht im Sommer nur mehr die Hälfte des Optimalwertes zur Verfügung.

*Einsatzbereiche*
In Deutschland sind Solarkollektoren unter den gegebenen geographischen und klimatischen Bedingungen v.a. für die Beckenwasser- und Warmwassererwärmung gut geeignet. Einfache Solarabsorber zur Erwärmung des Schwimmbadwassers erreichen bereits bei Temperaturen bis 25 K über Umgebungstemperatur gute Wirkungsgrade, da in diesem Bereich die Abstrahlverluste relativ klein sind.

*Warmwasserbereitung*
Die Arbeitstemperatur für die Warmwasserbereitung liegt etwa zwischen 30 und 60 K. Übliche Flachkollektoren mit Einfachglasabdeckung und selektiv beschichtetem Absorber erzielen in diesem Bereich günstige Wirkungsgrade. Da bei Warmwasser der Energiebedarf über das Jahr annähernd konstant ausfällt, kann insbesondere im Sommer das hohe Strahlungsangebot gut genutzt werden. Bei der Dimensionierung einer Kollektoranlage ist die Abstimmung auf den tatsächlichen Energiebedarf (Personenzahl, Verbrauchswerte, Geräteausstattung) und den angestrebten Deckungsanteil wichtig. Für die Warmwasser versorgung eines 4-Personen-Haushaltes ist bei optimaler Südausrichtung bereits eine Dachkollektorfläche von 5–6 m² und ein Wasserspeicher von 300 l ausreichend. Aufgrund des verminderten Strahlungsertrages benötigt man für vergleichbare Kollektoren in der Fassade eine um etwa 20–25% größere Fläche. Damit kann bei normalem Verbrauch im Sommerhalbjahr der Warmwasserbedarf weitgehend gedeckt werden. Bei einem guten Kosten-Nutzen-Verhältnis lässt sich im Jahresmittel ein Deckungsgrad von etwa 50–60% erzielen. Richtig dimensionierte und ausgeführte Flachkollektor-Anlagen lassen bei einem Systemnutzungsgrad von 30% Nutzenergiegewinne zwischen 250 und 350 kWh/m²a erwarten; Vakuum-Röhrenkollektoren erreichen bis zu 450 kWh/m²a.

*Raumheizung*
Im Jahresverlauf besteht in Deutschland zwischen Strahlungsangebot und Raumwärmebedarf aufgrund der bereits erwähnten saisonalen Schwankungen eine deutliche Diskrepanz. Während in der Kernzone der Heizperiode, von November bis Februar, etwa 60% des jährlichen Raumwärmebedarfs anfällt, beträgt das eingestrahlte Energieangebot im gleichen Zeitraum auf einer nach Süden geneigten Fläche nur 12–15% des jährlichen Strahlungsangebotes. Damit bestehen gegenüber der Warmwasserbereitung höhere Anforderungen an die

3.3

3.4

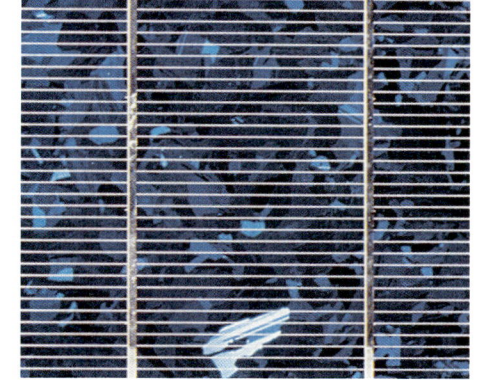

3.5

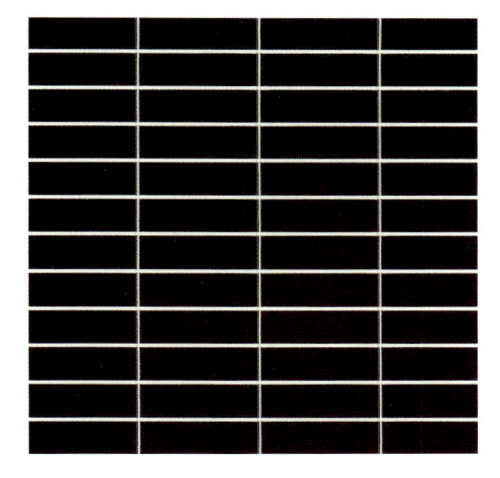

3.6

3.7

Nutzungsmöglichkeiten solarer Raumheizungen. Um nutzbare Wärme an den Heizkreislauf abgeben zu können, muss die Arbeitstemperatur zwischen 40 und 90 K liegen.
Für diese Nutzung eignen sich Flachkollektoren mit selektiver Beschichtung sowie Vakuum-Röhrenkollektoren. Um etwa 15–20% des jährlichen Heizwärmebedarfs eines Einfamilienhauses zu decken, benötigt man bei gut gedämmten Gebäuden eine Kollektorfläche von etwa 10 m² (Vakuum-Röhrenkollektor) bis 15 m² (Flachkollektor). Für eine solare Raumheizungsanlage mit kombinierter Warmwasserbereitung kann ein Nutzenergiegewinn von etwa 200 kWh/m²a angenommen werden.

*Photovoltaik[8]*

*Photozellen*
Als Photovoltaik-(PV)-Anlagen bezeichnet man technische Systeme, die Solarstrahlung direkt in Elektrizität umwandeln. Kernstück einer solchen Anlage sind die zu Modulen zusammengefassten Photozellen. Der erzeugte Strom fällt als Gleichspannung an und muss für die üblichen Haushaltsgeräte mittels eines Wechselrichters in 230-Volt-Wechselspannung mit einer Frequenz von 50 Hz umgeformt werden. Solarstromanlagen werden in der Regel als Netzverbundanlagen (netzgekoppelt) mit Anschluss an ein Versorgungsnetz, welches als Speicher dient, betrieben; seltener sind so genannte Inselanlagen (autark), bei denen der überschüssige Strom in Akkus (z.B. wiederaufladbare Batterien) eingelagert wird.

*Material und Aufbau*
Das Basismaterial für die marktüblichen Photozellen ist der Halbleiterwerkstoff Silizium. Zellen aus mono- und polykristallinem Silizium werden in Schichtdicken von 300 μm (0,3 mm) hergestellt, während so genannte CIS-Zellen und amorphe Siliziumzellen nur 1 μm (0,001 mm) aufweisen. Photozellen besitzen je nach Zellmaterial einen relativ niedrigen Wirkungsgrad. Für herkömmliche (Silizium-)Zellen liegt der maximale theoretische Wirkungsgrad bei etwa 25%. Die Leistungsfähigkeit wird v.a. durch die Strahlungsintensität, die Flächengröße und die Zelltemperatur bestimmt. Eine vereinfachte Übersicht über die verfügbaren Solarzellen zeigen nebenstehende Abbildungen:
- Monokristalline Siliziumzellen, mit sehr reiner, vollständig gleichmäßiger Kristallgitterstruktur: aufwändig in der Herstellung, erreichen Wirkungsgrade zwischen 14 und 16% (Abb. 3.4)
- Polykristalline Siliziumzellen, charakterisiert durch geringere Reinheit des Materials und partiell gleichmäßiger Kristallgitterstruktur: einfacher herzustellen und damit kostengünstiger, erzielen Wirkungsgrade von 12–14% (Abb. 3.5)
- Amorphe Siliziumzellen, Dünnschichtzellen, die Kristalle sind weitgehend ungeordnet: kosten- und materialsparende Herstellung, erreichen Wirkungsgrade zwischen 5 und 7%; dieser Zellentyp eignet sich besonders für großflächige Beschichtungen (Abb. 3.6)
- CIS-Dünnschichtzellen, neue Zelltechnologie, überwiegend aus Kupfer, Indium, Selen: geringer Materialbedarf, können ebenfalls großflächig auf nahezu jede Fläche und in jeder Form aufgedampft werden, erzielen Wirkungsgrade bis 8% (Abb. 3.7)

Etwa 30 bis 40 Zellen werden in der Regel zu größeren, vorgefertigten Einheiten zusammengefasst. Diese Photovoltaik-Module haben einen mehrschichtigen Aufbau, d.h. die Zellen werden entweder zwischen Glasscheiben in einer Kunstharzeinbettung oder zwischen Glas und Kunststofflaminat eingelegt. Die Rückseite der Module kann je nach Anforderung opak, transluzent (Mattglas/streuende Folien) oder transparent (Klarglas, transparente Folien) ausgeführt werden. Amorphe Siliziumzellen können auch auf biegeweichen Trägern wie etwa Kunststofffolien aufgebracht werden. Daneben sind heute auch gesägte, semitransparente Zellen am Markt erhältlich, Bedruckungen mit Dünnschichtzellen sind ebenso möglich.

Die Leistung einer Photovoltaik-Anlage wird mit Werten in Wp oder kWp angegeben, p steht für das englische »peak«. Diese Angabe bezeichnet die maximale Leistung, die an den angeschlossenen Stromkreislauf abgegeben werden kann; dabei handelt es sich jedoch um einen theoretischen Wert. Bezogen wird dieser Wert in der Regel auf eine Einstrahlung von 1000 W/m² bei einer Zelltemperatur von 25°C. In der Praxis liegt die reale Leistung bei etwa 90% dieser Nennleistung.

*Struktur und Farbe*
Charakteristisches Strukturmerkmal von Photovoltaik-Modulen sind die Form und Anordnung der Zellen sowie die feinen Leiterbahnen, die diese verbinden. Das Erscheinungsbild von kristallinen Zellen wird meist geprägt von quadratischen Formaten (vollflächig oder abgefasst) mit einer Kantenlänge zwischen 100 und 130 mm; mittlerweile sind PV-Zellen in nahezu allen Primärformen und deren Varianten erhältlich. Der Lichtdurchlass kann durch die Größe des Zellzwischenraums variiert werden (in der Regel zwischen 3 und 15 mm). Während amorphe und monokristalline Zellen ein homogenes Erscheinungsbild aufweisen, kennzeichnet die polykristallinen Zellen eine vielfach gebrochene, strukturierte Oberfläche mit unterschiedlichen Lichtreflexen. Neben den herkömmlichen Farben Blau und Anthrazit bestehen insbesondere bei monokristallinen Siliziumzellen große Variationsmöglichkeiten hinsichtlich der Farbwirkung. Die Farbe einer Solarzelle wird durch Aufdampfen dünner Interferenzschichten auf deren Oberfläche verändert, woraus eine (geringfügige) Wirkungsgradverschlechterung resultiert.

*Klimatische Parameter und Anordnungsprinzipien*
Der jährliche Ertrag einer Photovoltaik-Anlage wird ebenfalls durch Ausrichtung und Neigung der Modulfläche bestimmt. Im Unterschied zu thermischen Kollektoren wird auch bei Einstrahlungen von unter 200 W/m² noch ein Beitrag zum Solarstromertrag geleistet. Die größte jährliche Strahlungsmenge wird in Deutschland mit starren Systemen, die bei einer Neigung von 30° zur Horizontalen nach Süden ausgerichtet sind, erreicht. Während im Bereich zwischen Südost- und Südwestausrichtung und bei Dachneigungen bis 45° nur geringe Abweichung von bis zu 5% festzustellen sind, reduzieren sich die Erträge bei vertikalen Fassadenflächen erheblich. Für netzgekoppelte Anlagen (1–5 kWp) kann je nach geographischen und klimatischen Bedingungen im Jahresmittel mit einem Stromertrag von 700 kWh/a pro installiertem kWp gerechnet werden. Bei einem mittleren Haushaltsstrombedarf von etwa 3500 kWh/a kann mit einer durchschnittlichen Anlagegröße (2–3 kWp) gut die Hälfte des Jahresbedarfs gedeckt werden. Allerdings liegt der

3.8

| Flächenneigung | 0° | 30° | 60° | 90° |
|---|---|---|---|---|
| Ausrichtung | | | | |
| Ost | 93% | 90% | 78% | < 60% |
| Südost | 93% | 96% | 88% | 66% |
| Süd | 93% | **100%** | 91% | 68% |
| Südwest | 93% | 96% | 88% | 66% |
| West | 93% | 90% | 78% | < 60% |

Energieeintrag bei unterschiedlicher Orientierung und Neigung von Photovoltaikflächen (100% = 1055 kWh/m²a) [9]

direkt eigengenutzte Anteil aufgrund der zeitversetzten Erzeugung nur bei einem Anteil von 20–25%. Für eine überschlägige Abschätzung der Größe einer PV-Anlage gilt die Faustformel, dass für 1 kWp eine Generatorfläche von etwa 10 m² eingeplant werden muss. Je nach Zelltyp variiert die benötigte Fläche zwischen 7 und 9 m² (monokristallin), 9 und 11 m² (polykristallin) oder 16 und 20 m² (amorph). Eine Verschattung von Photovoltaikflächen sollte vermieden werden, denn schon kleine Schatten (z.B. von Antennen) führen zu deutlichen Ertragsminderungen. Da alle in Reihe geschalteten Einheiten einer Anlage auf die kleinste Leistung im System reduziert werden, können verschattete Teilflächen größere Modulflächen außer Kraft setzen. Durch Parallelverschaltung können solche Ertragseinbußen begrenzt werden.

Prinzipiell sind bei der Integration von Photovoltaik-Modulen in die Gebäudehülle starre und bewegliche Elemente zu unterscheiden. Als Alternative zu fest montierten Einheiten können auch bewegliche, einachsig (Abb. 3.8) und zweiachsig nachführbare Systeme eingesetzt werden. Die Drehachse kann in Abhängigkeit von Ausrichtung und Einbausituation horizontal oder vertikal angeordnet werden. Zweiachsig nachführbare PV-Module sind theoretisch in der Lage, etwa doppelt so viel Solarstrahlung im Jahr zu nutzen wie optimal ausgerichtete starre Systeme. Da jedoch der Ertrag von einachsig nachgeführten Systemen nur unwesentlich niedriger als der von zweiachsigen Systemen liegt, sind neben einer aufwändigeren Mechanik auch die zusätzlichen Anforderungen bei der Integration in die Gebäudestruktur zu berücksichtigen. Insgesamt ist bei nachgeführten Systemen die Kosten-Nutzen-Relation zu prüfen, da im Jahresmittel etwa 50% der Strahlungsmenge als Diffusstrahlung anfällt. Eine Steigerung der Erträge kann bei gleichzeitiger Semitransparenz der Module durch eine Konzentrierung der Strahlung auf Photozellen mit Hologrammen erzielt werden.

*Zur Integration solartechnischer Systeme in die Gebäudehülle*

*Flächenpotentiale*
Schätzungen in Deutschland zeigen, dass sich bei einer Brutto-Dachfläche von insgesamt 4345 Mio. m², je nach Ausrichtung und Verschattung, etwa 30% zur Einbindung solartechnischer Systeme im und auf dem Dach nutzen lassen. Nach überschlägigen Berechnungen der Potentiale im Bereich der Fassaden, ohne weitere Differenzierung nach Nutzungsarten, würden ausgehend von einer Gesamtfläche von 6660 Mio. m² etwa 6% Fassaden mit Südost- bis Südwestausrichtung, das sind 400 Mio. m², für Integrationsmaßnahmen zur Verfügung stehen. Damit ergibt sich im Bereich der Gebäudehülle insgesamt eine theoretisch nutzbare Fläche von über 1700 Mio m² zur Integration solarthermischer und photovoltaischer Systeme.[10] Dagegen betrug im Jahr 1999 die installierte Kollektorenfläche 2,9 Mio m²; generell weist der Kollektormarkt in den vergangenen Jahren kontinuierlich Steigerungsraten um 30% pro Jahr auf. Im Bereich der Photovoltaik ist eine ähnliche Entwicklung zu verzeichnen. Die 600 000 m² aus dem Jahr 1999 sollen sich bis Ende 2001, maßgeblich gefördert durch das 100 000-Dächer-Solarstrom-Programm und das Erneuerbare-Energien-Gesetz (EEG), auf 1,6 Mio m² nahezu verdreifacht haben.[11] Trotz dieser positiven Entwicklung summiert sich der Anteil der Solarthermie auf etwa 0,25% der verfügbaren Dach- und Fassadenflächen und beträgt bei der Photovoltaik nur knapp 0,1%. Damit bleiben Potentiale ungenutzt, die nicht nur eine große technische Herausforderung darstellen, sondern auch zum Entwickeln einer anspruchsvollen Solararchitektur genutzt werden könnten.

*Zur Integrationsarbeit*
Die Integration solartechnischer Systeme in die Gebäudehülle bedeutet das schlüssige Einfügen eines Bauteils in Dach und Fassade, wobei dieses Element als Teil derselben funktionale und konstruktive Aufgaben zu übernehmen hat. Bei der gestalterischen Einbindung und baulichen Integration von Komponenten der Solartechnik muss darum gewährleistet sein, dass die Installation auf oder in der Außenhaut nicht im Widerspruch zu den Anforderungen und Eigenschaften der Gebäudehülle steht, sondern diese optimal ergänzt und unterstützt. Gestaltung ist dabei kein übergeordnetes Prinzip. Ein wichtiger Einflussfaktor für die Integrationsarbeit ist der angestrebte Deckungsgrad der thermischen bzw. photovoltaischen Solarenergienutzung und die daraus resultierende Dimensionierung der Anlagen. Deren Abmessungen beeinflussen das äußere Erscheinungsbild der Häuser maßgeblich und müssen daher mit den Gliederungsprinzipien der Dach- und Fassadenflächen abgestimmt werden.

Eine Vielzahl von Bauten spiegelt hinsichtlich der Integrationsarbeit eine mangelnde Sensibilität und/oder fehlendes Verständnis für den Gebäudecharakter wider, was in einer meist wenig geglückten Verbindung der vorgenommenen »Eingriffe« mit der Gesamtstruktur sichtbar wird. Dies macht die Notwendigkeit deutlich, neben den systemtechnischen und baupraktischen Anforderungen auch die gestalterischen Zusammenhänge angemessen zu berücksichtigen. Daher sollen nachfolgend prinzipielle Möglichkeiten von Anordnung und Einbau solartechnischer Systeme in Dach und Fassade behandelt werden. Der komplexe Bereich der Gestaltung wird zunächst aus der Betrachtung der technisch-konstruktiven Gesichtspunkte herausgenommen und separat beleuchtet.[12]

*Gestalterische Einbindung*
Für die gestalterische Einbindung solartechnischer Systeme in die Gebäudehülle ist zunächst die Klärung prinzipieller, typologischer Merkmale von Dach und Wand erforderlich.[13] Dabei erweist sich die Erfassung von Fassaden als ungleich schwieriger als die der Dachformen. Während beim Dach (unter Vernachlässigung von Dachauf- und -einbauten) ein Betrachtungsschritt ausreichend ist, erscheinen bei Fassaden mindestens drei Betrachtungsebenen notwendig.
Für die Nutzung der Solarenergie stellen die Dächer ein immenses Potential dar. Deren Erscheinungsbild – Form, Neigung und Deckung – ist stark von regionalen, d.h. klimatischen und materialspezifischen Gegebenheiten bestimmt und prägt nachhaltig die Gestalt von Städten und Dörfern. Bei der Einbindung von Kollektoren und Photovoltaik-Modulen werden jedoch häufig Unverträglichkeiten mit der Dachgeometrie oder eine zusammenhanglose Verteilung der Komponenten auf dem Dach nicht nur von Architekten als Gründe für eine fehlende gestalterische Qualität angeführt. Dazu zählen die Zerstückelung homogener Flächen sowie Diskrepanzen in der Farbgebung und die fehlende Abstimmung der Bauteilabmessungen mit dem überwiegend

3.9

kleinteiligen Dachdeckungsmaterial. Betrachtet man, ausgehend von den Dachformen, prinzipielle Anordnungsmöglichkeiten, zeigt sich, dass bei orthogonalen Formen, wie Pult- und Satteldächern, die Einbindungsmöglichkeiten zwar nicht zwingend größer, hinsichtlich der Integration aber vielfach stimmiger sind als bei Walm- und Mansarddächern. Wobei bei Letzteren insbesondere wegen der Grate und dadurch bedingter Anschnitte z.B. keine vollflächigen Anordnungen sinnvoll erscheinen.
Fassaden sind gegenüber den Dachflächen durch eine Vielzahl zusätzlicher Aspekte charakterisiert. Als »Gesicht« des Gebäudes zeigen sie in einem viel stärkeren Maße die Überlagerung von Gliederungsprinzipien und strukturellen Erscheinungsformen. Dies wird sichtbar in Proportion und Einteilung, in architektonischen Schmuckformen und spiegelt sich in Differenzierung, Übersteigerung und Modulation der Fassade und ihrer Teile. Daraus resultiert ein mannigfaltiges Spektrum an Erscheinungsformen, das darüber hinaus durch Baumaterial und Entstehungszeit bestimmt ist.
Die Fassaden übernehmen gerade als visueller Mittler (Imageträger) eine besondere Rolle und die installierten Kollektoren und PV-Module avancieren im Gegensatz zur Dachmontage zum unmittelbar wirksamen Gestaltungselement. Des Weiteren bestehen insbesondere beim Einbau in Teilflächen der Fassade, wie z.B. Balkonbrüstungen, Öffnungsbereichen etc., aufgrund der direkten Sichtbezüge besondere Anforderungen an die Gestaltung. Daher erfordert die Einbindung solartechnischer Systeme die genaue Betrachtung typologischer Fassadenmerkmale, um potentielle Anordnungsmöglichkeiten schrittweise einzugrenzen.

Entscheidend für eine gestalterisch befriedigende Lösung ist die Abstimmung des Gesamtkonzeptes mit dem einzelnen Detail; dabei sind auch Fragen der Oberflächenbeschaffenheit und der Farbigkeit mit einzuschließen. So stehen den Oberflächen solartechnischer Systeme – glatte und spiegelnde Flächen aus Metall und Glas – meist Dachdeckungs- und Fassadenmaterialien mit rauen Strukturen und warmen Farbtönen gegenüber.
Hinsichtlich der formalästhetischen Kriterien ist inzwischen bei den am Markt verfügbaren Produkten ein großes Spektrum an Gestaltungsoptionen mit einer Vielzahl von Alternativen (polygonal und polychrom) vorhanden, da die Hersteller versuchen, auf die Wünsche von Architekten und Bauherrn einzugehen. So wird eine möglichst große Bandbreite an Farben häufig als besonderer Pluspunkt der Photovoltaik herausgestellt. Allerdings birgt der Einsatz zusätzlicher Farben wie auch Formen in der Gebäudehülle durchaus eine Reihe von Risiken und bedarf darum einer sorgfältigen Behandlung. Für die gestalterische Einbindung von PV-Modulen spielt die Farbvielfalt (neben Farbtönen wie Blau, Gold, Magenta und Schwarz forscht man intensiv an der Erweiterung der Palette) jedoch nicht eine derart dominante Rolle. Gerade Blau und Anthrazit erfüllen durchaus »überzeugend« architektonische Anforderungen, da diese sehr gut mit den hauptsächlich eingesetzten Baumaterialien wie Beton, Stahl, Glas sowie Holz und Ziegel harmonieren.[14]
Generell ist zu beachten, dass nicht jede potentielle, d.h. mehr oder weniger optimal ausgerichtete Fläche für die gestalterische Einbindung solartechnischer Systeme geeignet ist. Allerdings sind die Optionen im Rahmen einer Neubauplanung sehr viel größer als im Gebäudebestand.[17]

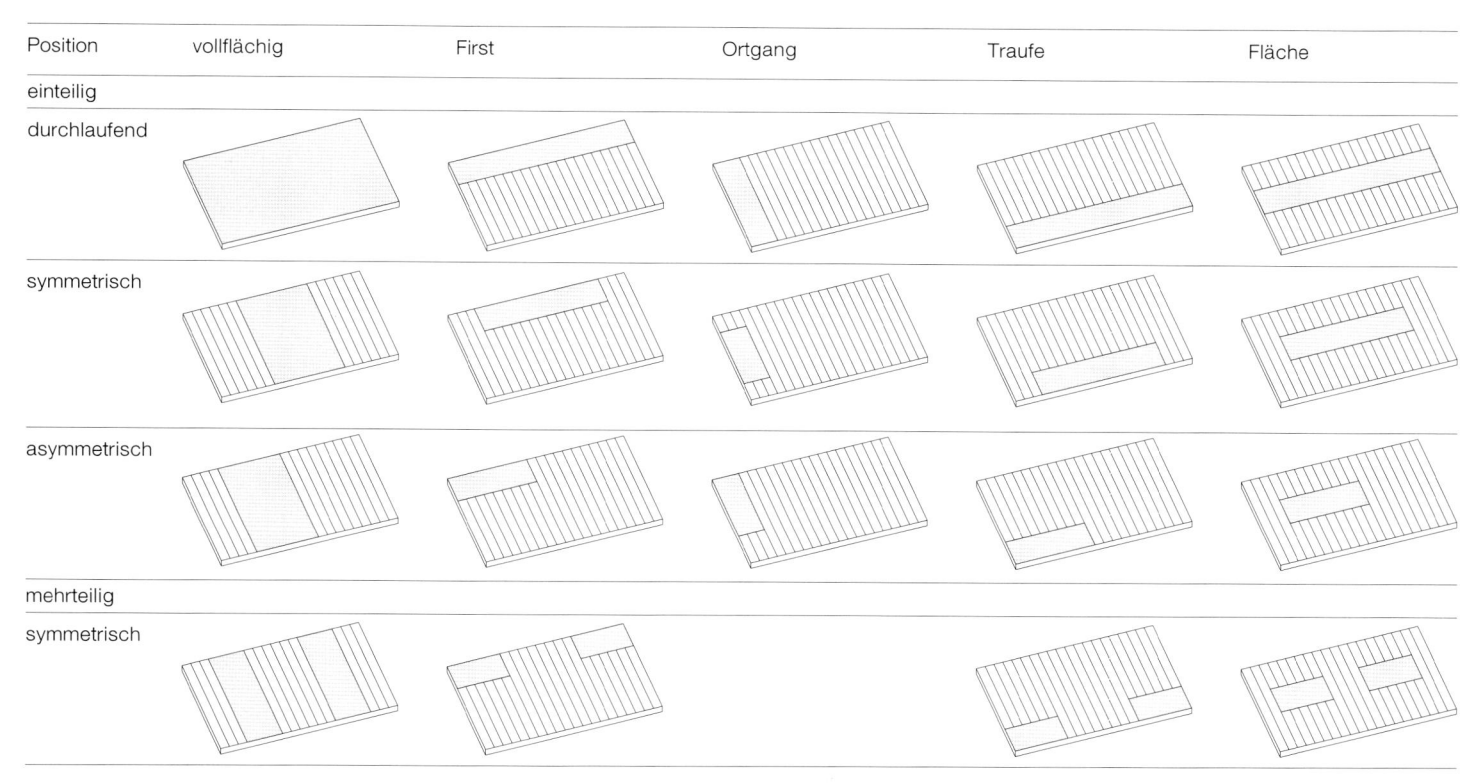

| Position | vollflächig | First | Ortgang | Traufe | Fläche |
|---|---|---|---|---|---|
| einteilig | | | | | |
| durchlaufend | | | | | |
| symmetrisch | | | | | |
| asymmetrisch | | | | | |
| mehrteilig | | | | | |
| symmetrisch | | | | | |

Zur Lokalisierung solartechnischer Systeme im Dach; Anordnungsprinzipien Pultdach.[15]

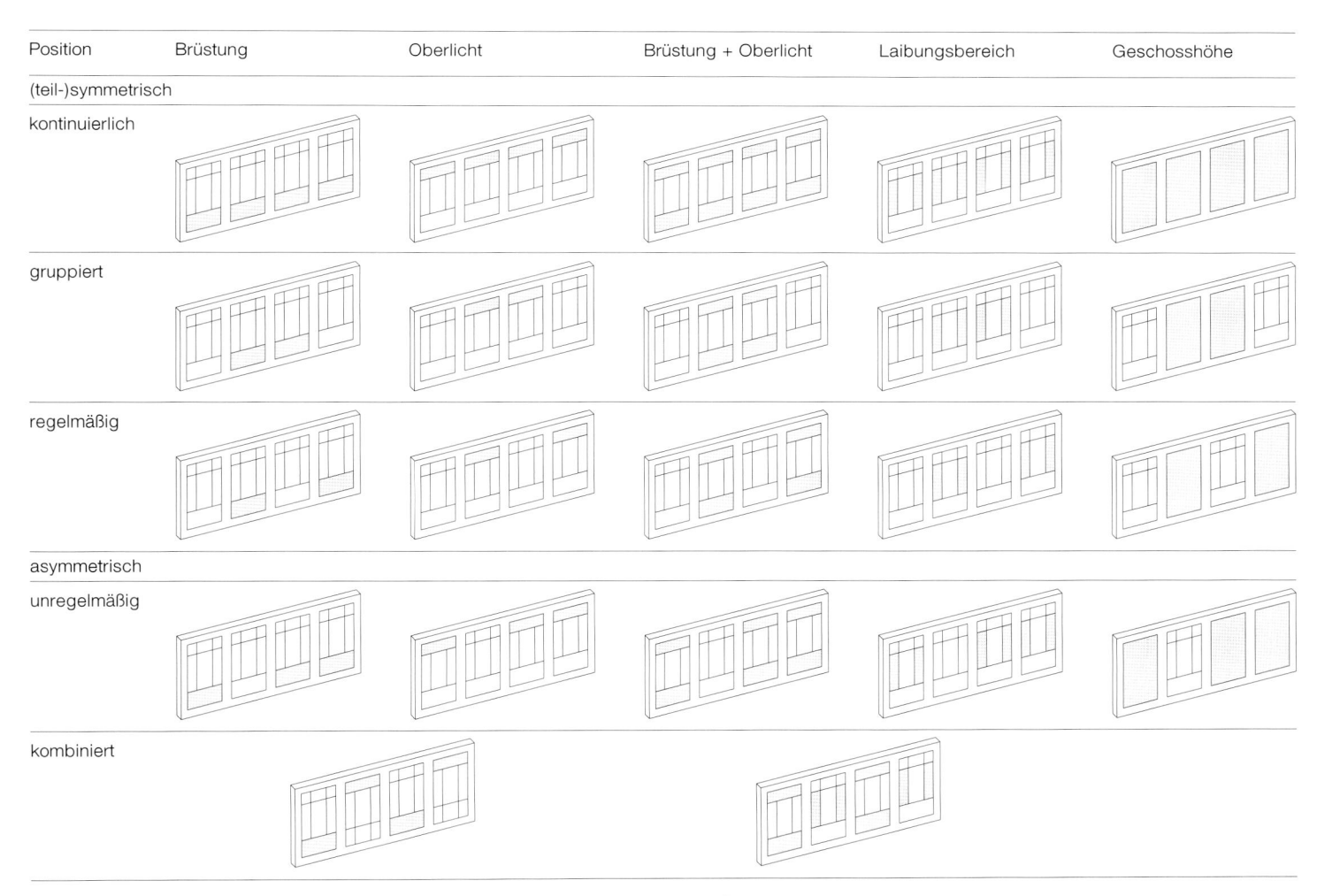

| Position | Brüstung | Oberlicht | Brüstung + Oberlicht | Laibungsbereich | Geschosshöhe |
|---|---|---|---|---|---|
| (teil-)symmetrisch | | | | | |
| kontinuierlich | | | | | |
| gruppiert | | | | | |
| regelmäßig | | | | | |
| asymmetrisch | | | | | |
| unregelmäßig | | | | | |
| kombiniert | | | | | |

Zur Lokalisierung solartechnischer Systeme in der Fassade; Anordnungsprinzipien in Öffnungen.[16]

57

3.10

Für eine gestalterisch schlüssige Einbindung bedeutet das einerseits die Bezugnahme auf die typologischen und strukturellen Merkmale der Gebäudehülle sowie die Identifizierung zusammenhängender, in sich geschlossener Flächen; andererseits sind neben den solartechnischen Komponenten auch Auf-, Vor- und Einbauten mit einzubeziehen, die häufig eine sinnvolle Einbindung zusätzlich erschweren.

*Bauliche Integration*
Für die bauliche Integration stellt die gute Anpassungsfähigkeit der Systeme an die verschiedenen Hüllkonstruktionen einen wichtigen Aspekt dar. Dabei sind zunächst mehrere prinzipielle Einbaumöglichkeiten solartechnischer Systeme in Wand und Dach voneinander zu unterscheiden. Neben der Anordnung (außen und innen) ist die Lage zur wasserführenden Schicht ein ausschlaggebendes Kriterium. Aus diesen Grundprinzipien resultieren unterschiedliche Anforderungen, die für die jeweils spezifische Einbausituation analysiert werden müssen. Baukonstruktive und bauphysikalische Fragen, wie das Zusammenwirken von Bauteiltiefe, Dach- und Wandaufbau, sowie die Lage des Systems zu den jeweiligen Funktionsschichten (Lastabtragung, Dämmung, Feuchteschutz etc.) sind zu klären. Entscheidungen im Detailmaßstab, Dimensionierung von Bauteilen, Ausbildung von Anschlussgeometrien und Profilquerschnitten beeinflussen das Erscheinungsbild der Gebäudehülle und müssen stets hinsichtlich ihrer Auswirkungen auf die strukturelle Gliederung und den Gesamtzusammenhang beurteilt werden.

*Dach*[18]
Für den Bereich des Daches können die Grundprinzipien des Einbaus solarthermischer und photovoltaischer Systeme zunächst weitgehend gemeinsam behandelt werden.
Für das Steildach lassen sich additive Lösungen oberhalb der Dachdeckung bzw. integrierte Lösungen (Abb. 3.9) in der Ebene der wasserführenden Schicht unterscheiden. Auf dem Flachdach sind mehrere Formen einer Freiaufstellung möglich. Bei der Aufdach-Montage werden die Systeme mit einer Metallunterkonstruktion meist parallel zur bestehenden Dachdeckung montiert, die dadurch mit ihrer dichtenden Funktion erhalten bleibt. Die Rohr- bzw. Kabelführung erfolgt oberhalb der Dachhaut. Bei dieser additiven Lösung gestalten sich in der Regel die Anpassungsarbeiten weniger problematisch. Allerdings können keine Substitutionseffekte genutzt werden. Die Unterkonstruktion muss neben dem Eigengewicht die Winddruck- und Sogkräfte aufnehmen und in das Dachtragwerk einleiten. Bei der Dachbefestigung kann je nach Lastfall eine sparrenabhängige (Dachhaken) oder sparrenunabhängige (spezielle Befestigungsziegel, Falzdachklammern) Ausführung gewählt werden. Da insbesondere die Kollektoren eine Zusatzlast darstellen, muss die Tragfähigkeit der Konstruktion geprüft und ggf. eine Verstärkung vorgenommen werden.
Demgegenüber ersetzen Kollektoren und PV-Module bei der Indach-Montage die konventionelle Dacheindeckung und müssen damit Schutzfunktionen der Dachhaut übernehmen. Insbesondere die Anschlüsse zur Dachdeckung sowie zwischen den Komponenten sind regen- und schneesicher auszuführen. Sie müssen mögliche Wärmedehnungen aufnehmen können. Der Markt bietet eine breite Palette an Lösungen, die von verschiedenen

Komponentengrößen bis zum kompletten Energiedach reichen. Je nach Hersteller gibt es im Grunde für alle Dachdeckungsmaterialien standardisierte Systeme, von der konventionellen Ziegelanschlusstechnik bis zu speziellen Eindeckrahmen, welche auf der vorhandenen Unterkonstruktion befestigt werden; mittels Blechen und Dichtungsprofilen erfolgen die Anschlüsse an Dachdeckung, Ortgang, First und Traufe. Die Anschluss- und Verbindungsleitungen werden bei der Indach-Montage in den Zwischenräumen der Dachsparren verlegt.

Unterhalb einer Mindestdachneigung ist für die Regensicherheit ein wasserdichtes Unterdach erforderlich; v.a. bei PV-Modulen ist in diesem Fall eine ausreichende Hinterlüftung auf der Systemrückseite zur Vermeidung von Kondensatbildung notwendig. Mittlerweile werden kombinierte Systeme für Solarthermie und Photovoltaik angeboten, die den Vorteil bieten, dass bei gleichem Rahmen-, Befestigungs- und Abdichtungssystem einfache Kombinationsmöglichkeiten bestehen.

Im Bereich der Photovoltaik gibt es Module mit deutlich kleineren Systemgrößen, z.B. Solardachsteine. Durch herkömmliche Anschlusstechnik werden die Montage und die Anpassung vereinfacht und es besteht ein direkter Bezug zu dem vorhandenen modularen Prinzip. Über Zwischentemperaturbereichen wie Atrien, Erschließungsgängen etc. können Photovoltaikelemente als semitransparenter Sonnenschutz in geneigten Glasdachkonstruktionen eingesetzt werden, wobei die Sicherheitsbestimmungen für Überkopfverglasungen zu beachten sind.

Bei der Aufstellung solartechnischer Systeme auf Flachdächern ist eine spezielle Unterkonstruktion erforderlich, die, neben der Wahl des Anstellwinkels, v.a. der Aufnahme der Eigenlasten und der Einleitung der Windkräfte dient. Da sich mit dem Gewicht der Stützkonstruktion erhebliche Zusatzlasten ergeben können, ist vor der Installation eine ausreichende Tragfähigkeit des Daches zu prüfen. Von einem statischen Nachweis ist die Wahl der Verankerung abhängig: Bei einer Schwerlastverankerung wird die (freistehende) Anlage mit Betonsockeln auf das Flachdach gestellt, wodurch eine aufwändige und schadensträchtige Durchdringung der Dachhaut vermieden werden kann. Bei fehlender Tragfähigkeit müssen die Lasten über eine spezielle Unterkonstruktion auf statisch beanspruchbare Bauteile abgeleitet werden.

Im Bereich der Photovoltaik gibt es auch Indach-Systeme für das Flachdach, etwa als begehbare Schutzschicht über der Dachhaut. Auflaminierte Zellen auf herkömmlichen Dach- und Dichtungbahnen können als Dachhaut verarbeitet werden. Durch das extrem niedrige Eigengewicht können diese Systeme auch auf Dächer mit niedriger Traglast installiert werden.

*Fassade*

Seit Anfang der 90er-Jahre findet der Begriff der Solarfassade in Forschung und Praxis zunehmend Verbreitung. Häufig werden damit solarthermische Anlagen bezeichnet, bei denen die Wand als Klimaschutz und -puffer um die Funktion eines aktiven Wärmelieferanten erweitert wird. Allerdings handelt es sich hierbei meist nicht um Komplettlösungen, wie sie im Bereich des Daches angeboten werden, da die Fassade zusätzliche Anforderungen wie

Einbausituationen solartechnischer Systeme – Fassade

| | | |
|---|---|---|
| \| | vertikale Anordnung | mit Abstand vor der wasserführenden Schicht |
| \| | vertikale Anordnung | unmittelbar auf der wasserführenden Schicht |
| \| | vertikale Anordnung | eingebaut in die wasserführende Schicht |
| \| | vertikale Anordnung | zwischen der wasserführenden Schicht und der raumseitigen Begrenzung |
| \| | vertikale Anordnung – Innenraum | mit Abstand hinter der wasserführenden Schicht |
| / | vertikale Anordnung – geneigte Anordnung | mit Abstand vor der wasserführenden Schicht |
| — | horizontale Anordnung | mit Abstand vor der wasserführenden Schicht |

Einbausituationen solartechnischer Systeme – Dach

| | | |
|---|---|---|
| | Steildach | mit Abstand vor der wasserführenden Schicht |
| | Steildach | unmittelbar auf der wasserführenden Schicht |
| | Steildach | eingebaut in die wasserführende Schicht |
| | Steildach | zwischen der wasserführenden Schicht und der raumseitigen Begrenzung |
| | Steildach – Innenraum | mit Abstand hinter der wasserführenden Schicht |
| | Flachdach | aufgeständert auf der wasserführenden Schicht |
| | solartechnisches System | |
| | wasserführende Schicht | |
| | raumseitige Begrenzung | |

Einbausituationen solartechnischer Systeme hinsichtlich der Lage zur wasserführenden Schicht

Tageslichtnutzung oder die Sichtbeziehung nach außen gewährleisten muss. Trotz Ertragsminderung und höherer gestalterischer Anforderung eröffnet die Fassadenintegration zusätzliche Optionen, wenn z. B. bei ungünstiger Exposition und Form des Steildaches oder unzureichender Tragfähigkeit des Flachdaches dort eine Montage nicht möglich ist. Prinzipiell lassen sich in der Fassade additive und integrierte Lösungen unterscheiden, die vertikal oder geneigt ausgeführt werden können. Aufgrund unterschiedlicher Systemgewichte, Abweichung in Bauhöhe und Elementgröße sowie den daraus resultierenden Einbaumöglichkeiten erfolgen die Betrachtungen von Kollektoren und PV-Modulen im Bereich der Fassade weitgehend getrennt.

Solarkollektoren lassen sich als additive, kleinteilig angeordnete Elemente und als großformatige Kollektorflächen (Abb. 3.3) in Warm- und Kaltfassaden integrieren. Durch die Vielzahl der am Markt befindlichen Außenwandkonstruktionen stehen für die Fassadenintegration weniger standardisierte Montagesysteme zur Verfügung. Bei massiven Wandaufbauten ist aufgrund der Bauhöhe des Kollektors meist nur eine additive Anordnung auf oder vor der wasserführenden Schicht möglich. Je nach Dämmstärke kann die Komponente jedoch auch direkt auf die Tragschicht oder zwischen einer Holzständerkonstruktion eingesetzt werden, sodass ihr Gesamtaufbau in heute übliche Dämmschichten mit Außenhaut eingebunden werden kann.

Insbesondere für Pfosten-Riegel-Fassadenkonstruktionen bieten mittlerweile eine Reihe von Herstellern Komplettsysteme an, bei denen Flachkollektoren und PV-Module ein weiteres Bauteil neben Fenstern, feststehender Verglasung und opaken Brüstungselementen darstellen, das den unterschiedlichen modularen Bezugssystemen gut angepasst werden kann. Besonders bei den Kollektoren sind bei Standardmaßen und -formen im Vergleich zur Dachmontage höhere Aufwendungen für die Installation zu berücksichtigen.

Photovoltaik eignet sich aufgrund der niedrigen Bauhöhe und der relativ großen Anpassungsfähigkeit sowie einer Reihe gestalterischer Optionen (unterschiedliche Formate, Farbigkeit und Struktur) in besonderer Weise für die Integration in die Fassade. In der Doppelfunktion von Wandabschluss und Sonnenschutz lassen sich mit der Übernahme von Schutz- und Steuerungsfunktionen bautechnische und wirtschaftliche Synergieeffekte nutzen. So kann die Photovoltaik in der Fassade trotz verminderter Ertragspotentiale gegenüber Materialien wie Naturstein oder Edelstahl eine wirtschaftliche und ästhetische Alternative darstellen. Prinzipiell ist die Anordnung vor opaken oder transparenten/transluzenten Flächen zu unterscheiden.

Der Einbau von Photovoltaik-Modulen ist sowohl in opaken Warm- als auch Kaltfassaden möglich, wobei grundsätzlich auf eine niedrige Betriebstemperatur zu achten ist. Da mit ansteigender Temperatur der Wirkungsgrad abnimmt, sind bei Konstruktionen mit Hinterlüftung mindestens 5 cm Abstand vorzusehen. Neben gerahmten Standardkomponenten werden rahmenlose PV-Module in Pfosten-Riegel- und Element-Fassadenkonstruktionen eingebaut. Weil die Module die optischen und funktionalen Eigenschaften von Glas aufweisen, lassen sie sich leicht in Glasbefestigungstechnik installieren; es sind sowohl ein- oder mehrseitige lineare Lagerungen, punktförmige Befestigungen als auch Ausführungen in Structural-Glazing-Systemen möglich.

Vor transparenten/transluzenten Fassadenflächen können die Photozellen im Scheibenverbund integriert als Raumabschluss angeordnet werden. Allerdings sind, je nach Belegungsdichte, neben der Zellenaufheizung die verminderte Lichttransmission und der reduzierte Gesamtenergiedurchlass sowie Einschränkungen der Durchsicht zu beachten. Weitere Anordnungsmöglichkeiten bestehen in der zweiten Ebene, d.h. in der außen liegenden Schale von Doppelfassaden (Abb. 3.10) oder – auf Abstand gesetzt – als Sonnenschutz. Hier ist eine ausreichende Hinterlüftung gewährleistet und im Bereich von Doppelfassaden kann die anfallende Wärme zusätzlich genutzt werden. Die Kombination von photovoltaischer Stromerzeugung mit Sonnenschutz eröffnet vielfältige Einsatzbereiche für feste (Vordächer, Auskragungen; Abb. 3.11) oder bewegliche Systeme (Markisen, Lamellen). Gerade im Bereich des Sonnenschutzes lassen sich – durch die Variation des Fugenanteils zwischen den einzelnen Zellen – die Tageslichtversorgung und die Wärmetransmission, der Sonnen- und Blendschutz wie auch die Durchsicht gut anpassen.

*Ausblick*

Im Bereich der Nutzung der Solarenergie in Gebäuden hat sich in den letzten Jahren sowohl auf der Seite der (Energie-)Technik als auch im Bereich der Architektur einiges getan. Es wird viel gebaut, aber selten entsteht dabei »Solar-Design«, d.h. insbesondere die ästhetischen Qualitäten der Gebäude stellen (in der Alltagsarchitektur) ein bisher weitgehend ungelöstes Problem dar. Dabei eröffnet das große Potential an Materialien, Halbzeugen und Systemen sowie deren Kombinationsmöglichkeiten Architekten und Ingenieuren vielfältige Gelegenheiten, innovative Solartechnik zu gestalten und einzusetzen.

In Bezug auf die Integrationsarbeit fehlen bislang typologische Untersuchungen zur Gebäudehülle, die jedoch eine wichtige Grundlage und Entscheidungshilfe für die gestalterische Einbindung solartechnischer Systeme wären. Auch wenn solche Studien vor allem für den Gebäudebestand notwendig erscheinen, würden sie auch für die Neubauplanung sinnvolle Orientierungshilfen darstellen. Gebäude sind komplexe Gebilde, bei denen die Frage nach der Wahl der richtigen Mittel nicht pauschal beantwortet werden kann. Einzelmaßnahmen müssen stets in ihren Wechselwirkungen mit dem Ganzen gesehen werden. Die Gesamtheit aller relevanten Aussagen sollte, um ein positives Ergebnis zu erlangen, auf ein Optimum hin analysiert werden.

Wie jede technische Neuerung verändert auch die Solartechnik das Aussehen der Häuser, sowohl bei den Neubauten als auch im Baubestand. Eine wesentliche Aufgabe ist es, die solartechnischen Komponenten nicht nur funktional effizient und konstruktiv richtig in die Gebäudehülle zu integrieren, sondern sie auch ästhetisch wirksam werden zu lassen, d.h. sie bewusst gestalterisch in ein architektonisches Gesamtkonzept einzubinden. Es stellt sich die Herausforderung, für diese technischen Neuerungen adäquate gestalterische Umsetzungen – neue Ausdrucksformen für geänderte Leistungsformen – zu finden.

Für den »solaren« Weg einer neuen, gleichermaßen ökologisch, technisch und ästhetisch nachhaltigen (Bau-)Kultur sind vielversprechende Ansätze und Beispiele vorhanden; trotzdem ist noch quantitative Umsetzungs- sowie qualitative Übersetzungsarbeit zu leisten.

3.11

Anmerkungen:
1 Herzog, Thomas. Solar Design. In: Detail. Zeitschrift für Architektur + Baudetail, 39. Jg., 3/1999, S. 359–362
2 RWE Energie Bau-Handbuch. 12. Ausgabe. Essen: 1998, Kap. 17, S. 3ff.
3 Jahressumme der Globalstrahlung z.B. in Flensburg 925 kWh/m²a, Frankfurt/Main 1070 kWh/m²a, Freiburg 1182 kWh/m²a. Sonnenenergie, 26. Jg., 1/2001, S. 33
4 Aktive Solarenergienutzung. In: Marko, Armin; Braun, Peter O. (Hg.). Thermische Solarenergienutzung an Gebäuden. Für Ingenieure und Architekten. Teil II. Berlin: 1997, S. 195–393 und RWE Energie: Bau-Handbuch, 1998, Kap. 17, S. 7–39
5 Quelle: Lehrstuhl Prof. Thomas Herzog, TU München
6 RWE Energie Bau-Handbuch, 1998, Kap. 17, S. 22
7 ebd., S. 23
8 ebd., S. 39–52 und Müller, Helmut F. O.; Nolte, Christoph; Pasquay, Till. Die Mittel aktiv zu sein. Von der Aufgabenstellung zur Lösung. In: Danner, Dietmar; Dassler, Friedrich H.; Krause, Jan R. (Hg.). Die klima-aktive Fassade. Leinfelden-Echterdingen: 1999, S. 105–113
9 RWE Energie Bau-Handbuch, 1998, Kap. 17, S. 42 und Produktunterlagen SGG Prosol, Solar-Module für Gebäude, Saint-Gobin Glass Solar, Aachen
10 Quaschning, Volker: Systemtechnik einer klimaverträglichen Elektrizitätsversorgung in Deutschland für das 21. Jahrhundert. Düsseldorf: 2000, S. 44–50
11 DFS-Statistik Solarthermie 1990–2002, Stand 8/2000 und DFS-Statistik Photovoltaik 1990–2003, Stand 2/2001, Freiburg i. Br.: DFS-Deutscher Fachverband Solarenergie e.V.
12 Forschungsprojekt »SOLEG – Solar gestützte Energieversorgung von Gebäuden« (8/1996–7/1999), Projekt-Koordination: ZAE Bayern und Herzog, Thomas; Krippner, Roland. Architectural Aspects of Solar Techniques. Studies on the Integration of Solar Energy Systems into the Building Skin. In: Eurosun 2000. Papers presented at the 3th ISES-Europe Solar Congress. Kopenhagen, 2000. www.eurosun2000.dk
13 Krippner, Roland. Ökologie vs. Ästhetik? In: DBZ – Deutsche Bauzeitschrift, 48. Jg., 9/2000, S. 114–118
14 Busse, Hans-Busso v.; Müller, Helmut F.O.; Runkel, Susanne. Photovoltaik. Integration einer neuen Technologie in die Architektur. Forschungsbericht. Dortmund: Universität Dortmund, 1996, S. 10ff.
15 Forschungsprojekt »SOLEG – Solar gestützte Energieversorgung von Gebäuden« (8/1996–7/1999), Projekt-Koordination: ZAE Bayern
16 ebd.
17 Krippner, Roland. Zwischen Gebäudetypologie und Denkmalschutz. In: Bauhandwerk/Bausanierung, 3/1999, S. 43–46
18 Zur Beschreibung der Montagesysteme für die Dach- und Fassadenintegration, auch: Solarthermische Anlagen. Leitfaden für Heizungsbauer, Dachdecker, Gas-Wasserinstallateure, Elektriker, Fachplaner, Architekten und Bauherren. Hrsg. DGS, Deutsche Gesellschaft für Sonnenenergie, Berlin 6/2001 und Photovoltaische Anlagen. Leitfaden für Elektriker, Dachdecker, Fachplaner, Architekten und Bauherren. Hrsg. DGS, Deutsche Gesellschaft für Sonnenenergie, Berlin 2000

Abbildungen:
3.1 Solarfabrik in Freiburg, Rolf + Hotz
3.2 Arco, Trentino
3.3 Gründerzentrum in Hamm, Hegger Hegger Schleiff
3.4 Monokristalline Siliziumzellen
3.5 Polykristalline Siliziumzellen
3.6 Amorphe Siliziumzellen, semitransparente Ausführung
3.7 CIS-Dünnschichtzellen
3.8 Solarhaus auf der IGA Stuttgart, Hegger Hegger Schleiff
3.9 Bundeswirtschaftsministerium in Berlin, Baumann & Schnittger
3.10 Bibliothek in Mataró, Miquel Brullet i Tenas
3.11 Verwaltungsgebäude in Hannover

# Raum für einen Sommer

Architekten: Johl, Jozwiak, Ruppel, Berlin

Lichtreflexe tanzen über die einem Mosaik runder Glasbausteine ähnelnde Oberfläche, auf deren zylinderförmigen Flächen sich die Sonnenstrahlen hundertfach brechen. Je nach Blickwinkel spiegelt die kugelförmige Hülle das Grün der umgebenden Bäume oder die unterschiedlichen Färbungen des Himmels wider und erst beim zweiten Hinschauen erkennt man das Grundmodul der Konstruktion, eine PET-Flasche. Im Inneren des »Plastik-Iglu« gibt das Relief aus bunten Schraubverschlüssen dem durch die schimmernde Kunststoffhülle hereinfallenden Licht eine leichte Farbigkeit, die eine ganz eigene Raumstimmung erzeugt. PET-Flaschen werden eigentlich nicht um ihrer selbst willen, sondern in ihrer Funktion als Behältnis diverser Getränke gekauft, danach wandern sie in der Regel unbedacht in die Recyclingtonne. Dass sie als Gebrauchsgegenstand durchaus noch andere Qualitäten besitzen, haben Studenten der TU Berlin mit diesem Entwurf gezeigt.

Ziel der Semesterarbeit sollte es sein, nicht nur die spezifischen Möglichkeiten des eingesetzten Stoffes zu nutzen, sondern auch dessen ästhetische Möglichkeiten zum Ausdruck zu bringen. Die Flaschen sind auf kreisförmigem Grundriss konisch zulaufend übereinander gestapelt. Um den Zusammenhalt zu gewährleisten und gleichzeitig den Innenraum vor Witterungseinflüssen zu schützen, wurde eine transparente Gerüstfolie integriert und zwischen Flaschenkopf und -verschluss fixiert. Die Form der Hülle ergab sich durch die Anordnung der Flaschen beinahe zwangsläufig. Es entstand ein Kugelgewölbe, eine archetypische Form der Gebäudehülle. Dreitausend Flaschen sind über die Folie miteinander verbunden, die Einstiegsöffnung wird mit einem Ring aus Hartfaserplatten stabilisiert.

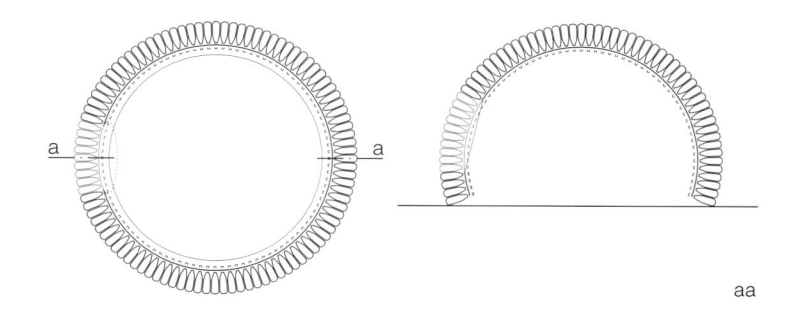

Grundriss
Schnitt
Maßstab 1:100
Detailschnitte
Maßstab 1:10, 1:5

63

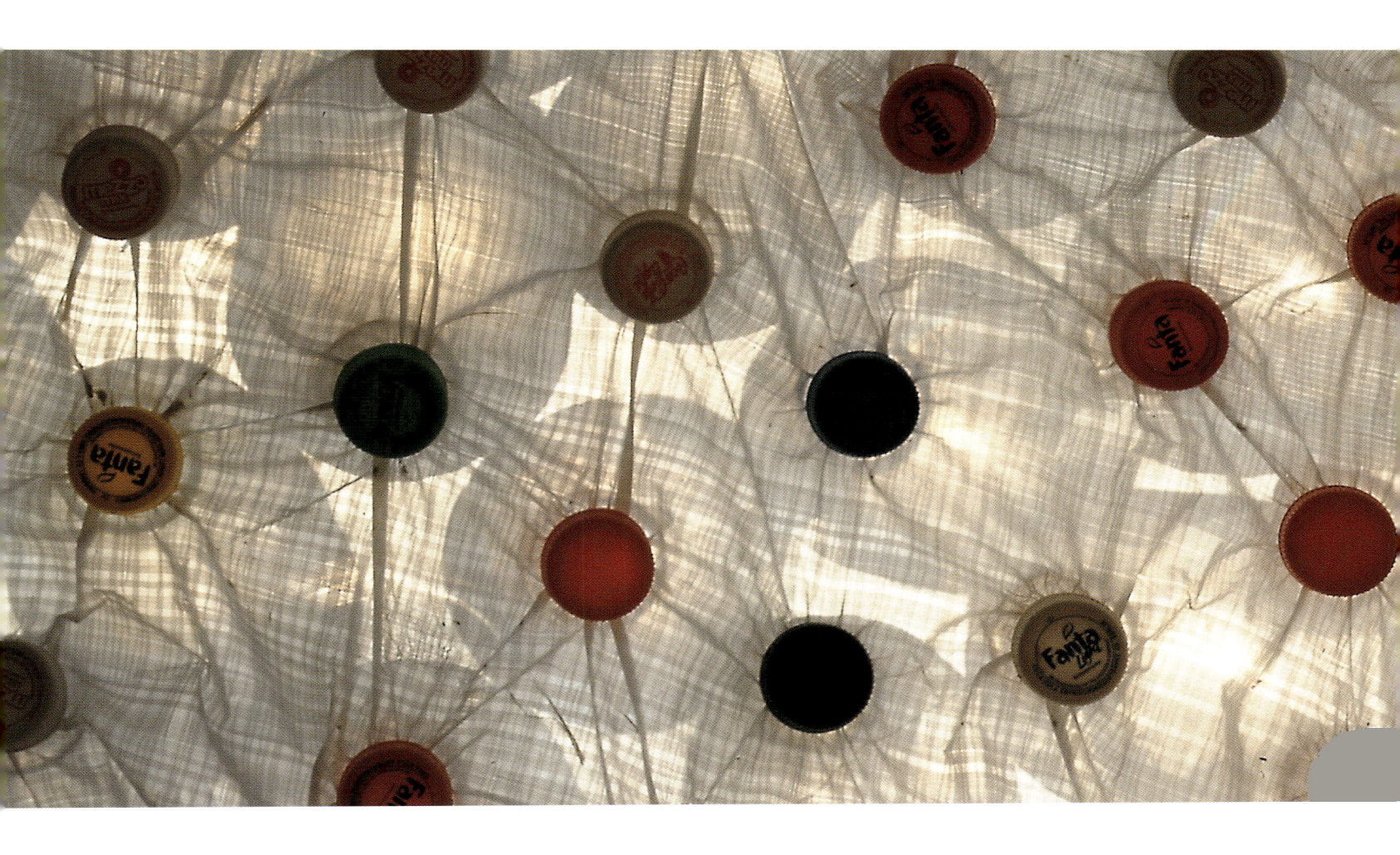

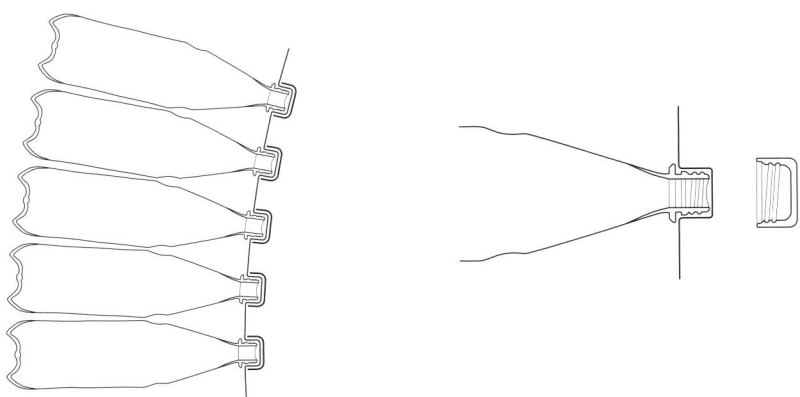

# Eden Project bei St. Austell

Architekten: Nicholas Grimshaw & Partners, London

Lageplan
Maßstab 1:5000

Detailschnitt
Regelknoten
Maßstab 1:20

Cornwall, der Südwesten Englands, zählt zu den mildesten Regionen auf den Britischen Insel. Mit Palmen und blühenden Rhododendren ist es der richtige Ort für ein Gewächshaus. Das weltweit größte seiner Art, das »Eden Project« zieht mit seinen Bäumen, Büschen und Blumen aus vier verschiedenen Klimazonen täglich tausende Besucher in seinen Bann. Schon die Baustelle, die vom Besucherzentrum aus beobachtet werden konnte, zog 500 000 Gäste an, in den ersten zwei Monaten nach der Eröffnung kamen 400 000 Besucher. Ein Publikumsmagnet also, der nicht zuletzt der beeindruckenden Architektur zu verdanken ist.

Wie ein zweiter Himmel spannt sich diese archetypische Gebäudehülle über den inszenierten Mikrokosmos. Die Leichtigkeit des Materials überspielt die Ausmaße der riesigen Kuppeln, die sich in einer ausgelassenen Lehmgrube an die Felsen schmiegen. Bis zu 124 Meter weit spannt sich die Konstruktion, deren Grundform auf ineinander verschnittenen geodätischen Kuppeln beruht. Diese geometrische Form bietet einige Vorteile: Sie erlaubt eine leichte und in sich steife Tragstruktur, die als Stecksystem exakt vorgefertigt und in kleinen Einzelteilen angeliefert werden konnte. Für die Bebauung des schlecht tragfähigen Grundes war eine leichte Konstruktion essenziell. Das Tragwerk ist in zwei Schichten aufgelöst: in eine äußere Schicht, die auf einer Hexagonalstruktur basiert, und in eine innere Schicht, bestehend aus Drei- und Sechsecken. An den Verschneidungslinien der Kuppeln liegen komplexe Dreigurtträger aus Stahl.

Für die Deckung wurden nicht zuletzt wegen ihres geringen Gewichts ETFE-Kissen gewählt, die Konstruktion wiegt weniger als die Luft, die sie umhüllt. Die Kissen werden durch Kompressoren aufgepumpt.

Das Projekt hat den Anspruch, ein ökologisches System, bestehend aus den Naturräumen des Regenwaldes, Kaliforniens, Südafrikas und des Mittelmeeres aufzubauen, um die Sensibilität der Besucher für die Beziehungen zwischen Mensch und Pflanzenwelt zu wecken. Daher sind nicht nur bekannte exotische Gewächse zu sehen, sondern auch solche, deren Früchte, nicht aber die dazugehörigen Pflanzen man sehr gut kennt, wie etwa Paprika, Tabak, Baumwolle, Kaffee oder Tee. Besonders für die jungen Besucher, für die spezielle Führungen angeboten werden, ist diese Auswahl interessant. Für Erwachsene werden darüber hinaus Seminare und Workshops organisiert.

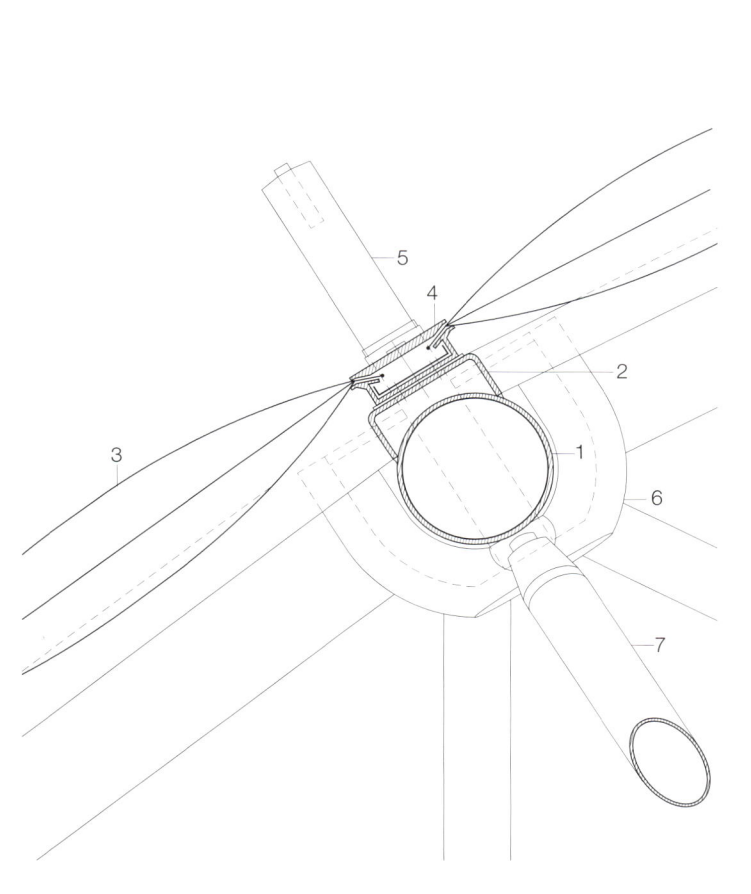

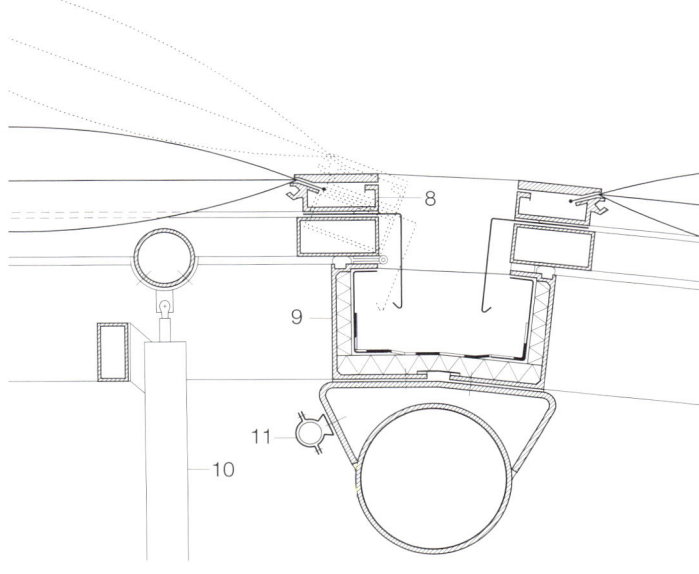

1 Stahlrohr Ø 400,6 mm
2 Stahlblech, gekantet 6 mm
3 ETFE-Kissen dreilagig
4 Klemmprofil Aluminium
5 Absturzsicherung Stahlstab Ø 70 mm
6 Verbindungsknoten Gusseisen
7 Diagonalstab Ø 89 mm
8 Rahmen, Öffnungsluke Alu-Strangpressprofile
9 Wärmedämmung, Stahlprofil,
   Rinne aus Folienverbundblech
10 Öffnungszylinder, pneumatisch betrieben
11 Druckschlauch für Lukenantrieb

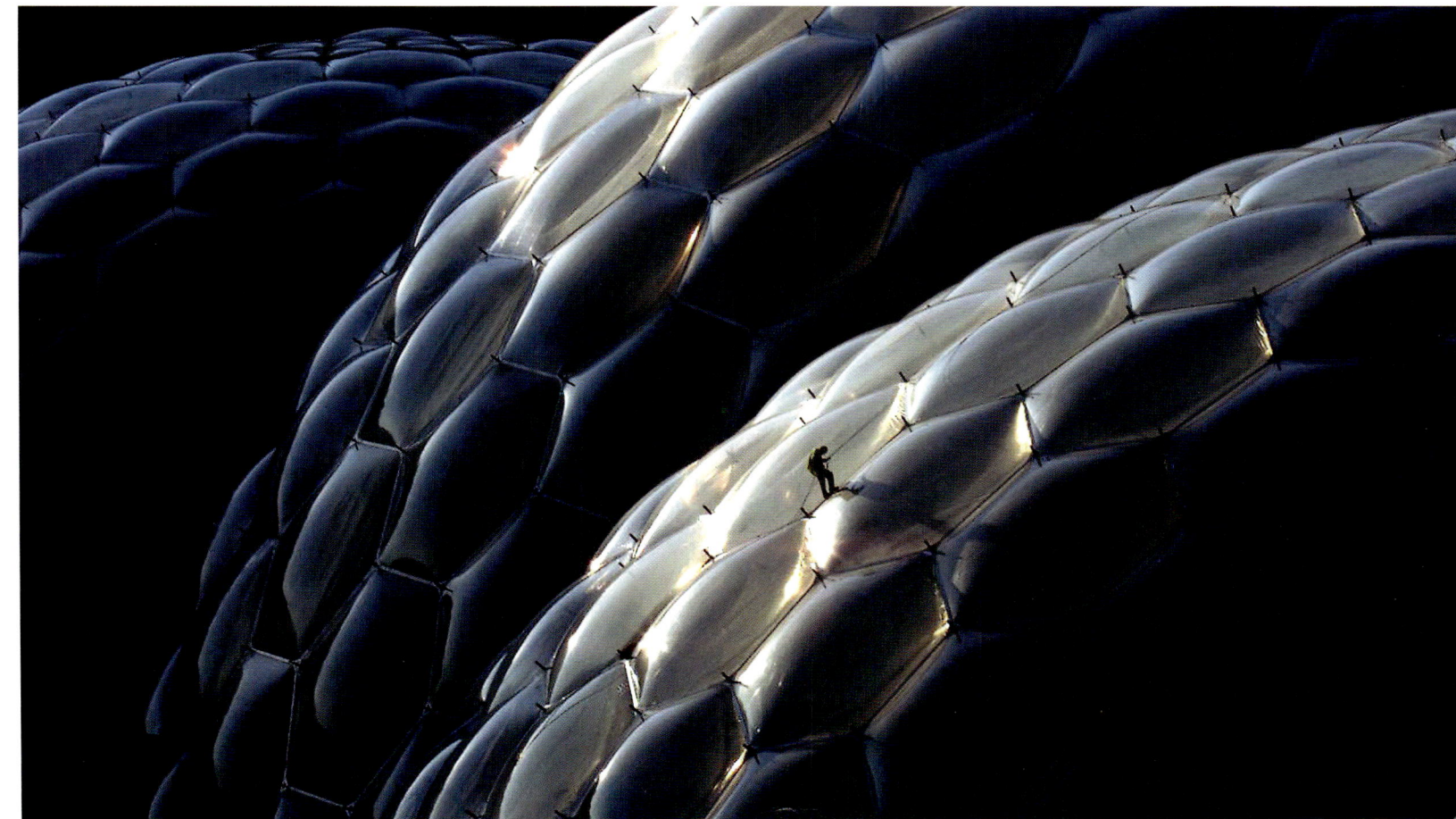

# Wohnhaus in Okayama

Architekten: Kazuyo Sejima & Ryue Nishizawa, Tokio

Lageplan
Maßstab 1:1000
Fassadendetails
Maßstab 1:20

1 besandete Bitumenbahn
  Dachdichtungsbahn
  Schalung 12 mm
  Lattung 45/45 mm
  Wärmedämmung 35 mm
  Schalung 12 mm
  Stegträger
  Lattung 30/40 mm
  Gipskartonplatte vinylharzbehandelt 9 mm
2 Holzpfosten 40/230 mm
3 gewellte Polycarbonat-Platte 10 mm
4 gewellte Polycarbonat- oder
  Faserzement-Platte 18 mm
5 drehbare Lamelle 45 mm
  beidseitig beplankt mit
  furnierter Sperrholzplatte
6 Faltelement 36 mm
7 Korridor
8 Stahlstab Ø 9 mm

Das Wohnhaus in einem dicht bebauten Bezirk von Okayama wurde für eine Familie mit zwei Kindern und die Großeltern geplant. Der unterschiedliche Lebensstil der Generationen forderte einerseits Privatheit für die einzelnen Familienmitglieder, andererseits sollte die Familie auch gemeinschaftlichen Wohnraum haben. Aus diesen Überlegungen heraus ist ein zweigeschossiger Kern entstanden, der allseits von einer haushohen Korridorzone in Form einer transluzenten Gebäudehülle umgeben ist. Sie besteht aus Polycarbonat- und Faserzementplatten. Die Räume im Inneren – oben der Wohnbereich, unten die Schlaf- und Baderäume – werden durch diesen Semi-Außenbereich vor Hitze und Kälte geschützt und von der Nachbarschaft abgeschirmt. Die privaten Zimmer im Erdgeschoss sind ausschließlich über den Korridorbereich miteinander verbunden. Je nach Wunsch kann sich das einzelne Familienmitglied zurückziehen oder durch Öffnen von Faltwänden am gemeinschaftlichen Leben teilnehmen. Trotz der physischen Nähe ist so die Distanz zwischen den Räumen gewahrt.

Mit den Faltwänden und beweglichen Lamellen im Obergeschoss wurde ein flexibles Öffnungs- bzw. Abschlusssystem zwischen dem Korridor und den Wohnräumen geschaffen. Das Gebäude ist als Holzständerkonstruktion ausgeführt. Die Fassadenbekleidung aus gewellten Polycarbonatplatten innen und Polycarbonat- oder Faserzementplatten außen wird von Holzpfosten getragen und nur vereinzelt von gezielt platzierten Fenstern durchbrochen. Die umschließende Hülle filtert das Licht und lässt im Inneren eine helle, lichte Atmosphäre entstehen, die sich entsprechend der jeweiligen Lichtbedingungen wandelt und einen subtilen Bezug zum ausgeblendeten Außenraum herstellt.

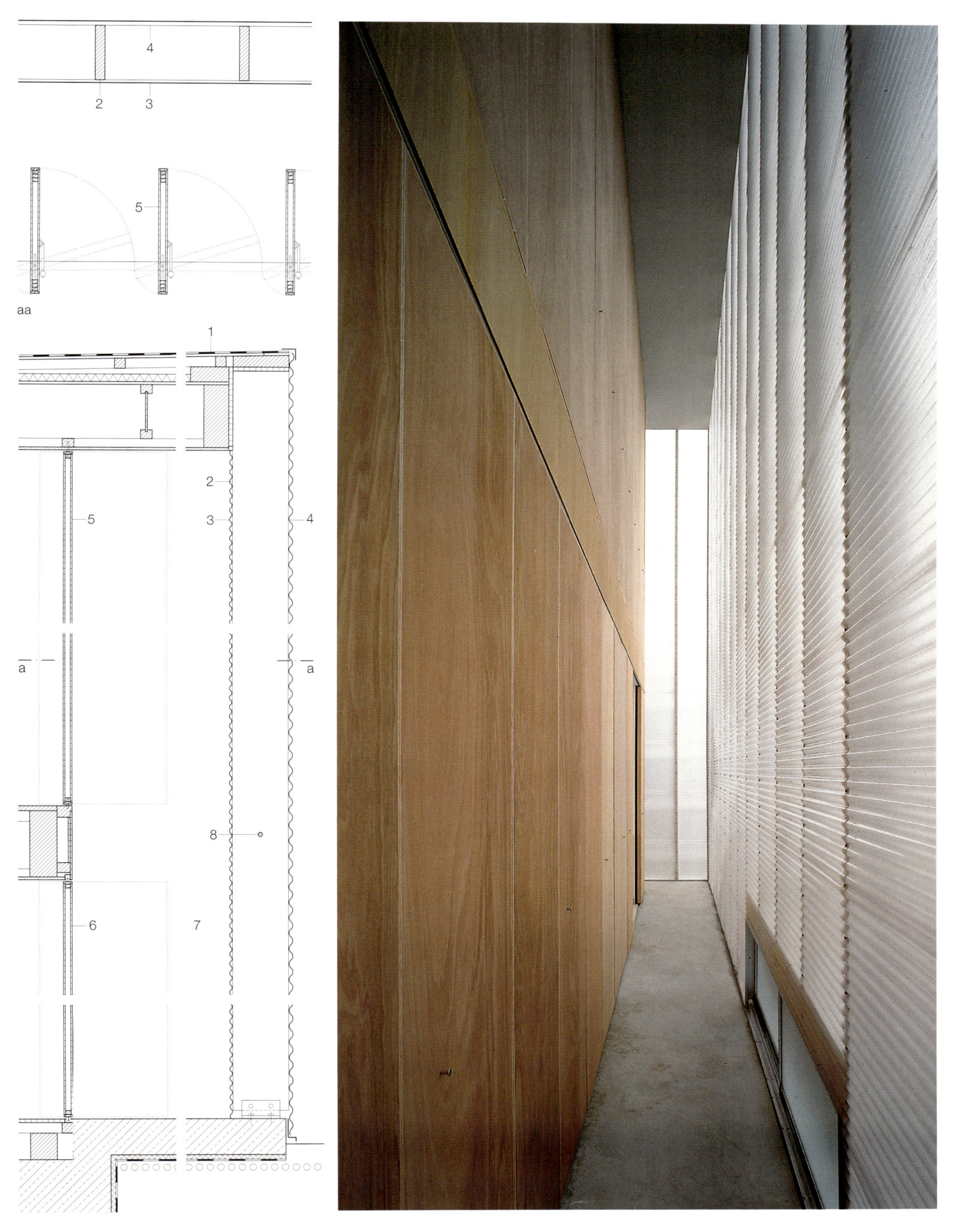

aa

## Institutsgebäude in Paris

Architekten: Jérôme Brunet & Eric Saunier, Paris

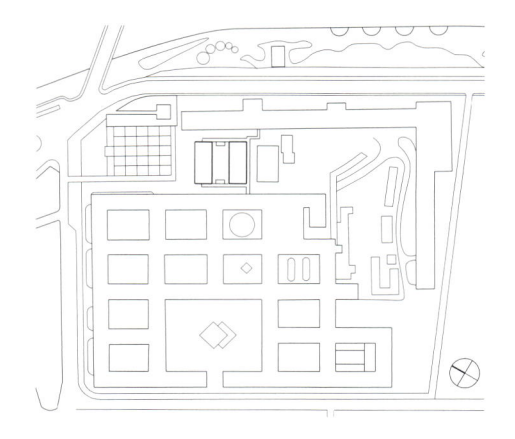

Innerhalb einer Bauzeit von sechs Monaten entstand das für eine temporäre Nutzung geplante Institutsgebäude der Universität Paris in direkter Nachbarschaft des Institut du Monde Arabe. Das in Modulbauweise errichtete Gebäude besteht aus zwei parallel ausgerichteten Quadern, die in den oberen Stockwerken durch Metallstege verbunden sind und einen dazwischen liegenden Außenraum einschließen. Auf einer Fläche von 6700 m² sind eine Bibliothek, zwei Hörsäle sowie kleinere Räume für Unterricht und Verwaltung untergebracht.

Das zurückhaltende Gebäude hat eine einfache und dennoch ausdrucksvolle Außenhaut erhalten. Vor die nach außen gewandten Fassaden mit ihren Fensterbändern wurde in zweiter Ebene eine Struktur aus Glas gelegt. Durch das geometrische Raster der Glasprofile erscheint das Bauwerk wie ein Kunstobjekt, das keinen formalen Bezug zu der umgebenden Bebauung entstehen lässt. Die unterschiedliche Wirkung des Materials Glas, die Brechung, Spiegelung und die Farbigkeit des Lichts prägen sowohl die Innenräume als auch den Stadtraum. Die Glashaut aus transluzenten Profilbau-glaselementen bildet an den Schmalseiten der Quader eine geschlossene Fläche. An den Längsseiten haben die geschosshohen Glasprofile die Funktion von Sonnenbrechern und sind in einem Winkel von 45 Grad zu der dahinter liegenden Außenwand aufgestellt. Die einzelnen vertikalen Elemente sind auf einem Gerüst aus horizontalen Stahlprofilen fixiert. Dieses Gerüst ist an der Außenwand verankert und durch Zugbänder ausgesteift. Die Gebäudehülle wandelt sich mit der Bewegung des Betrachters. Je nach Standpunkt in der Umgebung erscheint die Fassade offen oder geschlossen, reflektierend oder durchsichtig.

Lageplan
Maßstab 1:7500
Fassadendetails
Maßstab 1:10

1 Stahlprofil ⌶ 180/85/10 mm
2 Stahlschraube M 16
3 Stahlkonsole, mit aufgeschweißtem
  ⌶-Profilstück und Kopfplatte
4 Flachstahl 3 mm
5 Aluminiumprofil ⌴ 20/30/3 mm
6 Profilbauglas 262/60/7 mm
7 vertikale Verspannung,
  Stahlrundstab Ø 20 mm
  mit Schraubgewinde M 20
8 Flachstahl mit angeschweißten
  Kopfplatten
9 horizontale Verspannung,
  Stahlrundstab Ø 20 mm
10 Aluminiumfenster mit Isolierverglasung
11 Wandaufbau: Fassadenblech
  Wärmedämmung 50 mm + 80 mm
12 Stahlrohr, verzinkt

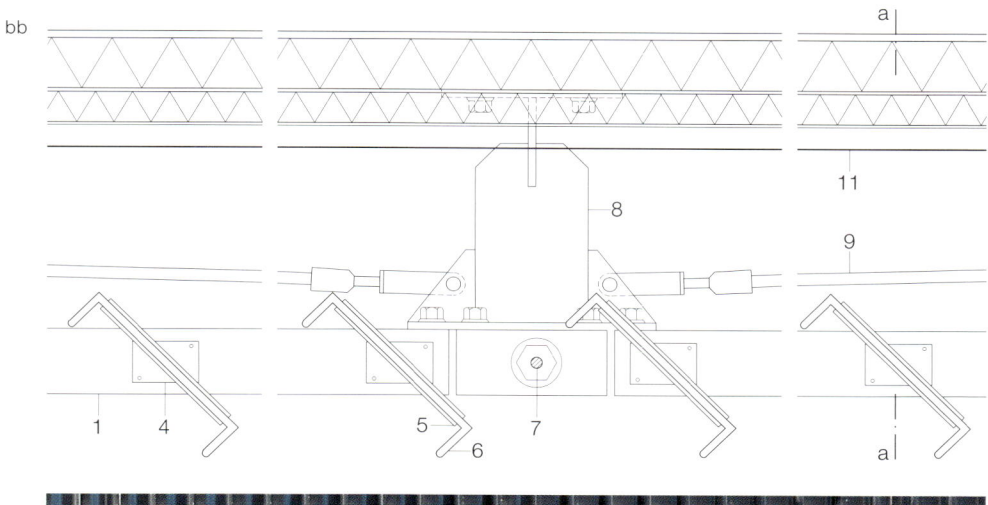

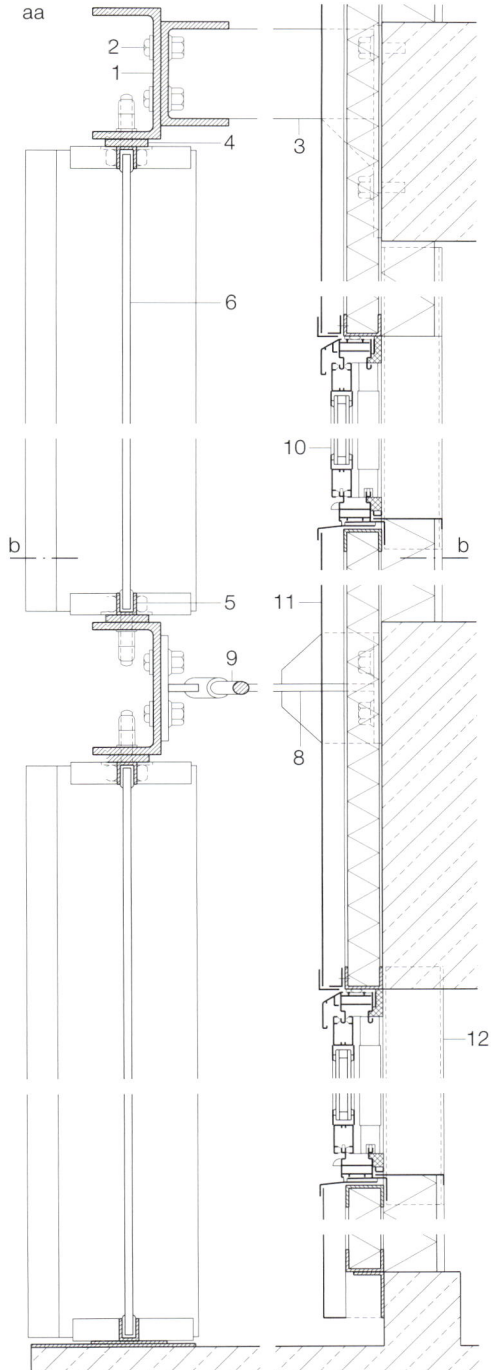

# Büro- und Geschäftshaus in Tokio

Architekten: Maki and Associates, Tokio

»Hillside West« ist ein Gebäudekomplex aus Geschäften, Büros und Wohnungen. Das zwischen zwei Straßen gelegene Grundstück grenzt an seiner Rückseite an eine ruhige Wohnstraße, die 5,50 m tiefer liegt als die Hauptstraße. Entsprechend ist das Gebäudevolumen in zwei Flügel mit eigenen Charakteristika aufgeteilt, die sich mit ihrer Höhe und ihren Fassaden an der jeweiligen Nachbarbebauung orientieren. Blickfang des Ensembles an der Kyu-Yamate Avenue ist das Wohn- und Bürogebäude mit seinem transluzenten Metallvorhang. Der subtile Schleier betont den privaten Charakter der dahinterliegenden Büro- und Wohnbereiche. Im 75 cm breiten Zwischenraum zur raumhoch verglasten Fassade befinden sich sicht- und sonnengeschützte Balkone. Im Obergeschoss springt die Fassade zurück. Hinter der Jalousie liegt hier eine Dachterrasse, die von einem ähnlich konstruierten Metallfilter räumlich begrenzt und vor Sonneneinstrahlung geschützt wird. Das Besondere des Vorhangs, dessen Aluminiumprofile an der Stahlkonstruktion des Gebäudes befestigt sind, ist die Anordnung der 15 mm dicken, horizontal laufenden Rohre, die in Abständen von wiederum 15 mm montiert sind. Sie lassen rund 50% des Tageslichts hindurch und ermöglichen die natürliche Belichtung der Wohn- und Büroetagen. Die Lamellen spiegeln die unterschiedlichen Lichtstimmungen wider und verhelfen den Nutzern zu einer gewissen Distanz gegenüber der hektischen Großstadt. Je nach Blickpunkt des Betrachters erscheinen sie von außen als transparenter Vorhang oder verhüllender Sichtschutz, durchscheinend gewähren sie doch keinen vollständigen Einblick - und gerade darin liegt ihre Faszination. Die Hülle zeigt sich im heterogenen Stadtraum Tokios als gestalterisch geschlossene Einheit.

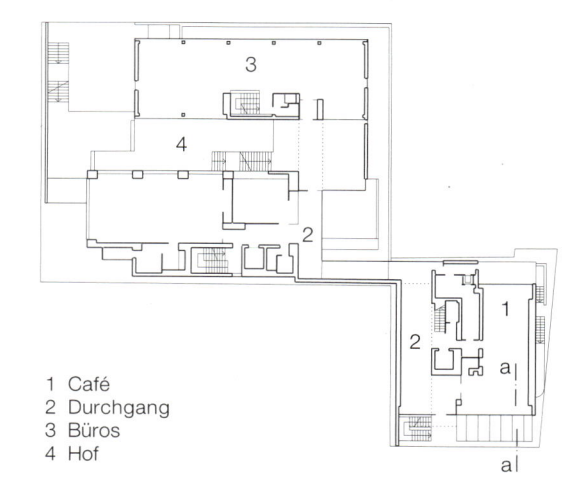

Grundriss  
Erdgeschoss  
Maßstab 1:750

1 Café
2 Durchgang
3 Büros
4 Hof

Fassadenausschnitt
Maßstab 1:20
Fassadendetails
Maßstab 1:5

1 Aluminiumrohr Ø 15 mm, genietet
2 Aluminiumprofil
3 Aluminiumprofil ▫ 5/30 mm
4 Stahlrohr ▫ 22/12/1,5 mm, rostfrei
5 Flachstahl ▫ 19/75 mm
6 Flachstahl ▫ 25/75 mm
7 Flachstahl ▫ 6/25 mm
8 Flachstahl ▫ 4,5/19 mm, verzinkt
9 Aluminiumblech 5 mm
10 Aluminium-Anschlussprofil
11 Festverglasung, einfach 10 mm
12 Leichtbetonfertigteil 100/440/905 mm
13 Stahlprofil I HEB,
   Brandschutzummantelung

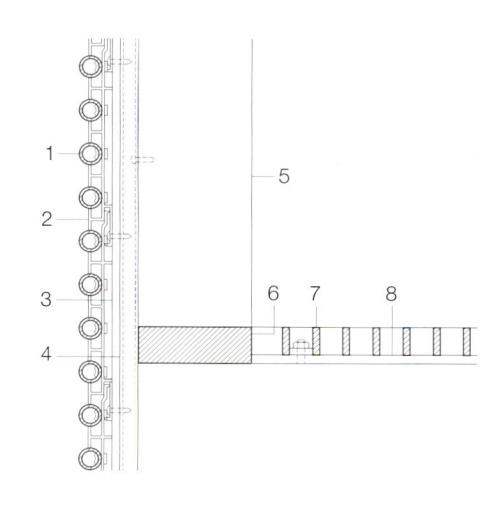

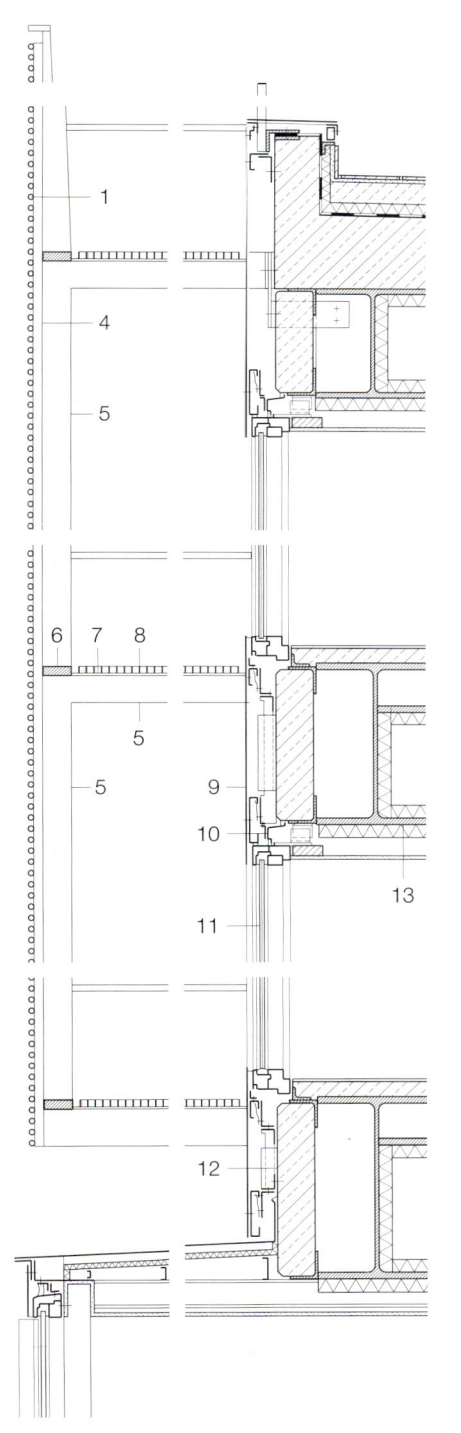

# Supermarkt und Wohngebäude in Muttenz

Architekten: Nissen Wentzlaff Architekten, Basel

Lageplan
Maßstab 1:2000

Ein transparenter Sockel mit zwei aufgesetzten weißen Quadern, so präsentiert sich das bauliche Ensemble an der Hauptstraße von Muttenz, das einen Supermarkt mit einem Hotel und einem Wohnungstrakt verbindet. Um die eintönige Wirkung flacher Gewerbebauten zu vermeiden, wurde der eingeschossige Supermarkt mit weiteren Nutzungen kombiniert und überbaut. Der fünfgeschossige Baukörper im Norden beherbergt das Hotel und ein Restaurant, während der dreigeschossige Riegel an der Südseite die Maisonettewohnungen aufnimmt. Die einzelnen Nutzungen werden über einen zentralen Hof erschlossen, der auch als kleiner Marktplatz genutzt werden kann.
Seine klare Ordnung erhält das multifunktionale Gebäude durch die Gestaltung seiner Hülle. Im Erdgeschoss kennzeichnet ein geschosshohes Band aus schwarz emaillierten Glasscheiben die 2500 m² große Ladenzone. Um eine einheitliche Wirkung des Sockelgeschosses zu erreichen, wurde die Glasfassade auch an geschlossenen Wandflächen vorbeigeführt. Die Fassade der Hochbauten aus Glas und lackiertem Aluminium ist als Pfosten-Riegel-Konstruktion ausgebildet. Mit der matt geätzten, weißen Verglasung und den perforierten Aluminiumfaltläden ziehen die beiden aufgesetzten Baukörper die Blicke auf sich. Der Hotelbereich grenzt den gesamten Komplex von der viel befahrenen Hauptstraße ab, während sich der Trakt der Maisonettewohnungen der Bebauung einer Nebenstraße anpasst. Hinter den fest verglasten, geschosshohen Scheiben liegen teils offene Räume, wie das lang gestreckte Treppenhaus an der Nordfassade, teils geschlossene Wandflächen. Die Lage und Funktion der Räume ist durch die transluzente Hülle, die den Baukörpern eine ruhige klare Form verleiht, mehr zu erahnen als abzulesen. Die schlanken, horizontal verschiebbaren Faltläden, die jeweils vor den Öffnungsflügeln der hinter der Glasfassade zurückgesetzt liegenden Fenster sitzen, dienen als Sonnen- und Sichtschutz. Sie liegen in der Ebene der feststehenden Verglasung und betonen im geschlossenen Zustand den ruhigen Charakter der Gebäude. Durch ihre unregelmäßige Anordnung und das sich ständig variierende Spiel von offenen und geschlossenen Läden verändern und beleben sie die strenge Geometrie der Fassade, die Assoziationen an die Strichkodierung von Waren-Etiketten weckt.
Der gestalterische Ansatz liegt in der autonomen Funktion der Hülle, die als übergeordneter Gebäudebestandteil der Gliederung und Gestaltung des Baukörpers dient und diesen damit in Bezug zu seinem städtischen Umfeld treten lässt.

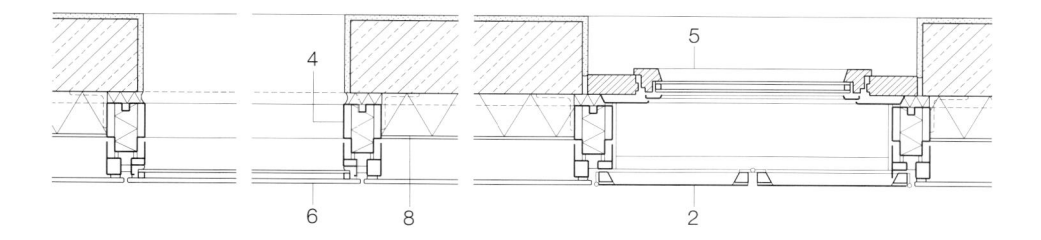

Horizontalschnitt
Vertikalschnitt
Maßstab 1:20

1 Deckblech, einbrennlackiert
2 Aluminiumfaltladen, perforiert
3 Kupfer-Titan-Zinkblech
4 Aluminiumprofil, einbrennlackiert
5 Holz-Metall-Fenster mit Isolierverglasung
6 Isolierverglasung Stufenglas, weiß emailliert 10 mm + SZR 16 mm + 6 mm
7 Isolierverglasung Stufenglas, schwarz emailliert 12 mm + SZR 16 mm + 6 mm
8 Wärmedämmung 100 mm, weiß gespachtelt

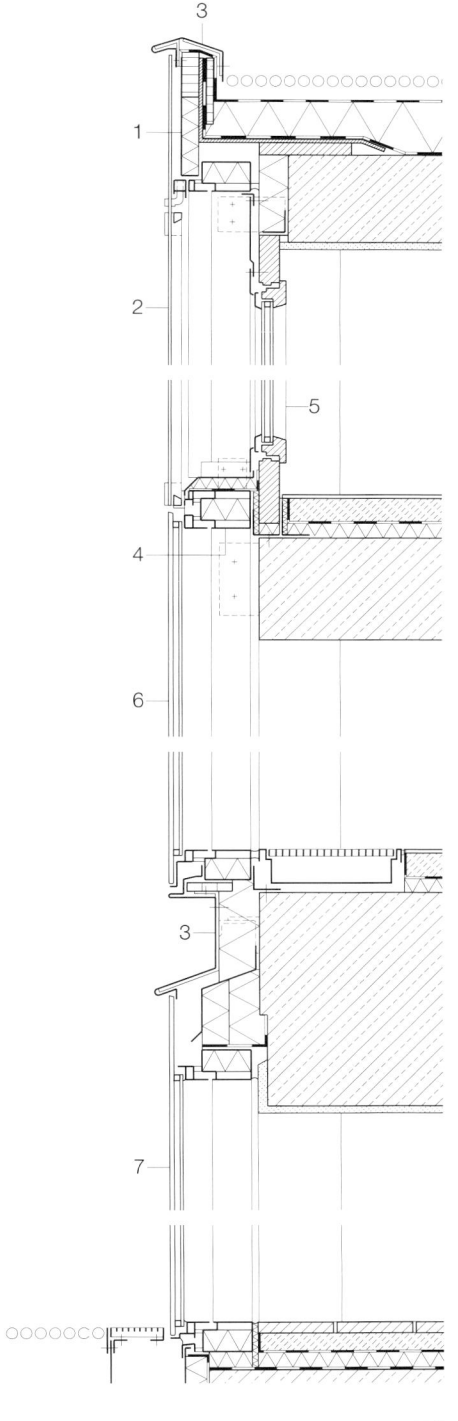

# Wohnhaus in Amsterdam

Architekten: Heren 5 architecten, Amsterdam

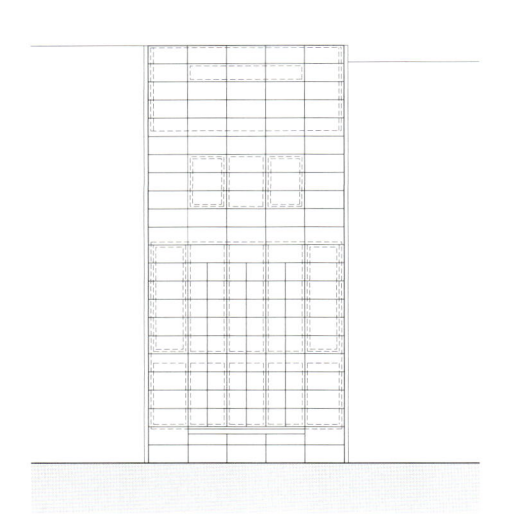

Gleichförmige Bauten aus rotem Backstein, verrostete Blechbaracken und Schiffskörper – auf den ehemaligen Kaianlagen der Halbinsel Borneo herrschte die raue Atmosphäre eines aufgelassenen Industriehafens, bevor das Gebiet zum begehrten Wohnviertel Amsterdams wurde. Die Geschichte des Ortes inspirierte die Architekten zu der Fassadengestaltung des Zweifamilienhauses, das im Zuge des städtebaulichen Masterplans direkt an der ehemaligen Hafenmauer in der für die Stadt typischen dichten Zeilenbebauung entstand. Gestalterisch wirkungsvoll sind die sinnlichen Eigenschaften von Cortenstahl eingesetzt, der mit seiner Struktur und seiner Farbigkeit auf die einfachen Industriebauten der früheren Hafenzeit Bezug nimmt. Perforierte Elemente verschleiern die zum Hafenbecken und zur Erschließungsstraße orientierten Fassaden des Hauses und verleihen ihnen eine strenge, geschlossene Geometrie.

Bei Tag wirkt die Hülle als Sicht- und Sonnenschutz, während sie am Abend Einblicke durch die hinter dem Stahlvorhang liegenden Fensteröffnungen gewährt. Gerade im Spiel von durchscheinend und verhüllend liegt der Reiz dieser Konstruktion. Die einzelnen Platten sind an einem Stahlgerüst vor der eigentlichen Außenwand befestigt und im Bereich der Fensteröffnungen als Faltläden ausgeführt. Über elektrische Schiebevorrichtungen lassen sich die Elemente öffnen. Die dahinter liegende Außenwand ist mit wärmegedämmten Paneelen bekleidet. Die Fassade ist – bis auf den Eingangsbereich – völlig symmetrisch aufgebaut. Das Raster der Metallelemente wird durch die Stahlprofile der Unterkonstruktion nahezu unmerklich in fünf vertikale Reihen gegliedert. Die Schiebe- und Faltelemente sind zentriert, in einem Dreier-Rhythmus angeordnet.

Ansicht Wasserseite
Grundriss Eingangsebene
Grundriss Wohnebene
Maßstab 1:400

Fassade Wasserseite
Vertikalschnitt Horizontalschnitt
Maßstab 1:20

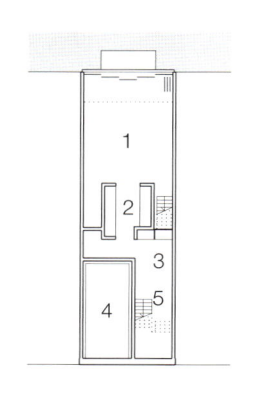

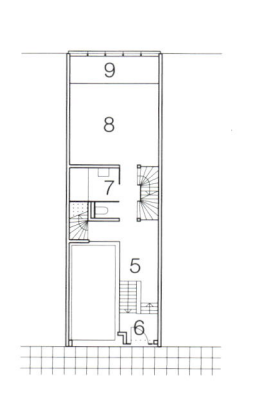

1 Essen
2 Kochen
3 Fahrräder
4 Parken
5 Treppenhaus
6 Eingang
7 Bad/WC
8 Wohnen
9 Luftraum

aa

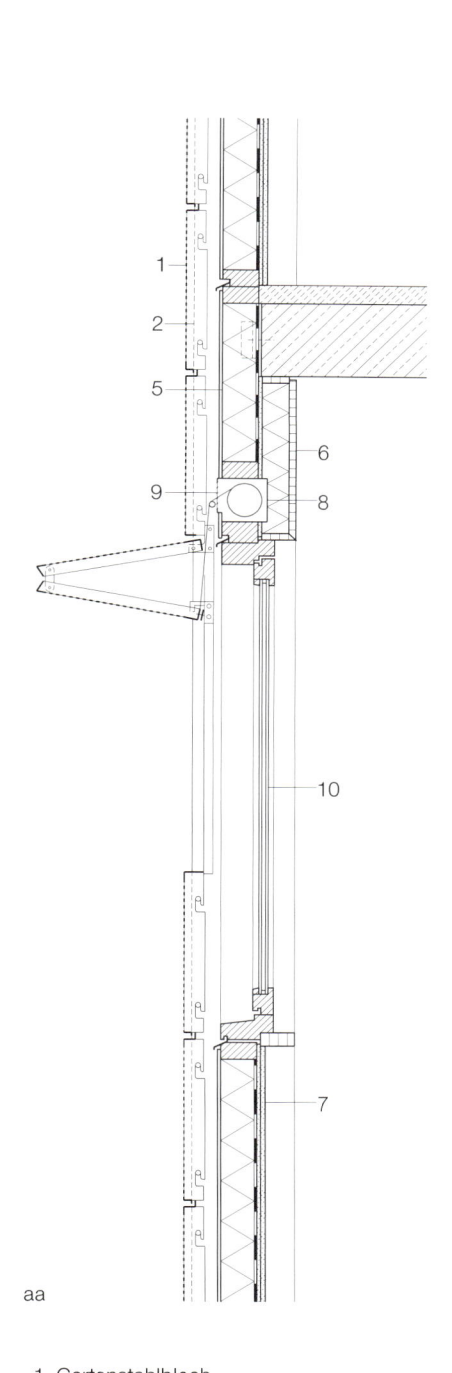

1 Cortenstahlblech,
  perforiert 485/30 mm
2 T-Profil 70/70/8 mm
3 L-Profil 50/70/5 mm
4 U-Profil, verzinkt
5 vorgefertigtes Fassadenelement:
  Faserzementplatte 5 mm
  Dämmung 90 mm
  Dampfbremse
  Gipskartonplatte 12,5 mm
6 Wandpaneel:
  Furniersperrholz 18 mm
  Dämmung 50 mm
7 Gipskartonplatte 12,5 mm
8 Antrieb Schiebeläden
9 Aluminiumrost 100/5 mm
10 Isolierverglasung
11 Kalksandstein 100 mm

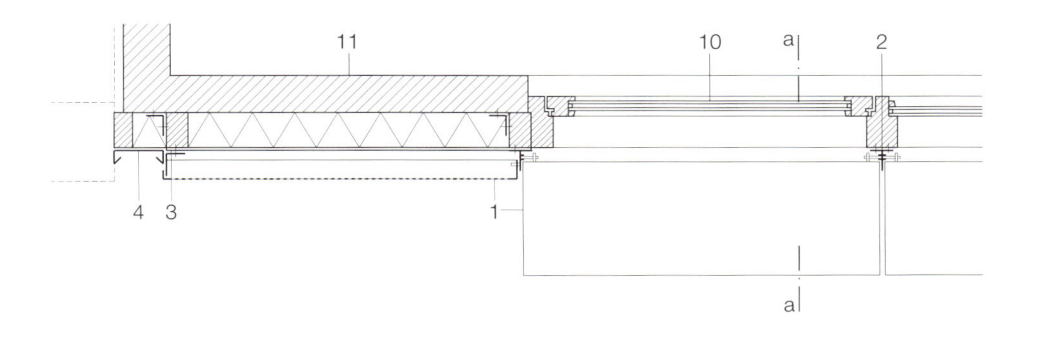

# Museum Liner in Appenzell

Architekten: Gigon/Guyer, Zürich

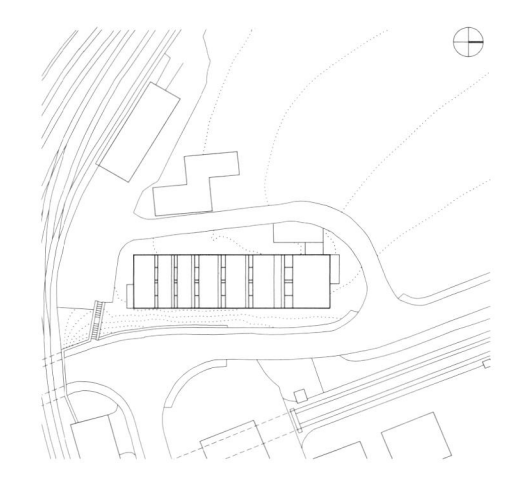

Zwischen den beschaulichen Satteldächern der Gemeinde Appenzell ragt die Zickzackform einer grau schimmernden Dachlandschaft hervor. Der lang gestreckte Baukörper mit den quer laufenden Sheddächern beherbergt ein Kunstmuseum. Im Inneren lenkt ein Rundgang den Besucher durch zehn, paarweise hintereinander geschaltete Ausstellungsräume, deren Größe nach Norden hin abnimmt. Dieser innere Rhythmus des Bauwerks überträgt sich auf seine äußere Gestalt: Mit den Raumtiefen verändern sich auch die Höhe und die Breite der Sheds, da jedes Raumpaar über nur ein nach Norden ausgerichtetes Lichtband belichtet wird. Zwei großzügige Öffnungen innerhalb des Ausstellungsbereichs und die großflächigen Verglasungen an den Schmalseiten des Gebäudes, im Foyer und im Leseraum, bieten Ausblicke auf die umliegende Landschaft.

Das Äußere des Museums wird durch eine Fassadenbekleidung aus sandgestrahlten Chromstahlplatten geprägt, die sich über den gesamten Baukörper legt. Einzig der Eingang des Museums schiebt sich aus dem Schuppenpanzer der Hülle heraus. In der Struktur der überlappend montierten, rechteckigen Stahlplatten findet sich das Motiv der Schindelbekleidung traditioneller Häuser wieder. Ebenso wie die Sheddächer passen sich auch die mattgrauen Stahlschindeln der Längsfassaden an die Größenveränderung der Innenräume an. Je nach Standpunkt des Betrachters entsteht durch die Proportionsveränderungen ein optisch manipulierter Eindruck von der Länge des Gebäudes, dessen Gesicht sich mit den Jahreszeiten zu wandeln scheint. Vom edel schimmernden Metall zum stumpfen monolithischen Fels: Das Erscheinungsbild der Hülle wechselt und prägt gleichzeitig seinen Charakter.

Lageplan Maßstab 1:2000
Detailschnitt Sheddach
Maßstab 1:20

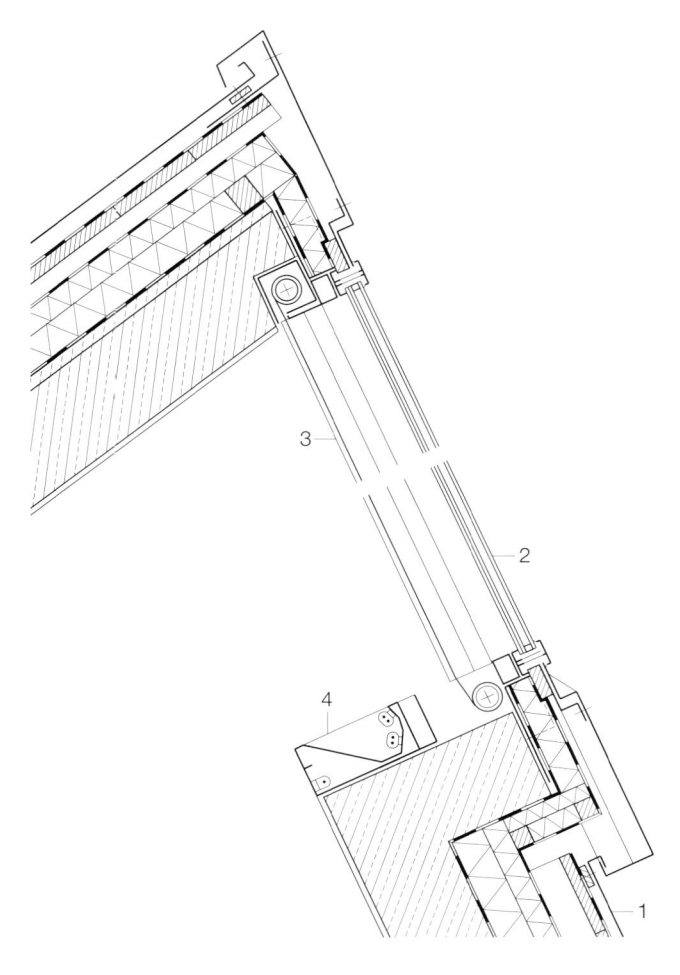

1 Dachaufbau:
  Chromstahlblech,
  glasperlgestrahlt 3 mm
  Bitumendichtungsbahn
  Holzschalung,
  gehobelt 27 mm
  Lattung 50 mm
  Unterspannbahn
  Mineralfaserplatte,
  druckfest 60 mm
  Mineralwolle 80 mm
  Dampfsperre
  Zementausgleichsschicht
  Stahlbeton 250 mm
  Putz 15 mm
2 Wärmeschutzverglasung
  ESG 8 mm + SZR + VSG 2× 12 mm
3 Führungsschiene Sonnenschutzstore
4 Lüftung / Lichtband

# Wohn- und Geschäftshaus in Düsseldorf

Architekten: Frank O. Gehry, Santa Monica
Beuker, Maschlank und Partner, Düsseldorf

Alles ist möglich. Das Computerzeitalter hat die Architektur erreicht und der Umsetzung ausgefallener plastischer Bauformen scheinen keine Grenzen mehr gesetzt. Ein Gebäudeensemble am ehemaligen Düsseldorfer Haupthafen demonstriert mit seinen expressiven Fassaden eindrucksvoll die technischen Möglichkeiten unserer Zeit. Die drei Bürohäuser zeichnen sich durch ihre unterschiedlichen Oberflächen aus. Vor allem die Edelstahlfassade des mittleren Gebäudes unterstreicht mit ihrer Hülle die skulpturale Formensprache. In den Metallplatten spiegeln sich die Farben der Umgebung ebenso wie das Tageslicht, vom matten Grau bis zum strahlenden Bronzeton reicht die Farbpalette. Mit jedem Schritt des Betrachters wechseln die bruchstückhaften, verzerrten Spiegelungen der Umgebung und die Fassade erzeugt einen kaleidoskopartigen optischen Effekt. Die Dynamik der Außenwand wird durch die hochreflektierende Gebäudehülle verstärkt. Die plastische Form konnte mit Hilfe einer für die Flugzeugindustrie entwickelten Software umgesetzt werden. Das dreidimensionale Entwurfsmodell wurde gescannt und auf der Grundlage des digitalen Abbildes alle zur Realisierung benötigten Gebäudemaße berechnet. Die Gussformen der Betonfertigteile wurden mittels CAM-Technik aus Polystyrolblöcken gefräst. Nach dem Aufbringen der Unterkonstruktion aus Stahlprofilen wurden die Edelstahlplatten vor Ort gefalzt, überlappend montiert und mit Bolzen befestigt. Aus dem Faltenwurf der Lochfassaden ragen die Kastenfenster stets in gleichem Winkel hervor. Ihre Anordnung folgt einem über den Wellen der Außenwand liegenden, leicht verzerrten Raster. Den 1 600 Fenstern des gesamten Ensembles liegen 80 verschiedene, vorfabrizierte Fenstertypen zugrunde.

Lageplan  Maßstab 1:2000

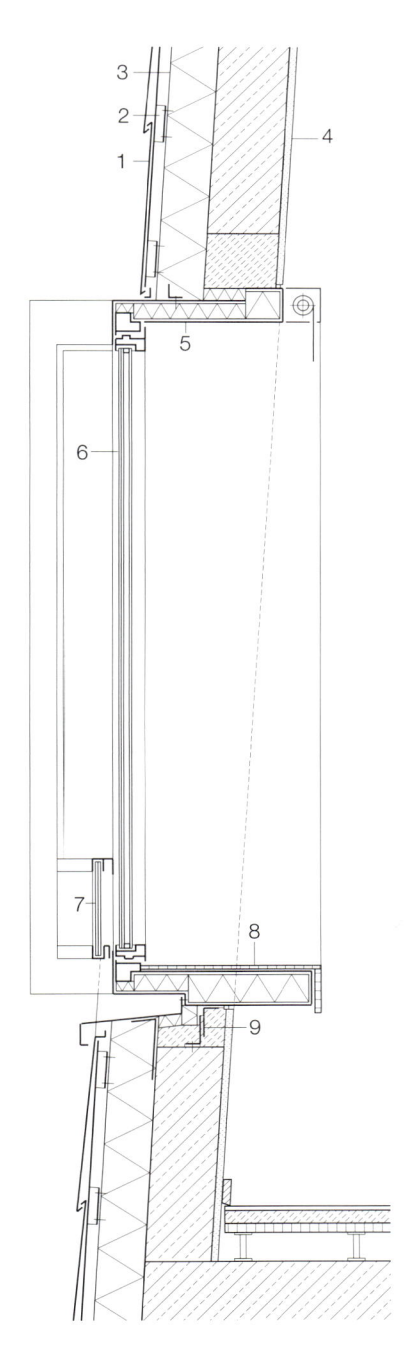

Fensterbox
Vertikalschnitt · Horizontalschnitt
Maßstab 1:20
1 Edelstahlblech 0,4 mm auf
 Edelstahlblech 0,75 mm zur Stabilisierung
2 Trapezblechband,
 Edelstahl 100/25/0,88/250 mm
 Aluminiumband 250/3 mm
 Trennlage Dünnblech 1,5 mm
3 Wärmedämmung wasserabweisend 120 mm
4 Putz
 Stahlbetonfertigteil
5 Rahmenelement Aluminiumpaneel
 mit Wärmedämmung 60 mm
6 Isolierverglasung
 VSG 10 mm + 12 mm SZR + ESG 6 mm
7 Glasbrüstung ESG 10 mm
8 Fensterbank Holzfurnier
9 L-Profil in Brandschutzmörtel

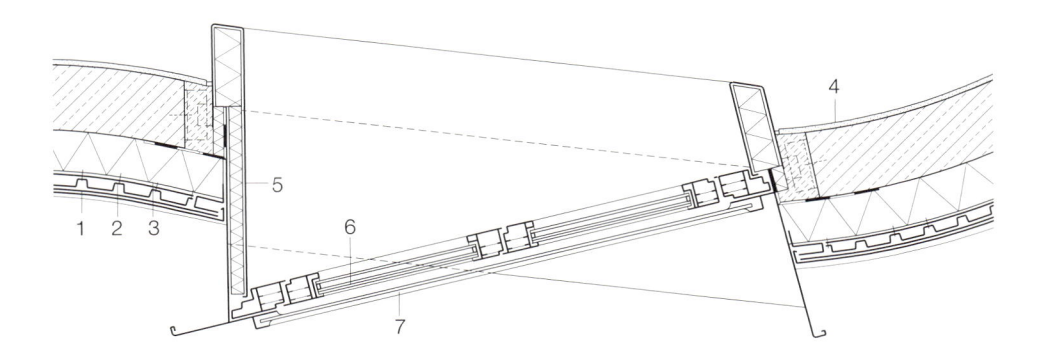

# Glasgow Science Centre

Architekten: Building Design Partnership, Manchester

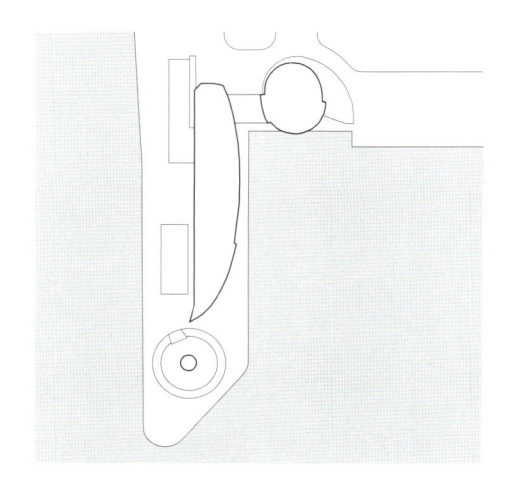

Lageplan
Maßstab 1:5000

Das Science Centre in Glasgow ist das aufwändigste und größte Millennium-Projekt in Schottland. Der Komplex liegt auf einer Landzunge zwischen dem Fluss Clyde und einem Hafenbecken und ist auf drei Seiten von Wasser umgeben. Das Zentrum der Anlage besteht aus einem spektakulären, drehbaren Turm und zwei elliptisch geformten Baukörpern, die ein IMAX-Kinotheater und die so genannte Science Mall mit über 5 000 qm Ausstellungsfläche beherbergen. Die Fassaden der Gebäude faszinieren durch ihre matt schimmernden Oberflächen aus Titan, welche die plastischen Formen umhüllen. Die sorgfältig gearbeiteten, ebenen Platten umschließen die Baukörper wie eine zweite Haut, ihre regelmäßige Struktur unterstützt die gleichmäßige Reflexion der Oberflächen. Das lang gestreckte Ausstellungsgebäude, dessen Form aus einem um eine Achse geneigten Kreissegment besteht, präsentiert sich mit einer in die Hülle geschnittenen Glasfassade zum Fluss, während der zum Hafen gewandte Gebäudeteil vollständig verkleidet ist. Die Form der Titanplatten entspricht dem Verlauf der Tragstruktur, deren Hauptträger sich diagonal kreuzen. Die Platten sind, um eine einheitliche Oberflächengestalt zu erreichen, zu großen, rautenförmig vorgebogenen Elementen gefügt und vormontiert. Die Verkleidung des Kinogebäudes dagegen wurde dem stark gewölbten Baukörper vor Ort angepasst und in einzelnen Reihen montiert. Auch hier ergibt sich die Form der Titanbekleidung aus der Tragstruktur. Die Inszenierung und die futuristische Wirkung der Bauformen werden durch die Spiegelungen in den umgebenden Wasserflächen noch gesteigert. Das Material Titan weckt beim Besucher Assoziationen zu den Architektur-Utopien und der Ästhetik des Space Age.

Fassadenelement Ausstellungsgebäude
Isometrie

Detailschnitt Elementstoß
Maßstab 1:10

1 Titanzinkblech 500/500/0,4 mm
2 Edelstahlblech 1 mm
3 Feuchtigkeitssperre
4 Stahlprofil L 63/45/1,5 mm
5 Wärmedämmung 110 mm
6 Dampfbremse
7 Stahltrapezblech 105/250/1,25 mm
8 Holzwerkstoffplatte
9 Wärmedämmung 35 mm
10 Sperrholzplatte, perforiert 8 mm
11 Stahlrohr Ø 323,9/12 mm
12 Passstück

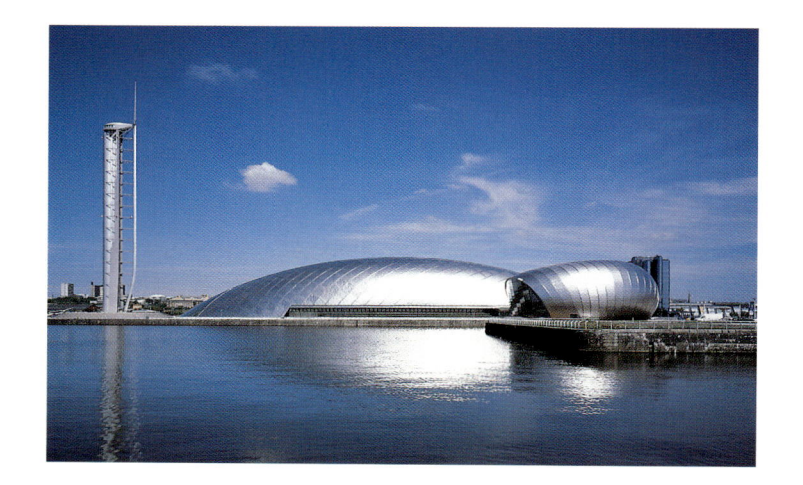

81

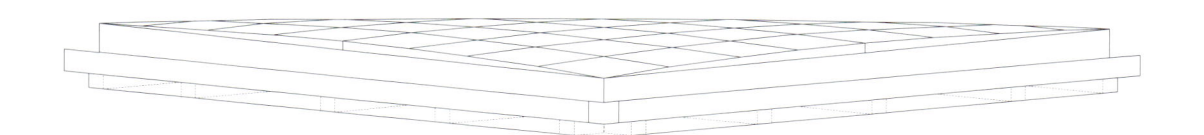

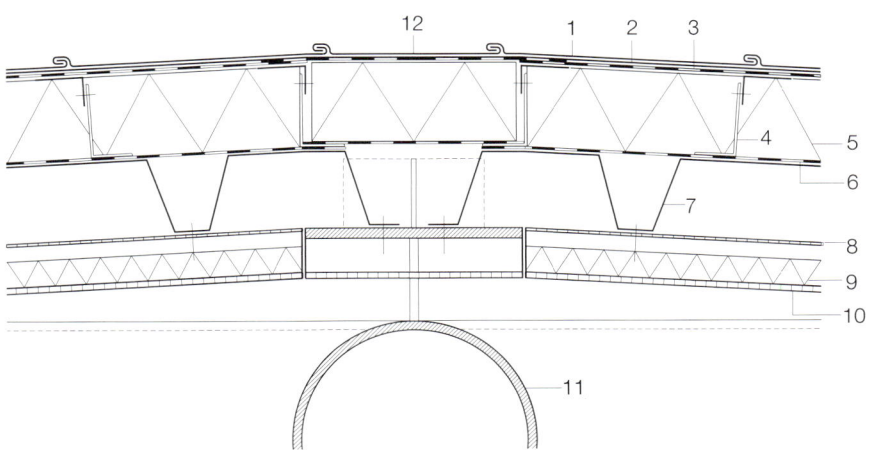

# Schwimmhalle in Cranbrook

Architekten: Williams Tsien & Associates, New York

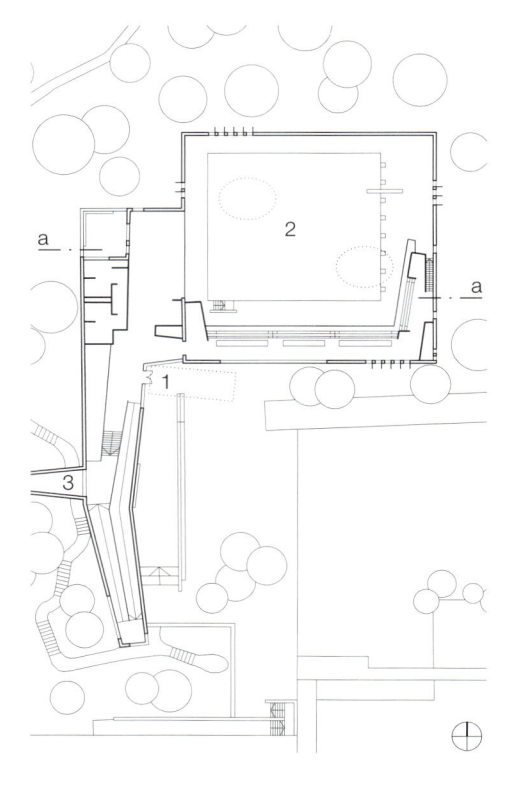

Die Atmosphäre der ursprünglichen Landschaft von Michigan mit ihren Wäldern, Seen und Wasserläufen findet sich in dem parkähnlichen Gelände des Cranbrook Campus wieder. Eliel Saarinen, der hier von 1925 bis 1940 als maßgeblicher Architekt wirkte, sah in dem Ineinanderfließen von Architektur und Landschaft ein gestalterisches Leitthema. Dieser Entwurfsgedanke ist auch an der neuen Schwimmhalle des Campus ablesbar. Ein lang gestreckter, abgewinkelter Gebäudearm lenkt den Besucher über Treppen und Rampen in das Innere der Schwimmhalle. Die Halle selbst liegt als nahezu geschlossener quaderförmiger Baukörper zwischen den Nadelbäumen und schließt das Campus-Gelände nach Norden ab. Die Verbindung des Bauwerks mit der Natur wird wesentlich über das Material der Hülle hergestellt. Die äußere Schicht der zweischaligen Fassade besteht aus Sichtmauerwerk. Dunkelroter, eisengefärbter Klinker ist hier vorgemauert. Abgesetzte Flächen in blau, vereinzelt auch grün glasierten Ziegeln setzen Akzente. Der Mörtel der Lagerfugen ist ausgekratzt. So entstehen horizontale Schattenlinien, die den massiven Charakter der Hülle betonen und in Verbindung mit den rauen Steinoberflächen an die tektonische Struktur von Fels erinnern. Die Fassade ist lediglich von schmalen, vertikalen Öffnungen durchbrochen. Diese raumhohen Fenster sind gruppenweise angeordnet und geben gezielte Ausblicke auf die Umgebung frei. Die Belichtung der Halle übernehmen elliptische Oberlichter, während die Fensteröffnungen durch ihre Größe und Lage für eine ausreichende Luftzufuhr sorgen und eine Klimaanlage entbehrlich machen. Durch die Auswahl der Materialien und die Gestaltung der Oberflächen fügt sich das Gebäude zurückhaltend in den Bestand der Anlage und die umgebende Landschaft ein.

Lageplan
Maßstab 1:1000

1 Eingang
2 Schwimmhalle
3 Verbindungsgang

Schnitt
Maßstab 1:500
Vertikalschnitt
Maßstab 1:20

1 Aufbau Attika:
  Vormauerziegel 90 mm
  Luftschicht 100 mm
  Dämmung 160 mm
  Sperrholzplatte
  Dachdichtungsbahn
2 Wandaufbau:
  Vormauerziegel 90 mm
  Luftschicht 50–210 mm
  Hartschaumdämmung 80 mm
  Dampfsperre
  Mauerwerk 200 mm
3 Lüftungsflügel
4 Stahlblech
5 Sitzbank
6 Naturstein im Gefälle verlegt auf Heizestrich

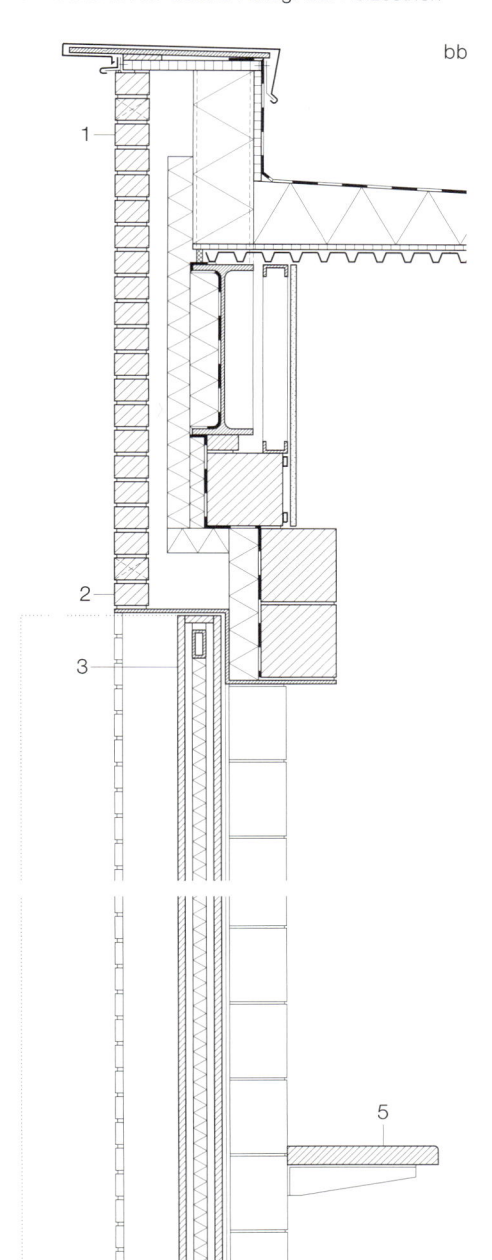

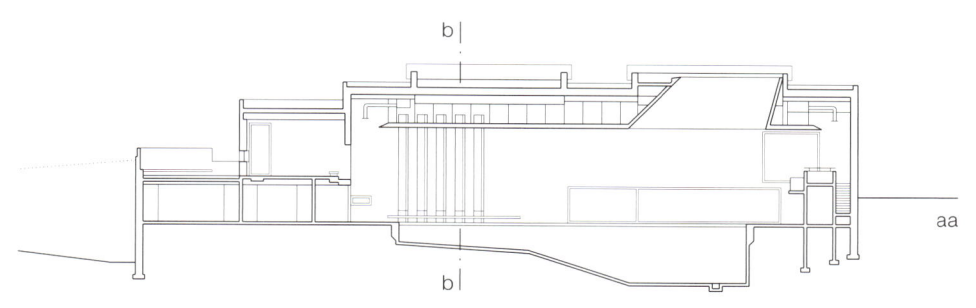

## Wohnhaus in Leffe

Architekten: Studio Archea, Florenz

Enge, winklige Straßen und eine traditionelle Bebauung kennzeichnen den Ort Leffe in der Nähe von Bergamo. In dieses historische Umfeld ist das neu errichtete Wohnhaus durch seine Natursteinverkleidung eingebunden, obwohl sich das äußere Erscheinungsbild deutlich von der umliegenden Bebauung mit deren typischen Lochfassaden absetzt. Die sorgfältig und zurückhaltend gestaltete Hülle lebt von der Wirkung der eingesetzten Materialien: Die Sandsteinverblendung der geschlossenen Wandflächen kontrastiert mit der grünen Patina der mit oxidierten Kupferpaneelen verkleideten Edelstahlläden vor den Fenstern. Die schmale Rechteckform der Steinplatten findet sich in den Schlitzen der Klappläden wieder und verleiht der Gebäudehülle ein ruhiges, skulpturales Erscheinungsbild.

Geschlossen erscheint die zum Hof orientierte Fassade; ihre Wandflächen leben von der Wirkung der rotbraun schimmernden Steinplatten, die Assoziationen zu steilen Felswänden entstehen lassen. Liegende, gleichmäßig angeordnete Fensterelemente nehmen mit ihrer Größe das Raster der Natursteinverkleidung auf. Mehr Sehschlitz als Öffnung schützen sie gleichzeitig vor Einblicken. Durch die einzuhaltenden Abstände zu den Nachbargebäuden entsteht ein verwinkelter Grundriss, der im Inneren auf fünf Geschosse verteilt unterschiedlichste Wohnräume entstehen lässt. Durch die schmalen, liegenden Fensteröffnungen kann Licht in das Gebäude dringen. Ihre Wirkung ähnelt dem Lichteinfall in einfachen, ländlichen Scheunen. Zur Straßenseite springt die Fassade gegenüber der Nachbarbebauung leicht zurück. Ihre beweglichen, kupferverkleideten Paneele dienen als Sonnen- und Sichtschutz, die horizontalen Schlitze in den Läden wiederholen das Motiv der schmalen Fensterschlitze. Sind die Faltläden göffnet, bietet eine Glasfront den Bewohnern einen Ausblick auf das nahe Tal.

Grundriss Erdgeschoss
Mabstab 1:200

1 Eingang
2 Diele
3 Küche
4 Esszimmer
5 WC

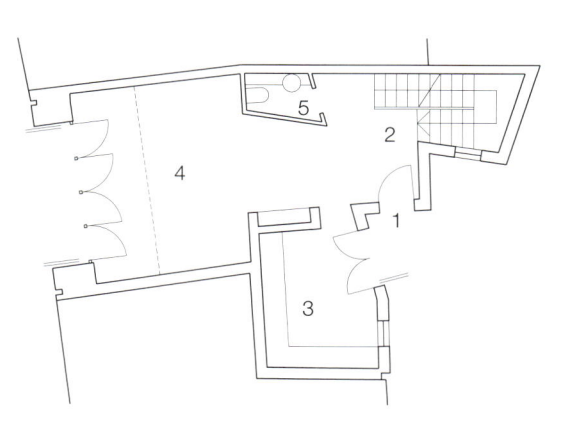

Horizontalschnitt
Vertikalschnitt
Maßstab 1:20

1 Sandstein, Santa Fierra 40 mm
2 Stahlbeton 100 mm
  Dämmung 80 mm
  Stahlbeton 125 mm
3 Putz 15 mm
4 Klappflügel, Eckstahlrahmen mit
  Verkleidung aus
  vorpatinierten Kupferplatten
5 Isolierverglasung
6 Glasbrüstung in Kupferrahmen
7 Stahlprofil, verzinkt

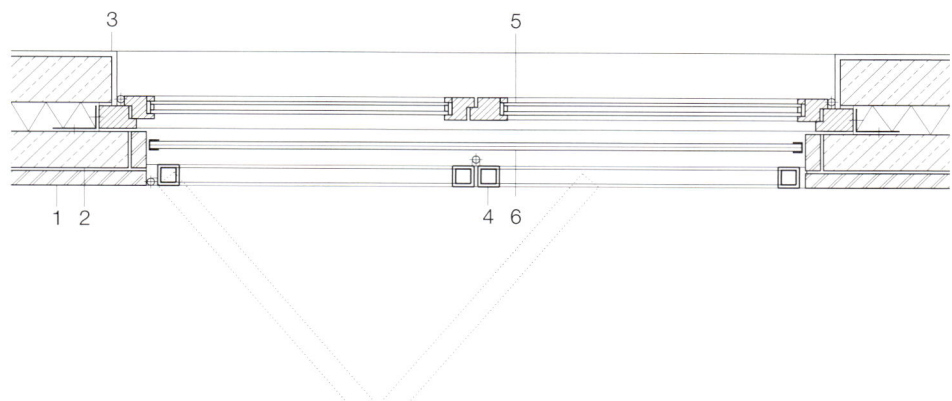

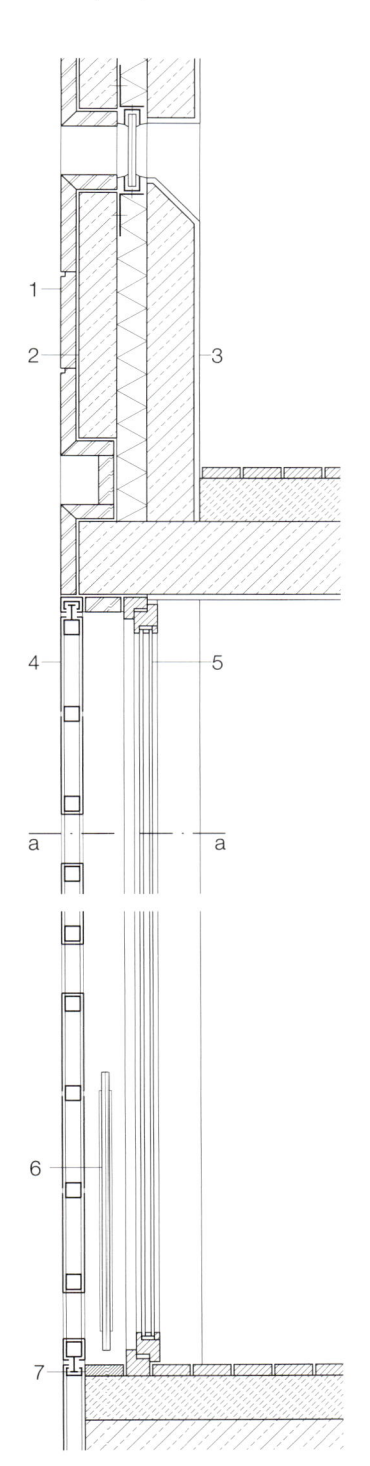

## New 42 Studios in New York

Architekten: Platt Byard Dovell Architects, New York

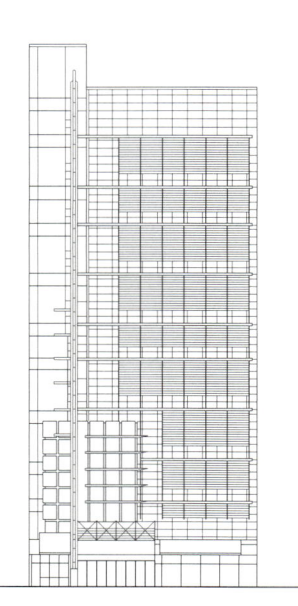

In der 42nd Street in New York, gleich um die Ecke vom Broadway, bietet sich den Passanten allabendlich ein Schauspiel besonderer Art: Die Neonlichter der Theaterfassaden, Markenzeichen des Quartiers, finden sich an der Außenhaut des Studio- und Bürogebäudes in Form einer Lichtinstallation wieder. Vor der Vorhangkonstruktion der Straßenfassade liegen an den Geschossdecken befestigte Stahlschwerter, welche die Edelstahllamellen der Lichthülle tragen. Die perforierten Oberflächen der Lamellen streuen das Licht über die Fassade und in den angrenzenden Straßenraum. Vertikal verlaufende Stahlprofile teilen mit dahinter liegenden Wartungsstegen die Konstruktion in kassettenartige Felder. Während am Tag nur drei weiße Strahler die Außenhaut beleuchten, zeigt sich nach Einbruch der Dämmerung die farbige Lichthülle, die in mehreren Ebenen gestaltet ist. Gleichmäßig ausgeleuchtet, werden die bei Nacht zugezogenen transluzenten Vorhänge der Studios zum neutralen Hintergrund der außen inszenierten Farben. Die einzelnen Fassadenfelder sind mit einer einfarbigen Grundausleuchtung versehen, drei weitere Lichtfarben können zugeschaltet werden. Durch die Überlagerung dreier Lichtsysteme wird der Screen über dem Eingangsbereich ausgeleuchtet. Mehr als 300 Beleuchtungskörper und 256 Farben sind in den Lichtchoreographien kombiniert. Daraus ergeben sich über 500 mögliche Installationen, die über Computerprogramme gesteuert werden. Das Wechselspiel der Lichtstimmungen ist dem Tempo der Straße angepasst: Auf den langsamen Rhythmus der frühen Morgenstunden folgt die zurückhaltende Tagesbeleuchtung, der in den Nachtstunden der Farbwechsel im Sekundentakt gegenübersteht. Auf diese Weise spiegelt das Gebäude die wechselnden Atmosphären der 42nd Street wider.

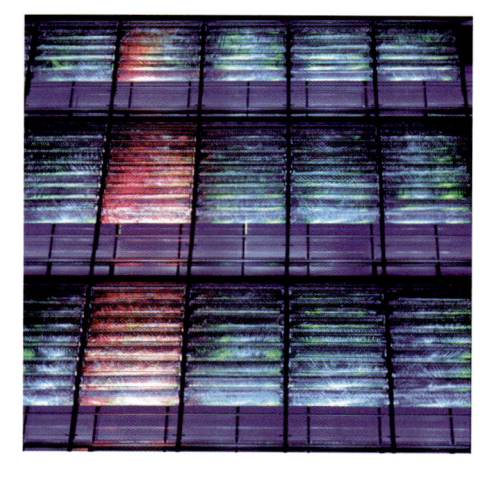

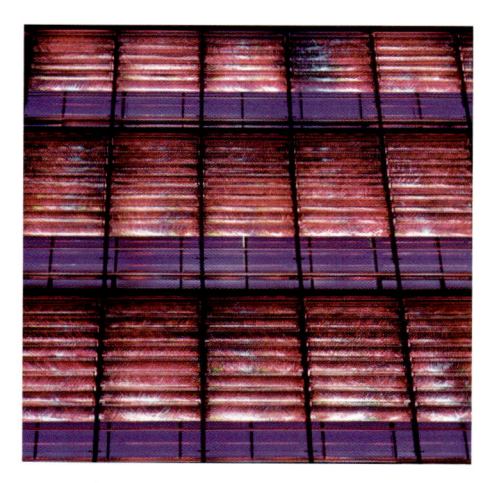

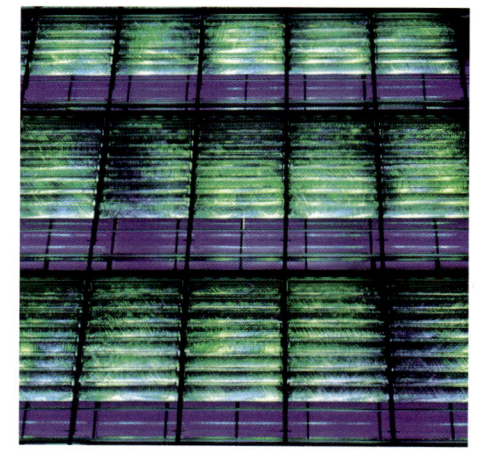

Straßenfront
Maßstab 1:750
Vertikalschnitt
Maßstab 1:50

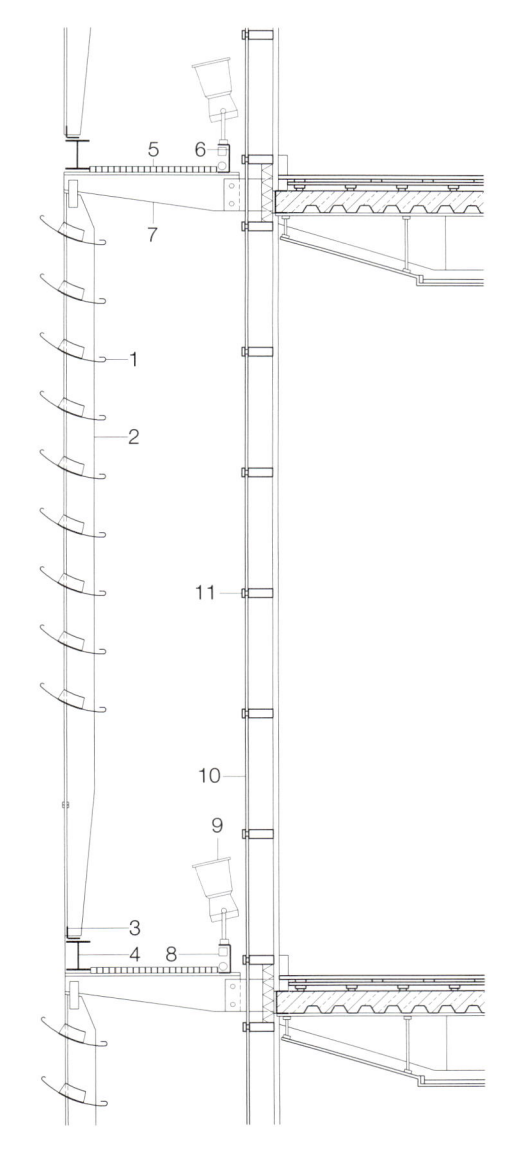

1 Edelstahllamellen, perforiert
2 T-Profil, lackiert 200/100/56 mm
3 Stahlprofil L 70/70/7 mm
4 Stahlprofil I 200/190/6,5 mm
5 Gitterrost 40 mm
6 Stahlprofil [ 200/75/8,5 mm
7 T-Profil
8 Beleuchtungskörper
9 Strahler
10 Isolierverglasung
11 Aluminiumprofil

# Pavillon in Amsterdam

Architekten: Steven Holl Architects, New York
Rappange & Partners, Amsterdam

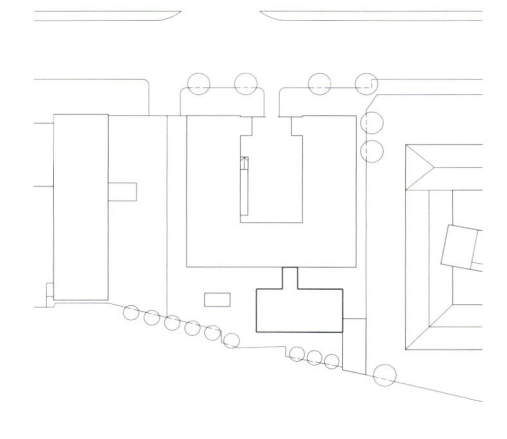

Lageplan
Maßstab 1:2000
Grundriss Pavillon
Maßstab 1:500

Der Umbau eines historischen Lagerhauses in ein Verwaltungsgebäude erforderte die Erweiterung des Bestandes um eine Tiefgarage und einen Kantinen- und Veranstaltungsraum. Auf der Rückseite des Altbaus, direkt an einer der für Amsterdam typischen Grachten, entstand zu diesem Zweck ein Anbau mit einer ganz eigenen Formen- und Farbsprache. Der Pavillon präsentiert sich als künstlerische Komposition, die bewusst auf ein sinnliches Architekturerlebnis ausgerichtet ist. Thema des Entwurfs ist die Überlagerung. Die Gebäudehülle ist eine dreidimensionale, geometrische Collage aus Materialien, Formen und Farben, die über gegeneinander versetzte Öffnungen und transparente Schichten optisch verbunden sind. Das inszenierte Wechselspiel aus Offenheit und Geschlossenheit, Sichtbarem und Verborgenem wird durch die Bewegungen und den stetigen Perspektivenwechsel des Betrachters zu einem Spiel mit der Wahrnehmung. In Kontrast zu dem roten Backstein des Altbaus ist der Anbau mit grünem Kupferblech verkleidet, dessen farbliche Nuancierungen durch die unterschiedliche Oxidationsdauer entstehen. Das vorpatinierte Lochblech bildet die äußere Lage des mehrschichtigen Fassadenaufbaus und ist im Abstand von etwa 30 cm vor der eigentlichen, massiven Außenwand an einer Stahlkonstruktion befestigt. Durch die kleinteiligen Perforationen kann der Betrachter je nach Blickwinkel den verhüllten Baukörper wahrnehmen oder erahnen. Unterschiedlich große Öffnungen in der semi-transparenten Metallhaut geben den Blick auf die Außenwand des Gebäudes mit den zum Teil farbigen MDF-Platten und den Fensteröffnungen frei. Die roten und grünen Platten schimmern durch das Lochblech und betonen die Mehrschichtigkeit der Hülle. Die Fassade schließt nach innen mit einer Raumbekleidung aus perforierten, mit Buchenholz furnierten MDF-Platten und ebenfalls perforiertem Aluminiumblech ab. Durch das Prinzip der Überlagerung sind die Öffnungen in den einzelnen Schichten nicht immer deckungsgleich platziert, so dass manche Fenster hinter der semi-transparenten Innenverkleidung liegen. Die Rückseite der Platten ist an diesen Stellen mit fluoreszierender Farbe behandelt, die bei entsprechenden Lichtverhältnissen ein diffuses farbiges Leuchten hervorruft. Bis in die Umgebung setzt sich die Licht- und Farbwirkung der Fassade fort: Die schimmernden Farbreflexe spiegeln sich im grünlichen Wasser der Gracht. Vor allem bei Nacht wird das Spiel der transparenten Hülle mit Licht und Farbe eindrucksvoll in Szene gesetzt.

89

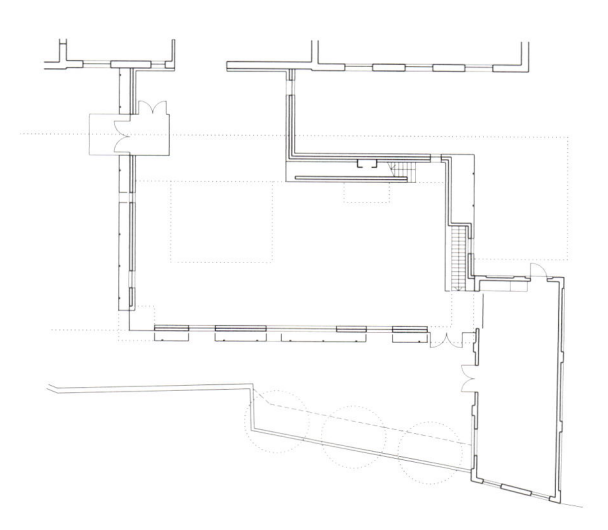

Vertikalschnitt
Maßstab 1:50
Horizontalschnitt
Maßstab 1:20

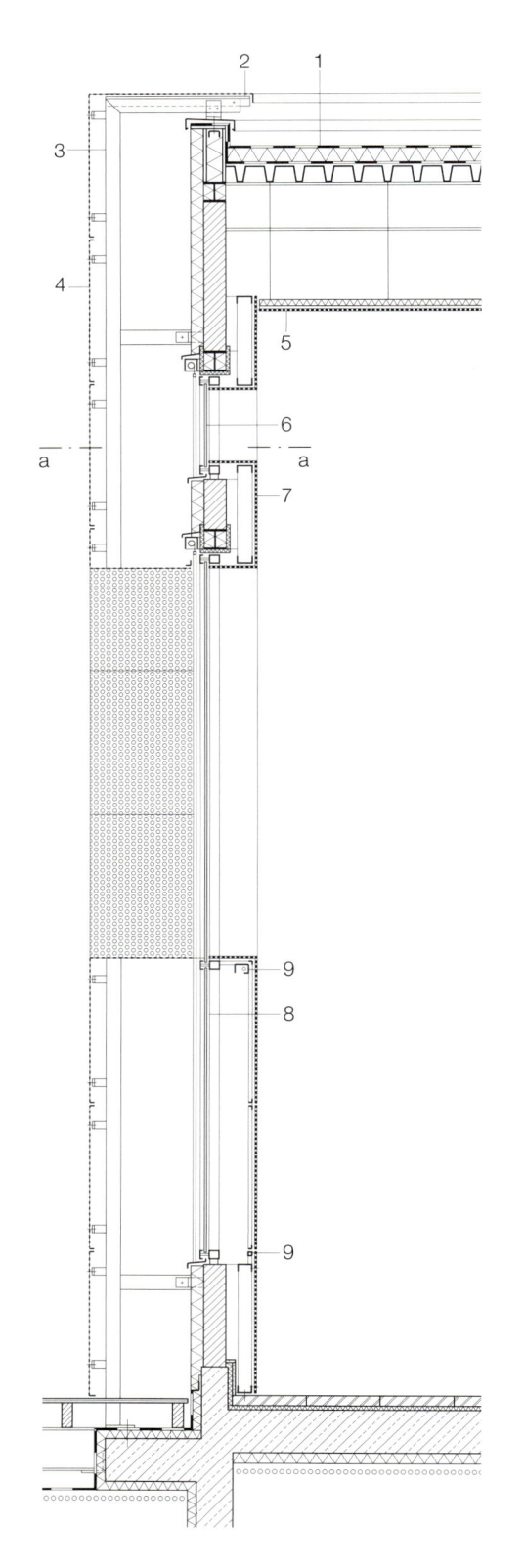

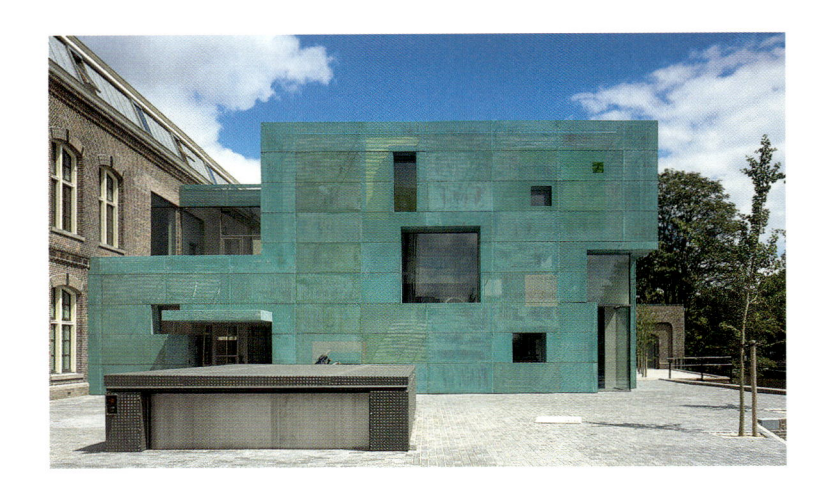

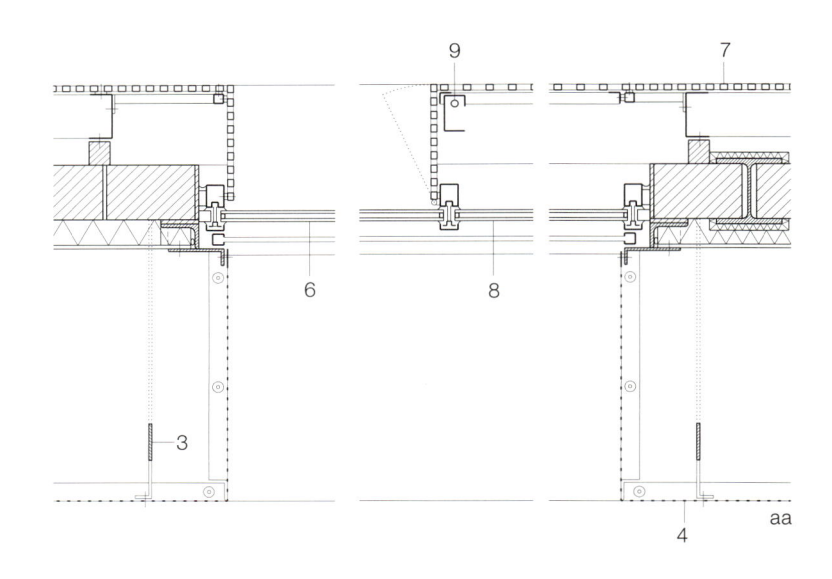

1 Dachaufbau:
  Dachdichtungsbahn
  Wärmedämmung 100 mm
  Dampfsperre
  Stahltrapezblech
  I-Profil
2 Stahlprofil T 60/60/5 mm
3 Flachstahl 100/6 mm
4 patiniertes Kupferblech,
  perforiert, 4 mm
5 abgehängte Decke:
  MDF-Platte, perforiert
  mit Birkenfurnier, 16 mm
  Dämmung 30 mm
  T-Profil
6 Isolierverglasung,
  transparent
7 Wandaufbau:
  MDF-Platte, perforiert 16 mm,
  mit Birkenfurnier
  Stahlprofil [
  Holzprofil
  Kalksandstein 150 mm
  Wärmedämmung,
  Hartschaumplatte 80 mm
  Glasfaserplatte mit
  Kunstharzanstrich
8 Isolierverglasung,
  transluzent
9 Beleuchtung

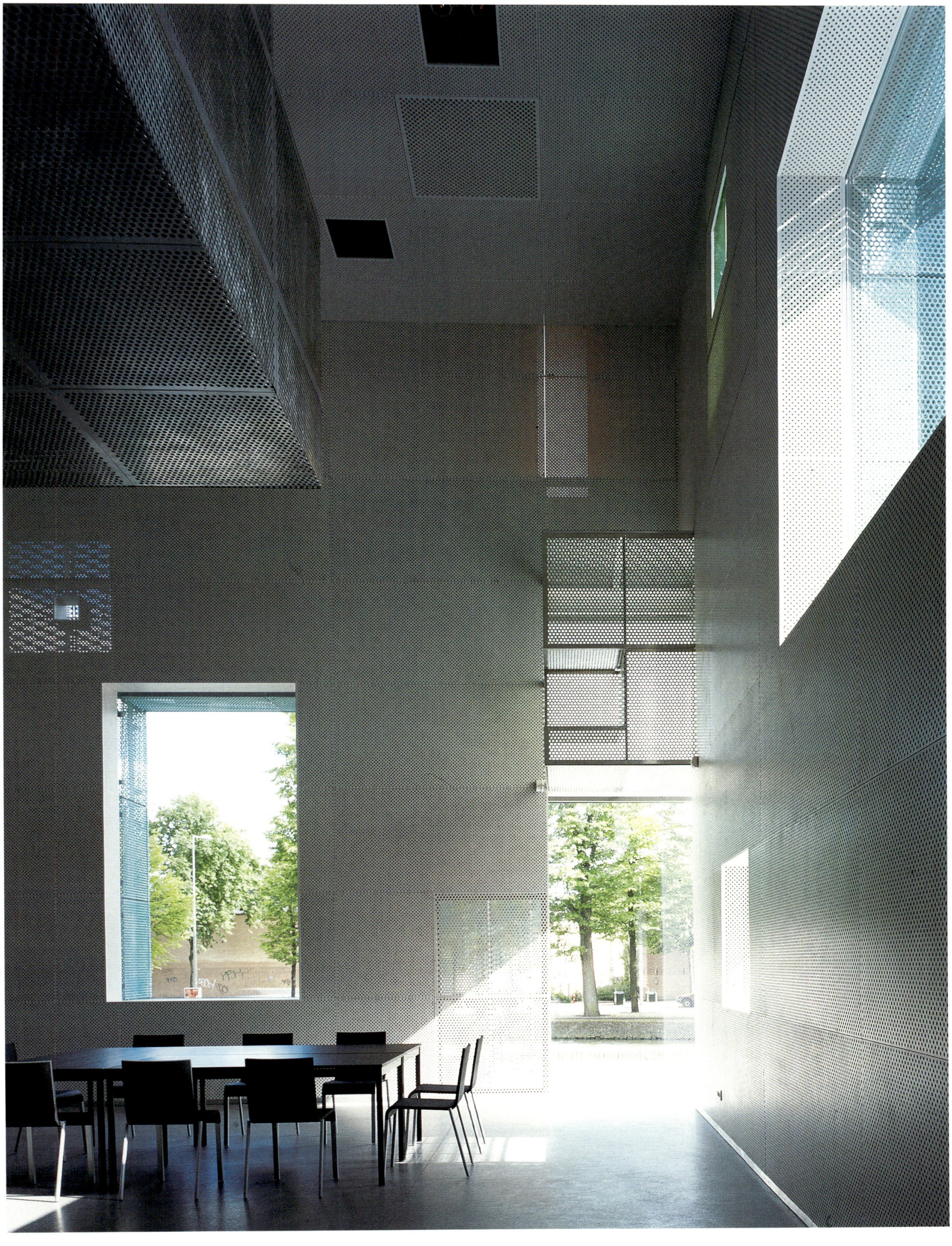

# Wohnhaus in Nidau

Architekten: Leimer Tschanz Architekten, Biel
Jürg Saager, Brügg

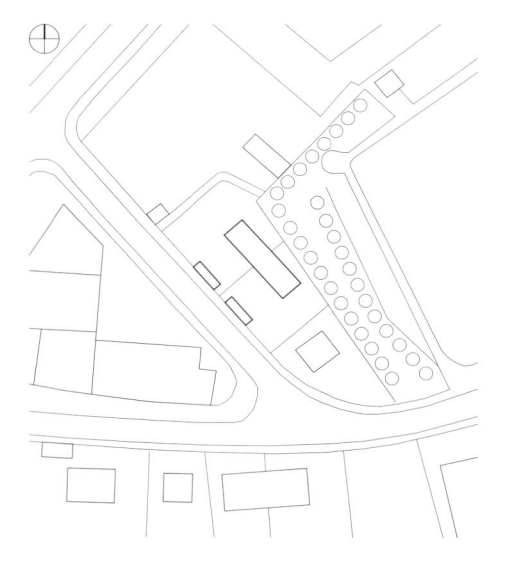

Im heterogenen Umfeld von Wohn- und Industriebauten, einem Schloss sowie dem Brachland zwischen Stadt und See behauptet sich dieses viergeschossige Zweifamilienhaus. Prächtige Kulisse für den schmalen, langen Baukörper sind die Bäume des angrenzenden Schlossparks. Über dem Eingangsgeschoss mit Abstell-, Technik- und Büroräumen wird auf drei Etagen gewohnt. Als besondere Attraktion hat jede Haushälfte im obersten Geschoss eine geschützte, hofartige Loggia in Höhe der Baumkronen.
Die Fassaden sind umlaufend in geschosshohe Bänder gegliedert, die jeweils durch das Spiel unterschiedlich breiter geschlossener oder verglaster Flächen belebt sind. Pfähle tragen das kellerlose Gebäude. Die massive Betonkonstruktion ist auf der Innenseite als Sichtbeton ausgebildet, die gedämmte Außenseite hat eine Verkleidung aus hinterlüfteten, geschosshohen Glastafeln. Leichtmetallprofile halten die 10 mm starken, großformatigen Scheiben am oberen und unteren Rand; in der Mitte sind sie zum Schutz vor Durchbiegung zusätzlich durch Punkthalter fixiert. Die Dämmung ist mit einem UV-resistenten schwarzen Vlies abgedeckt und sichtbar mechanisch befestigt. Die Fenster mit unbehandelten Eichenholzrahmen sind außen in der Wärmedämmebene angeschlagen und werden seitlich minimal durch die Glasverkleidung überdeckt. Auskragende Leichtmetallbänke unterstützen die gewünschte Bandwirkung und schützen die außenliegenden gelben Stoffstores.
Die spiegelnde Fassade reagiert stark auf Umgebung und Wetter. Verblüffend präsentiert sie sich nach sehr kalten Nächten: Das frostüberzogene Gebäude erscheint am Morgen strahlend weiß, um dann, wenn die Sonne scheint, sanft zu »zerfließen«.

Lageplan
Maßstab 1:2000

Schnitte · Grundrisse
Maßstab 1:400

Querschnitte
3. Obergeschoss
2. Obergeschoss
1. Obergeschoss
Erdgeschoss
Längsschnitt

aa  bb

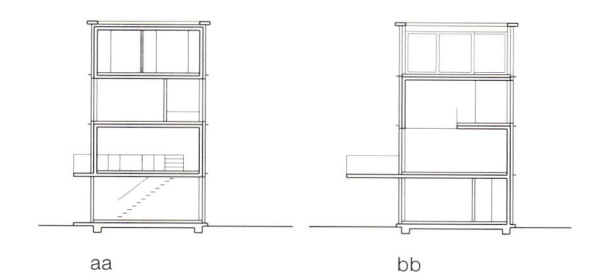

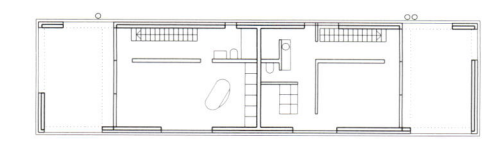

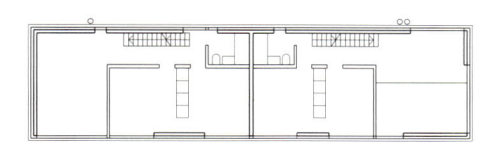

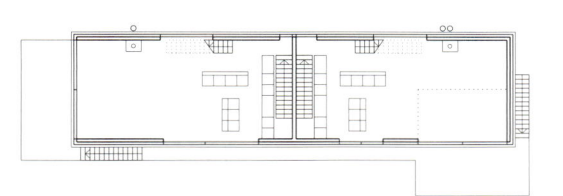

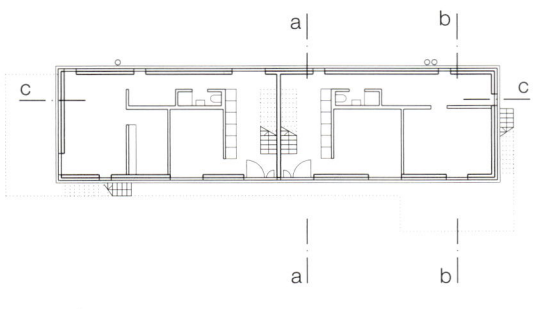

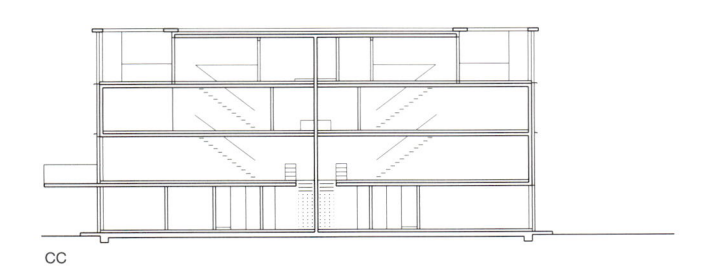

cc

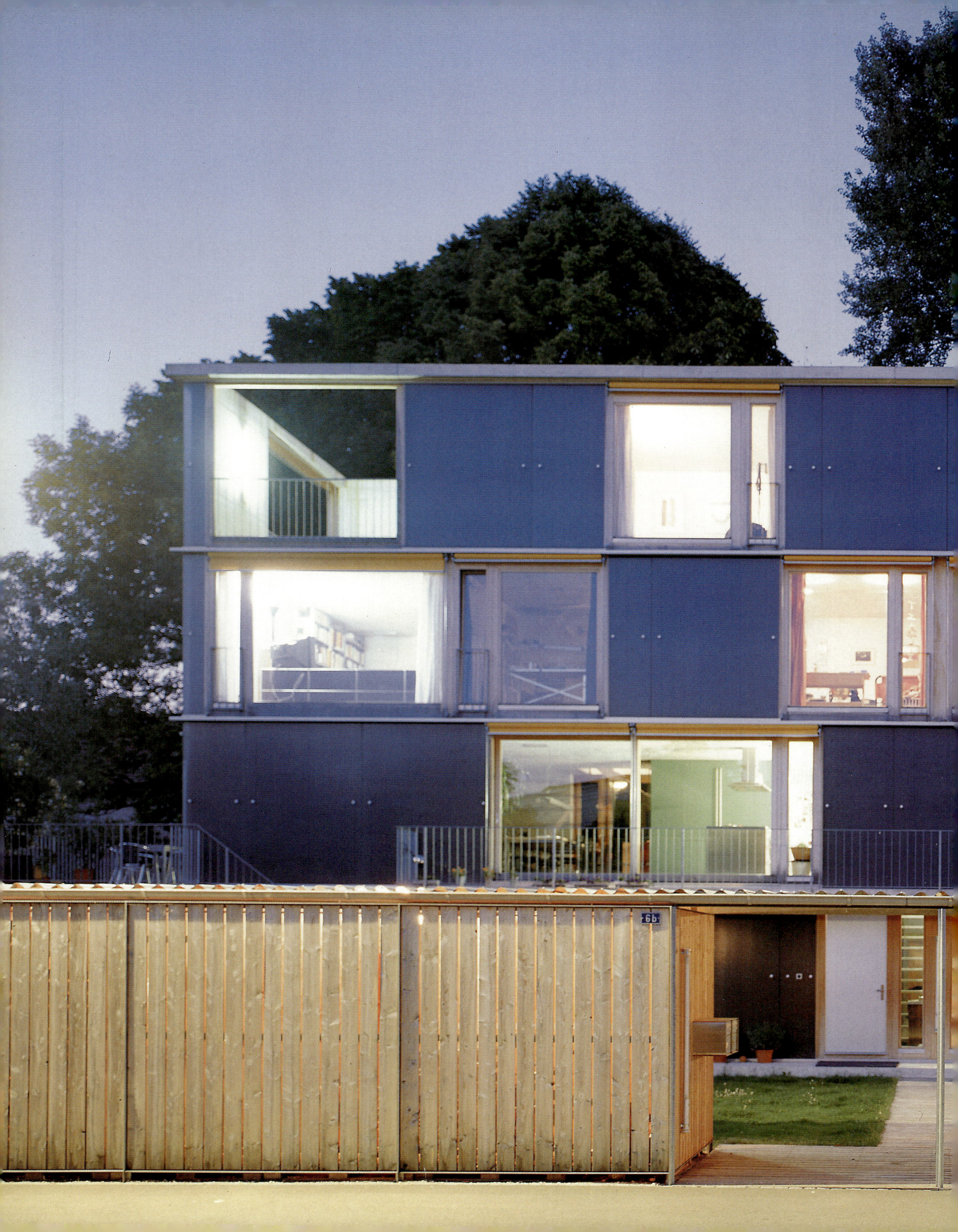
6b

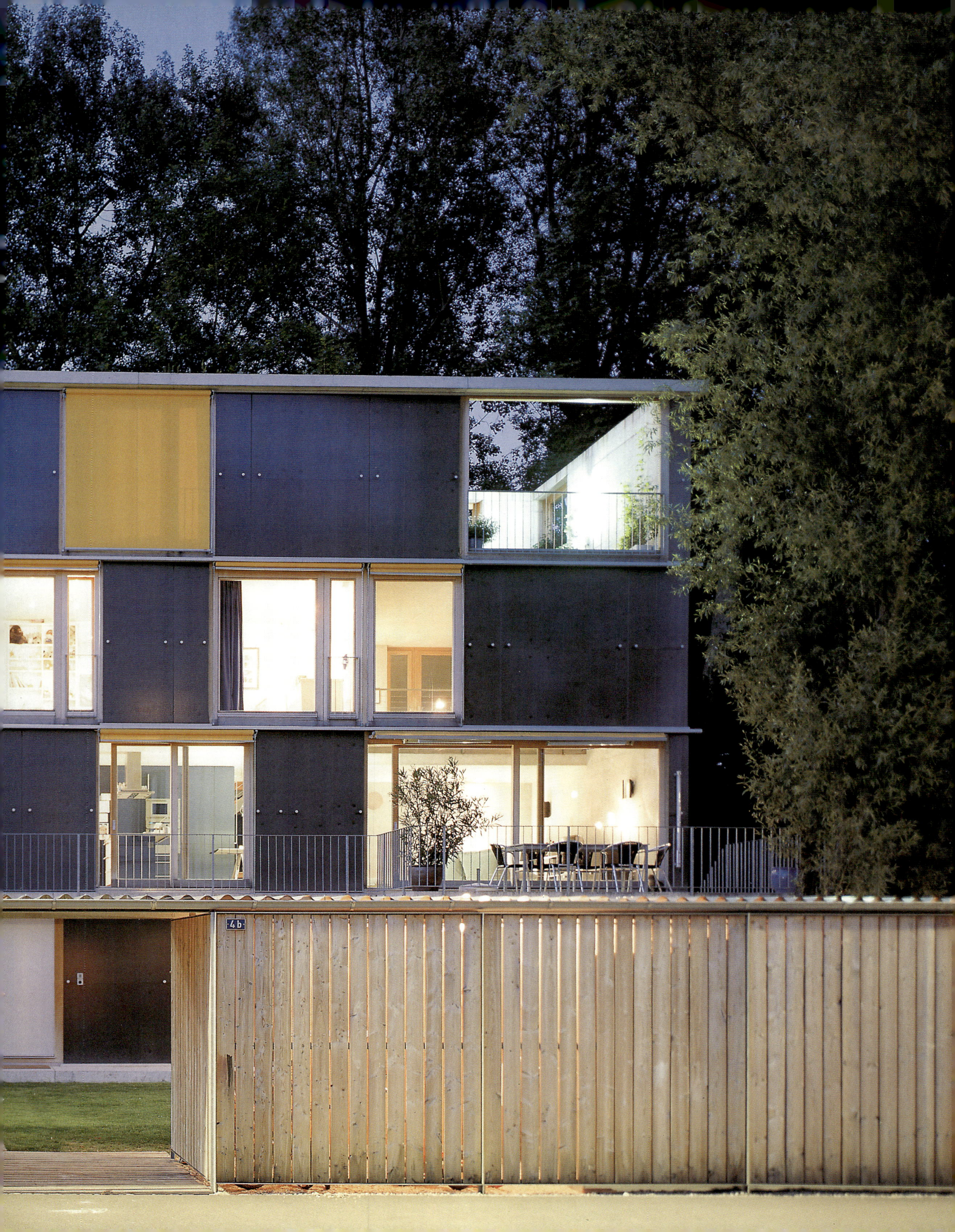
4b

dd

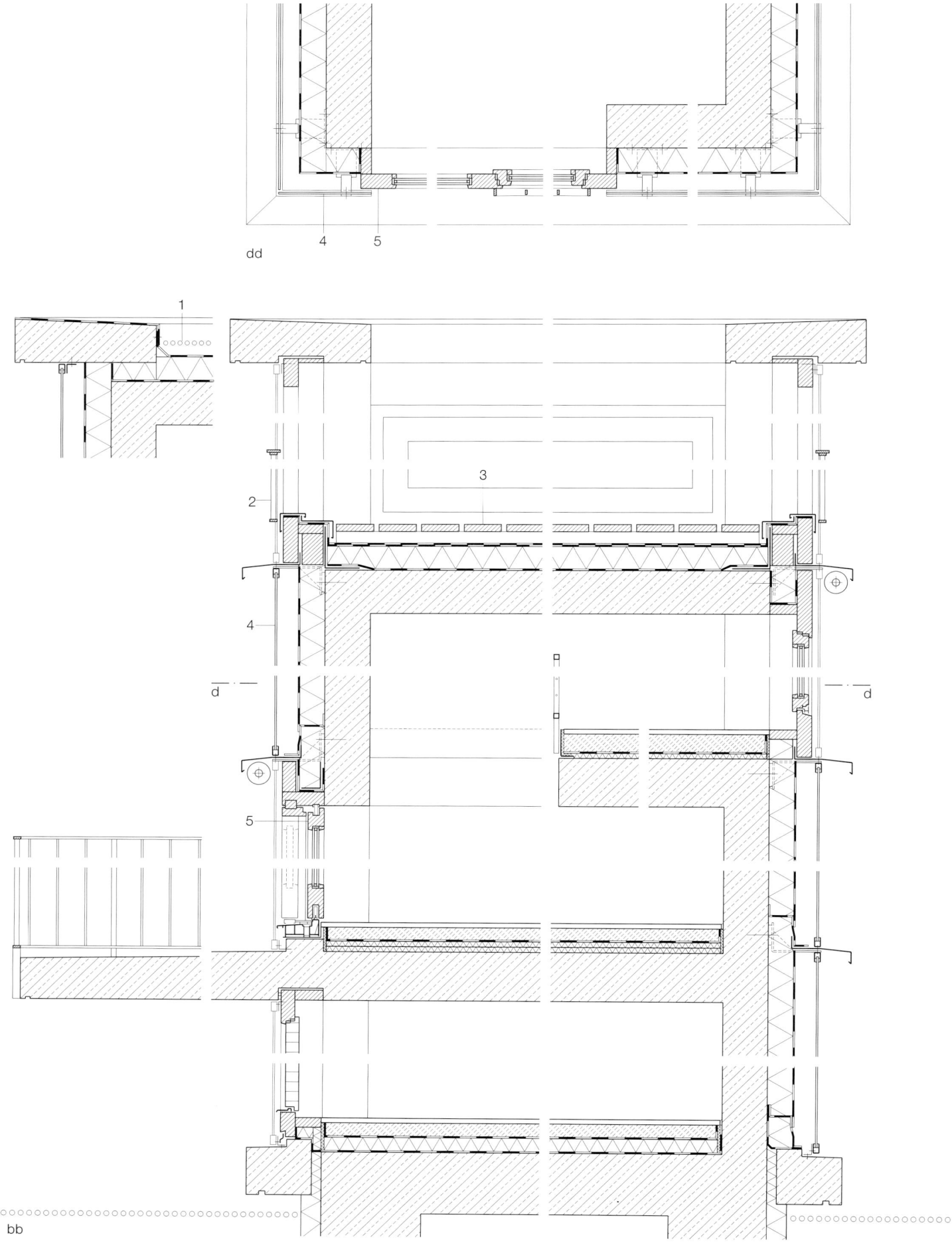

4  5

1

2

3

4

d          d

5

bb

96

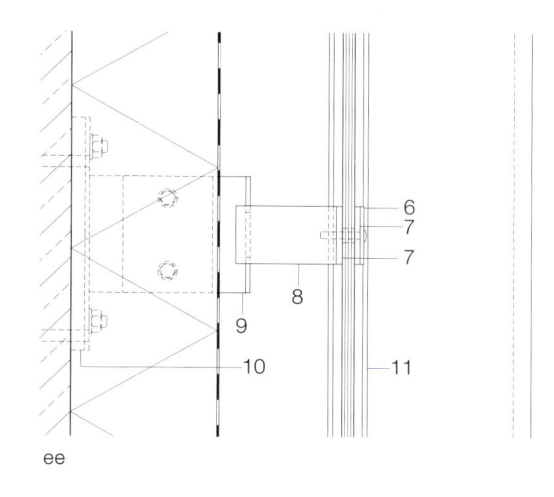

Horizontalschnitt
Vertikalschnitt
Maßstab 1:20
Details Glashalterung
Maßstab 1:5

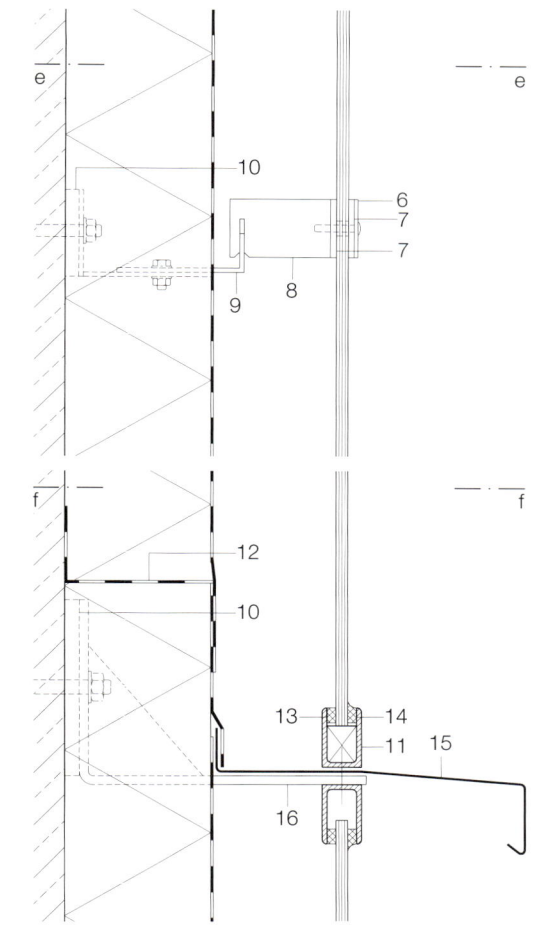

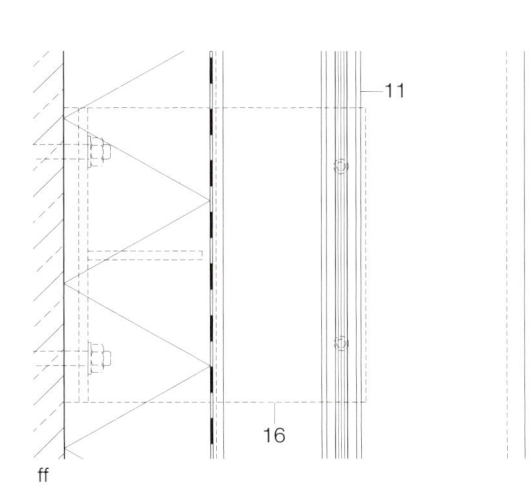

1 Dachaufbau:
  Substrat für extensive Bepflanzung 80 mm
  Dachdichtungsbahnen Polymerbitumen,
  zweilagig
  Wärmedämmung Hartschaum 100 mm
  Dampfsperre
  Stahlbetondecke 180 mm
2 Stahlgeländer:
  Pfosten 10/30 mm, Stäbe 5/20 mm,
  Handlauf 10/30 mm, verstärkt mit 12/50 mm
3 Terrassenaufbau:
  Holzrost 30 mm
  Holzlattung 40/40 mm
  Schutzlage
  Dachdichtungsbahnen Polymerbitumen,
  zweilagig
  Wärmedämmung Hartschaum
  Dampfsperre
  Stahlbetondecke 180 mm
4 Wandaufbau:
  ESG 10 mm
  Hinterlüftung 80 mm
  Winddichtungsvlies schwarz, UV-resistent
  Wärmedämmung 100 mm
  Stahlbeton 180 mm
5 Fensterrahmen und -flügel, Eiche unbehandelt
6 Punkthalter Aluminium Ø 40 mm
7 Zwischenlage EPDM/APTK
8 Einhängehalter Aluminium
9 2 L-Profile, Aluminium verstellbar
10 Zwischenlage Kunststoff
11 Glashalterung U-Profil 40 mm hoch
12 Wasserschutz Kunststoffbahn
13 Silikon-Dichtungsband
14 Silikon-Versiegelung
15 Profil Aluminium, gekantet 3 mm
16 Auflagewinkel Stahl 6 mm
   mit eingeschweißter Aussteifung

## Wohnhaus bei Tokio

Architekt: Shigeru Ban Architects, Tokio

Reduziert auf seine ursprüngliche Funktion: den Schutz vor Wind, Regen und Kälte – Hülle pur, das ist das »Naked House«, die zehnte Material- und Gebäudestudie Shigeru Bans. Ein architektonisches Experiment auf dem Lande, umgeben von Reisfeldern, in der Nachbarschaft verfallener Hütten und vereinzelter Gewächshäuser. An ein Gewächshaus erinnert dann auch die lang gestreckte Form des Wohnhauses. Die simple, funktionale Struktur birgt einen einzigen, zwei Stockwerke hohen Raum. Das Bad ist der einzige fest umschlossene Bereich, die Zonen von Küche, Wasch- und Stauraum sind nur durch Vorhänge markiert. Flexible Raum-Möbel in Form von containerartigen Kisten auf Rollen übernehmen die Funktion der Individualräume. In diesen beweglichen Elementen finden die Bewohner ihre Schlaf- und Rückzugsmöglichkeiten, das »Dach« der Raum-Möbel wird als separates Arbeits- oder Spielpodest genutzt.

Die Grundkonstruktion des Hauses besteht aus schlanken Holzrahmen, welche die Kreissegmentbögen des Daches und die Fassade tragen. Die Schmalseiten des Wohnhauses sind verglast und geben den Blick in die umgebende Landschaft frei. Transluzent und geschlossen ist die Kunststofffassade der Längsseiten, die nur punktuell von Lüftungsöffnungen durchbrochen wird. Ziel des Projekts war es, eine hochgedämmte und dennoch transluzente Gebäudehülle zu entwickeln. Als besondere Herausforderung erwies sich dabei die Suche nach einem geeigneten Dämmstoff. Nach einer Reihe von Tests fiel die Wahl auf extrudierte, weiße Fäden aus Polyethylen, ein Verpackungsmaterial, das normalerweise für den Obsttransport genutzt wird. Das ungewöhnliche Dämmmaterial wurde von den Mitarbeitern des Architekten von Hand mit feuerhemmenden Mitteln versehen und in 500 Kunststoffhüllen verschweißt. Um ein Verrutschen der Füllung zu verhindern, sind die Plastiksäcke in kleinteilige Kammern unterteilt. Mittels Stahlklammern ist die Dämmung an der Holzkonstruktion, zwischen Außenhaut und Innenbekleidung, befestigt. Zwei Lagen gewellter, glasfaserverstärkter Kunststoffplatten bilden die Wetterhaut der mehrschichtigen Hülle. Zum Innenraum hin schließt der Wandaufbau mit einer Nylonmembran ab, die sich bei Bedarf abnehmen und reinigen lässt. Eine Kunststoffabdeckung zwischen Isolierung und Membran verhindert die Bildung von Kondenswasser im Innenraum und dient gleichzeitig als Insektenschutz.

Ganz im Sinne der traditionellen japanischen Architektur lässt die Kunststoffhülle gleichmäßiges, mattes Tageslicht in den Innenraum dringen und stellt so den Bezug zu den landestypischen Papierwänden her.

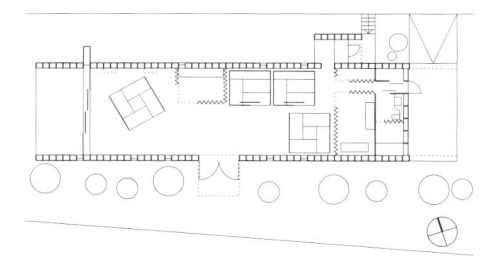

Grundriss  Maßstab 1:500

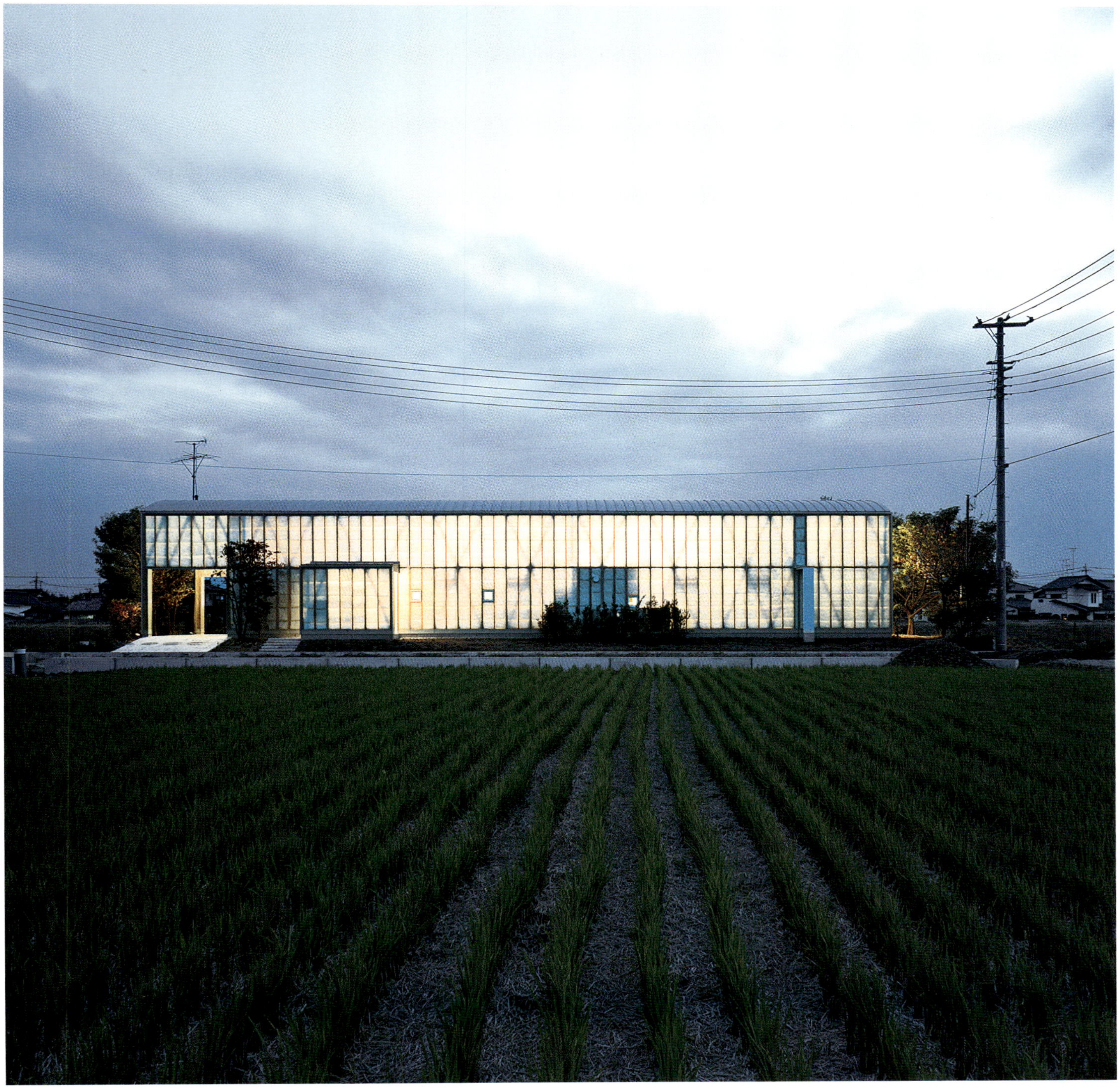

Horizontalschnitt
Vertikalschnitt

Maßstab 1:20

1 2× Kunststoffwellplatte,
  glasfaserverstärkt 18 mm
2 Holzpfosten 40/80 mm
3 Sperrholzblende 9 mm
4 Stütze, 2× Holzbohle 30/280 mm
5 transluzente Dämmung, extrudiert
6 2× Strebe 38/89 mm
7 Kunststoffplatte
8 Kunststoffmembran
9 Stahlstrebe
10 Bogenfachwerkträger
11 Gipskartonplatte

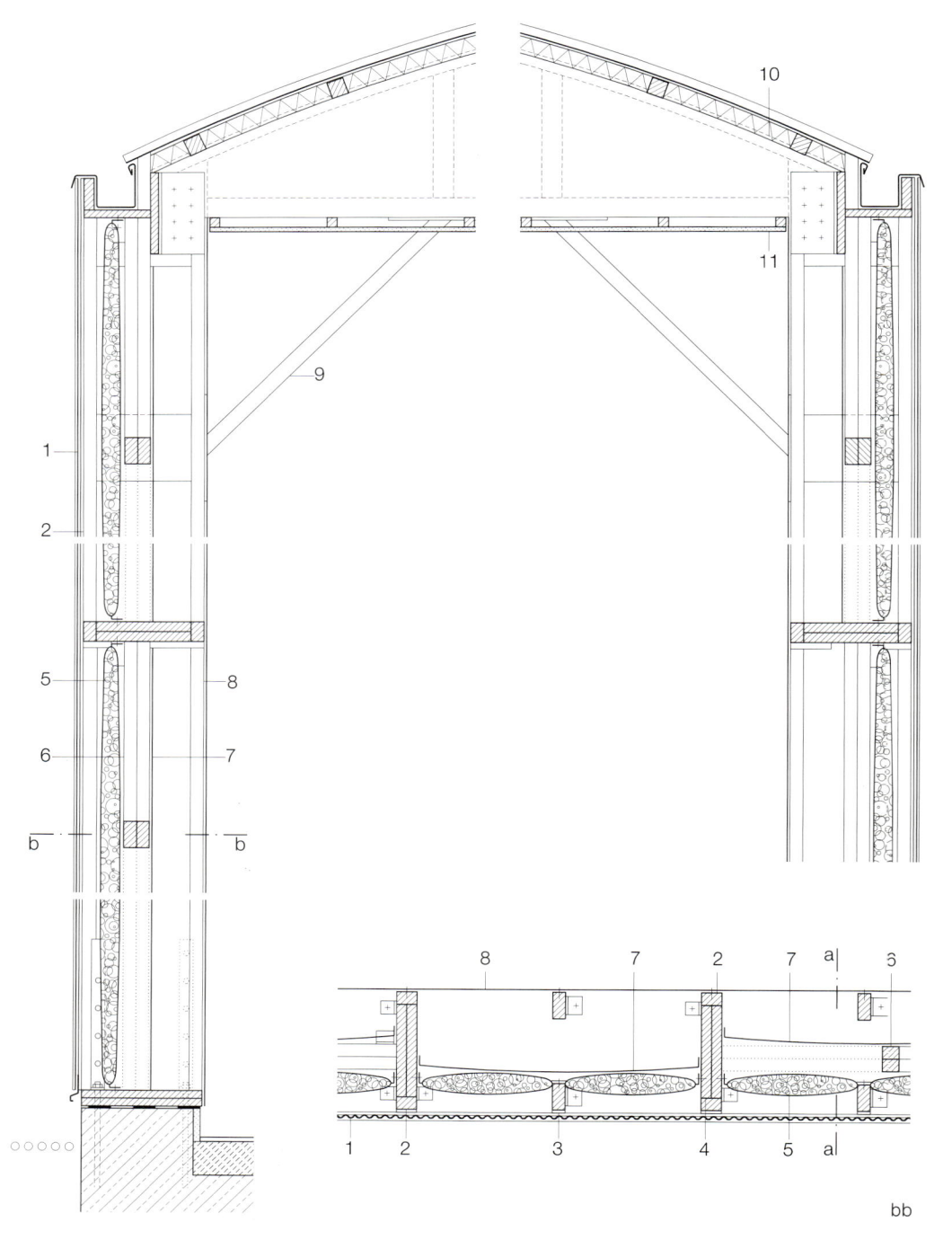

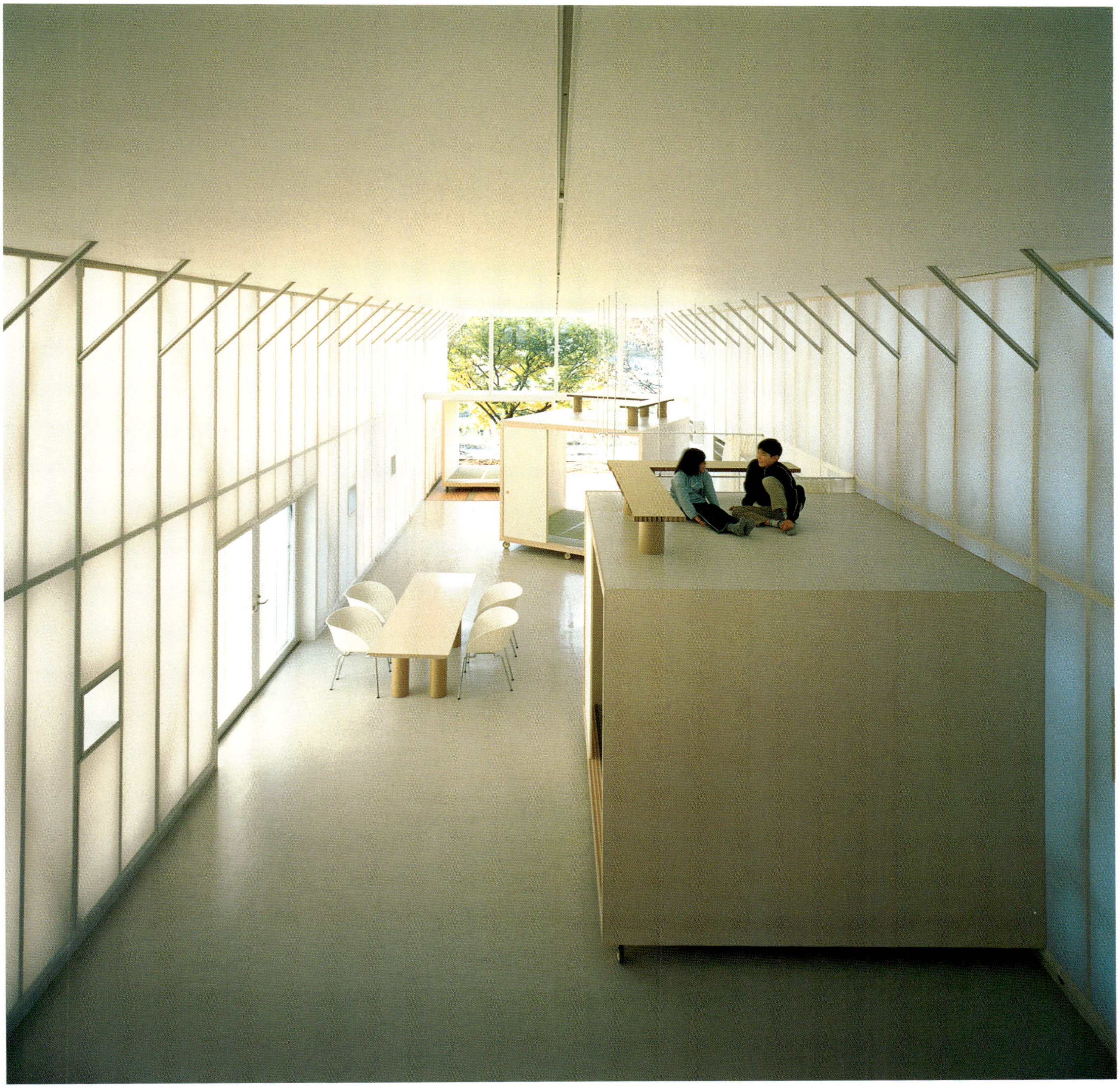

# Christus-Pavillon in Volkenroda

Architekten: von Gerkan, Marg und Partner, Hamburg

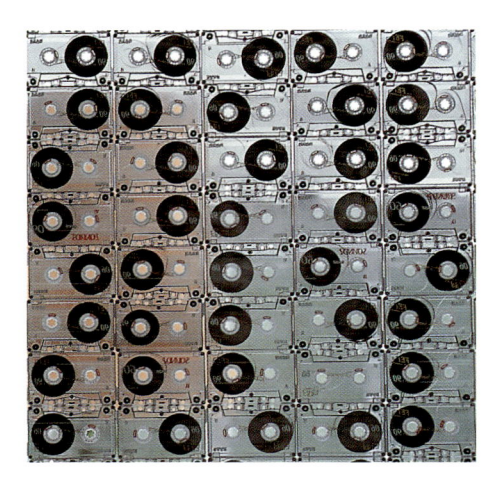

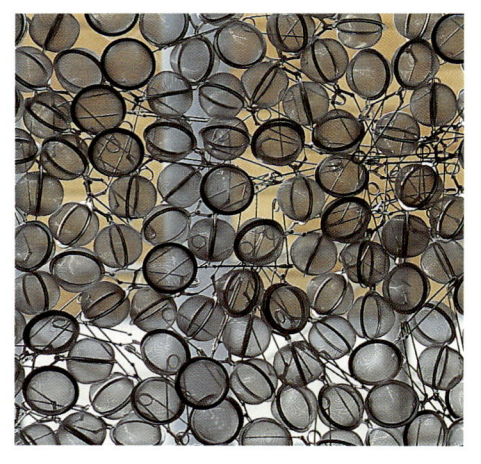

Die raffinierte Ausformung der Gebäudehülle von Kreuzgang und Kirchenraum ergibt bei diesem Sakralbau eindrucksvolle Raumstimmungen unterschiedlicher Art. Während der Kreuzgang durch die ganz eigene Ästhetik der ausgestellten Gegenstände fasziniert, ist es im »Christusraum« die lichte Atmosphäre, die beeindruckt. Seine transluzente Haut aus dünnen Marmor-Glas-Verbundelementen lässt diffuses Licht in den Raum gelangen. Die durchschimmernde Hülle wirkt subtiler als die des effektvoll inszenierten Kreuzgangs. Angefüllt mit Materialien verschiedenster Herkunft, stellen die Vitrinen dort zwischen der Doppelverglasung des Umgangs Relikte unserer Umwelt aus. Gemäß dem Leitthema der EXPO 2000 in Hannover »Mensch – Natur – Technik« sind in den einzelnen Feldern natürliche Materialien wie Holzscheiben, Federn, Bambusrohre oder Kohlen, neben technischen Produkten wie Zahnbürsten, Teesiebe, Fieberthermometer, Feuerzeuge oder Glühbirnen übereinander geschichtet. Lichtstrahlen, die durch die Glasvitrinen fallen, hinterlassen auf dem Boden ornamentale Muster und Strukturen. Mehr oder weniger transparent, prägen die Objekte die Raumstimmung im Kreuzgang und erhalten in ihrer sorgfältigen Stapelung eine ganz eigene, ungewohnte Ästhetik.

Kreuzturm, Kreuzgang und Andachtshalle des Christus-Pavillons sind 2001 als Teil einer Klosteranlage im thüringischen Volkenroda wiedererrichtet worden. Die Translozierung des Pavillons nach der Weltausstellung war von Anfang an geplant. Daher setzten die Architekten ein Stahlbausystem ein, das auf einem räumlichen, würfelförmigen Raster von 3,40 m Kantenlänge beruht. Ausgeführt als Stahlkonstruktion ist das System durch eine eigens entwickelte und patentierte Steckverbindung, den Sigma-Knoten, schnell und einfach zu montieren bzw. demontieren. Die Hülle des Kirchenraumes besteht aus 10 mm dünnen Marmorplatten im Verbund mit 12 mm starken Glasscheiben. Im Innenraum zeigt sich die Haut als durchgehende, einheitliche Fläche. Von außen ist sie mittels Punkthalterungen mit der vorgestellten Pfosten-Riegel-Konstruktion verbunden. Die Fassade des Kreuzganges hingegen besteht aus Elementrahmen mit einem Achsmaß von 3,4 x 6,8 m. In den Fassadenfeldern liegt die mit natürlichen und künstlichen Objekten »ausgefachte« Doppelverglasung. Die gewählte schlichte Stahlkonstruktion bildet das Gerüst für ein Bauwerk, dessen sakrale Wirkung ganz wesentlich von der Gebäudehülle bestimmt wird.

Kreuzgang · Horizontal-, Vertikalschnitt
Maßstab 1:10

1 Stahlprofil
  L 150/150/10 mm
2 Stahlprofil
  [ 150/129/2 mm
3 Stahlprofil
  ⌑ 150/50/4 mm
4 ESG 8 mm + SZR 16–63 mm gefüllt
  + ESG 8 mm
5 Pressleiste Edelstahl
  15/50 mm
6 Stahlrahmen 170/6 mm
7 Stahlprofil
  ⌑ 10/20 mm
8 Stahlprofil
  L 180/90/10 mm
9 Eichenbohlen 50 mm

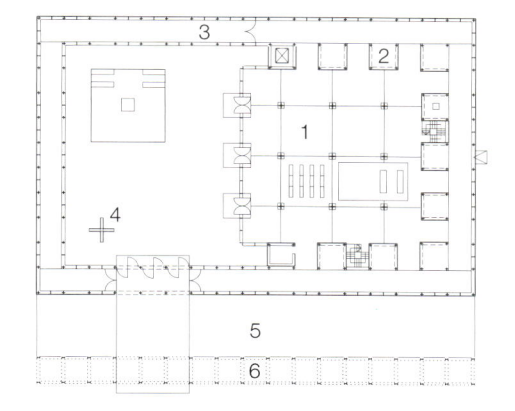

Grundriss Pavillon
Maßstab 1:1000

1 Kirchenraum
2 Ausstellungskabinett
3 Kreuzgang
4 Turm
5 Wasserfläche
6 Colonade

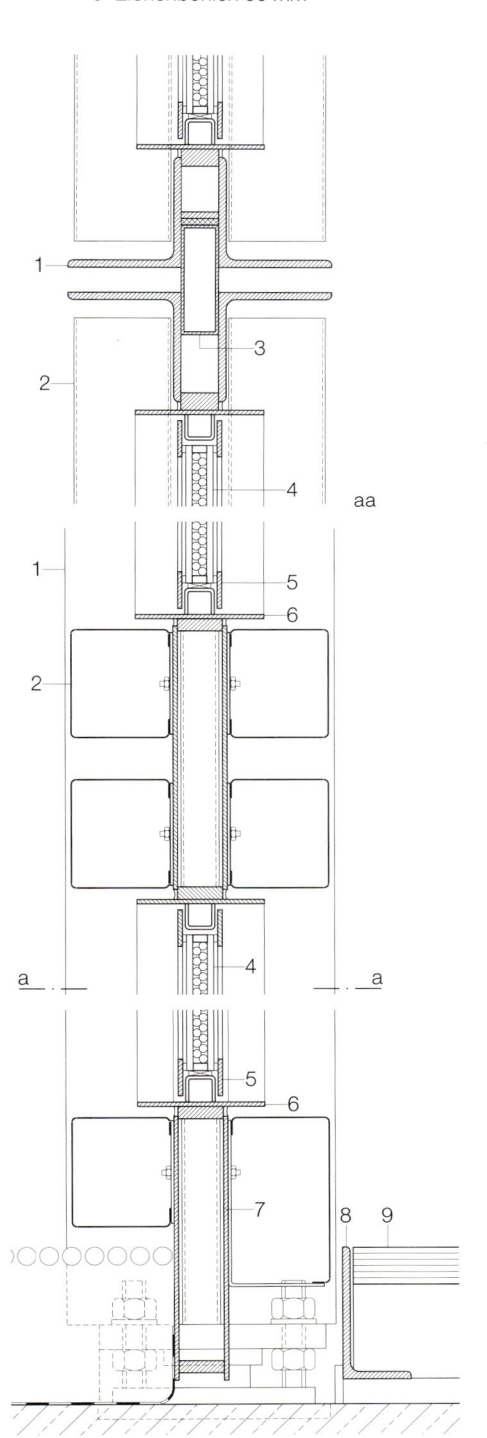

103

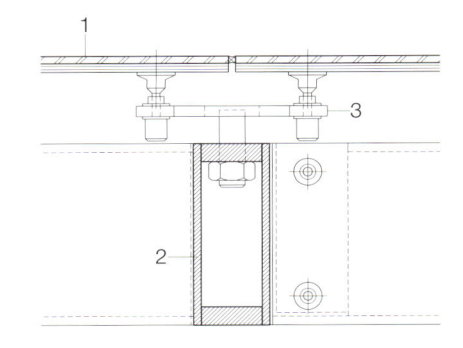

Kirchenraum

Horizontalschnitt
Maßstab 1:10

Vertikalschnitt
Horizontalschnitt
Maßstab 1:50

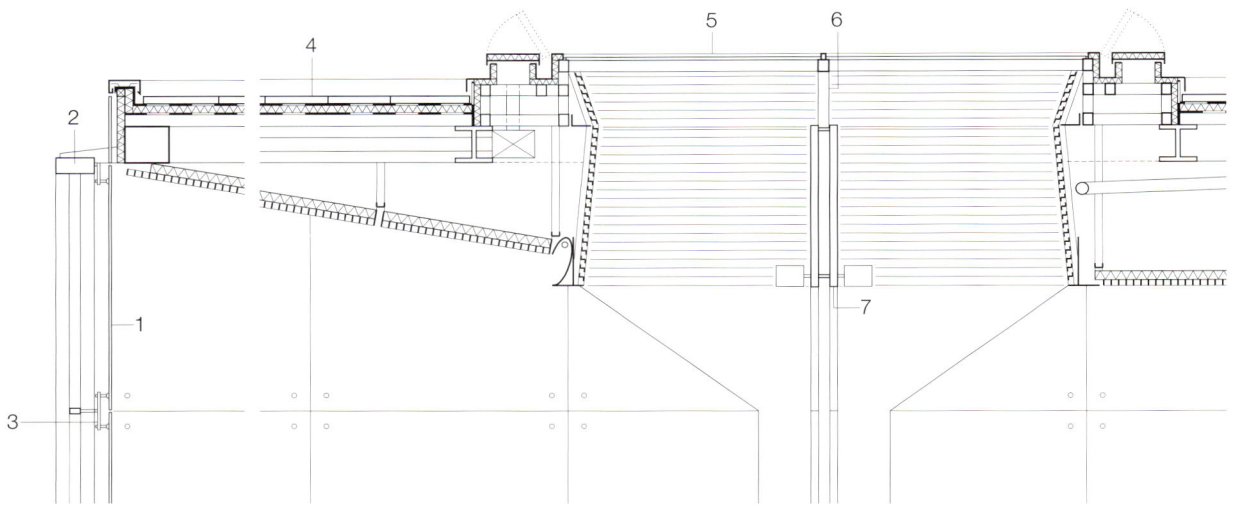

1 Verbundelement
 Marmor 10 mm
 Gießharz 3 mm +
 ESG 12 mm +
2 Stahlprofil
 ⊏⊐ 250/80/10 mm
3 Vierpunkthalter,
 Edelstahl
4 Betonplatte
 500/500/50 mm
5 Oberlicht ESG 10 mm
 Innenseite bedruckt +
 SZR 14 mm +
 VSG 2× 8 mm
6 Stahlprofil Ø 60 mm
7 Stütze und
 Trägerrost Stahl
 2× Flachstahl 40 mm

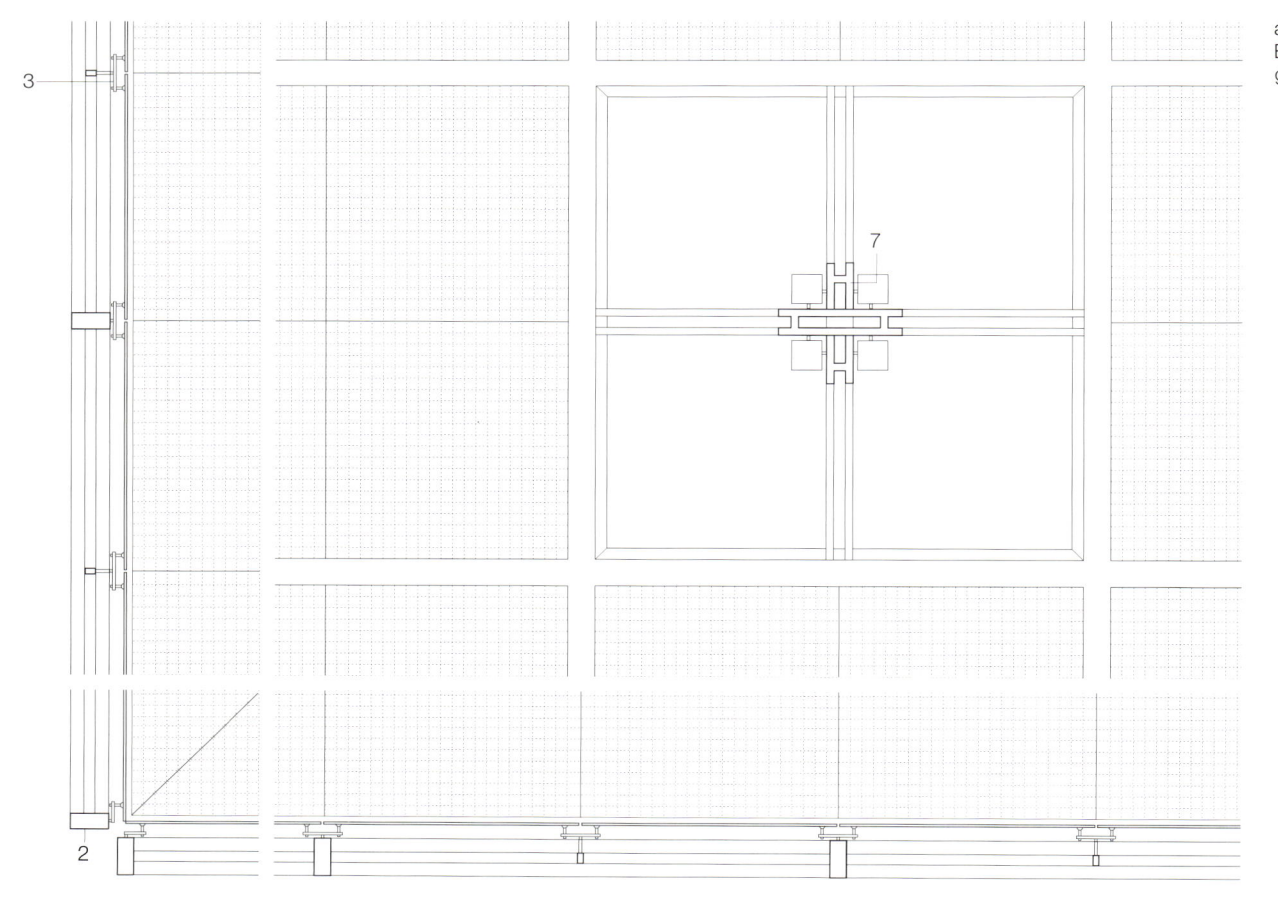

alle Stahlteile mit
Eisenglimmerfarbe
gestrichen

105

# Kirche in München

Architekten: Allmann Sattler Wappner Architekten, München

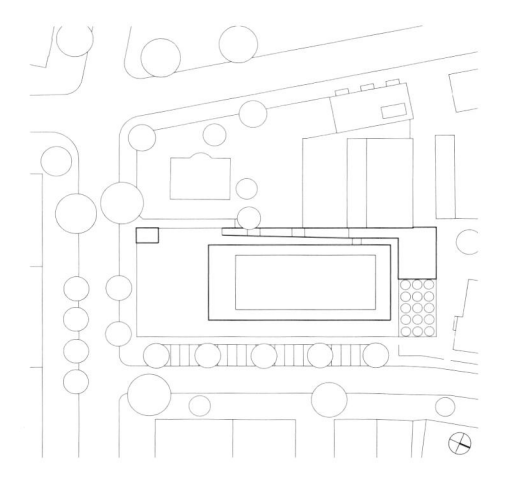

Lageplan Maßstab 1:2000
Grundriss Maßstab 1:500

1 Krippe
2 Marienverehrung
3 Verehrung der fünf Wunden
4 Beichtstuhl
5 Taufstein
6 Altar
7 Tabernakel
8 Sakristei

Während in den Neubaugebieten im Lauf der letzten Jahrzehnte zahlreiche multifunktionale Gemeindezentren entstanden, ist ein innerstädtischer Kirchenneubau heut zur Seltenheit geworden. Im Münchener Stadtviertel Neuhausen ergab sich die Gelegenheit für ein solches Bauvorhaben: 1995 wurde ein Wettbewerb ausgelobt, um Ersatz für die von einem Feuer zerstörte Herz-Jesu-Kirche zu schaffen. Die in unmittelbarer Nachbarschaft gelegenen Gemeinderäume waren vom Feuer nicht betroffen, sollten jedoch in den Entwurf einbezogen und saniert werden.

Zu dem neu entstandenen Ensemble gehören der strenge Kubus der Kirche selbst – 48 Meter lang, 21 Meter breit und 16 Meter hoch –, um den sich im hinteren Grundstücksbereich der niedrigere Sakristeibau legt, sowie der großzügige Vorplatz mit dem frei stehenden Glockenturm an der Straße. Der Turm ist aus Stahlprofilen konstruiert und von Metallgewebe in mehreren, nach oben hin zunehmenden Lagen umhüllt. Dadurch verdichtet sich die Struktur allmählich bis zur größten Höhe von knapp 37 Metern. Die Glocken hängen geschützt in einem hölzernen Quader, der in das Stahlgerüst eingebaut wurde. Der Kirchenraum entspricht im Grundriss einer klassischen Wegkirche, während sich der Baukörper von außen eher ungewöhnlich präsentiert. Konsequent wurde ein Raum-im-Raum-Konzept umgesetzt. Die äußere Gebäudehülle, ein transluzenter Glaskubus, der den thermischen Raumabschluss übernimmt, beherbergt einen hölzernen Schrein als räumliche Fassung für den eigentlichen Kirchenraum. Im begehbaren Zwischenraum beider Konstruktionen liegen der Vorraum und der Umgang mit 14 Kreuzwegstationen. Die beiden an der Stirnseite zum Vorplatz gelegenen, überdimensionalen Flügel des Kirchentores vermitteln den Eindruck, dass der zweite Kubus erst nachträglich in die Glashülle eingeschoben wurde. Sind die von hydraulischem Antrieb bewegten Torflügel geschlossen, betritt man die Kirche durch die Schlupfpforten, die in der Mitte des großen Portals angebracht sind. Vom Vorraum führt der Weg, flankiert von Beichtstuhl und Krippe, unter der eingestellten Sichtbeton-Empore hindurch. Eindrucksvoll öffnet sich dann das von weich gefiltertem Licht durchflutete Kirchenschiff, an dessen Ende die vollständig von einem golden schimmernden Vorhang aus Metallgewebe verkleidete Altarwand liegt. Kaum merklich fällt das Bodenniveau zum Altar etwas ab. Die vertikalen Ahornholzlamellen des inneren Raumabschlusses sind so ausgerichtet, dass die Helligkeit in Richtung des Altars kontinuierlich zunimmt. Gegenläufig dazu verhält sich bei der äußeren Gebäudehülle, der Glasfassade, der Grad an Transparenz. Durch eine weiße Bedruckung nahezu opak ausgebildet, schützt die Verglasung

107

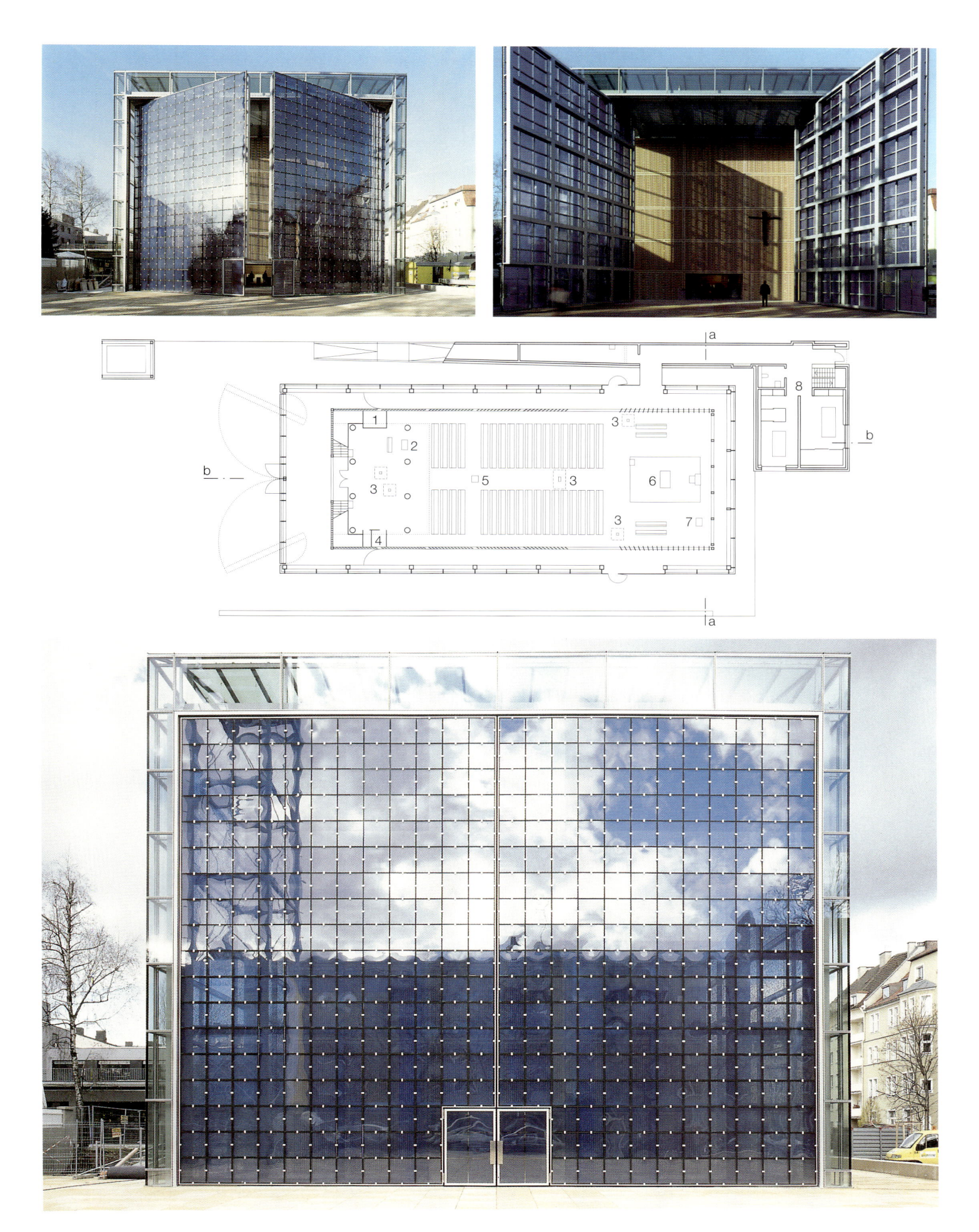

Schnitte  Maßstab 1:500

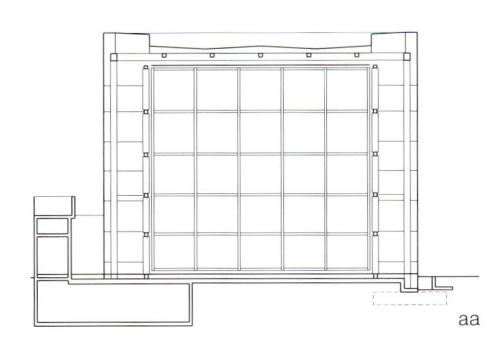

den Altarbereich vor Einblicken. In Richtung des Vorplatzes wird sie durch die abnehmende Dichte der Bedruckung immer durchlässiger und besteht im Bereich des Vorraums schließlich aus Klarglasscheiben.

Die filigrane Pfosten-Riegel-Konstruktion der gläsernen Fassade ist von großen, auf zweigeteilten Stahlstützen aufgelagerten Vierkant-Randträgern abgehängt. Glasschwerter übernehmen die Aussteifung gegen Windlast. Die Verbindungen der stählernen Riegel und Pfosten sind nicht geschweißt, sondern gesteckt und unsichtbar verschraubt. Erst die Verglasung aus Isoliergläsern mit flächenbündigen Pressleisten fixiert die Knoten und schafft so die endgültige Festigkeit. Ermöglicht wird diese, für die einheitlich glatte Gestalt der Außenhaut wichtige Sonderkonstruktion durch einen speziellen Glasaufbau: innen Einscheibensicherheitsglas, dann ein Luftzwischenraum und zum Außenraum hin Verbundsicherheitsglas, dessen äußerste Scheibe rundherum etwas kleiner ausgebildet wurde. In den so verbreiterten Fugen der obersten Glasschicht liegen die Pressleisten. Aus Sicherheitsgründen musste eine zusätzliche Verklotzung für die zurückgestufte Schicht angebracht werden. Im Übrigen ruhen die Tafeln auf Konsolblechen vor den Riegeln.

So reizvoll das sich während des Tagesverlaufs verändernde Licht im Inneren der ineinander gestellten Quader wirkt, so beeindruckend ist auch die Wirkung des von innen leuchtenden Glaskörpers bei Nacht. Eine Besonderheit im Spiel mit Licht und Transparenz stellt tags wie nachts die tiefblau durchscheinende Verglasung des großen Eingangstores dar. Die Färbung der beschichteten Glasplatten taucht den gesamten Vorraum in blaues Licht, die ornamentale Struktur der Glasfelder wirft irritierende Muster auf Boden- und Wandflächen. Die ähnlich einer Keilschrift angeordneten Nagelmotive der 436 quadratischen Glasfelder geben Teile aus der Johannespassion wieder. Innerhalb der Structural-Glazing-Konstruktion werden die Tafeln von rechteckigen Metallstegen zusätzlich gegen Windsog gesichert. Die Anordnung der Stege in der Mittelachse der Felder legt ein silberfarbenes Muster über das Fugenbild.

bb

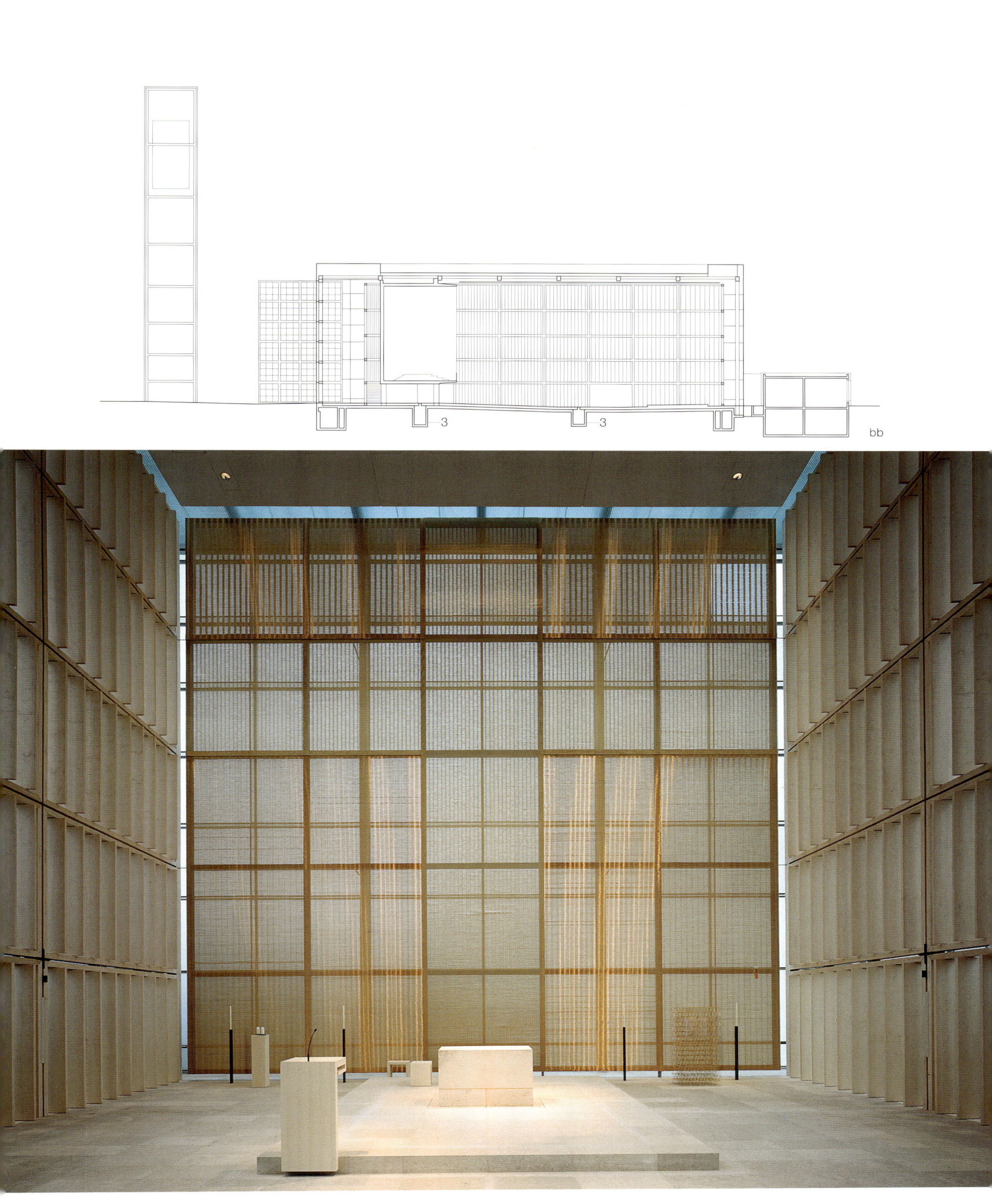

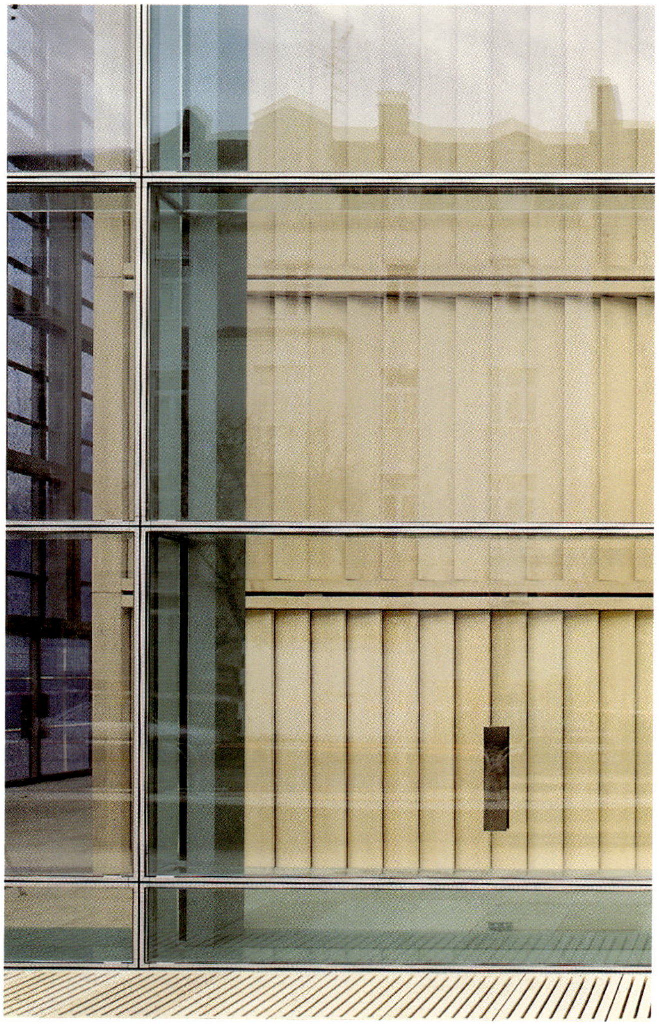

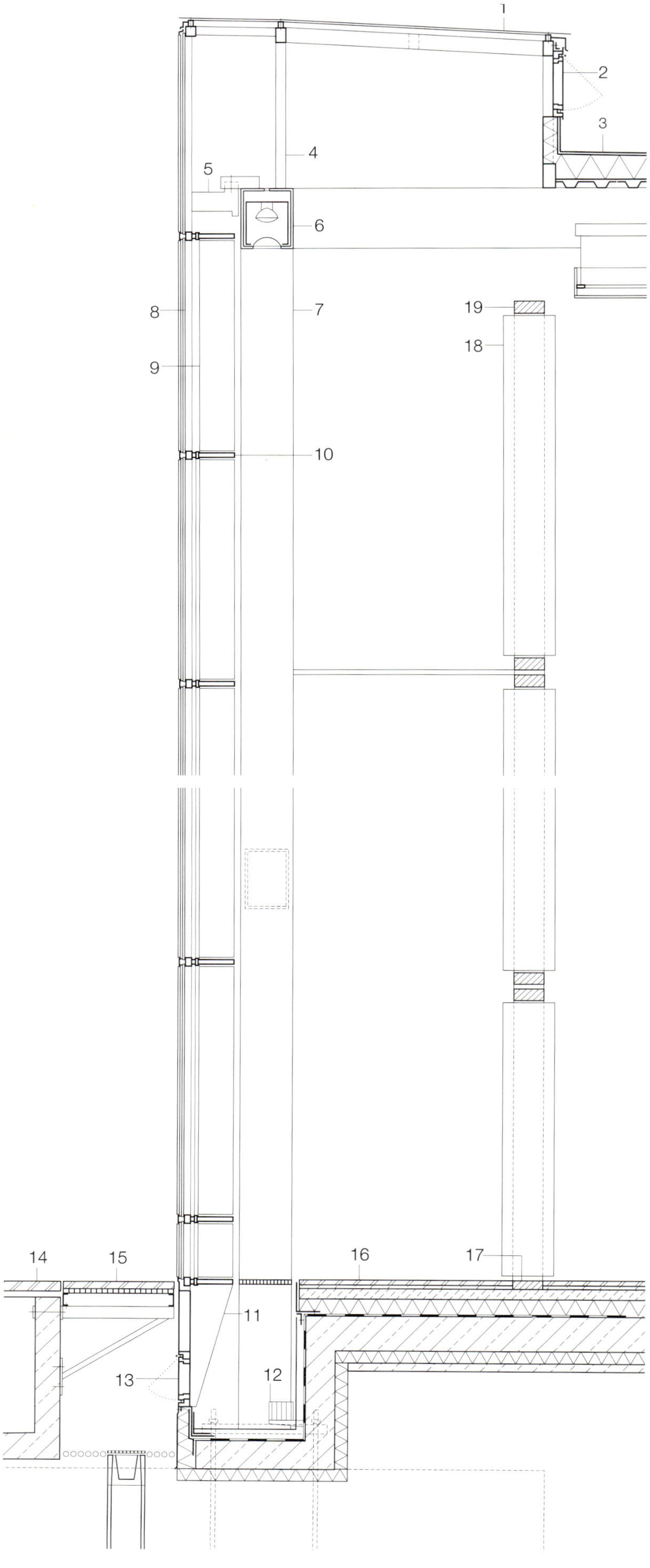

1
2
3
4
5
6
7
8
9
10
11
12
13
14
15
16
17
18
19

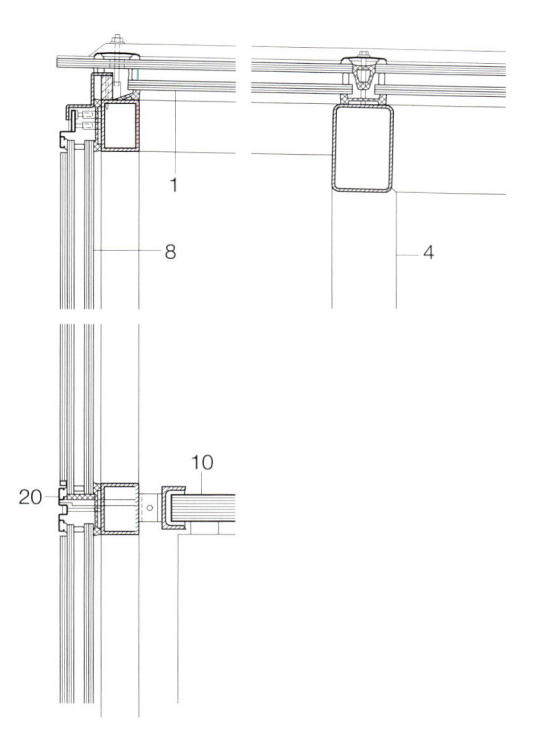

Fassadenschnitt Maßstab 1:50
Details Maßstab 1:10

1. Dachverglasung Stufenisolierglas
2. Klappflügel Abluft/Entrauchung Aluminium
3. Dachaufbau:
   Kunststoffdichtungsbahn
   Hartschaumdämmung im Gefälle verlegt,
   160–240 mm
   Dampfsperre bituminös
   Spanplatte 10 mm
   Trapezblech 50 mm
   abgehängte Decke, Gipskarton 3× 12,5 mm
   Kalkzementputz 15 mm,
   mit eingelegten Kühlschleifen
4. Stahlprofil ▯ 80/80/4 mm
5. Fassadenaufhängung höhenjustierbar
6. Randträger Stahlrohr ▯ 420/500/20 mm
   geschweißt mit integrierten Leuchten
7. Doppelstütze 2× Stahlprofil ▯ 170/420/60 mm
8. Isolierverglasung VSG 8 mm + SZR 16 mm +
   ESG 10 mm bedruckt, äußere Glasscheibe
   umlaufend abgestuft, bedruckt
9. Hängeprofil Stahlrohr ▯ 50/70/5 mm
10. aussteifendes Glasschwert 36/300 mm
11. Stahlkonsole als Auflager für Glasschwerter
12. Konvektor
13. Klappflügel Zuluft Aluminium
14. Sandsteinplatte 80 mm auf Splittbett 50 mm
15. Abdeckung Zuluftschacht:
    Sandsteinplatte 60 mm mit Lüftungsschlitzen
    Gitterrost 40 mm
    Stahlkonsole HEA 100
16. Fußbodenaufbau:
    Natursteinplatten Kalksandstein 40 mm
    Mörtelbett 30 mm
    Heizestrich armiert mit Stahlfasern 85 mm
    Trennlage PE-Folie
    Wärmedämmung Polystyrol-Hartschaum 120 mm
    Bitumenschweißbahn
17. Schwellholz Ahorn massiv 240/50 mm
18. Holzlamellen Ahorn furniert mit Rahmen verdübelt
19. Holzrahmen Ahorn massiv 120/240 mm
20. Pressleiste Aluminium, flächenbündig

Horizontalschnitt Ecke/Tor
Maßstab 1:20

1 Isolierverglasung Fassade
2 Pressleiste flächenbündig
3 Glasschwert
4 Doppelstütze
5 Stahlprofil L 170/90/10 mm
6 Verglasung Tor:
    ESG 5 mm + LZR 20 mm +
    ESG 5 mm
    zweiseitig bedruckt
    Scheibenmaß 755/767 mm
7 Glashalter Aluminium 70/40/8 mm
8 Sekundärkonstruktion
    Stahlprofil ⊡ 100/60/4 mm
9 Primärkonstruktion
    Stahlprofil ⊡ 280/150 (240) mm

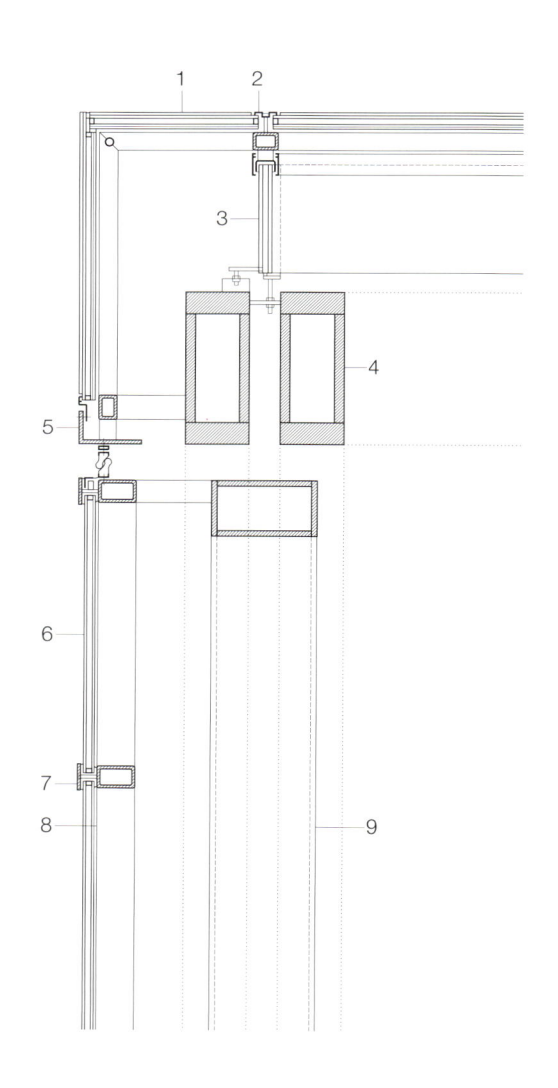

113

# Polizeistation in Boxtel

Architekt: Wiel Arets, Maastricht

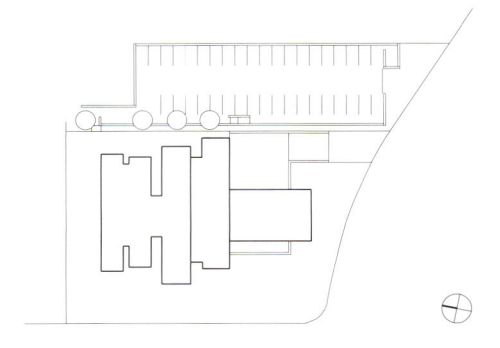

Wie eine eisig schimmernde Skulptur mit streng strukturierten Flächen wirkt der frei stehende Verwaltungsbau. Seine transluzente Hülle lässt die dahinter liegenden Raumstrukturen mehr erahnen als erkennen und erinnert in dem Wechsel von durchscheinenden und geschlossenen Bereichen an die Oberfläche eines zerfließenden Eiswürfels. Das Gebäude ist im Rahmen eines Programms zur Neuorganisation der regionalen Exekutivorgane in den Niederlanden entstanden. Die Architektur sollte Einblicke in die Arbeit der Polizei ermöglichen und gleichzeitig den unveränderten Anforderungen an die Sicherheit Rechnung tragen.

Um diesen Bedürfnissen zu entsprechen ist die Gebäudehülle in eine äußere Schicht aus standardisierten Profilgläsern und eine dahinter liegende massive Schale unterteilt. Als weiteres Element überlagern Fensterbänder die durchscheinenden und die opaken Bereiche. Innerhalb der tief eingeschnittenen Fensterlaibungen liegt der Sonnenschutz. In den transparenten Bereichen der Fassade steht der äußeren Glashülle eine innere gegenüber. Ansonsten bilden wärmegedämmte Wände aus Beton oder Kalksandstein die tragende und schützende innere Schicht. Die umlaufende, vertikal strukturierte Außenhaut aus schmalen Glaselementen in Aluminiumrahmen erhält ihre horizontale Gliederung durch breite Blechbänder, die Sockel und Attika einfassen und die Geschossdecken gleichzeitig als schmales Band markieren. Einschnürungen in der Grundrissgestalt unterteilen den zweigeschossigen Baukörper in raumbreite Segmente. Diese Auffächerung deutet optisch Durchlässigkeit und eine Verzahnung mit dem Außenraum an. Sie schafft aber auch – trotz des industriell anmutenden Fassadenmaterials – einen Bezug zu den Dimensionen der umgebenden Einfamilienhäuser.

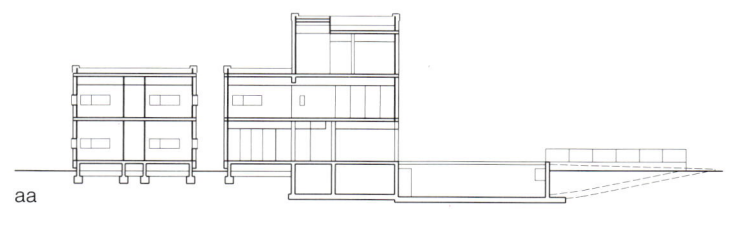

Lageplan   Maßstab  1:1000
Schnitt · Grundriss Erdgeschoss   Maßstab  1:400

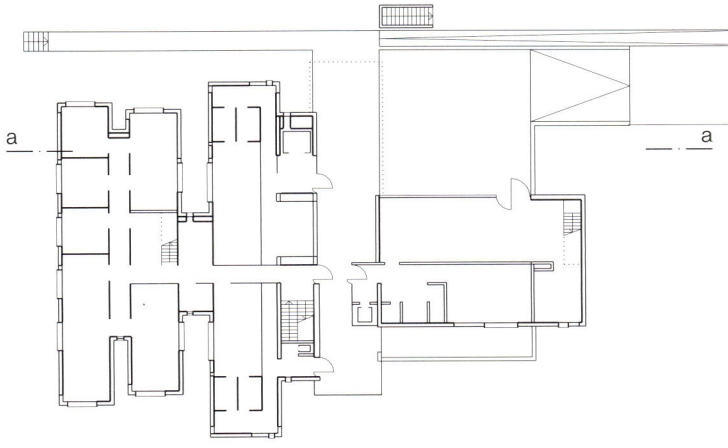

115

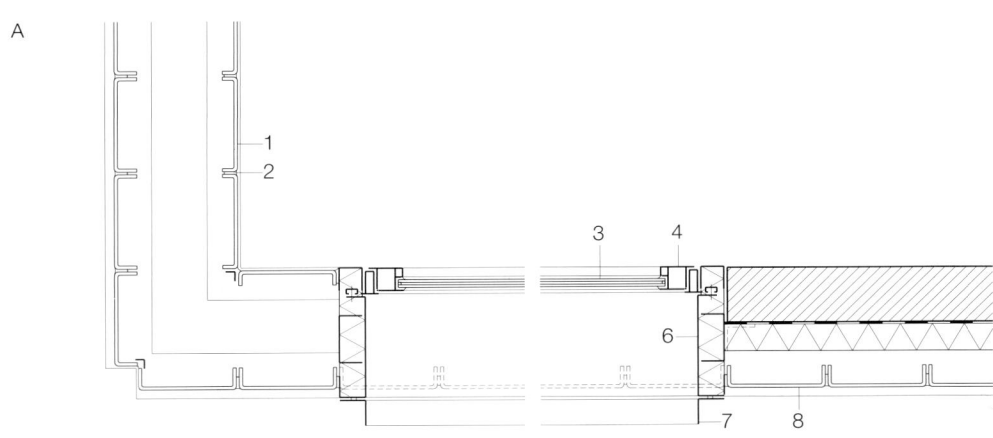

A  Horizontalschnitt Ecke
B  Vertikalschnitt transluzenter Bereich
C  Vertikalschnitt opaker Bereich
Maßstab 1:20

 1 doppelschalige Verglasung:
   Profilglaselemente in Aluminiumprofilen
   Glaselement 262/30/7 mm + LZR +
   Glaselement 262/60/7 mm
   mit Wärmeschutzausrüstung
 2 dauerelastische Verfugung transparent
 3 Isolierverglasung
 4 Aluminiumrahmen
 5 Stahlprofil L 150/150/15 mm
 6 Fensterlaibung Aluminiumblech
 7 Stahlprofil L 70/70 mm
 8 Wandaufbau:
   Profilglaselemente 262/60/7 mm
   in Aluminiumprofilen
   Luftzwischenraum 40 mm
   Wärmedämmung 80 mm
   Dampfsperre
   Kalksandsteinmauerwerk 150 mm,
   gespachtelt 3 mm, weiß gestrichen
 9 Dachaufbau:
   Betonsteinplatten 300/300/80 mm
   Kieslage 80 mm
   Kunststoffdichtungsbahn
   Hartschaumdämmung kaschiert 80–180 mm
   Dampfsperre PE-Folie
   Filigrandecke 200 mm
10 Aluminiumblech gekantet
11 Deckleiste Aluminium
12 innen liegender Blendschutz
13 Gipskartonplatten auf
   Stahl-C-Profilen
14 Kabelkanal
15 Zementestrich 70 mm mit
   Epoxidharzbeschichtung 2 mm
16 außen liegender Sonnenschutz
   Lamellenraffstore
17 Sockel:
   Aluminiumblech gekantet
   Luftzwischenraum 120 mm
   Feuchtigkeitssperre
   Dämmung 80 mm
   Feuchtigkeitssperre
   Stahlbeton 200 mm
   Wärmedämmung 80 mm
18 Aluminiumprofil U 100/50/5 mm

alle sichtbaren Metallteile sind silbermetallisch
lackiert

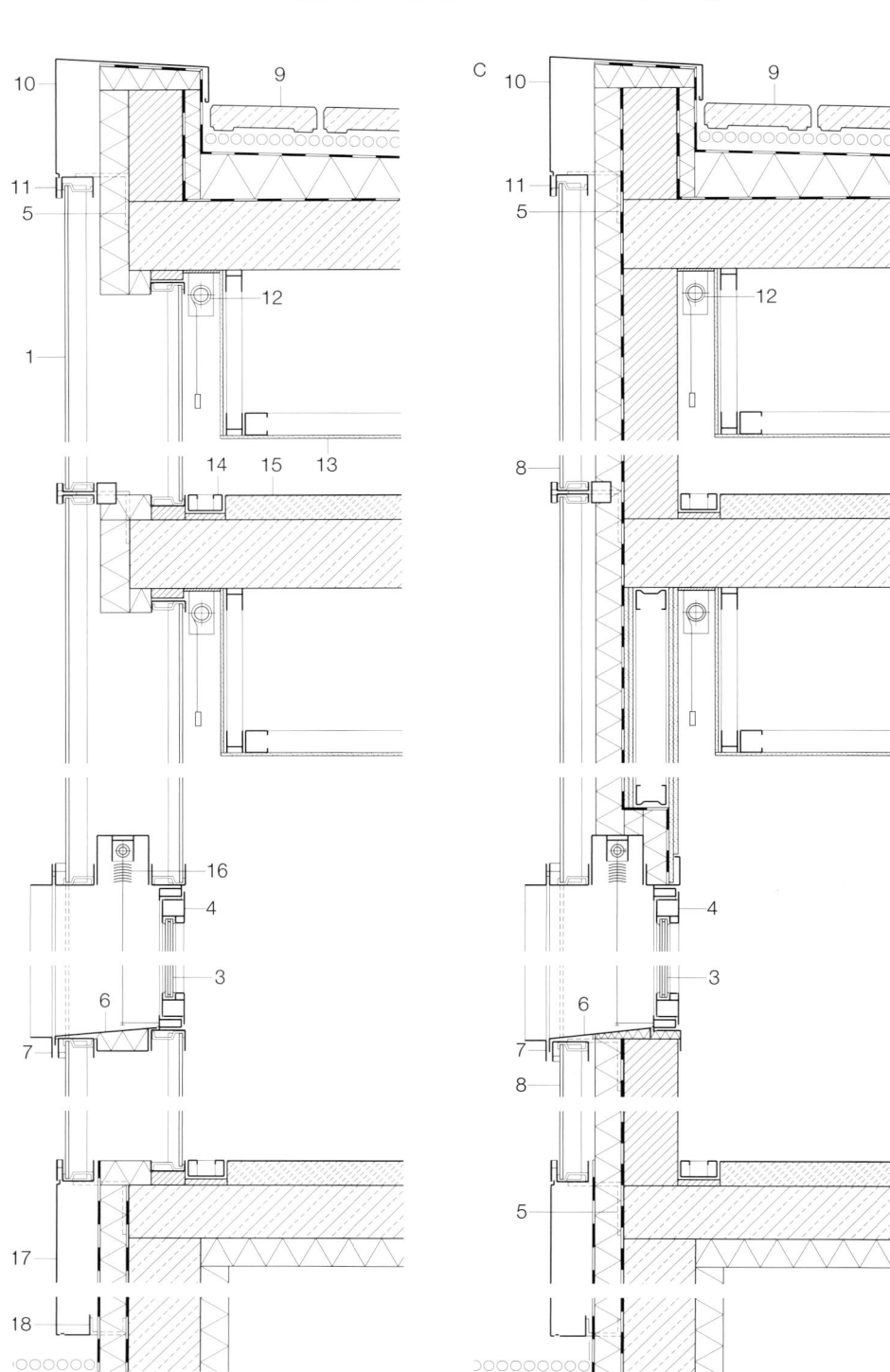

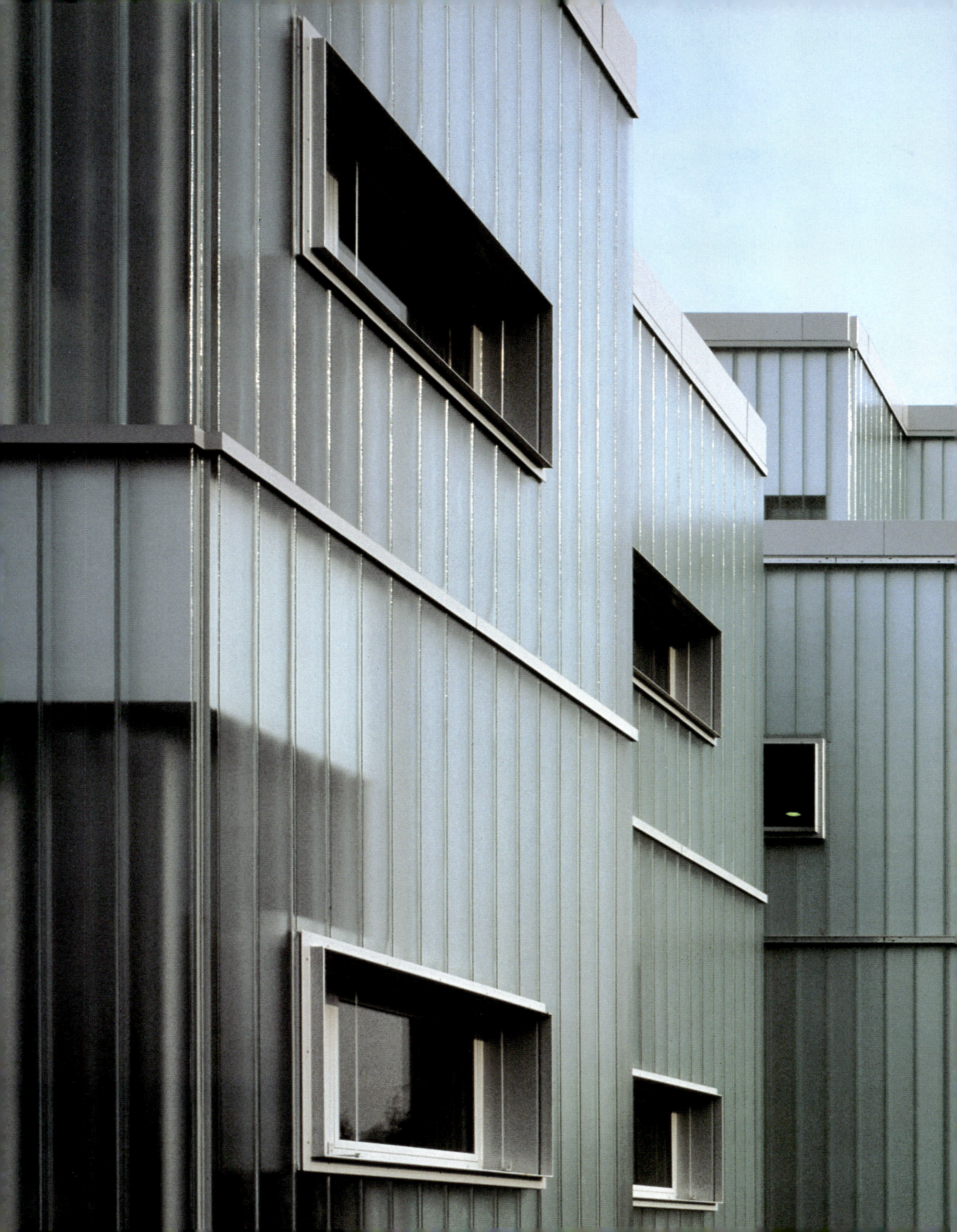

# Veranstaltungs- und Kongresszentrum in San Sebastián

Architekt: Rafael Moneo, Madrid

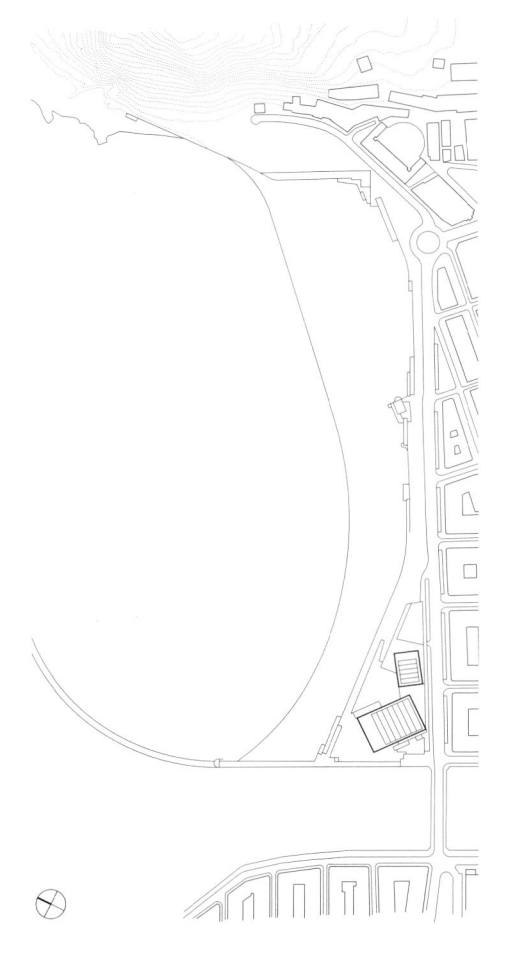

Wie zwei übergroße gestrandete Kristalle liegen das Auditorium und die Kongresshalle des Kursaalkomplexes an der Flussmündung des Urumea in San Sebastián. Sie betonen die besondere geographische Situation an der nordspanischen Atlantikküste, indem sie eher der imposanten landschaftlichen Umgebung anzugehören scheinen als der direkt dahinter liegenden baskischen Stadt.

Das in eine kleine städtische Parklandschaft eingebettete Ensemble besteht aus einer künstlichen Plattform und den beiden darüber liegenden prismatischen Solitären, die sich leicht in verschiedene Richtungen neigen: Das größere Gebäude mit dem Auditorium stemmt sich scheinbar gegen das Meer, die Kongresshalle ist in Richtung der nahen Hügel geneigt. Während das 1850 Personen fassende Auditorium asymmetrisch in den mit 65 × 46 × 22 Metern größeren Körper eingefügt ist, liegt die Kongresshalle in dem mit 43 × 32 × 20 Metern kleineren Gebäude. In dem teilweise dreistöckigen Unterbau sind Nebenfunktionen wie Ausstellungs- und Versammlungsräume, ein Restaurant, Büros und Künstlergarderoben untergebracht. Sowohl der Sockelbereich als auch die beiden Säle sind in Stahlbeton ausgeführt, die transluzenten Hüllen dagegen bestehen aus einer mit Glas verkleideten Stahlkonstruktion. Die gläsernen Oberflächen schützen den Innenraum vor der salzhaltigen Luft und lassen die Prismen als geschlossene, durchschimmernde Körper bei Tag und als geheimnisvolle, faszinierende Leuchtkörper bei Nacht erscheinen. Gebogene und profilierte Verbundgläser bilden die äußere Bekleidung der Fassade. Die schmalen, 250 cm langen und 60 cm hohen Glaselemente verlaufen horizontal und werden von Aluminiumgussprofilen gehalten. Die planen, sandgestrahlten Glastafeln der inneren Bekleidung haben dasselbe Format. Ihre horizontal verlaufenden Halteleisten sind – korrespondierend mit der Zedernverkleidung der eingestellten Veranstaltungsräume – mit einem Holzprofil abgedeckt. Die vertikalen Fugen sind innen und außen mit Silikon versiegelt und treten kaum in Erscheinung. Die Tragkonstruktion zwischen diesen beiden Glasebenen, ein mächtiges Stahlskelett, ist jeweils an den Gebäudeschmalseiten leicht geneigt. Stege aus Gitterrosten sind zur Reinigung und Wartung der Fassadenelemente innerhalb der Stahlkonstruktion montiert. Der neutral gehaltene, lichte Raum, der sich zwischen den Außenhüllen und den eingestellten Sälen bildet, dient in beiden Baukörpern als Erschließungszone und großzügiges Foyer. Die Fassade ist nur punktuell von Fensteröffnungen durchbrochen, die, gezielt platziert, eindrucksvolle Ausblicke auf die umgebende bergige Landschaft und das Meer erlauben.

Lageplan
Maßstab 1:10000

Südansicht
Eingangsgeschoss
Maßstab 1:1500

1 Cafeteria
2 Auditorium
3 Kongresshalle
4 Mehrzweckräume
5 Bankett
6 Ausstellung

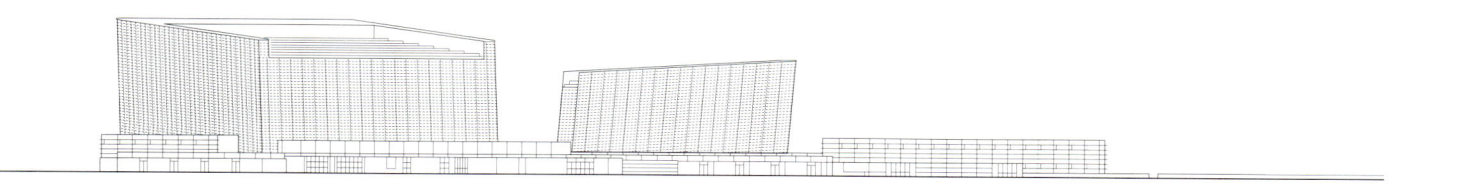

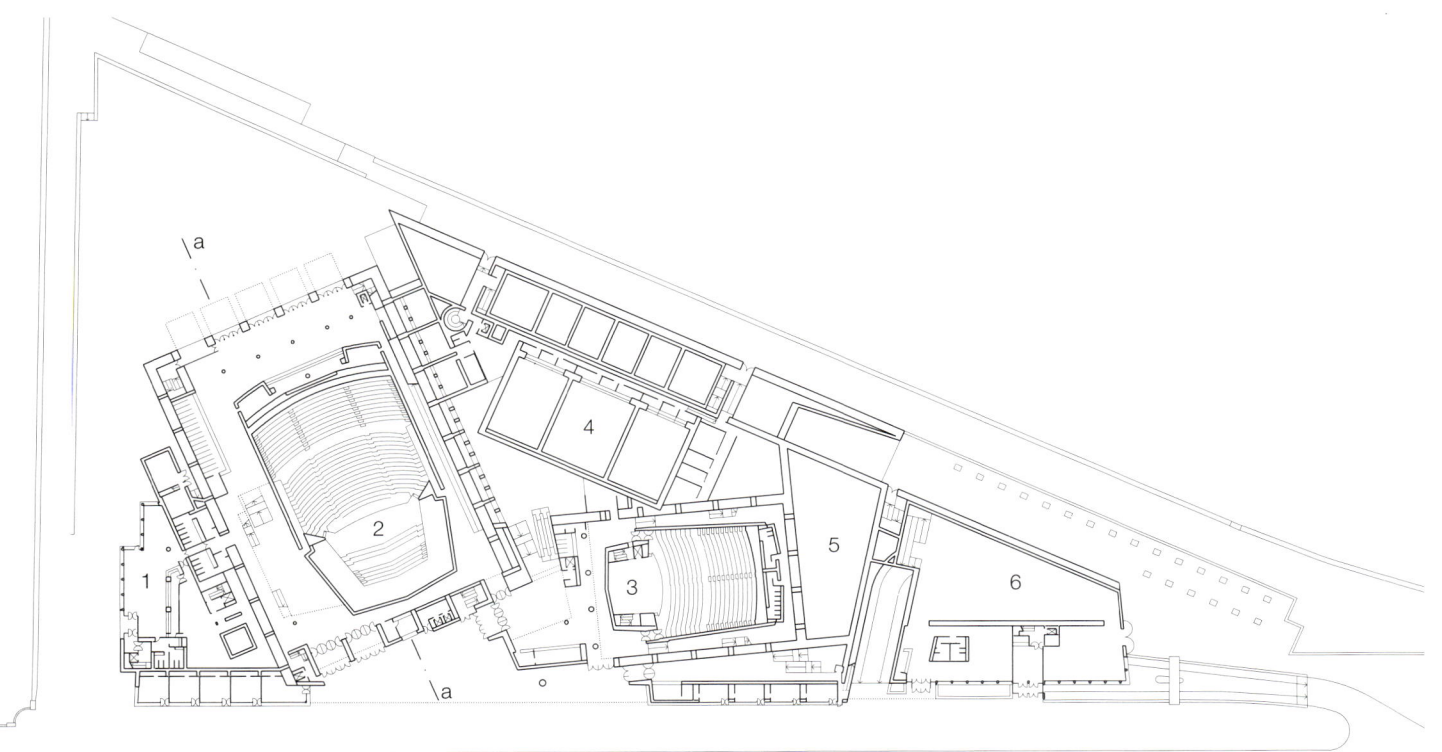

119

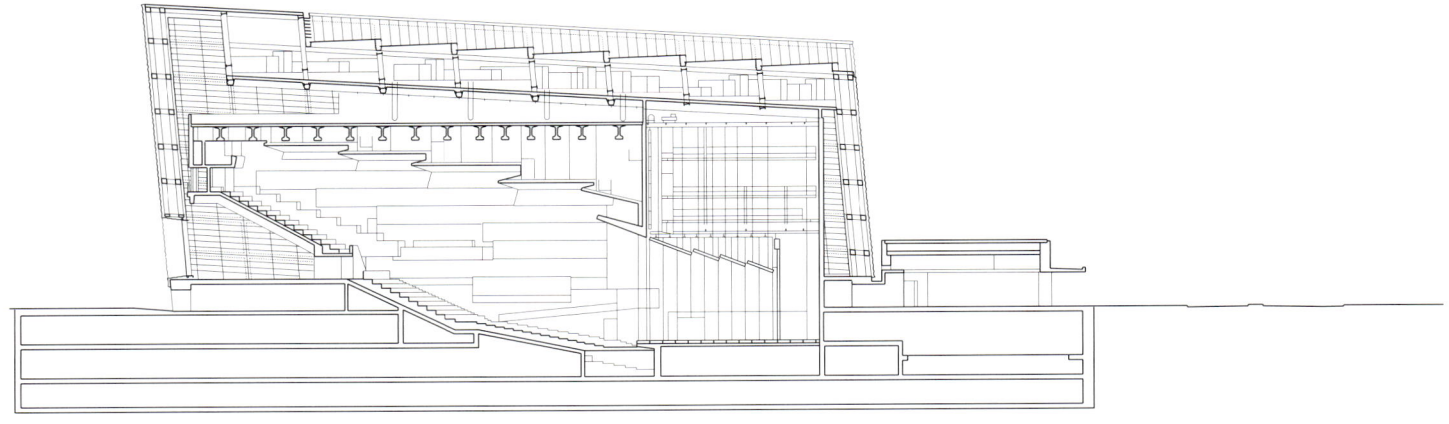

aa

Schnitt
Maßstab 1:750

Vertikalschnitt Fassade
Maßstab 1:20

1 Dachrand aus Aluminiumblech
  gekantet mit Dämmung
2 Dachpaneel wärmegedämmt
3 gebogene Glaselemente VSG
  2500 × 600 mm aus
  Profilglas transparent 4–5 mm und
  Floatglas sandgestrahlt 19 mm
4 Gitterrost Revisionsgang
5 Tragstruktur
  aus Stahlblechen, verschweißt
  mit Brandschutzbeschichtung
6 Fassadenpfosten
  Aluminiumprofil extrudiert 50/140 mm
7 Aluminiumprofil extrudiert
8 Sockelprofil
  Aluminium 30/250/330/10 mm
9 Sichtbetonsockel
10 VSG sandgestrahlt
  aus 2× Floatglas 6 mm
  Scheibengröße 2500 × 600 mm
11 Fassadenpfosten
  Aluminiumprofil extrudiert 50/100 mm
12 Glasleiste Aluminium
  mit Zedernholzabdeckung
13 Bekleidung
  Aluminiumprofil 20/40/500/5 mm
14 Zuschnitt seitliche Bekleidung
  an Glasbiegung angepasst
15 Innenzarge Zedernholz
16 Isolierverglasung aus 2× VSG 16 mm

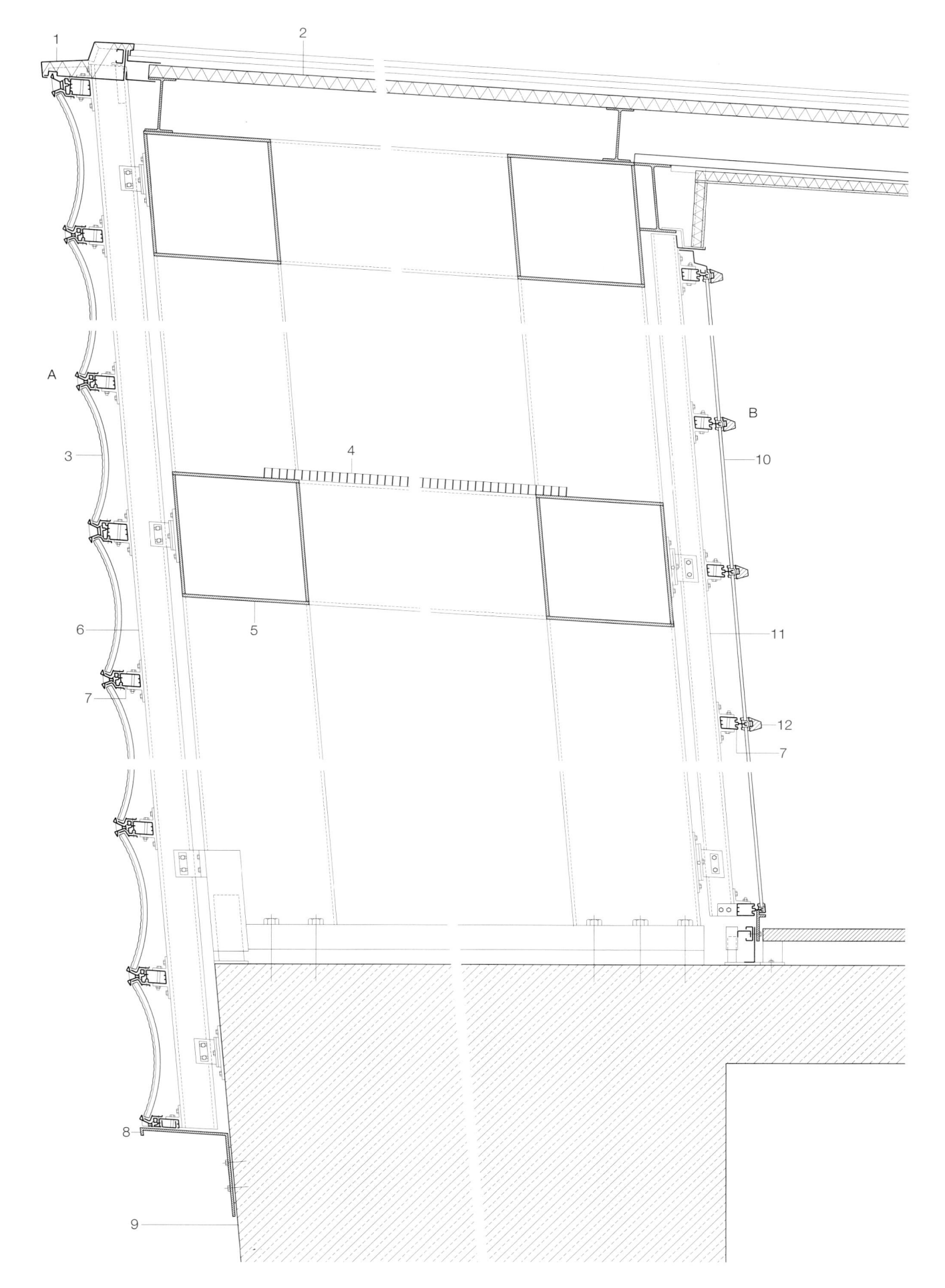

121

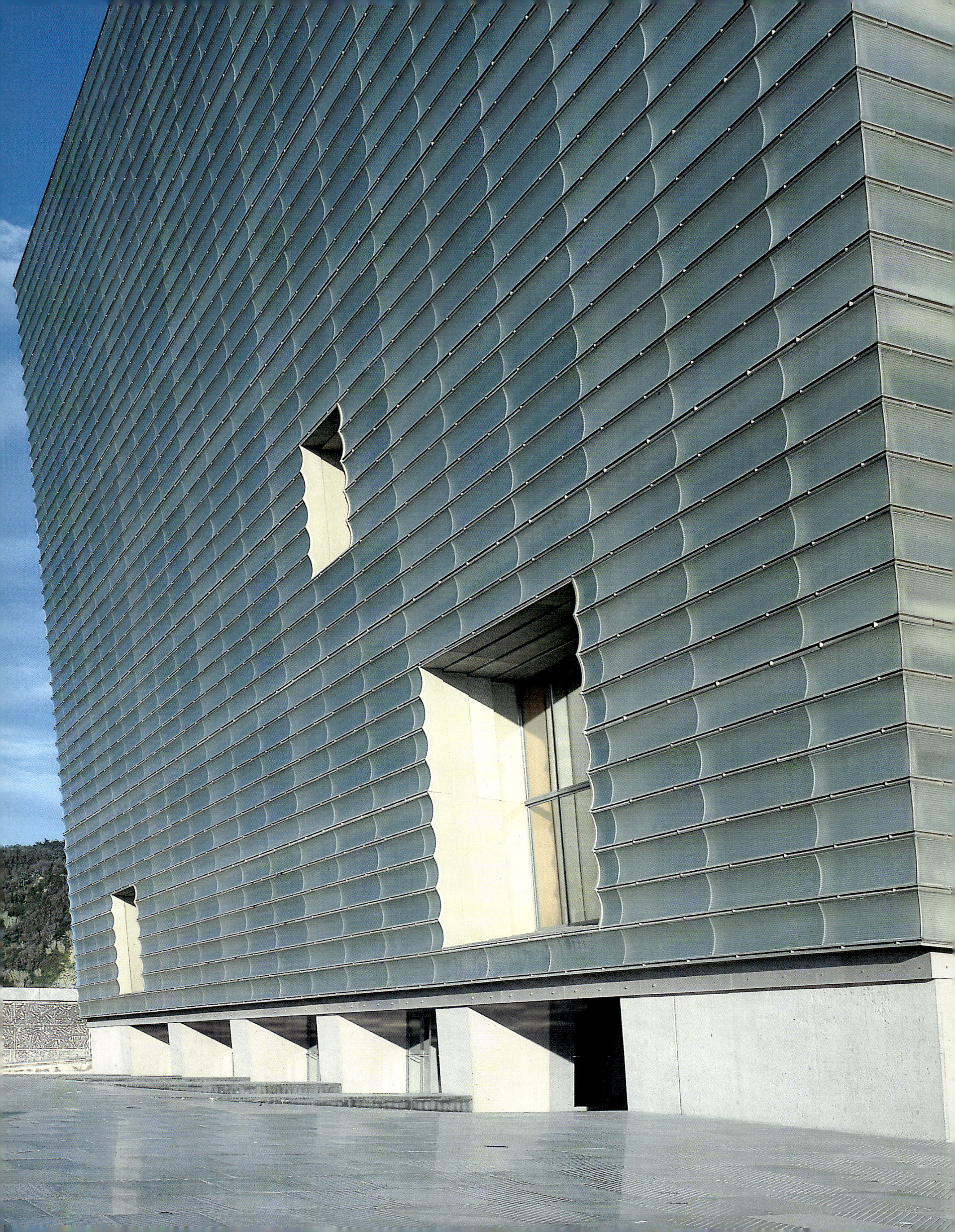

Vertikalschnitt Fenster
Maßstab 1:20

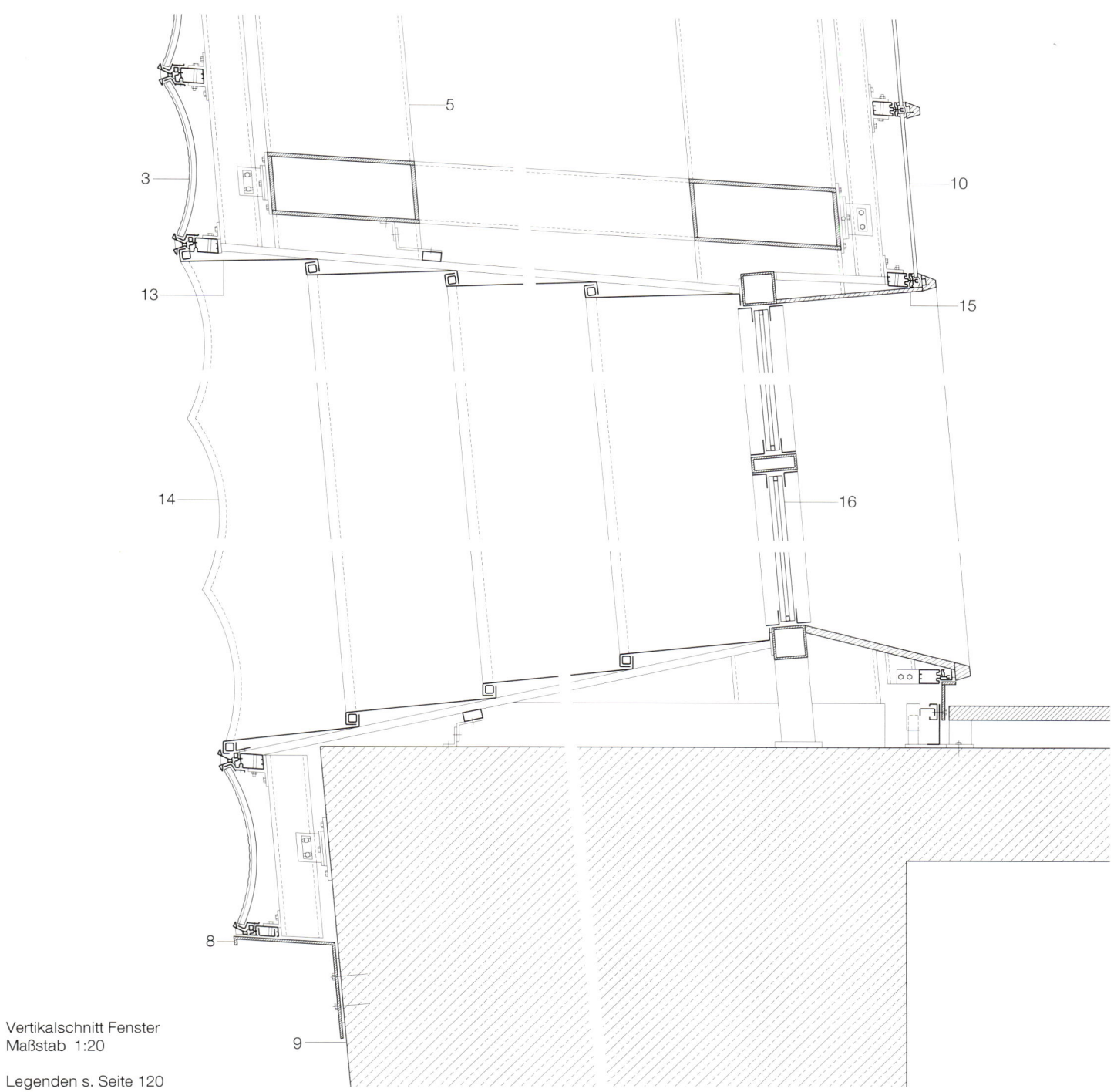

Legenden s. Seite 120

123

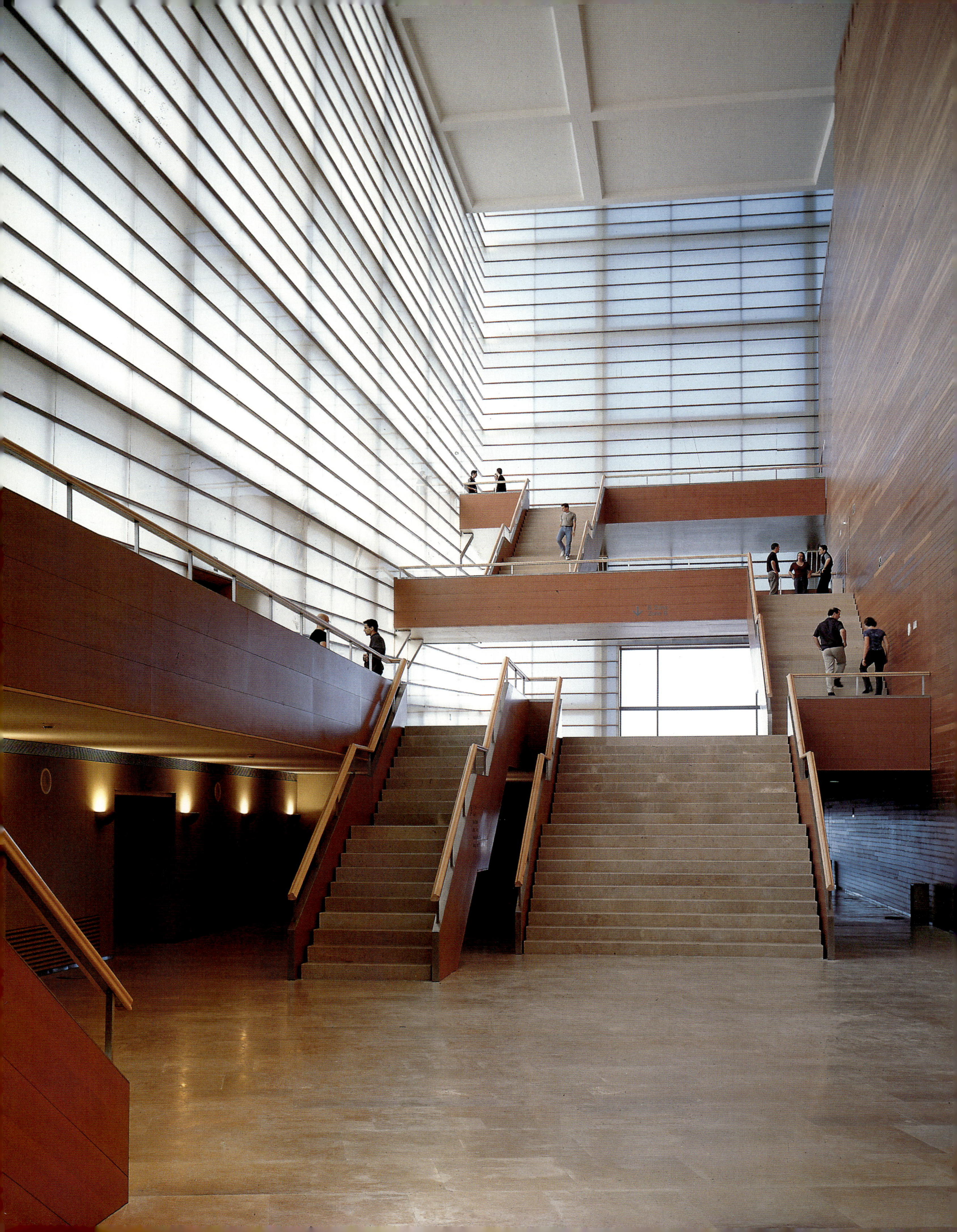

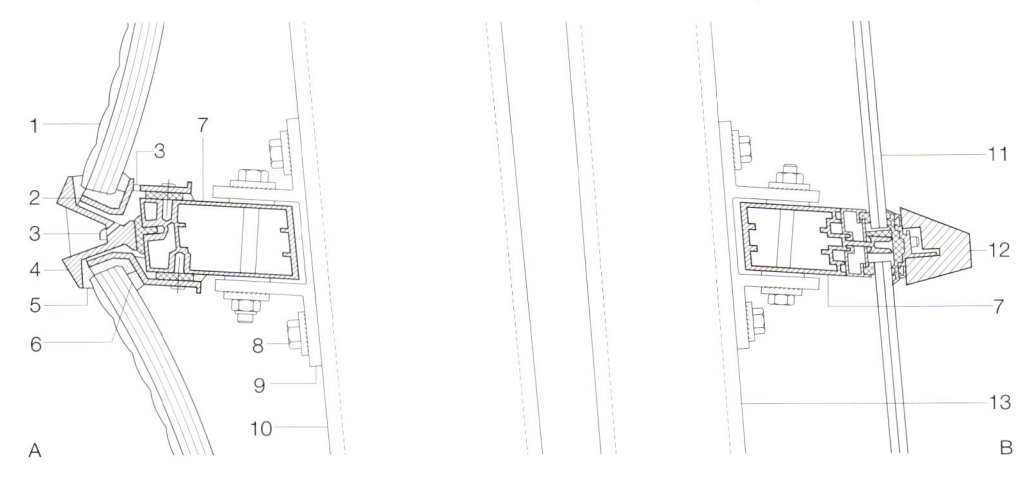

Details Glasbefestigung
Maßstab 1:5

1 gebogene Glaselemente VSG
 2500 × 600 mm aus
 Profilglas transparent 4–5 mm
 und Floatglas sandgestrahlt 19 mm
 vertikale Fugen mit Silikonversiegelung
2 Glashalteprofil Aluminium extrudiert
 mit Glas silikonverklebt
3 Bohrung für Drainage
 und Luftdruckausgleich
 mit Windschutz an außenseitiger Öffnung
4 Aluminiumgussprofil
5 Silikonversiegelung transluzent
6 Silikonversiegelung weiß
7 Aluminiumprofil extrudiert
8 Edelstahlschraubbolzen
 mit selbstsichernder Unterlagsscheibe
9 Verbindungselement Aluminium,
 dreidmensional verstellbar
10 Fassadenpfosten
 Aluminiumprofil, extrudiert 50/140 mm
11 VSG sandgestrahlt, aus
 2× Floatglas 6 mm
 Scheibengröße 2500 × 600 mm
12 Glasleiste Aluminium
 mit Zedernholzabdeckung
13 Fassadenpfosten
 Aluminiumprofil extrudiert 50/100 mm

# Museum Hiroshige Ando in Batoh

Architekten: Kengo Kuma and Associates, Tokio

Gleich einem Schleier umhüllen die Holzlamellen den lang gestreckten Baukörper. Die Bäume der Umgebung spiegeln sich in der Fassade und lassen die hinter den Zedernholzlatten liegenden Glasflächen erahnen. Die subtile Hülle zieht den Baukörper zusammen, ihr Spiel mit Transparenz, Licht und Material lässt Assoziationen zu dem Phänomen der Wolken entstehen – einer Anhäufung feinster Wassertropfen, die allein durch ihr verdichtetes Auftreten zu einer sichtbaren, aber sich ständig verändernden Erscheinung werden.

Das Museum ist dem Künstler Ando Hiroshige gewidmet, einem der berühmtesten japanischen Ukiyoe-Meister. Naturphänomene wie Licht, Wind, Regen und Nebel stellt er in abstrakter Form dar. Das Verfahren, solch veränderliche und komplexe Erscheinungen bildlich festzuhalten, wurde beim Entwurf des Gebäudes aufgegriffen. Inmitten der baumreichen Umgebung entsteht durch die dicht und gleichmäßig angeordneten einzelnen Hölzer die archetypische Form eines Hauses. Die Gestalt von umschlossenen Volumen innerhalb dieser durchlässigen Gebäudehülle ist nicht direkt fassbar, da sich die Raumgrenzen je nach Lichteinfall und -stimmung optisch unterschiedlich darstellen. Hinter der Konstruktion der auf Stahlprofilen offen verlegten Holzlamellen befinden sich rahmenlose Glasfelder, gedämmte Betonwände, Blechdächer, Glasoberlichter oder offene Durchgänge. Sonnenstand und Wetter folgend, ändert sich ständig das Maß an Transparenz und Farbigkeit, die Zedernholzhülle wird zum durchlässigen Filter. Auch im Inneren des Gebäudes wirkt trotz zahlreicher fest umschlossener Räume das Spiel mit Glasflächen, traditionellen Raumteilern aus Papier und massiven Wänden auf reizvolle Weise irritierend.

Grundriss    Maßstab 1:1000

1 Parkplatz
2 Restaurant
3 Laden
4 offener Durchgang
5 Zugang
6 Windfang
7 Halle
8 Übungsraum
9 Ausstellung
10 Büro
11 Konferenz
12 Maschinenraum

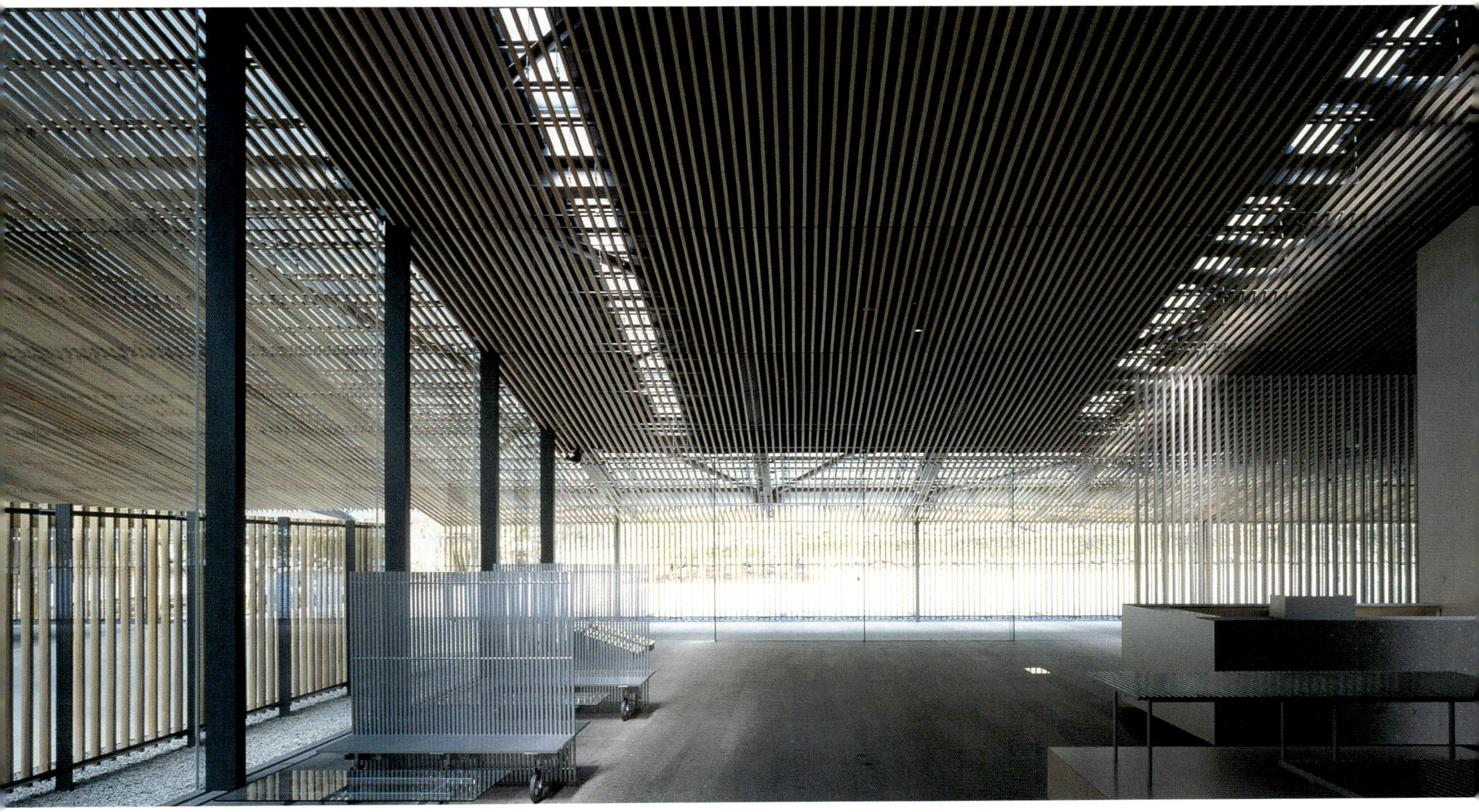

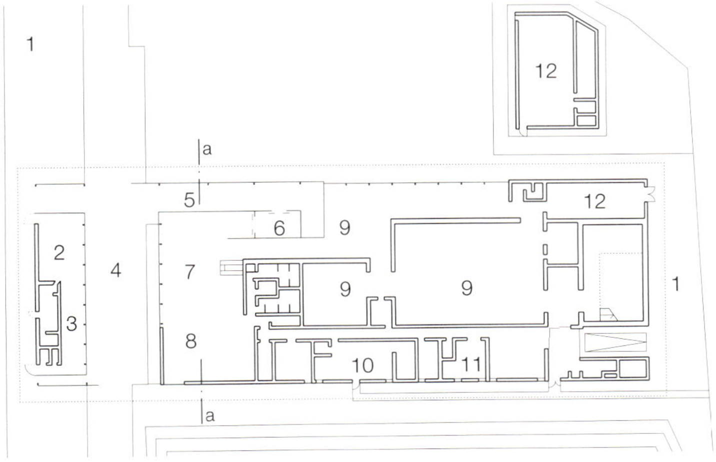
1
12
a
5
12
2
6
9
4
7
9
9
1
3
8
10
11
a

1 Stahlrohr verzinkt Ø 17,3 mm
2 Zedernholzlatten 30/60 mm
3 L-Profil Stahl
4 Stahlprofil L 50/70/6 mm
5 Dachträger Stahlprofil I 400/200/10 mm
6 Auflager Holzlatten Z-Profil Stahl
7 Gewindestange Ø 10 mm
8 Welldrahtglas auf Stahlprofilen verlegt
9 Querträger Stahlprofil I 400/200/10 mm
10 Oberlichtstreifen ESG
11 Firstverbindung Stahlsteg
12 Firstträger Stahlprofil I 160/80/5 mm
13 abgehängte Decke 30/60 mm Zedernholzlatten
14 Glashalterung Stahlwinkel
15 Glaswand ESG
16 Bodenschiene Stahlprofil
17 Natursteinplatten 1200/240 mm
18 Flachstahl verzinkt ▱ 10/40 mm
19 Stahlrohr ▱ 200 mm
20 Dachaufbau:
Zedernholzlatten 30/60 mm
auf Stahlprofilen
Stehfalz-Blechdach verzinkt
Bitumendachbahn
Hartschaumdämmplatten 35 mm
20 mm Hartholzfaserplatte zementgebunden
21 Wandaufbau:
Zedernholzlatten 30/60 mm
auf Stahlprofilen
Stehfalz-Blechelemente verzinkt
Bitumendichtungsbahn
Hartschaumdämmung 30 mm
18 mm Hartholzfaserplatte zementgebunden
Stahlbetonwand 200 mm
Gipskartonplatten gestrichen

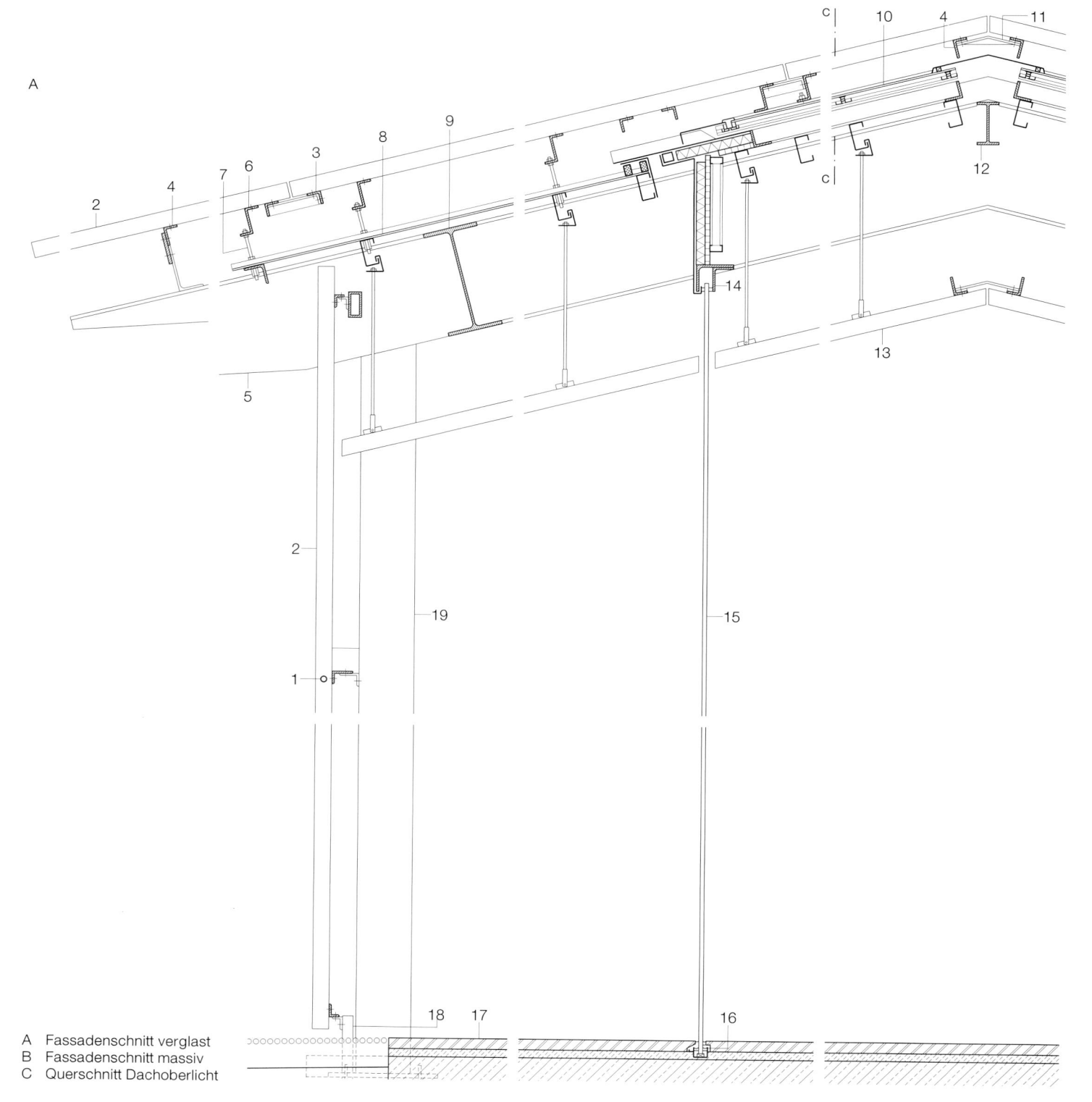

A Fassadenschnitt verglast
B Fassadenschnitt massiv
C Querschnitt Dachoberlicht

C  20    10

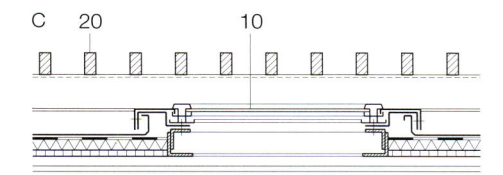

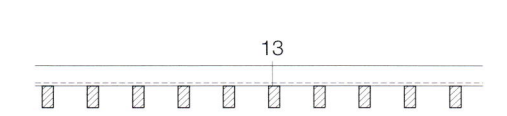

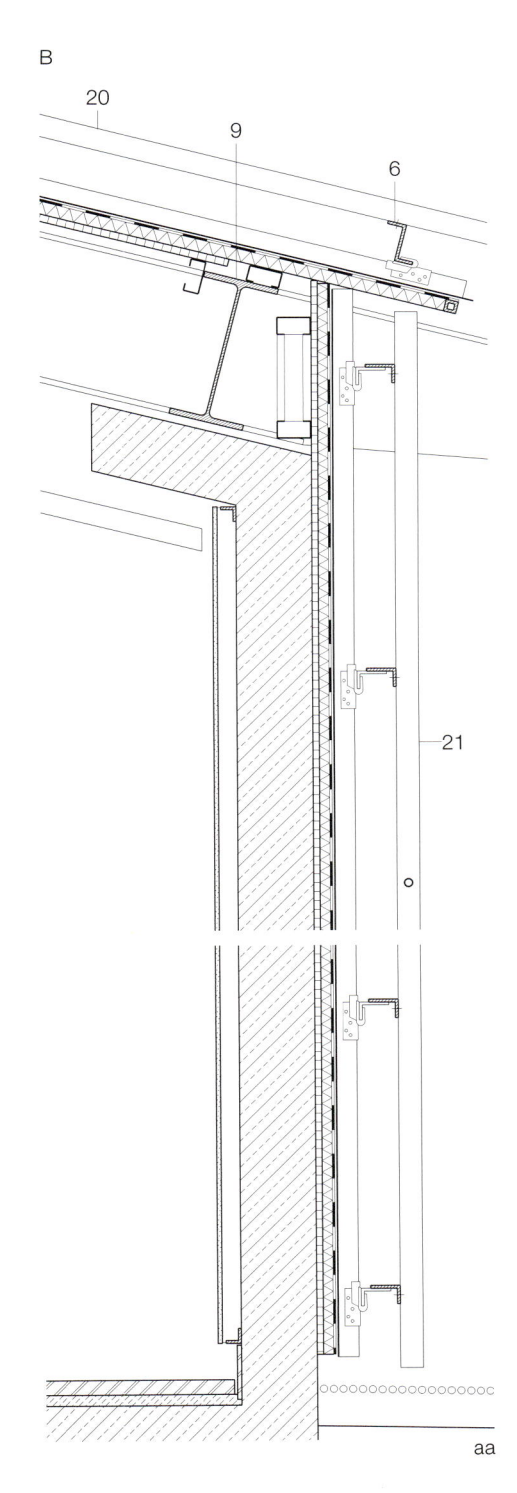

         13



B
  20
         9
              6












              21




         aa

129

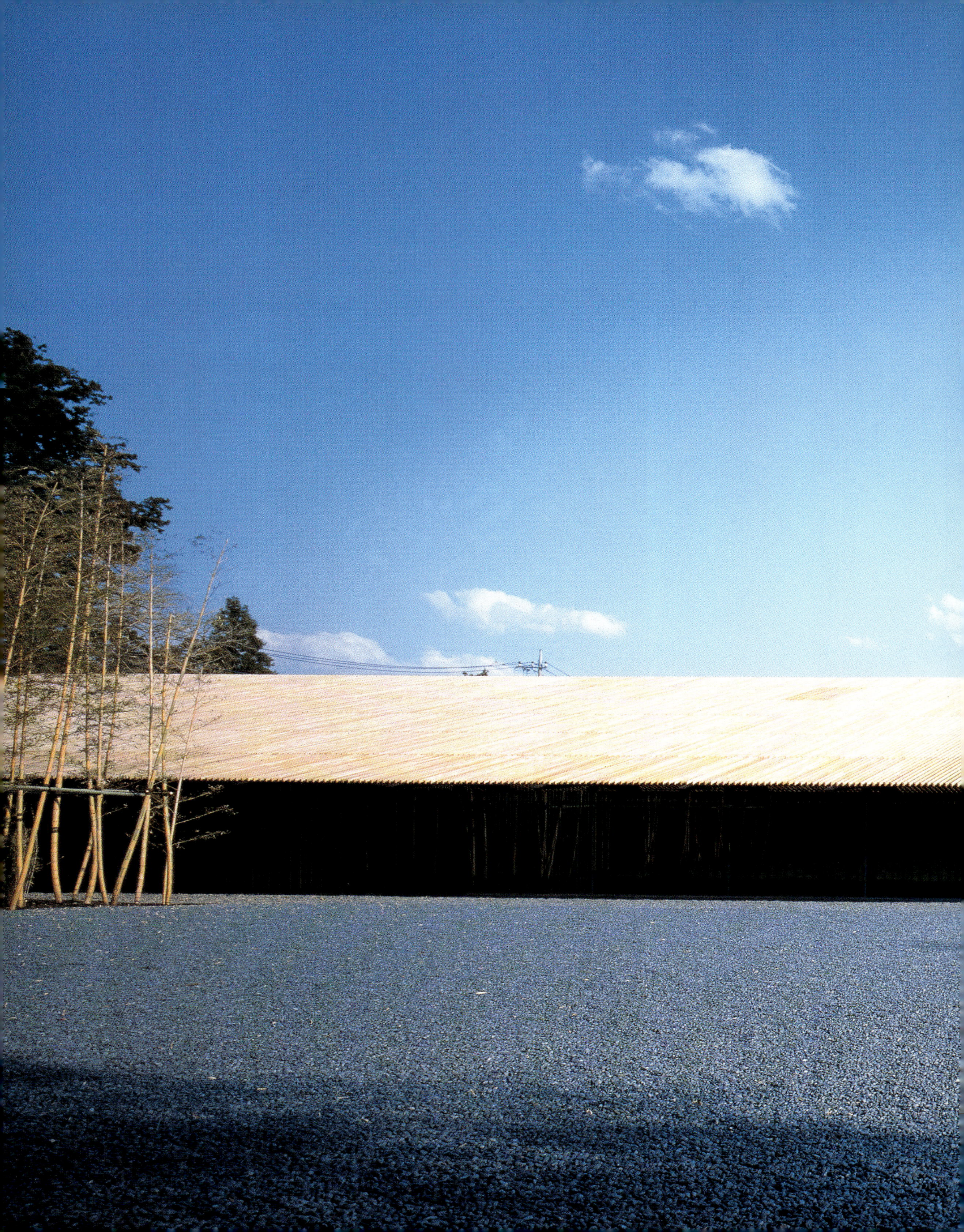

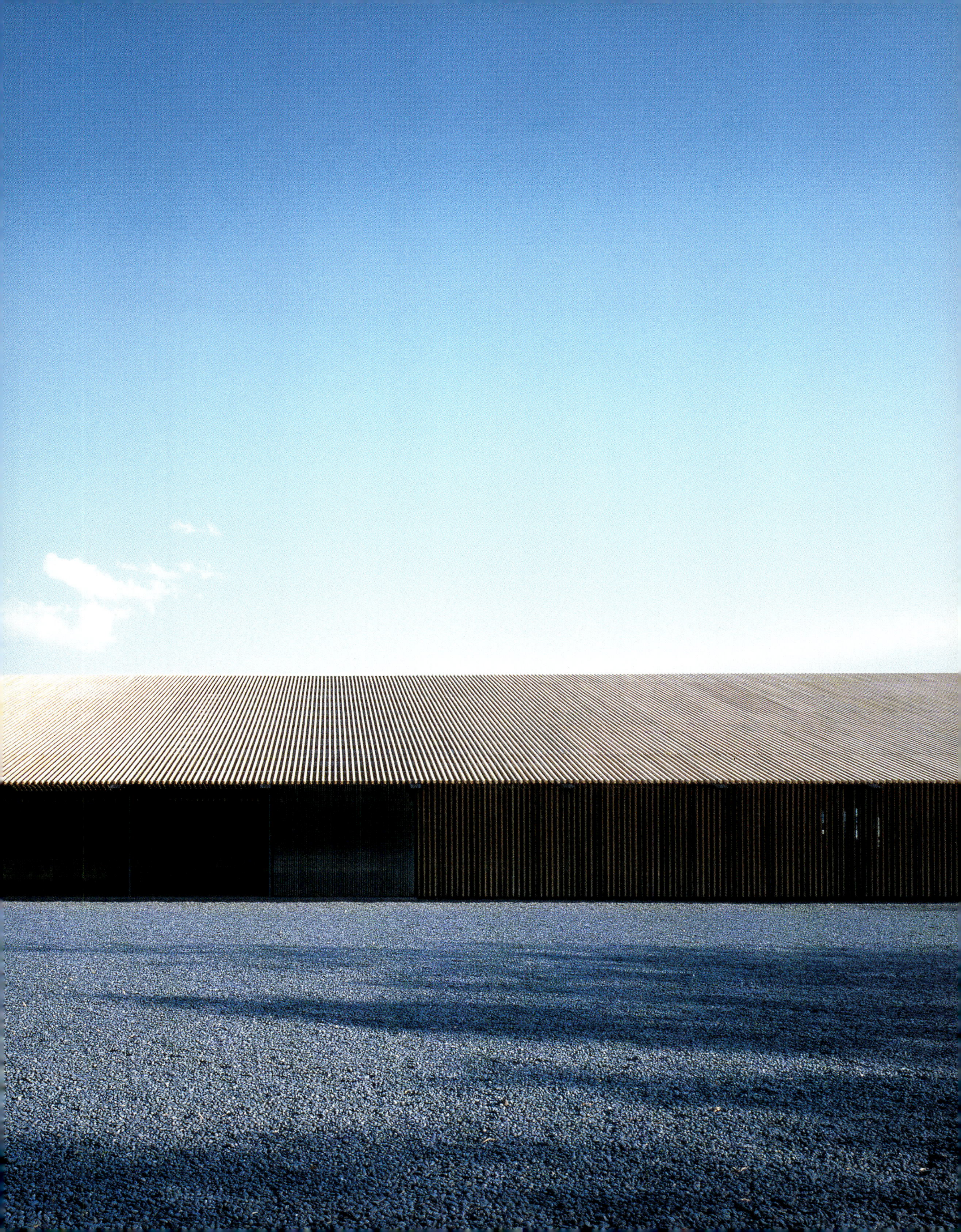

# Radsporthalle in Berlin

Architekten: Dominique Perrault, Paris
Reichert, Pranschke, Maluche, München
Schmidt-Schicketanz und Partner, München

Zwischen den Berliner Stadtteilen Friedrichshain und Prenzlauer Berg liegt der Komplex einer Rad- und Schwimmsporthalle. Beide Sportanlagen sind in einer Parklandschaft versenkt, ihre frei tragenden Stahldächer liegen wie Seen zwischen den 450 neu gepflanzten Apfelbäumen. Die dreigeschossigen, 17 m tief abgesenkten Baukörper ragen knapp einen Meter über das eigentliche Geländeniveau; sie gehören zu einem weitläufigen unterirdischen Sportkomplex, in dem ein weiteres Hallenbad, eine Sport- und eine Mehrzweckhalle sowie sämtliche Nebenräume untergebracht sind.
Die Gebäudehülle der Rad-Arena besteht aus einem kreisrunden Stahldach mit einem Durchmesser von 142 Metern und ist aus 48 radial angeordneten Fachwerkträgern konstruiert. Zusammen mit den aussteifenden Ringträgern formt die Stahlkonstruktion ein gewaltiges Rad, das an seinem Hauptringträger von 16 Betonstützen getragen wird. Die gesamte Dachfläche sowie der durch die Tragwerkshöhe definierte Bereich der Fassade sind einheitlich mit einem Metallgewebe bekleidet. Die Matten sind auf einer vorfabrizierten Unterkonstruktion aus L-Profilen und Flachstählen verschraubt, wobei die horizontal verlaufenden Matten über Federn auch untereinander verbunden sind, die zu Wartungs- und Reinigungsarbeiten gelöst werden können.
Bei Sonneneinstrahlung entstehen auf dem Geflecht aus Edelstahl durch die starke Reflexion des einfallenden Lichts außergewöhnliche Effekte. Die Dachdichtungsbahnen in der Horizontalen und die Fassadenpaneele in der Vertikalen schimmern je nach Blickwinkel als dunkler, kaum wahrnehmbarer Untergrund durch das Stahlgewebe hindurch.

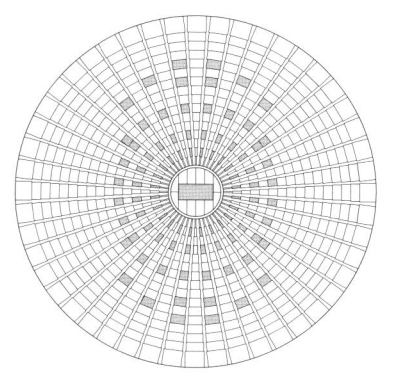

Dachaufsicht
Längsschnitt Rad- und Schwimmsporthalle
Grundriss Gartenebene
Maßstab 1:3000

1 Radsporthalle
2 Schwimmsporthalle
3 Foyer
4 Bürotrakt
5 Dreifachsporthalle
6 Mehrzweckhalle
7 Sportlerbereich
8 Schwimmbecken
9 Garage

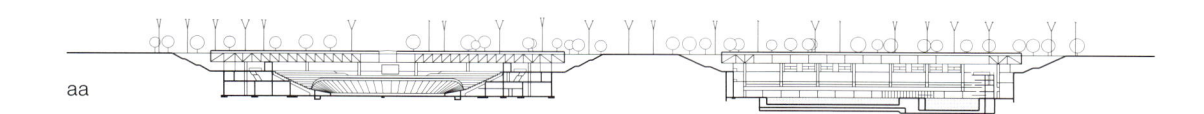

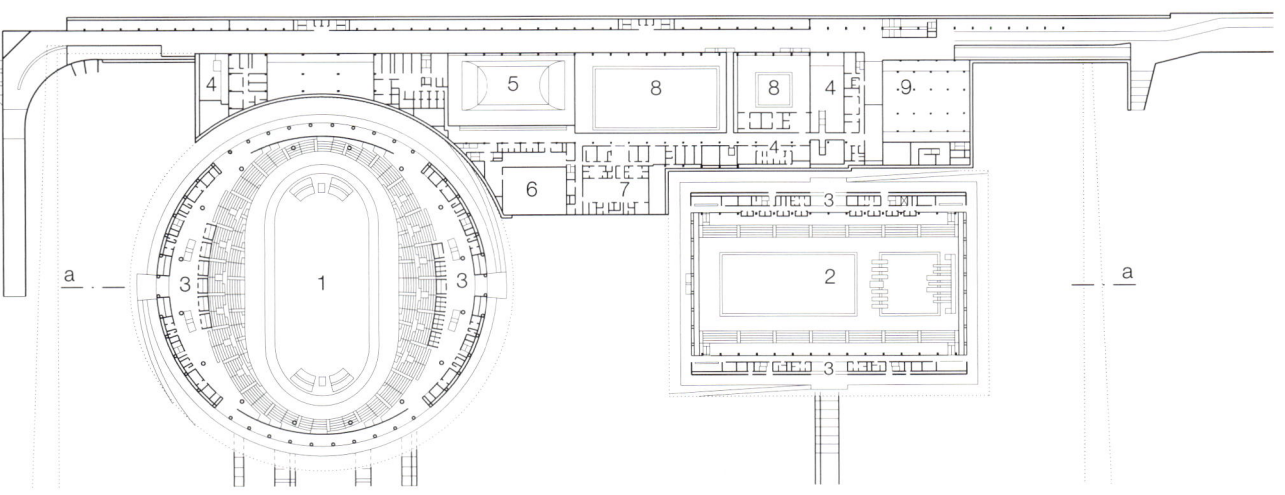

aa

133

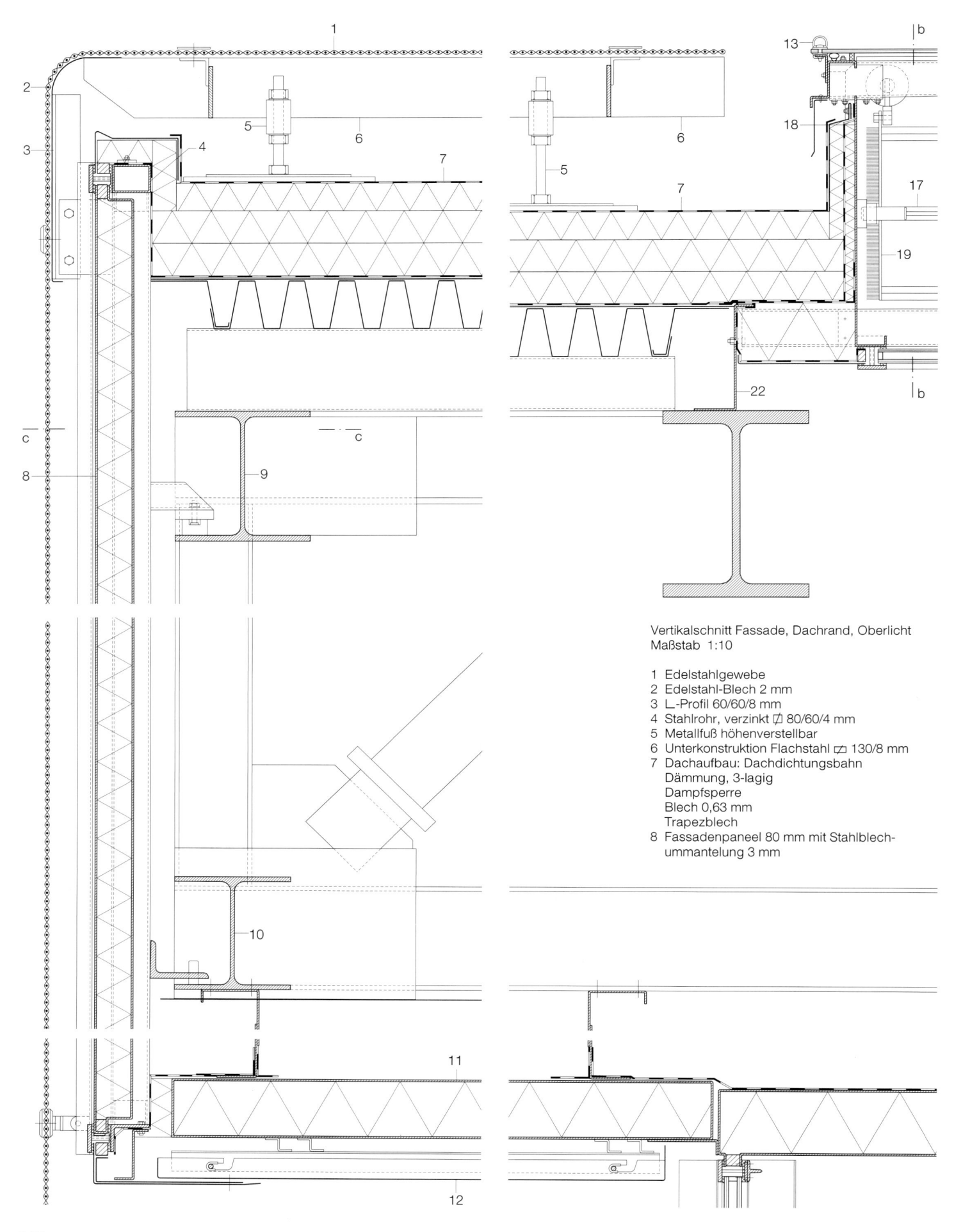

Vertikalschnitt Fassade, Dachrand, Oberlicht
Maßstab 1:10

1 Edelstahlgewebe
2 Edelstahl-Blech 2 mm
3 L-Profil 60/60/8 mm
4 Stahlrohr, verzinkt ⌷ 80/60/4 mm
5 Metallfuß höhenverstellbar
6 Unterkonstruktion Flachstahl ⌷ 130/8 mm
7 Dachaufbau: Dachdichtungsbahn
   Dämmung, 3-lagig
   Dampfsperre
   Blech 0,63 mm
   Trapezblech
8 Fassadenpaneel 80 mm mit Stahlblech-
   ummantelung 3 mm

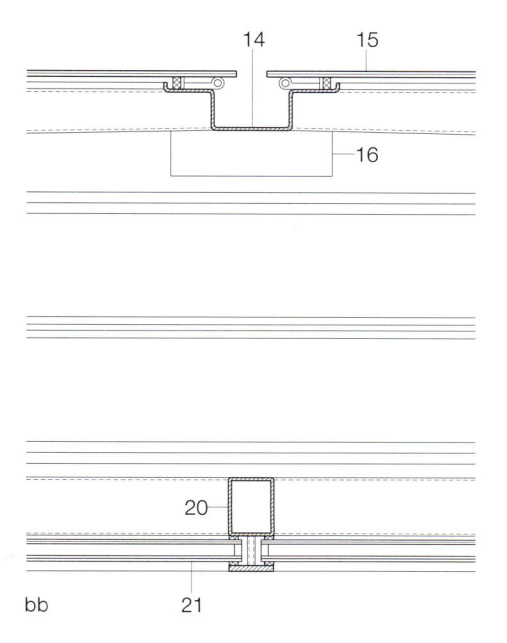

9 Obergurt, HEA 280
10 Untergurt, HEA 240
11 Kassette 120 mm bandverzinkt,
   kunststoffbeschichtet
12 abgehängte Decke
13 Drehverschluss
14 Rinne Stahlblech 3 mm, Gefälle 2%
15 Einfachverglasung VSG aus TVG 8 mm
16 2× Flachstahl 60/10 mm
17 Sonnenschutzlamelle
18 Zarge Stahlblech 3 mm
19 Bürstendichtung
20 Stahlrohr ⌑ 80/60/3 mm
21 Isolierverglasung,
   unterseitige Scheibe VSG 8 mm
22 Zarge Stahlblech 4 mm

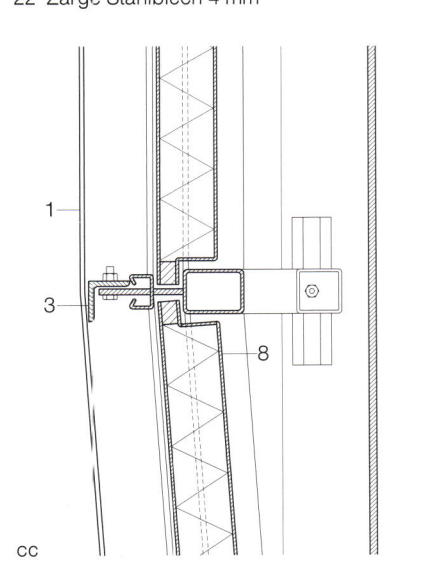

Auflager Metallgewebe
Aufsicht • ‚Querschnitt
Maßstab 1:5

1 Edelstahlgewebe
2 Flachstahl 110/30/2 mm
  mit Zugfeder Ø 2,8 mm
3 Stahlrohr Ø 38/7,1 mm
4 Gewindestange
5 Grundplatte, Flachstahl 600/300/5 mm
6 Bauschutzmatte 400/700/10 mm
7 Flachstahl 110/8 mm
8 Flachstahl 130/8 mm
9 Stahlwinkel 60/60/6 mm
10 Edelstahlscheibe Ø 84,3 mm
   mit 9 verschraubt

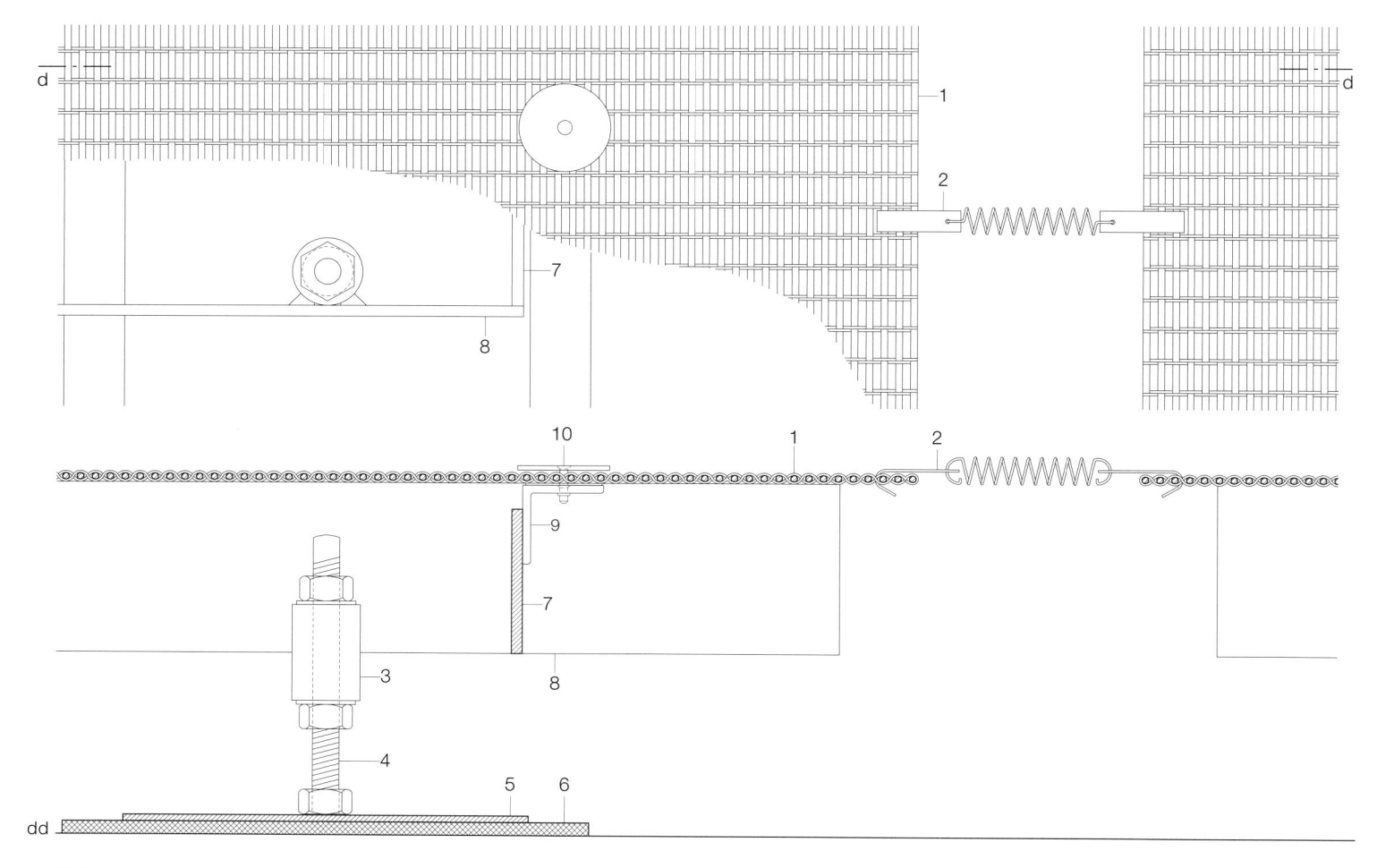

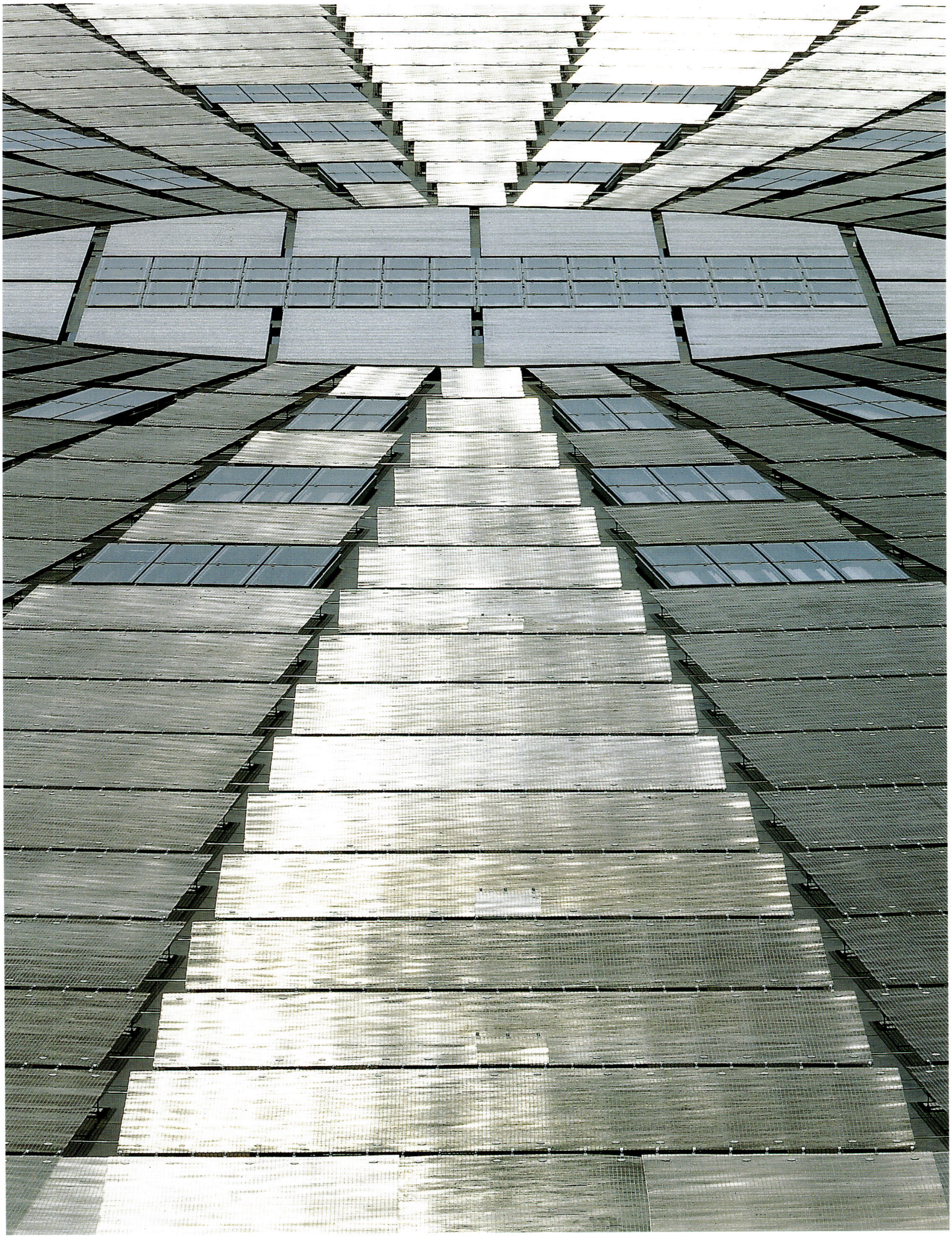

## Werkhalle in Bobingen

Architekten: Florian Nagler Architekten, München

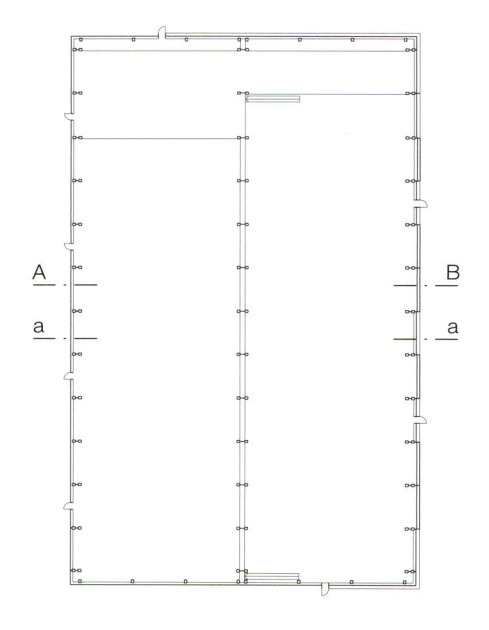

Auf dem uneinheitlich bebauten Gelände eines holzverarbeitenden Unternehmens entstand diese Halle: ein einfacher rechteckiger Kubus, 43 auf 76 Meter groß, gut 10 Meter hoch, zweischiffig, mit zwei parallel laufenden Kranbahnen. Seine Identität erhält das Gebäude durch die schlichte Raffinesse der Gestaltung. Mit ganz einfachen Mitteln gelingt ein nobles Bauwerk.
Im Achsabstand von sechs Metern sind BSH-Stützen in Form von Vierendeelträgern angeordnet. Ihre verhältnismäßig große Breite und die Einspannung beider Gurte über Stahlbleche im Fundament optimieren die Queraussteifung. Der höhere Gurt der Außenstützen trägt die Dachkonstruktion, der niedrigere, innere Gurt die Kranbahnschiene. Zwischen den Gurten der Innenstützen – auch hier tragen sie die Kranbahn – ist ein Laufsteg integriert. Sie nehmen die Dachlasten über einen Fachwerkbinder auf. Schlanke, im Abstand von zwei Metern lamellenförmig angeordnete BSH-Binder sind die einzige Trägerlage für die 40 mm starke Dachschalung. Stahlkreuze in den Längsfassaden, Dreischichtplatten als Dachschalung in Teilbereichen, die Längsträger sowie auch die Kranbahnschienen übernehmen die Längsaussteifung.
Diese Tragkonstruktion ist mit einer Haut aus geschosshohen, transluzenten Polycarbonat-Doppelstegplatten umschlossen. Das allseits diffus einfallende Tageslicht gibt der Halle eine angenehme Helligkeit. Die senkrecht angeordneten, gebäudehohen Platten – durch Nut und Feder miteinander verbunden – sind am Fußpunkt fest eingespannt, oben lose gefasst, um thermische Längenänderungen zu ermöglichen. Von außen unsichtbar sind die Platten mit Metallprofilen an schmale, mit Stahlstäben abgehängte Fassadenriegel geklammert. Die Vielzahl der teilweise auch direkt nebeneinander angeordneten Tore war Anlass für die senkrechte Schiebekonstruktion. Über die Tore, die Notausgänge und die Rauchabzugsöffnungen in der Decke kann die Halle be- und entlüftet werden. Zusätzlich beugt die hohe Speicherkapazität der Bodenplatte aus flügelgeglättetem Stahlfaserbeton einer Überhitzung der Halle im Sommer vor.
Die Fassade des Gebäudes stellt sich je nach Blickrichtung und Lichtverhältnissen unterschiedlich dar. Von der Seite gesehen erscheint sie flächig glänzend, bei frontaler Ansicht zeichnet sich eine zarte, filigrane Struktur ab. Nachts wird die Halle zum Leuchtkörper.

Grundriss
Maßstab 1:1000

Schnitt
Maßstab 1:400

Axonometrie
des Tragwerks

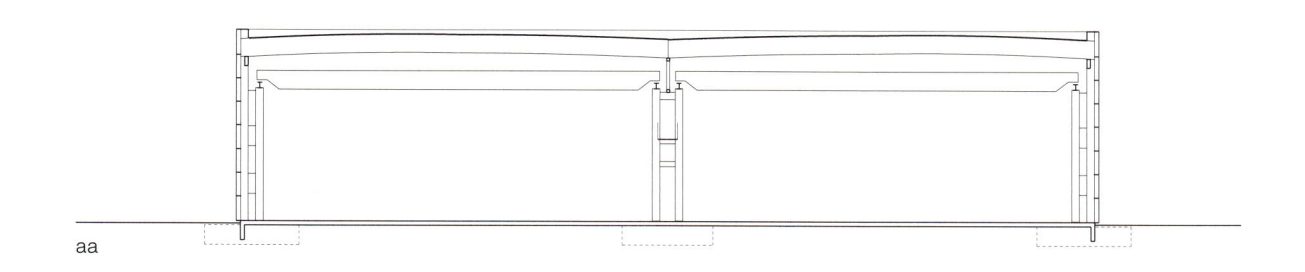

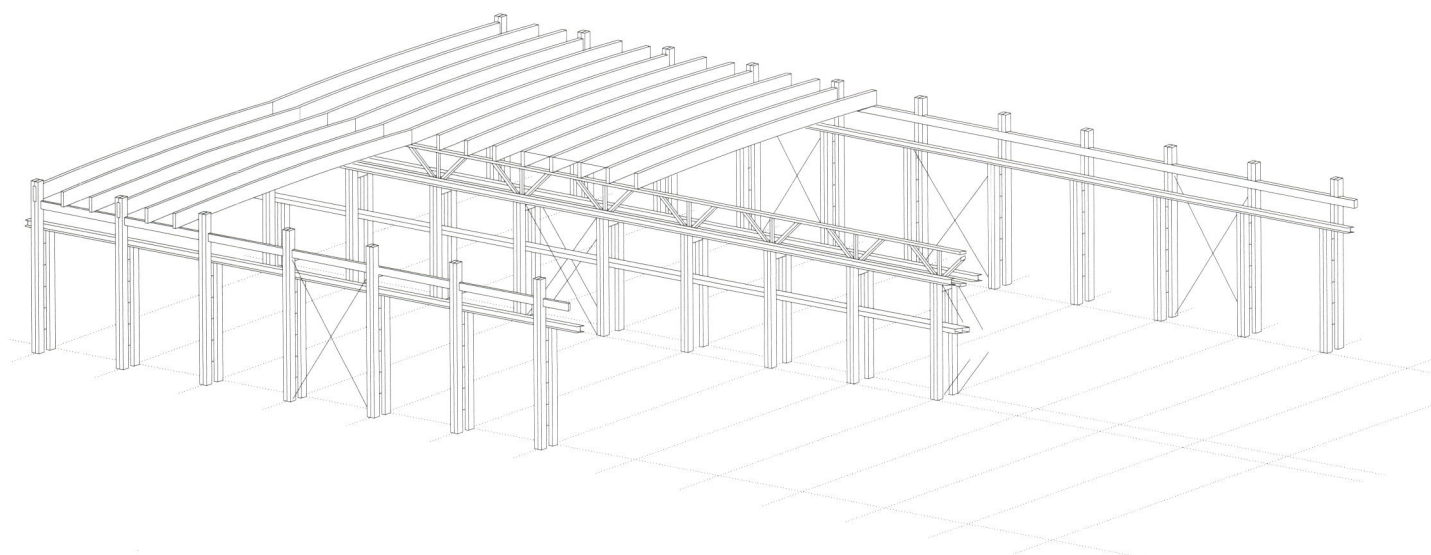

aa

139

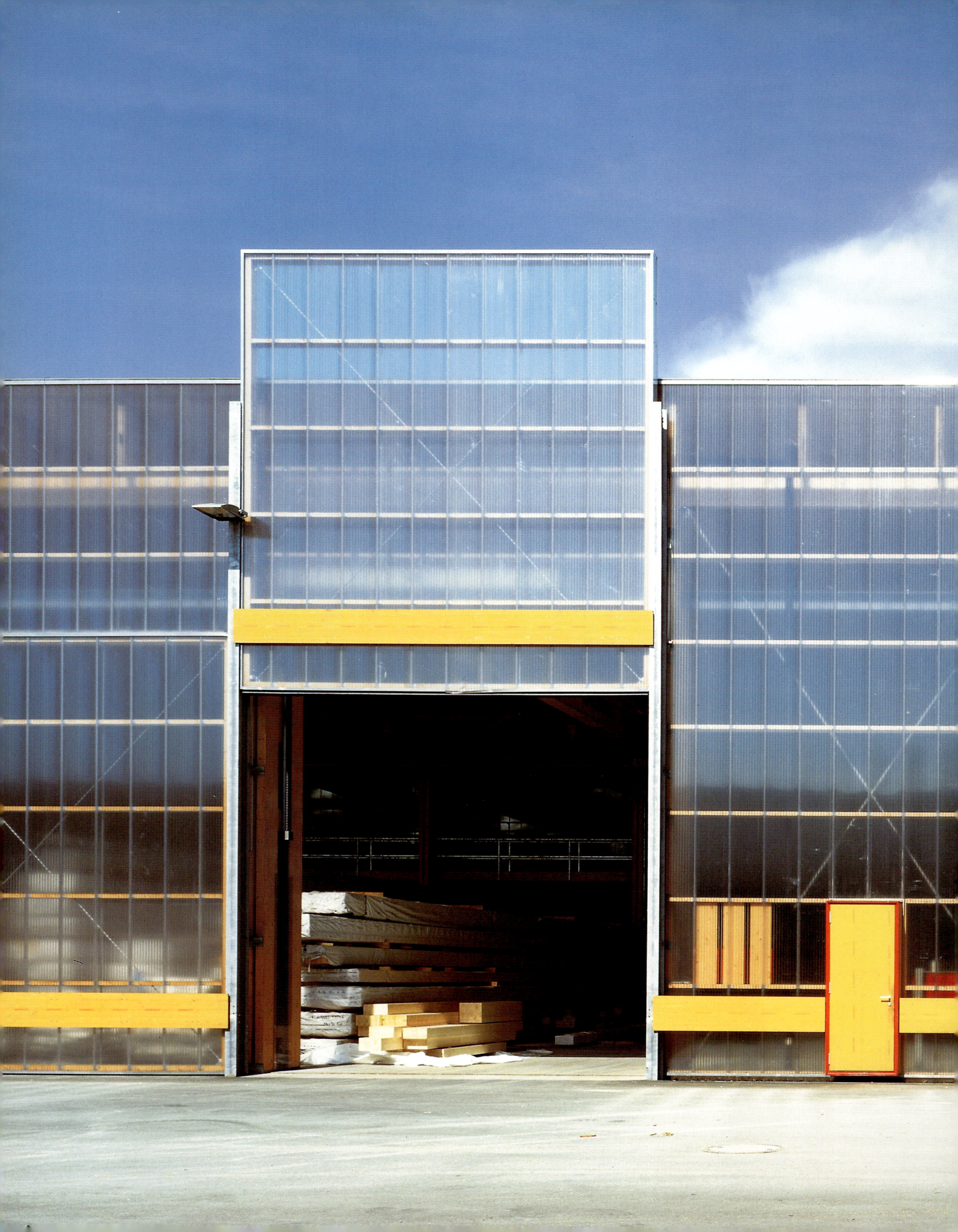

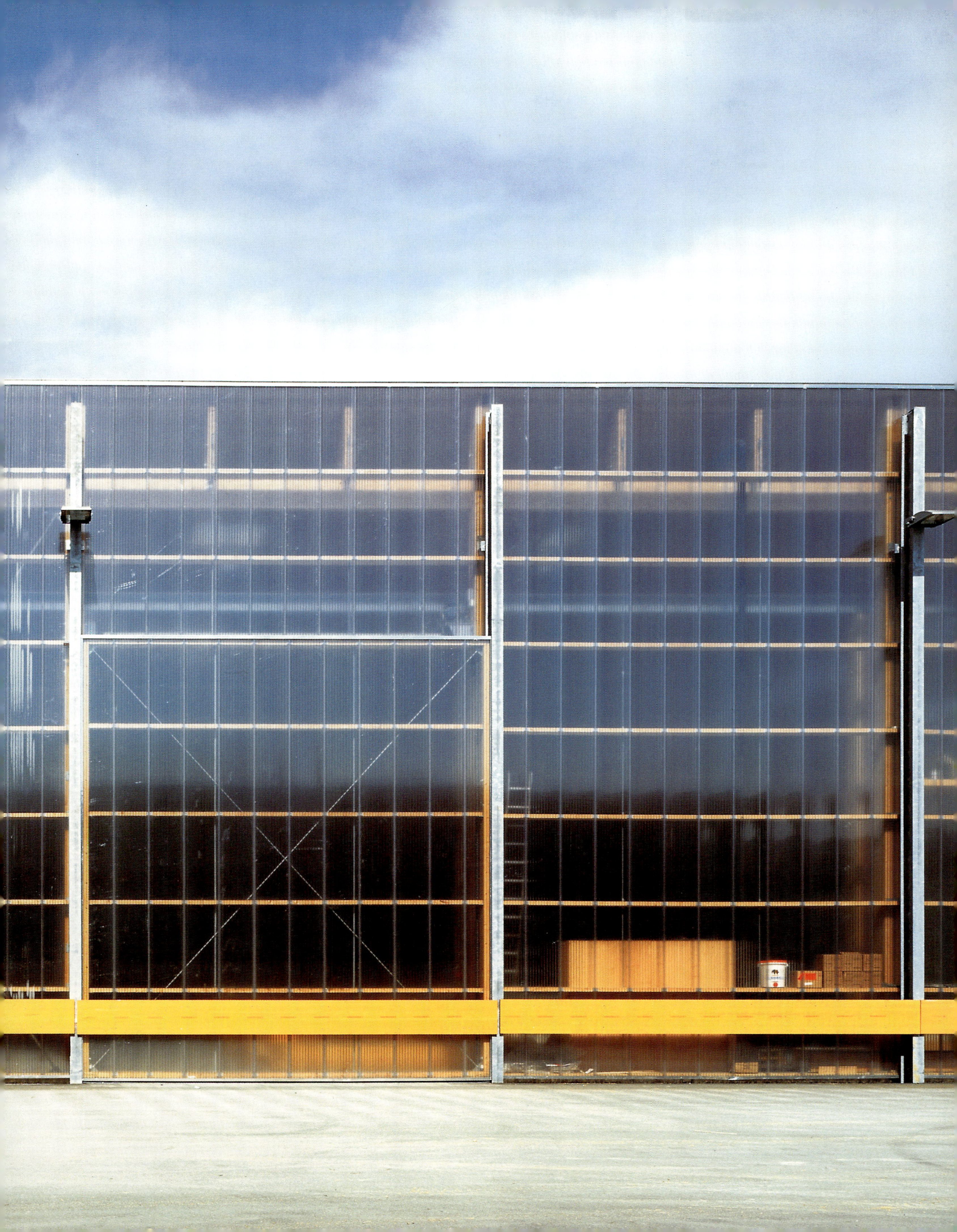

A

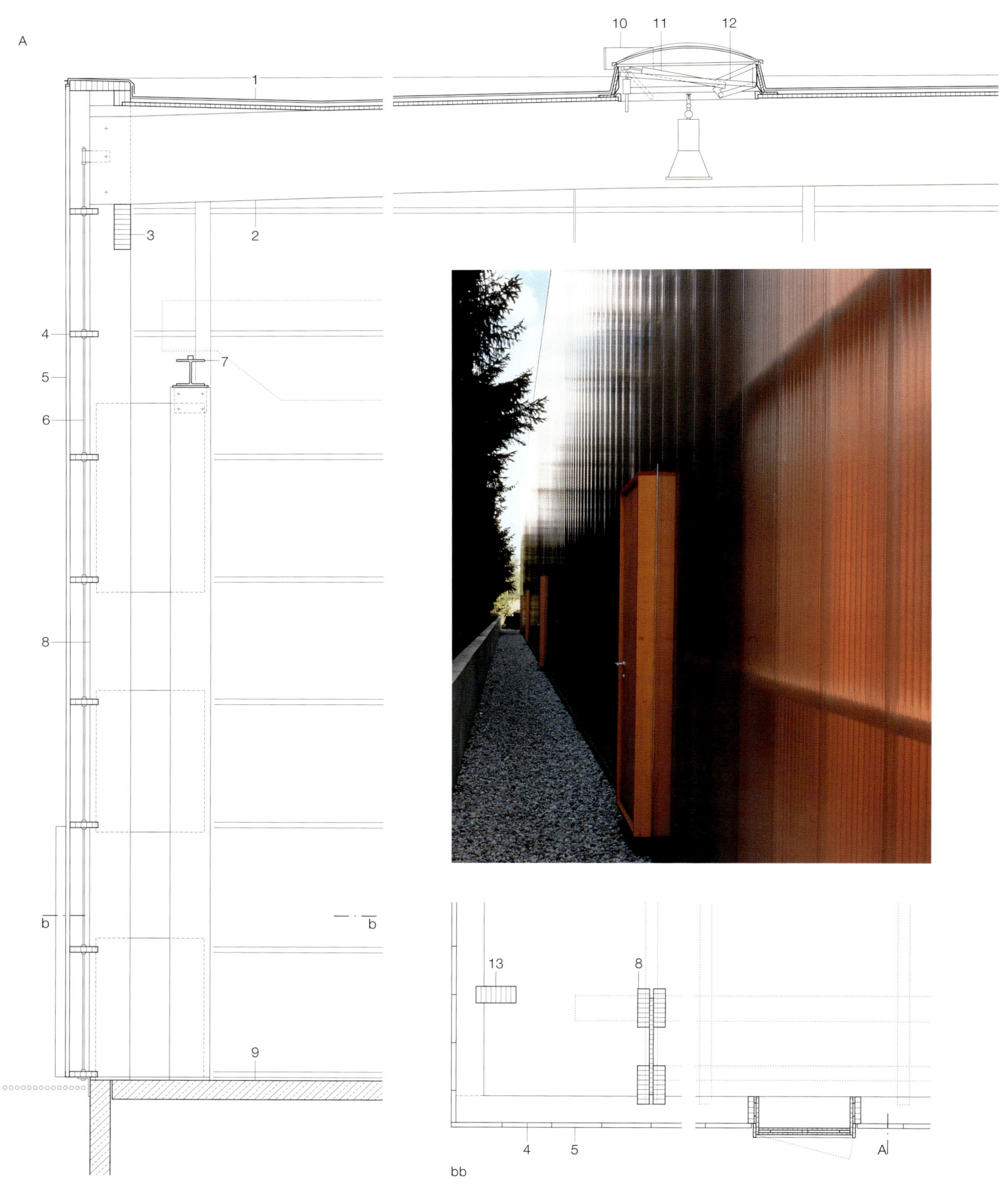

1
2
3
4
5
6
7
8
9
10 11 12
13
8
4 5
b b
bb
A

142

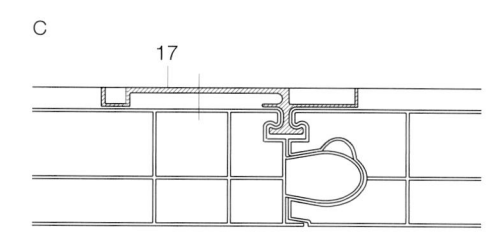

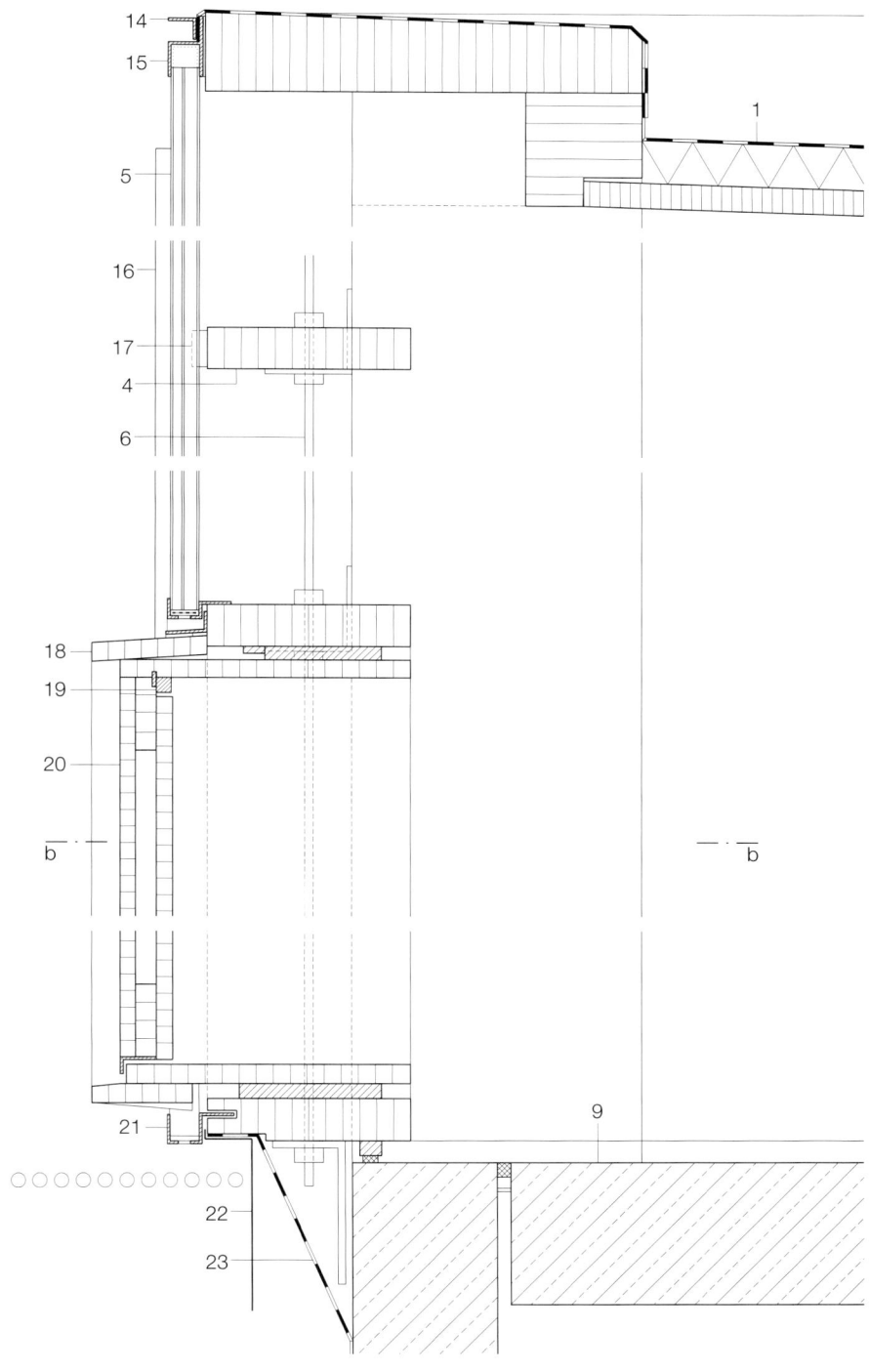

Vertikalschnitt • Horizontalschnitt
Maßstab 1:50
Details Vertikal- und Horizontalschnitt
Maßstab 1:10
Detail Stoß der Polycarbonat-Elemente
Maßstab 1:2,5

1 Dachaufbau:
  EPDM-Kautschukbahn 1,3 mm
  Dämmung Mineralwolle 50 mm
  Schalung Holzdielen 35 mm, in Teilbereichen
  Dreischichtplatten 40 mm (Windverband)
2 Dachbinder BSH Fichte 120/920 mm
3 Längsträger BSH Fichte 160/480 mm
4 Riegel BSH Fichte 60/280 mm
5 Polycarbonat-Doppelstegplatten 40/500 mm,
  gebäudehoch, U-Wert 1,65 W/m²K
6 Stahlstab Ø 12 mm
7 Kranbahnschiene
8 Stütze BSH 2× 2× 120/400 mm
  verbunden über Dreischichtplatten 40 mm
9 Bodenplatte Stahlfaserbeton 200 mm, geglättet
10 Windleitwand
11 $CO_2$-Druckkolben
12 Scherengestänge
13 Fassadenpfosten BSH 160/400 mm
14 Aluminiumprofil L 30/50/5 mm
15 Aluminiumblech gekantet, pressblank 2 mm
16 Polycarbonat-Massivprofil 18/18 mm,
   vernietet, Stöße von 16 und 24 versetzt
17 Soganker Aluminium, pressblank
18 Dreischichtplatte 27 mm
19 Anschlagleiste 21/21 mm
20 Türblatt: Dreischichtplatte 21 mm
   beidseits von verleimter Mittellage 28 mm
21 Sockelprofil Aluminium pressblank
22 Sockelblech Aluminium gekantet 2 mm
23 Anschlussfolie an Bitumenschweißbahn
24 Polycarbonat-Winkel 80/80 mm an 5 genietet
25 Beilagscheibe

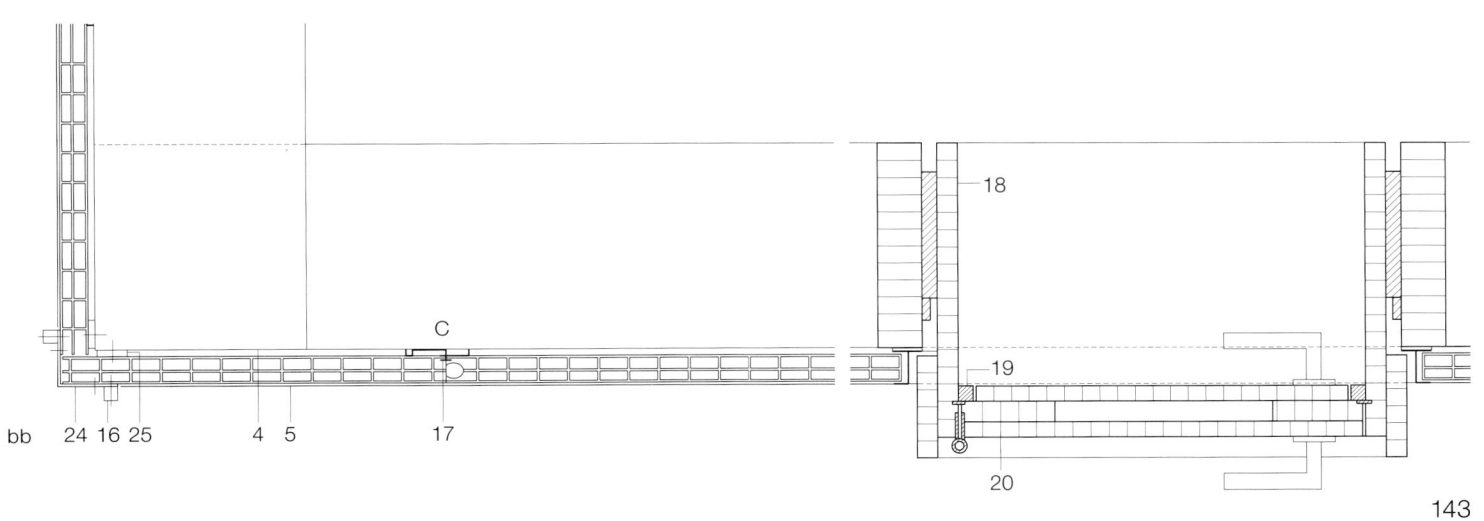

Hubtor
Horizontalschnitt · Vertikalschnitt
Maßstab 1:50

1. Strahler
2. Stahlprofil I 330
3. Motor Hubtor
4. Torwelle
5. Umlenkrolle
6. Gegengewicht
7. Polycarbonat-Massivplatte 8 mm
8. Prallschutz Schaltafel

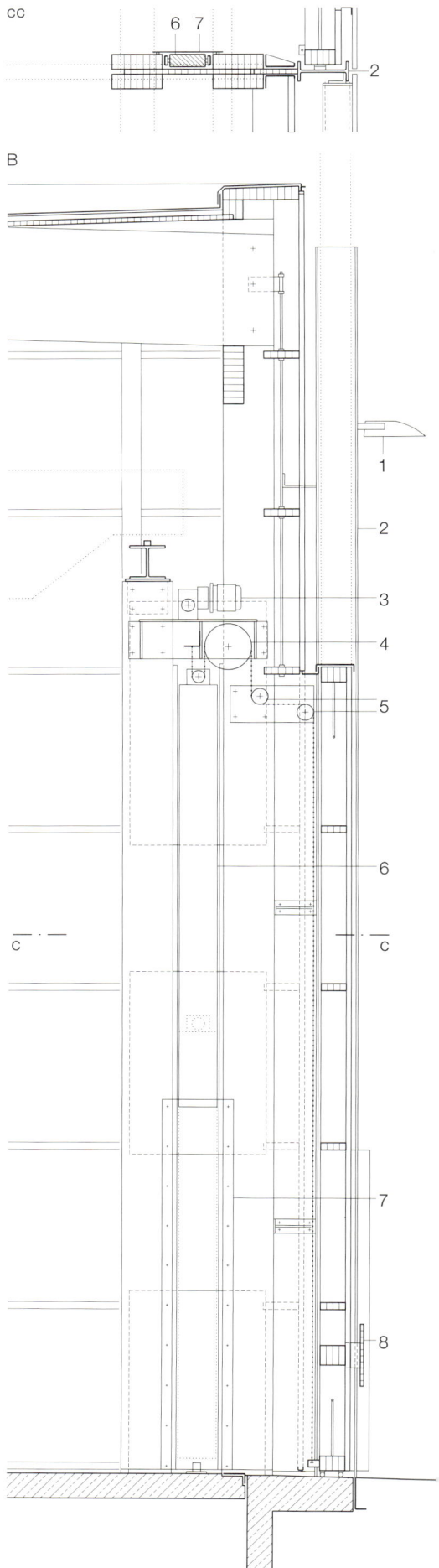

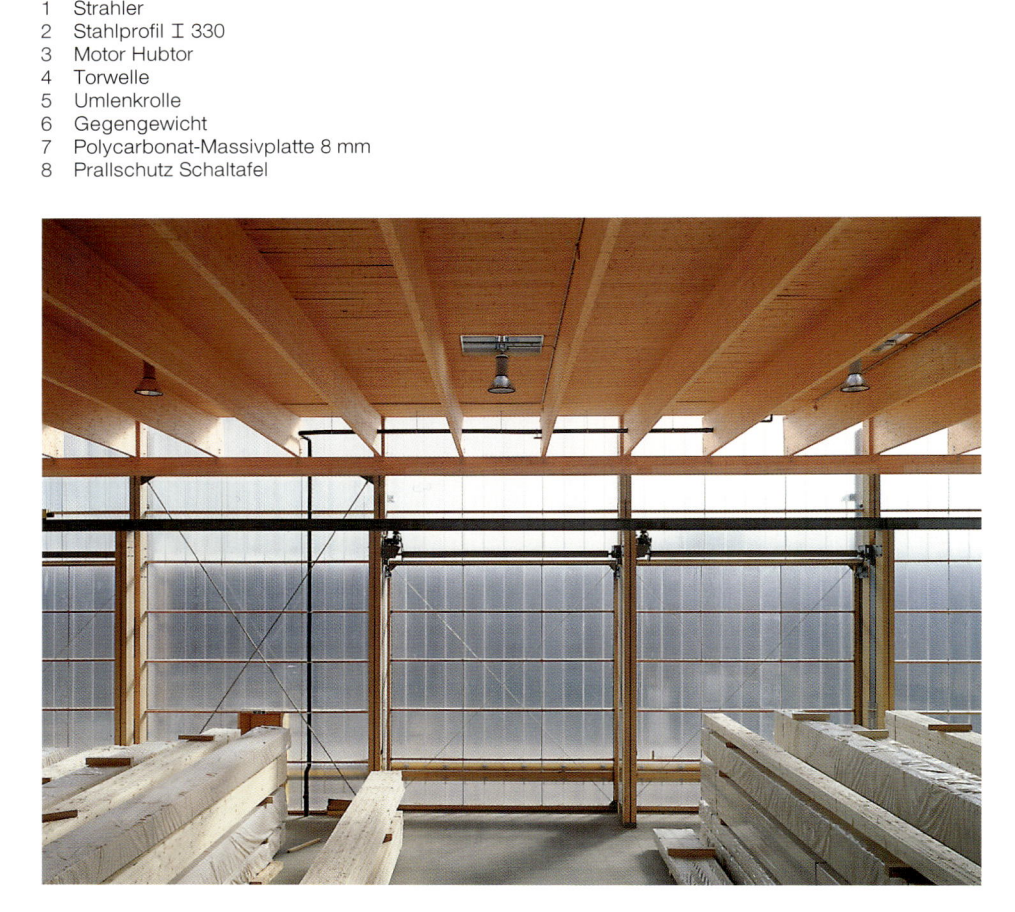

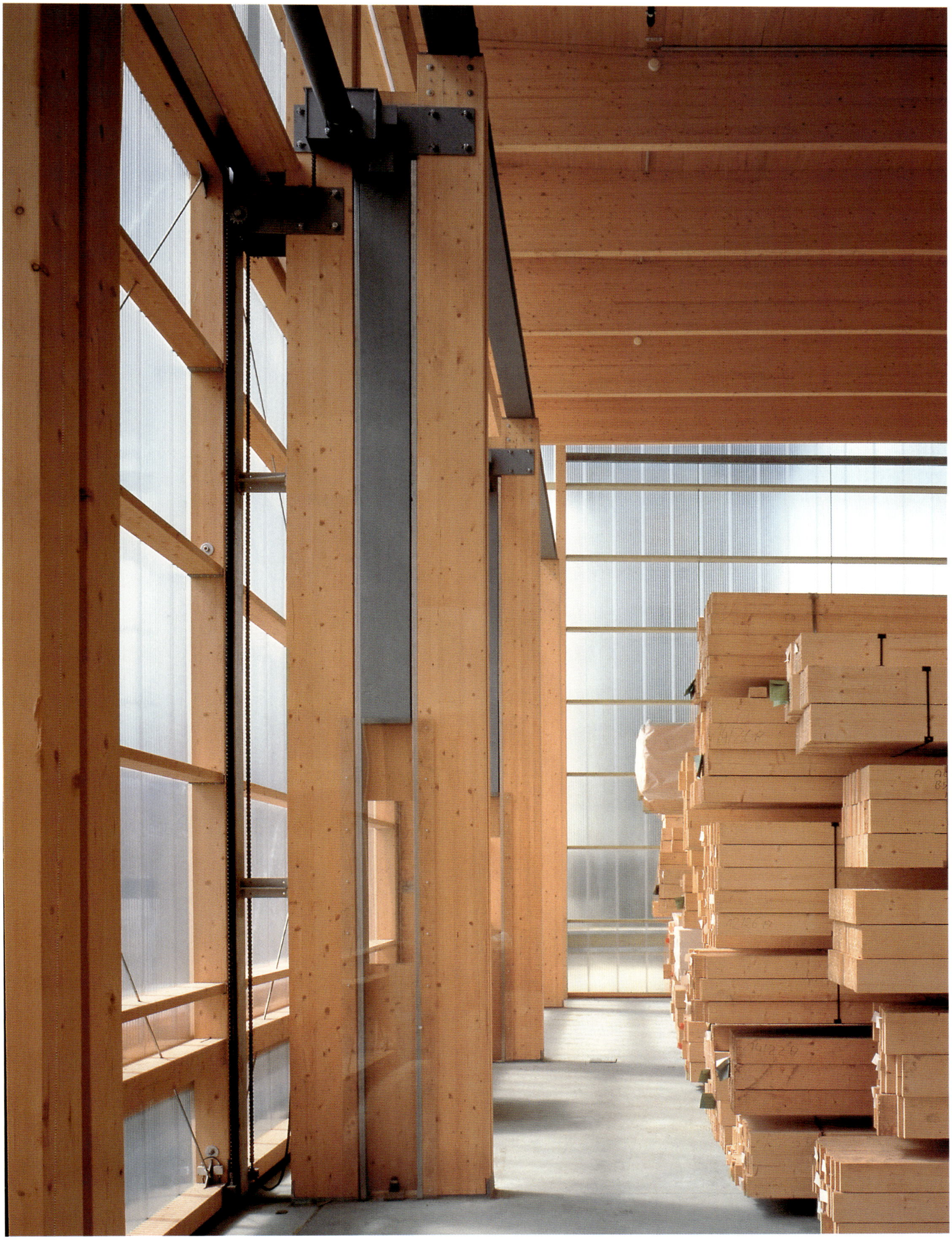

# Badehalle in Bad Elster

Architekten: Behnisch und Partner, Stuttgart

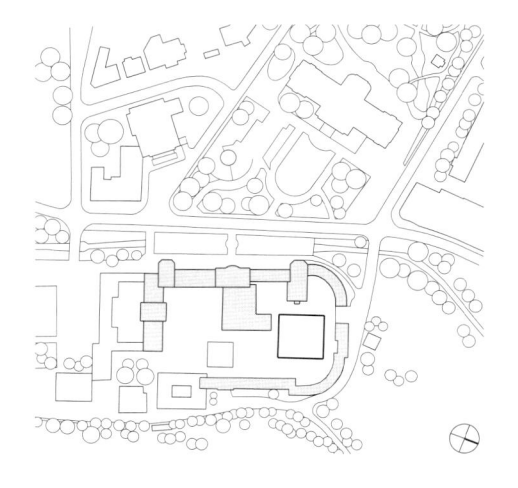

Lageplan
Maßstab 1:5000

Inmitten des Kurparks von Bad Elster, einem der ältesten deutschen Moorheilbäder, liegt das um 1900 entstandene Albertbad, das heutige Kurmittelhaus des Badeortes. Das historische Ensemble sollte um einen Informationspavillon, ein Therapiegebäude und eine Badehalle erweitert werden. Durch die Umgestaltung des im Innenhof gelegenen Betriebshofes entstand eine moderne Badeanlage mit Schwimmhalle, Außenbecken, durch Hecken gegliederten Liegezonen und dem neuen Herzstück des Heilbades, der Badehalle. Der ganz in Glas ausgeführte Baukörper fügt sich, nicht zuletzt durch die Transparenz der Hülle, harmonisch in das bestehende bauliche Umfeld ein. Eine zweischalige Haut, deren Schichten in einem Abstand von etwa einem Meter zueinander stehen, umhüllt die eigentliche Badelandschaft. Die äußere Verglasung der Dachebene ist zum Zweck der Regenwasserableitung leicht geneigt. Die zweischalige Pfosten-Riegel-Fassade ist in Edelstahl ausgeführt, wobei die äußere Schicht mit Wärmeschutzverglasung versehen ist und die innere mit Einfachverglasung. Zwischen den Verglasungsebenen zirkuliert eine dämmende Luftschicht, die in der kühlen Jahreszeit den Kaltluftabfall an der Innenseite der Fassade reduziert und Tauwasserbildung an den Scheiben verhindert. Über Wärmetauscher wird die von der Sonneneinstrahlung erwärmte Luft zusätzlich energetisch genutzt. In den Sommermonaten schützt dieses Zwischenklima den Innenraum vor Überhitzung, wobei die warme Luft durch motorisch betriebene Öffnungsflügel in der Wetterhaut und einen Abluftschacht im Zwischenraum der Nordfassade nach außen entweichen kann. Bewegliche und stark reflektierende Aluminiumlamellen innerhalb des Fassadenkorridors sorgen bei Bedarf für den notwendigen Sonnenschutz. Im Bereich des Glasdaches besteht der Sonnenschutz aus innen liegenden, horizontalen Glaslamellen, die sich mit Hilfe von Schwenkarmen um 90 Grad drehen lassen. Die Lamellen sind an der Außenseite der Fassade weitergeführt und ziehen dadurch Innen- und Außenbereich der Badeanlage optisch zusammen. Ihre Oberfläche ist im Siebdruckverfahren weiß bedruckt, um einen möglichst hohen Reflektionsgrad der einfallenden Sonnenstrahlung zu gewährleisten, während der Aufdruck an der Innenseite, zum Schutz vor Blendungen in der Badehalle, in unterschiedlichen transparenten Farben ausgeführt ist. Das dadurch entstehende farbige Licht verleiht dem Innenraum und auch dem anschließenden Freibereich eine lichte, heitere Atmosphäre.

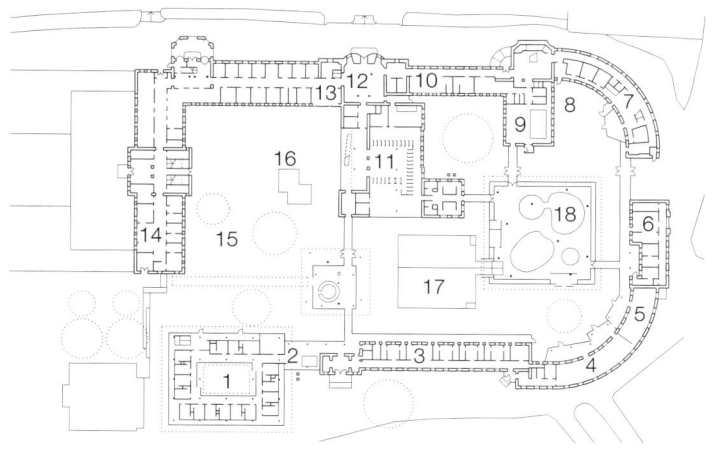

Grundriss Erdgeschoss
Maßstab 1:2000

1 Moorpackungen
2 Kneippbecken
3 Moorwannen
4 Ruheraum
5 Cafeteria
6 Dampfbad
7 Sauna
8 Saunagarten
9 Bewegungsbad
10 Unterwassermassage
11 Umkleiden/Duschen
12 Alberthalle
13 Mineralwasseranwendungen
14 Badearzt
15 Hof
16 Brunnenanlage
17 Außenbecken
18 Badehalle

148

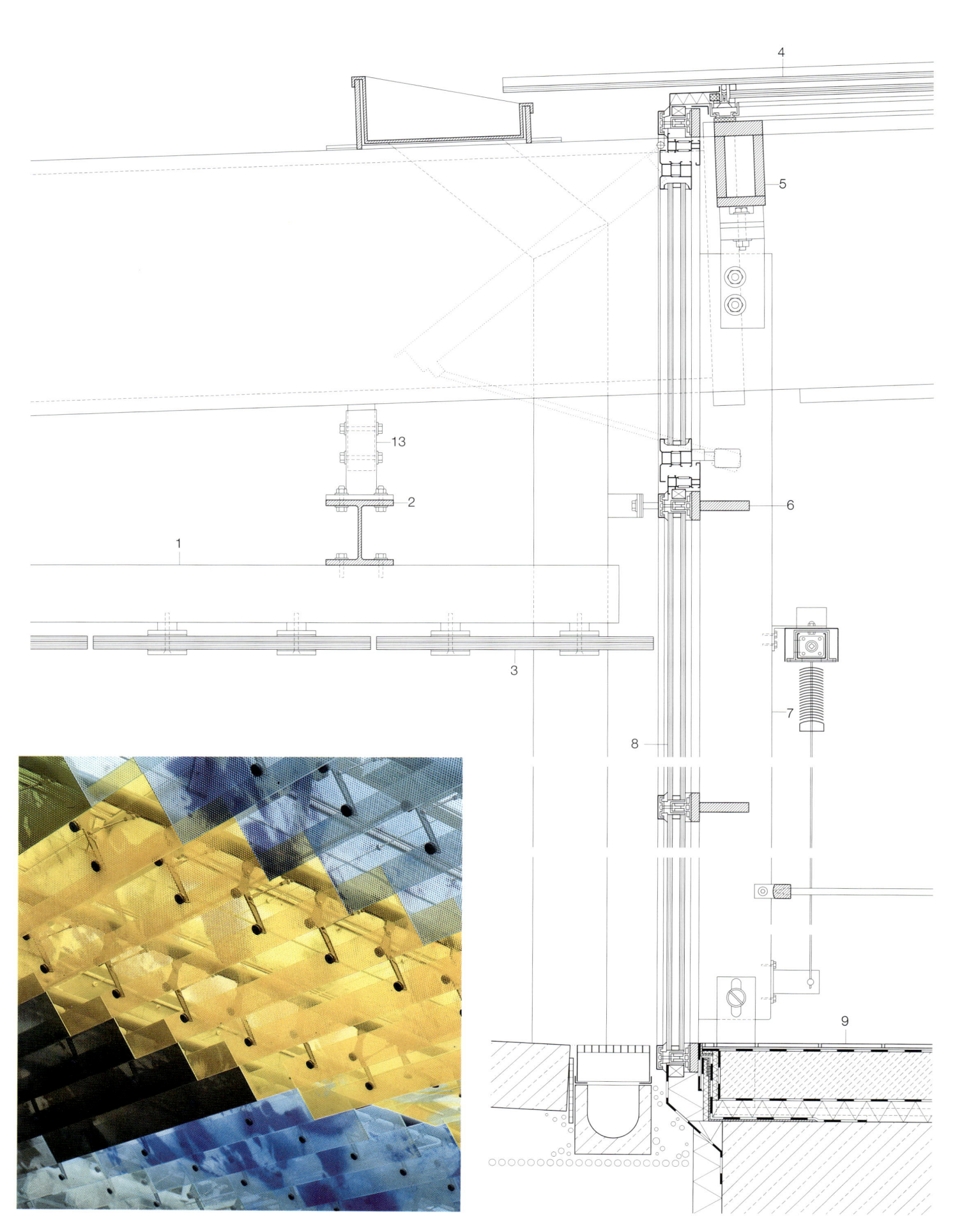

Vertikalschnitte Badehalle
Maßstab 1:10

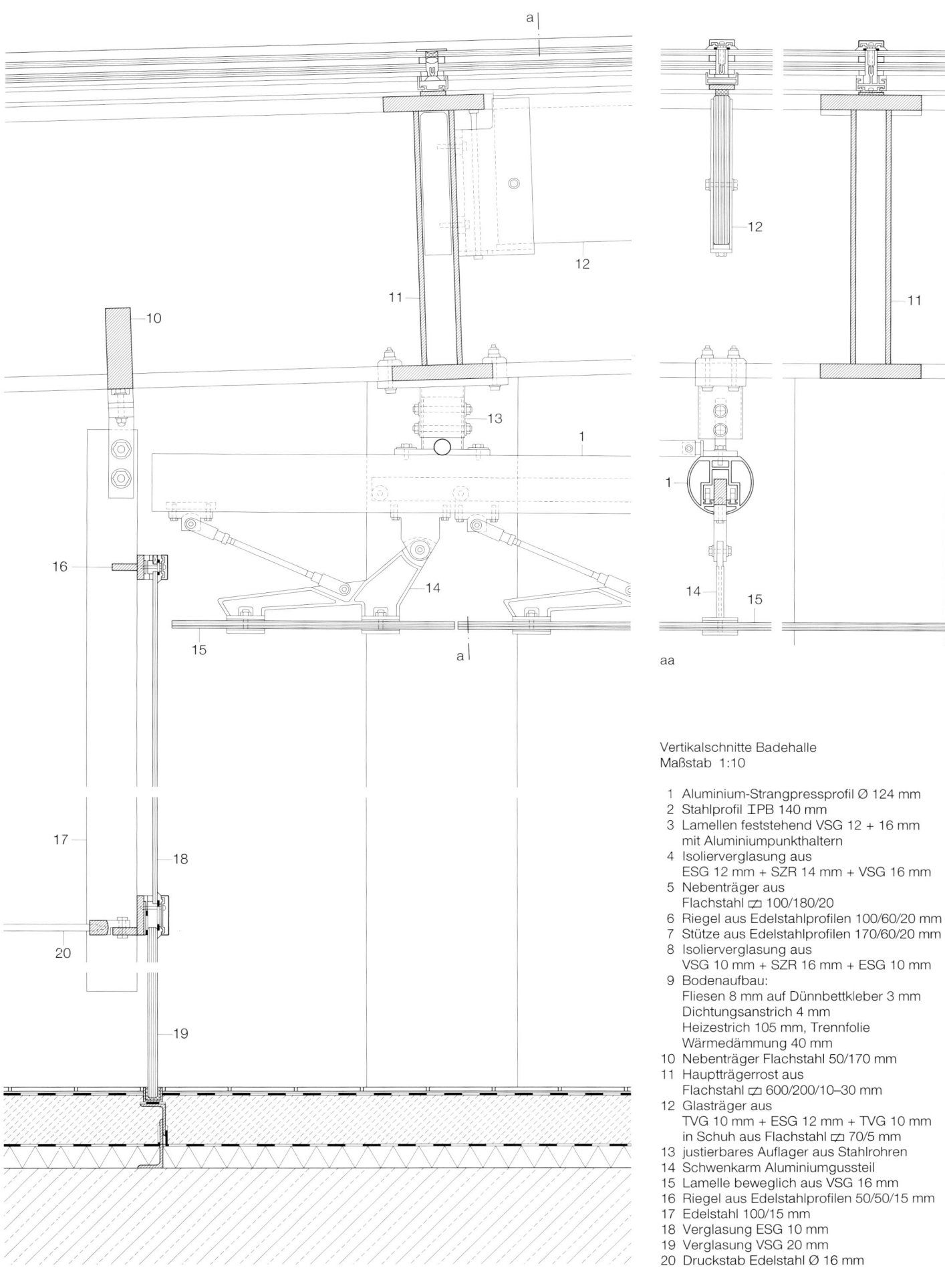

1 Aluminium-Strangpressprofil Ø 124 mm
2 Stahlprofil IPB 140 mm
3 Lamellen feststehend VSG 12 + 16 mm
  mit Aluminiumpunkthaltern
4 Isolierverglasung aus
  ESG 12 mm + SZR 14 mm + VSG 16 mm
5 Nebenträger aus
  Flachstahl ⊏⊐ 100/180/20
6 Riegel aus Edelstahlprofilen 100/60/20 mm
7 Stütze aus Edelstahlprofilen 170/60/20 mm
8 Isolierverglasung aus
  VSG 10 mm + SZR 16 mm + ESG 10 mm
9 Bodenaufbau:
  Fliesen 8 mm auf Dünnbettkleber 3 mm
  Dichtungsanstrich 4 mm
  Heizestrich 105 mm, Trennfolie
  Wärmedämmung 40 mm
10 Nebenträger Flachstahl 50/170 mm
11 Hauptträgerrost aus
  Flachstahl ⊏⊐ 600/200/10–30 mm
12 Glasträger aus
  TVG 10 mm + ESG 12 mm + TVG 10 mm
  in Schuh aus Flachstahl ⊏⊐ 70/5 mm
13 justierbares Auflager aus Stahlrohren
14 Schwenkarm Aluminiumgussteil
15 Lamelle beweglich aus VSG 16 mm
16 Riegel aus Edelstahlprofilen 50/50/15 mm
17 Edelstahl 100/15 mm
18 Verglasung ESG 10 mm
19 Verglasung VSG 20 mm
20 Druckstab Edelstahl Ø 16 mm

−16 °C   26 °C   32 °C

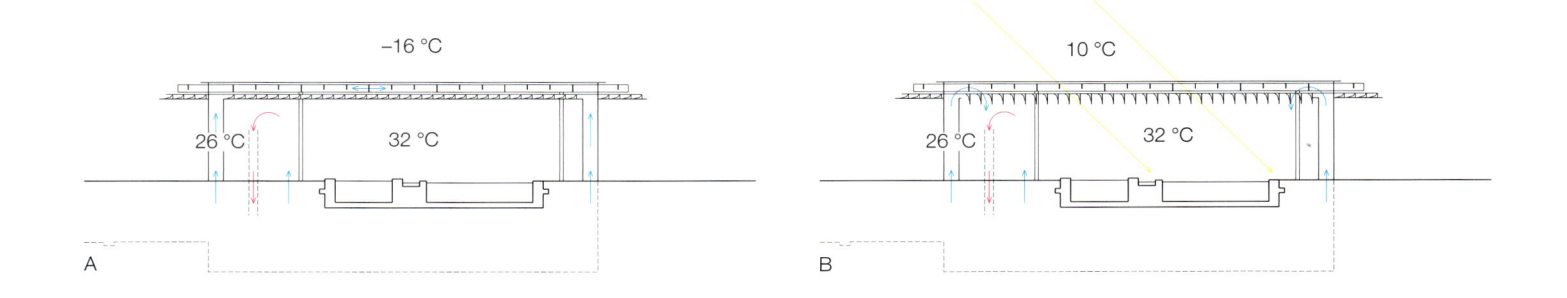

A

10 °C   26 °C   32 °C

B

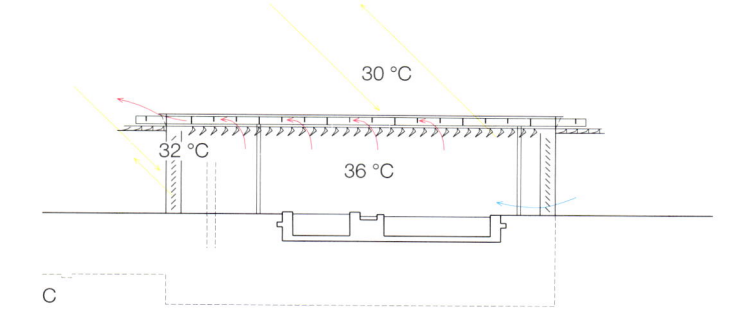

Schemata der Lüftungsregulierung
und des Sonnenschutzes

A Situation im Winter
   bei geschlossenen Lamellen
B Situation in der Übergangszeit
   bei geöffneten Lamellen
C Situation im Sommer
   bei gekippten Lamellen

# Verwaltungsgebäude in Kronberg

Architekten: Schneider + Schumacher, Frankfurt/Main

Logische Analyse führte zur Lösung der Aufgabenstellung bei diesem Gebäude: Es sollte kostengünstig, flexibel und den inhaltlichen und technischen Änderungen der nächsten Jahrzehnte gewachsen sein. Der Energieaufwand war zu minimieren, der Komfort zu maximieren und die Architektur sollte der hohen Qualität der vom Bauherrn erzeugten Produkte entsprechen. Die dank vorgespannter Betondecken stützenfreien Büroflächen des dreigeschossigen, u-förmigen Baukörpers können je nach Bedarf organisiert werden, Trennwände lassen sich überall aufstellen, die ganze Haustechnik – Lichttechnik, Heizung und Kühlung – ist in der massiven Decke untergebracht, die zugleich als thermische Speichermasse dient. Das Heiz- und Kühlsystem besteht aus im Putz verlegten Kapillarrohren. Die elektronische Versorgung erfolgt im Doppelboden. Die begrenzte Temperierbarkeit von der Decke aus stellt besondere Anforderungen an die Fassade. Für diese wurde ein geschosshohes Kastenfenster entwickelt. Die äußere Schicht aus 12 mm starkem Einscheiben-Sicherheitsglas reduziert die Wärmeverluste bei kaltem Wetter und schützt bei Regen und Wind den dahinter liegenden Sonnenschutz – perforierte Jalousien. Geöffnet vermeidet sie Überhitzung durch Sonneneinstrahlung, die Jalousien sind dann ideal außen liegender Sonnenschutz für die innere Fassade. Diese besteht pro Achse aus einem nur für die Reinigung zu öffnenden Isolierglaselement und einer schmalen, nicht transparenten, wärmegedämmten Lüftungsklappe. Ein zentraler Computer steuert die Außenfassade und den Sonnenschutz, die Innenfassade wird manuell bedient. Darüber hinaus besteht die Möglichkeit, per Knopfdruck die Jalousien zu bewegen und mit der Lüftungsklappe ein Element der Außenfassade zu öffnen. Das System reagiert dann auf die Entscheidung des Nutzers: eine gute Möglichkeit, energieeffiziente Rechnersteuerung mit individuellem Bedürfnis zu vereinen. Über die technischen Aspekte hinaus hat die Fassade eine besondere Ästhetik: Je nachdem ob die Flügel geöffnet oder geschlossen sind und je nach Standpunkt, ist sie völlig glatt und reflektierend oder geschuppt und transparent. Bei aller Strenge des Gebäudes ist diese abwechslungsreiche Veränderbarkeit ein reizvolles Element. Die zentrale Halle, Pufferzone zwischen Innen- und Außenraum, ist mit automatisch öffenbaren Luftpolsterkissen überdacht; dadurch ist die wärmeabgebende Außenfläche reduziert. Belüftet wird sie über einen Bodenkanal; die Luftauslässe sind entlang einem Wasserbecken angeordnet, das ebenfalls die Luftqualität verbessert. Die zur Halle liegenden Büros haben pro Achse ein feststehendes, isolierverglastes Element und eine schmale, nicht transparente Lüftungsklappe.

Lageplan
Maßstab 1:2500

Längsschnitt
Grundriss Erdgeschoss
Maßstab 1:750

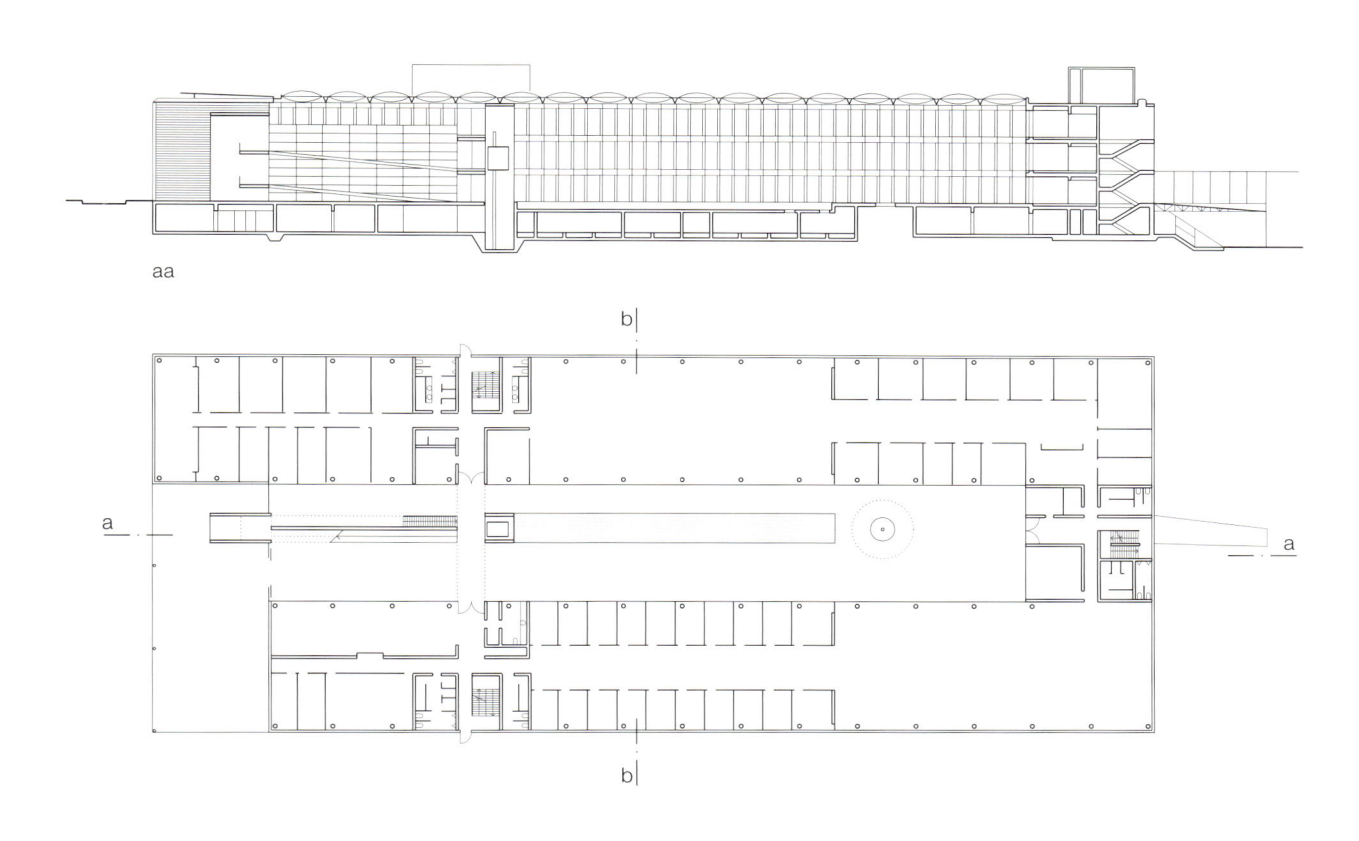

aa

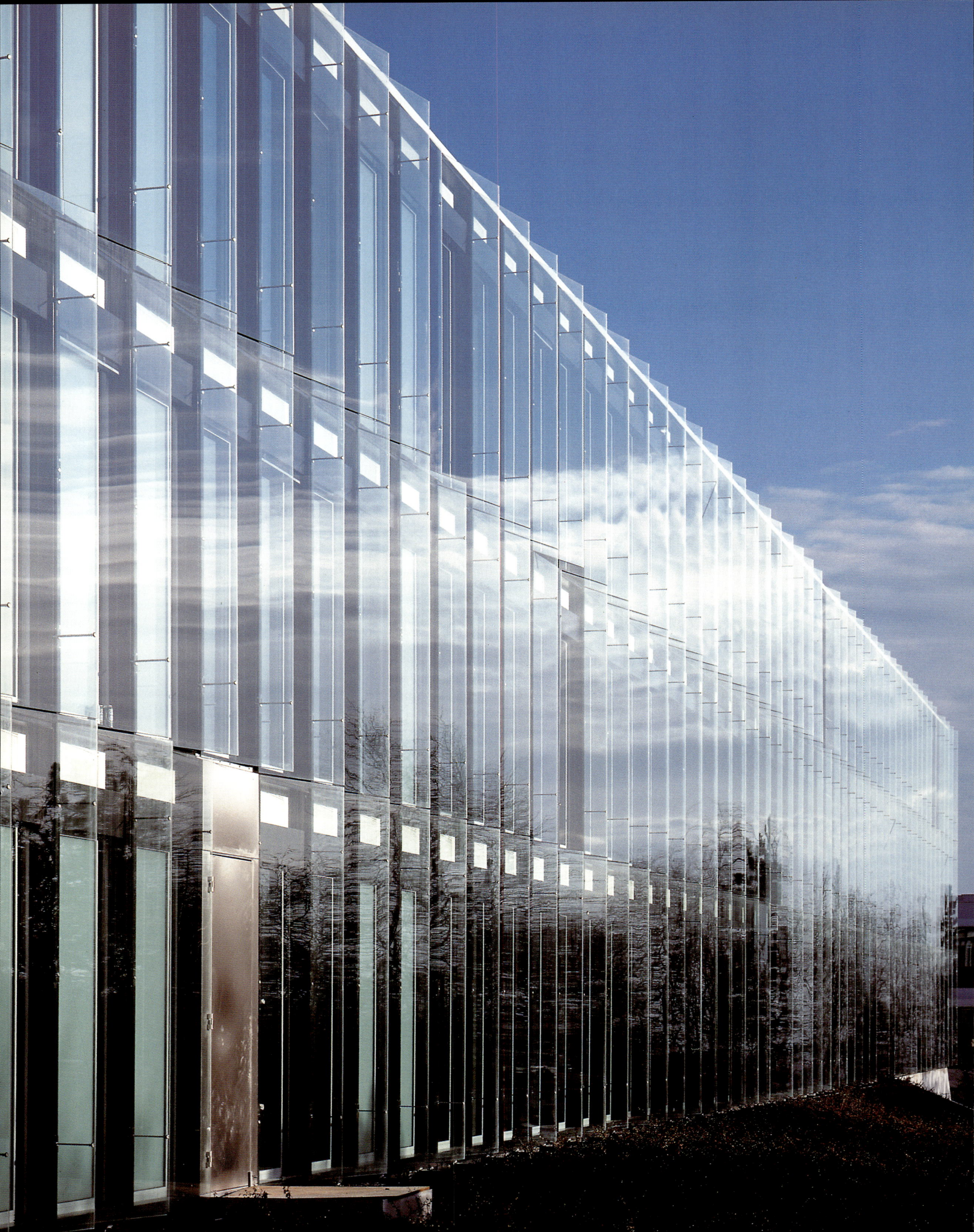

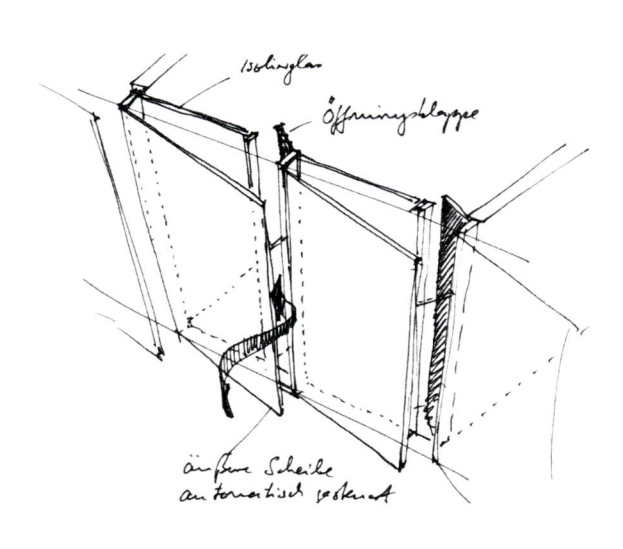

Ecke Außenfassade
Horizontalschnitt
Maßstab 1:20
Legenden s. Seite 156

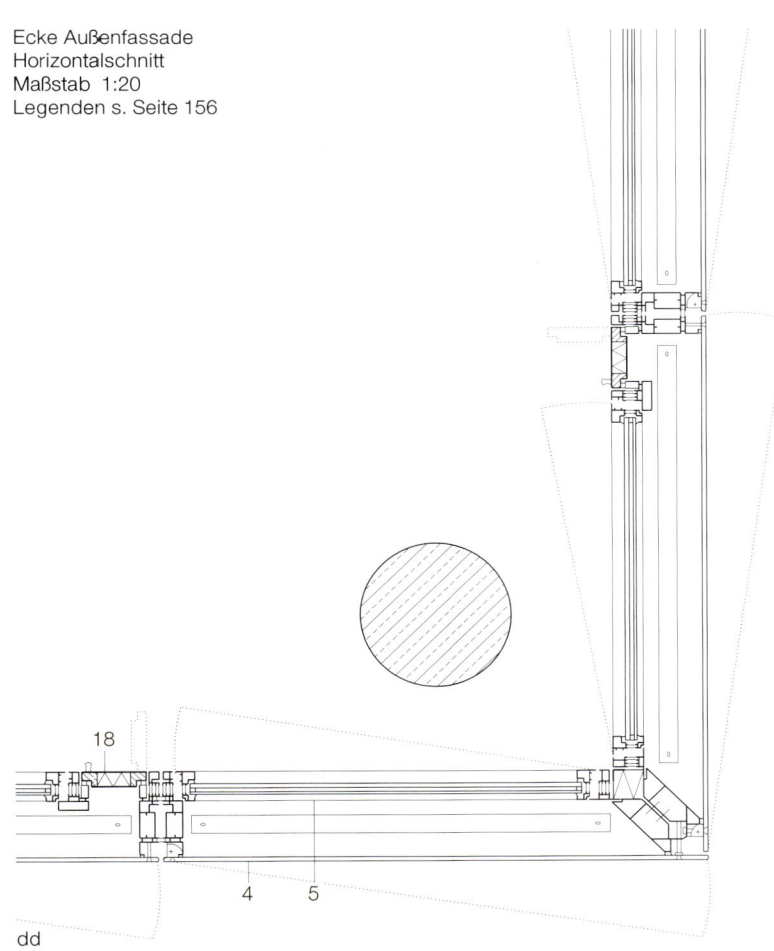

18
4  5

dd

155

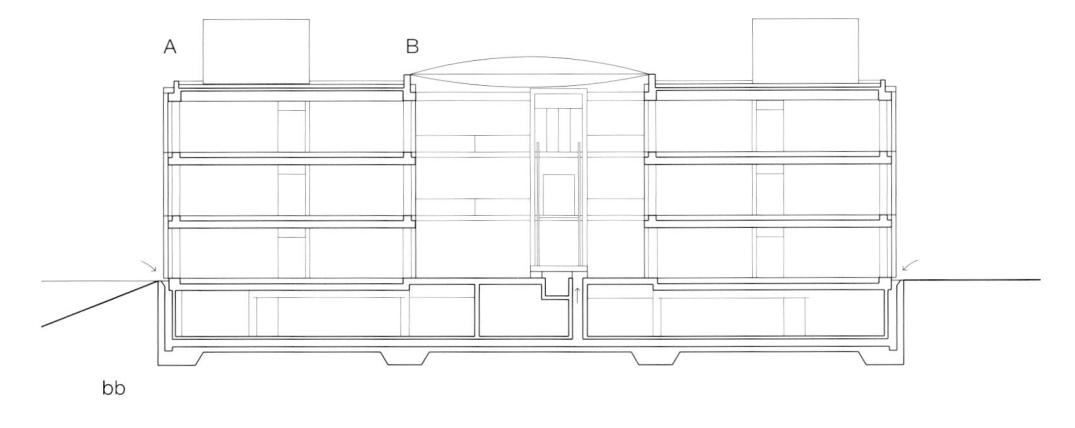

Querschnitt
Maßstab 1:400

Außenfassade · Hoffassade
Vertikalschnitte
Hoffassade
Horizontalschnitt
Maßstab 1:20

Fensterdetails Außenfassade
Horizontal- und Vertikalschnitt
Maßstab 1:5

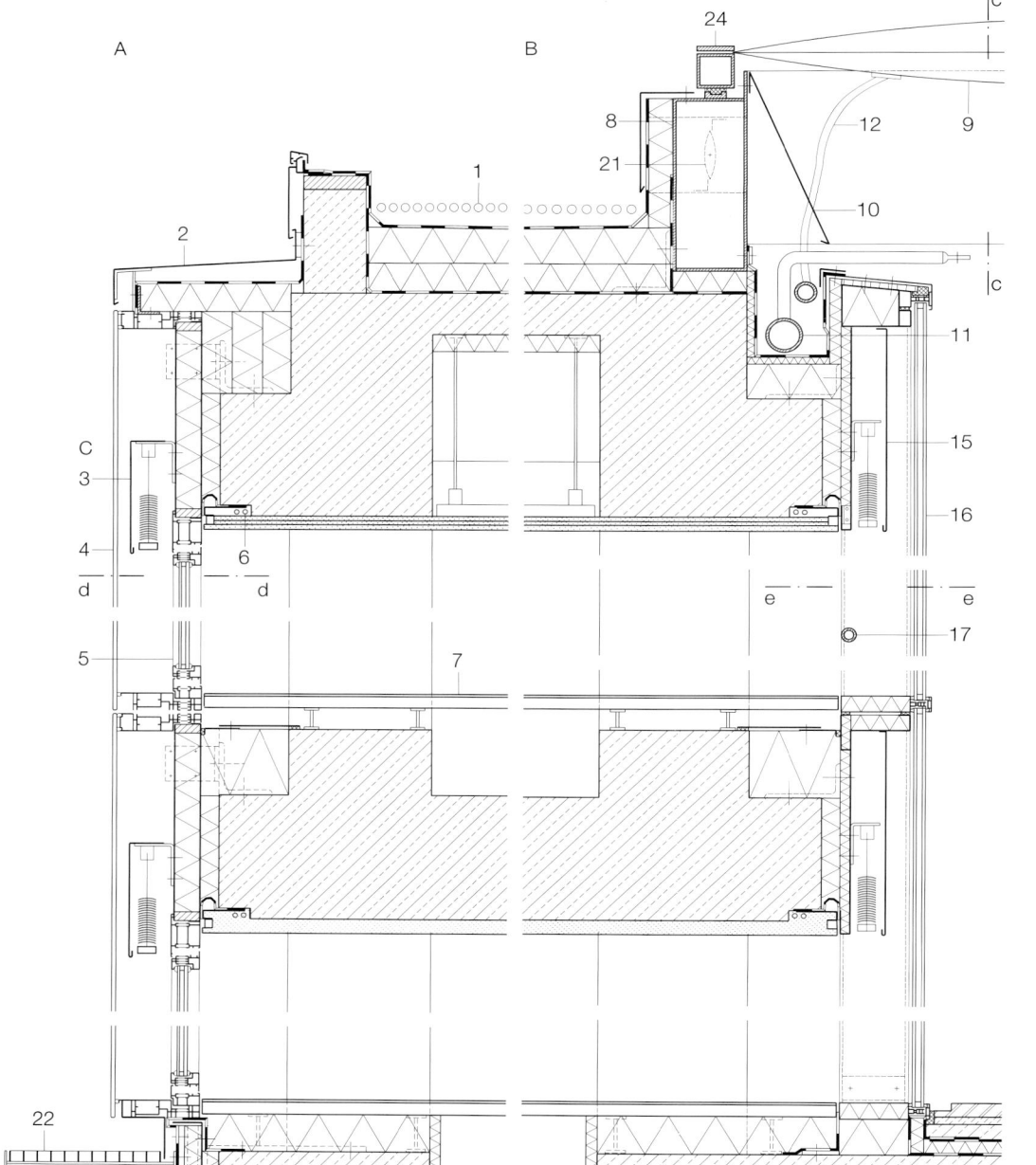

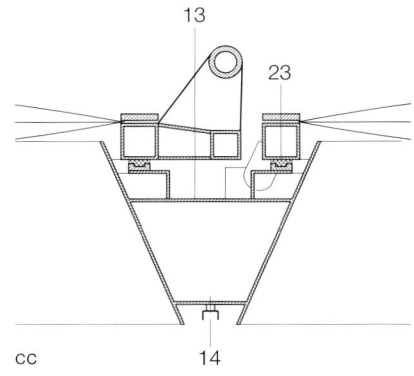

1 Dachaufbau:
 Kiesschicht 50 mm
 Dachabdichtung Kunststoffbahn 2 mm
 Gefälledämmung Steinwolle 110–35 mm
 Dampfsperre PE-Folie 0,25 mm
 Voranstrich
 Stahlbetondecke 120 mm,
 auf Unterzügen
 Wärmedämmung Steinwolle 50 mm
 Gipskartonplatten 2× 12,5 mm
 Putz 20 mm,
 mit integrierter Heiz-/Kühlmatte
2 Abdeckprofil Edelstahl 2 mm
3 Blech Aluminium 2 mm
4 Außenscheibe 12 mm
5 Fensterrahmen und -flügel:
 Aluminium-Strangpressprofile,
 thermisch getrennt, Verglasung
 6 mm + SZR 14 mm + VSG 8 mm
6 Wasserleitung für Heiz-/Kühldecke Ø 20 mm
7 Bodenaufbau:
 Teppich auf Doppelbodenplatte 40 mm
 Hohlraum 260 mm
 Staubschutzschicht
 Stahlbetondecke vorgespannt 360 mm
 Putz 40 mm mit integrierter
 Heiz-/Kühlmatte (Wassermikrorohre Ø 2 mm)
8 Stahlprofil geschweißt, 200/500 mm
 Lüftungsöffnung in jeder Achse
9 Membrankissen dreilagig, transparent
10 Abdeckblende Stahlblech 2 mm
11 Sprinkler-Hauptleitung
12 Luftzuführung Membrankissen
13 Rinne
14 Elektroschiene
15 Aluminiumblech 2 mm
16 Verglasung 10 mm + SZR 16 mm + 10 mm
17 Edelstahlrohr Ø 30 mm
18 Lüftungsklappe:
 beidseitig Aluminiumblech, mit
 Dichtung und magnetischer Halterung
19 Entspannungsschlitze
20 Edelstahlkette, motorisch betrieben
21 Jalousienklappe zur Hallenentlüftung
 bei geschlossenem Membrandach
22 Gitter für Luftzuführung Halle
23 Pressdichtungsprofile
24 Membranklemmprofil

Sowohl Außen- als auch Hoffassade sind zweischalig ausgebildet.
Die Schichten der Außenfassade liegen hintereinander – die innere ist isolierverglast, die äußere hat eine Einfachverglasung (Detail A und C).
Auf der Hofseite ist die Bürofassade isolierverglast, die zweite Hülle bildet das Membrandach. Der Innenhof stellt eine gut zu nutzende Pufferzone dar (Detail B und Foto).

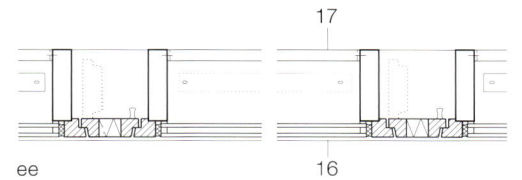

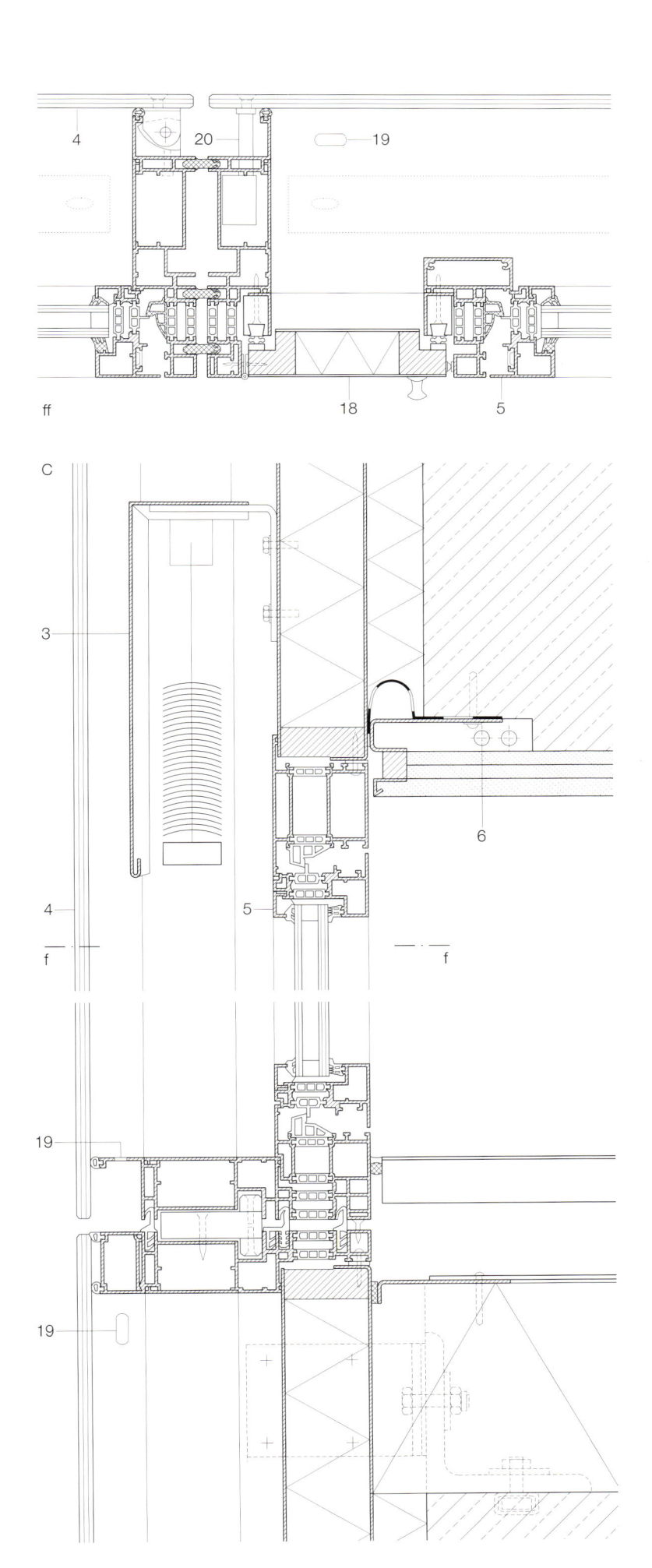

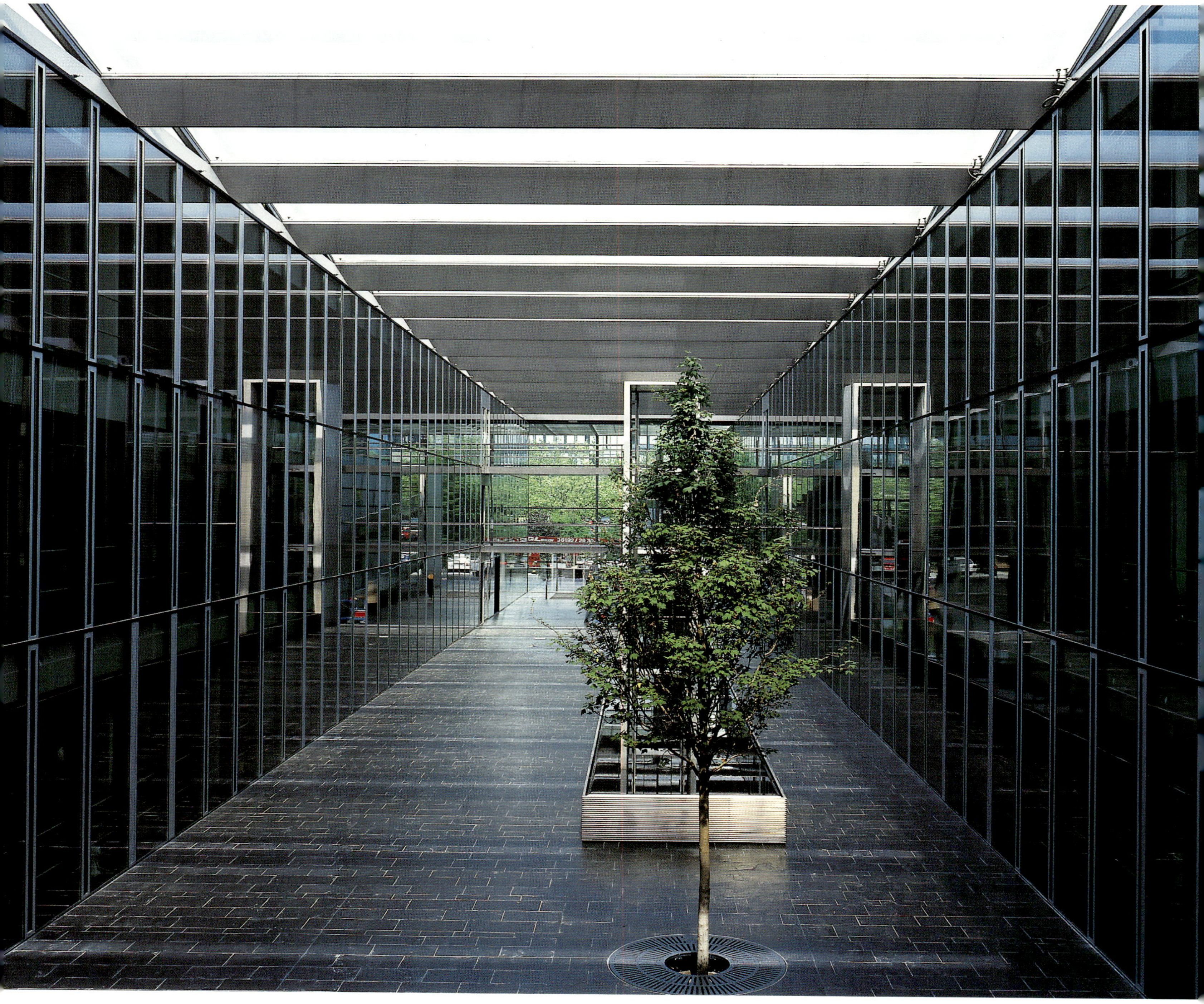

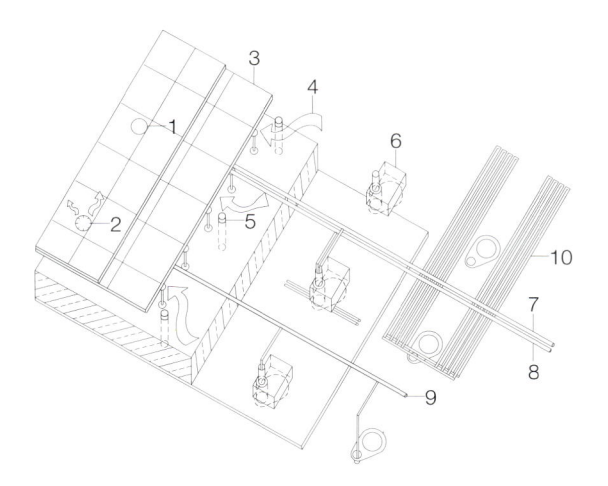

System des Deckenaufbaus
Isometrie

1 Elektro-, EDV- und Telefonanschluss
  über Bodentanks
2 Zuluft über Boden
3 Doppelboden mit Teppichfliesenbelag
4 Luftraum als Zuluftkanal genutzt
5 Einfuhrhülse der Einbautöpfe
  für Installationen
6 Einbautopf für Leuchte, Sprinkler
  und Heizventile
7 Leitung Kaltwasser
8 Leitung Warmwasser
9 Leitung für Sprinkler
10 Kunststoffmikrorohre in Putzebene
   für Kühl-/Heizmatte

# Verwaltungsgebäude in Wiesbaden

Architekten: Herzog + Partner, München

Lageplan
Maßstab 1:10000

Das neue Bürohaus der Zusatzversorgungskasse ist verkehrstechnisch günstig in der Nähe des Wiesbadener Hauptbahnhofes gelegen. Eine dauernde und damit rentable Nutzung ist dadurch gewährleistet, dass große Teile des Gebäudes an die Stadt vermietet werden. Um die für das Stadtklima wichtige Luftströmung in Ost-West-Richtung zu erhalten, sind die vier schmalen Baukörper entsprechend orientiert. Alle fünf Gebäude werden durch eine doppelte Längserschließung in Nord-Süd-Richtung miteinander verbunden. An diesen Achsen liegen je zwei vertikale Erschließungskerne innerhalb jedes Baukörpers, die von der Straße aus direkt zugänglich sind, so dass jede Bürofläche einzeln genutzt und vermietet werden kann.
Die Büroriegel sind als Stahlbeton-Skelettkonstruktion mit aussteifenden Scheiben und Kernen ausgebildet. Die Flachdecken sind so dimensioniert, dass keine Unterzüge nötig sind. So entsteht eine große Flexibilität bezüglich der inneren Aufteilung: Die Flächen können sowohl als Einzel-, Gruppen- oder Kombi-Büros als auch in Form von Großraumbüros genutzt werden. Das Gebäude zeichnet sich jedoch vor allem durch ein intelligentes Fassadenkonzept aus, das nicht nur eine differenzierte Lichtführung, sondern auch variable Lüftungsmöglichkeiten und verschiedene energetische Überlegungen beinhaltet. Das Erscheinungsbild der Südfassade ist von den schaufelförmigen Sonnenschutz- und Lichtlenkungselementen aus Aluminium geprägt. Die Elemente der Fassade, auf welche die Sonne direkt trifft, werden automatisch in eine Stellung gebracht, die das Licht so umlenkt, dass eine bildschirmgerechte Belichtung der Büroräume jederzeit gewährleistet ist. Von außen erhält das Gebäude durch die unterschiedlichen Positionen der Elemente ein abwechslungsreiches Gesicht, das sich je nach Wetterlage immer wieder verändert. Auf der Nordseite der Büroriegel sind ebenfalls Lichtlenkungselemente angebracht. Diese sind jedoch unbeweglich. Hinter den Elementen befindet sich auf beiden Seiten eine Pfosten-Riegel-Fassade mit einer Dreifach-Isolierverglasung. In Verbindung mit einer regulierbaren Bauteilheizung und -kühlung werden sehr niedrige Energieverbrauchswerte erreicht und es entstehen raumklimatisch gute Konditionen. Im seitlichen Bereich der Fassadenelemente sind hölzerne Lüftungsflügel eingebaut, die manuell bedient werden können. Mittels integrierter Kunststoffklappen wird Frischluft, die durch einen eingebauten Konvektor vorgewärmt wird, in die Innenräume gelenkt. Dieses System sorgt dafür, dass die Räume auch bei geschlossenen Flügeln gut durchlüftet und temperiert sind, und erreicht dadurch eine große Variabilität und Benutzerfreundlichkeit.

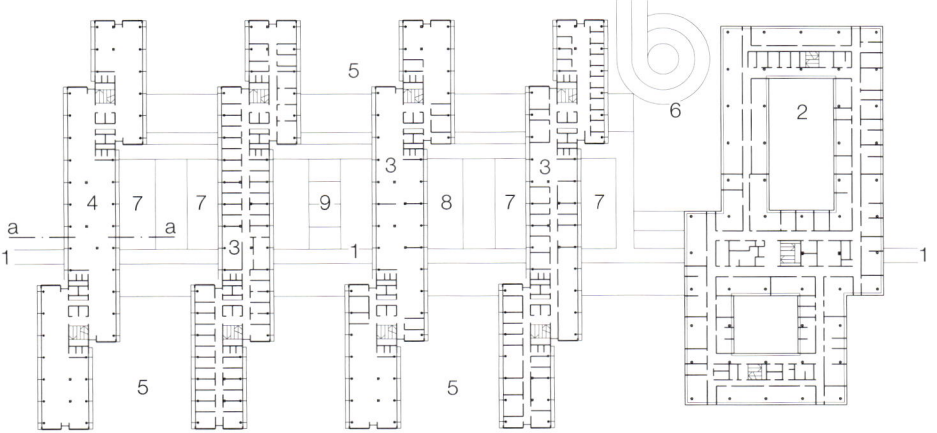

Grundriss 1. Obergeschoss
Maßstab 1:2000

1 Öffentlicher Weg
2 Bestehendes
  Verwaltungsgebäude,
  Haupteingang Süd
3 Büroriegel
4 Büroriegel,
  Haupteingang Nord
5 Öffentliche Grünfläche
6 Ein- und Ausfahrt
  Tiefgarage
7 Schulungs- und
  Konferenzräume
8 Küche, Speisenausgabe
9 Restaurant

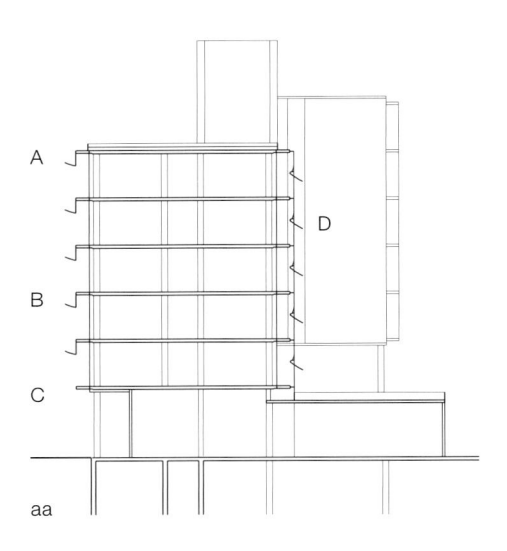

Vertikalschnitt
Maßstab 1:500

Vertikalschnitt
Horizontalschnitt
Nordfassade
Maßstab 1:20

1 Dachaufbau:
  Schüttung Substrat 150 mm
  Dachdichtung Folie EPDM
  Wärmedämmung 140 mm
  Dampfsperre Butylkautschuk
  Estrich mit Heizrohren 90 mm
  Stahlbeton 280 mm
2 Rinne aus gekantetem Blech
3 Verblendung Faserzement 12 mm
4 Stahlbetonfertigteil 160 mm mit
  Beschichtung Polyurethan
5 Lichtreflektor Aluminium
6 senkrechte Haltelasche Edelstahl 12 mm
7 Aluminiumbügel 12 mm
8 Aluminium-Strangpressprofil aus
  hochreflektierenden Aluminiumblechen
  zur Lichtlenkung, unbeweglich
9 Fassadenandichtung Aluminium-
  Strangpressprofile mit Dichtung EPDM
10 Drei-Scheiben-Isolierverglasung mit
   Pressleisten Aluminium pulverbeschichtet
11 Rahmen Hemlock
   5-fach verleimt 50/150 mm
12 Leuchte mit Reflektor Aluminium,
   lichtstreuender Glasscheibe
   und integriertem Blendschutz
13 Bodenaufbau:
   Estrich 50 mm
   Folie mikroperforiert
   Estrich mit Heizrohren 50 mm
   Stahlbeton 280 mm
14 Holzwerkstoffplatte mit
   Ahornfurnier 25 mm
15 Wärmedämmung 150 mm
16 Lüftungsflügel Sperrholz mit Furnier Makoré
17 Aluminiumsystem zur Kabelführung

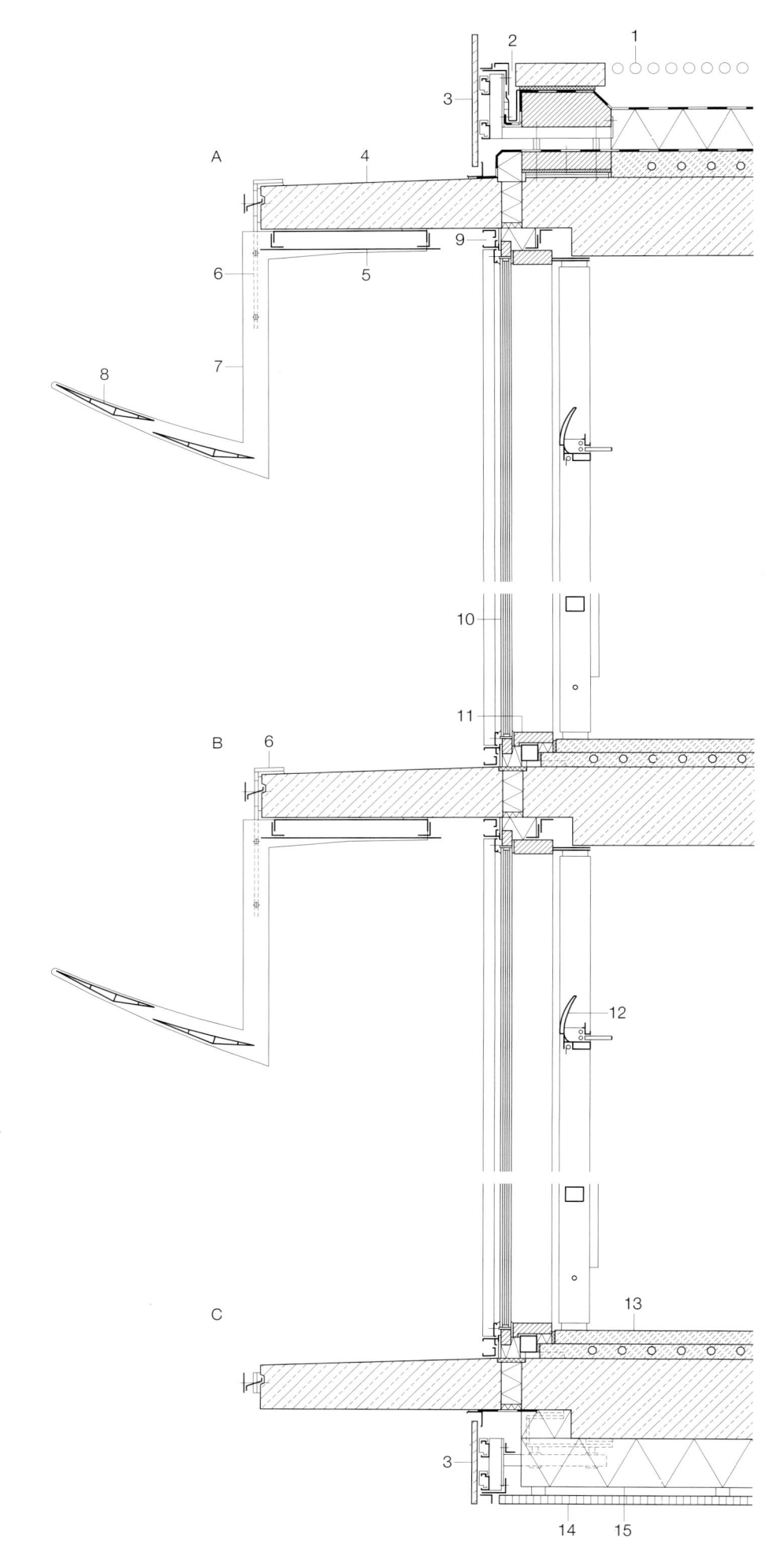

163

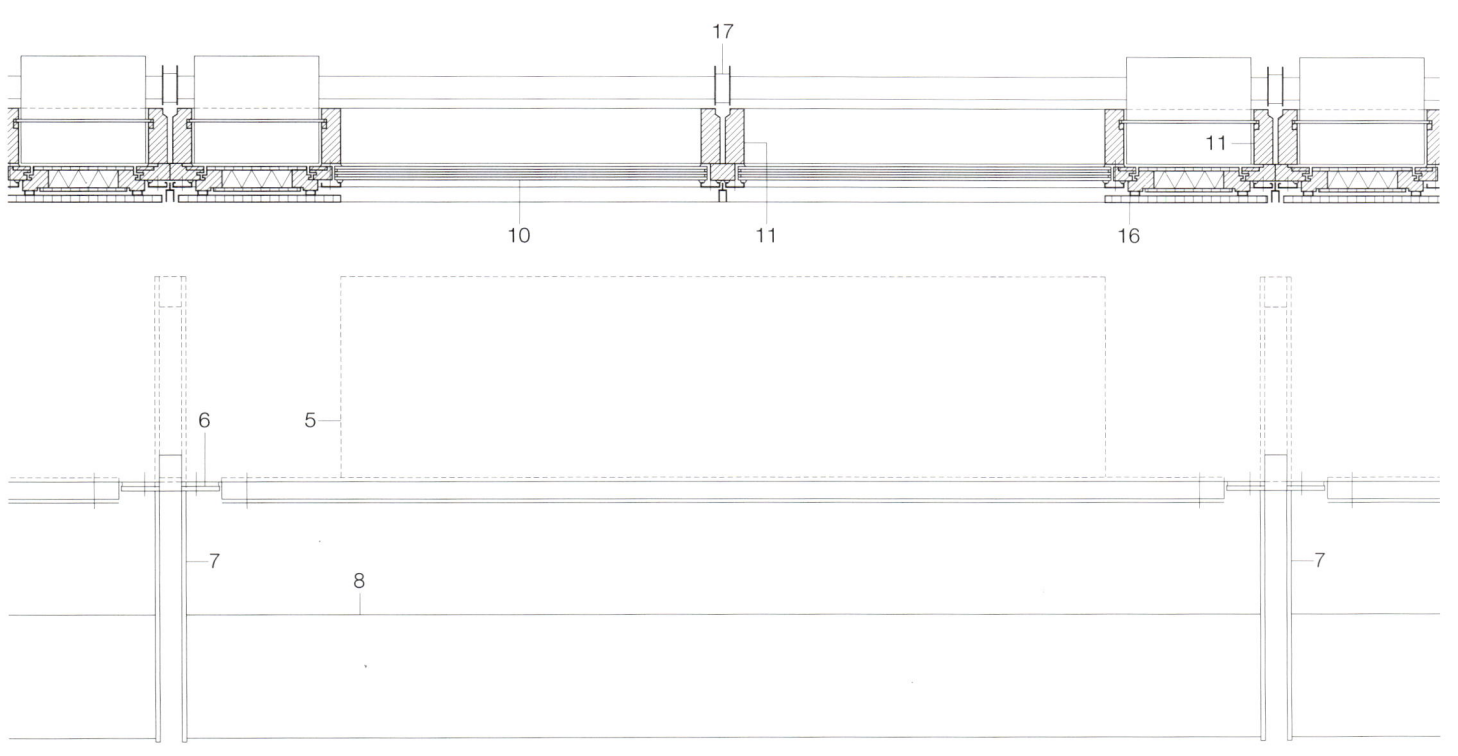

Vertikalschnitt
Südfassade
Maßstab 1:20

1 Edelstahlprofil
  glasperlgestrahlt 100/12 mm
2 Aluminiumbügel pulverbeschichtet
3 Aluminium-Strangpressprofile
  aus hochreflektierenden
  Aluminiumblechen
  zur Lenkung des indirekten Lichtes
4 Aluminium-Strangpressprofile
  aus hochreflektierenden
  Aluminiumblechen
  zur Lenkung des direkten Lichtes
5 Spindelhubmotor
6 Edelstahlrohr zur Kabelführung
7 Stahlbetonfertigteil mit
  Beschichtung Polyurethan
8 Lichtreflektor Aluminium
9 Fassadenandichtung
  Aluminium-Strangpressprofile mit
  Dichtung EPDM
10 Rahmen Hemlock
  5-fach verleimt 50/150 mm
11 Drei-Scheiben-Isolierverglasung mit
  Pressleisten Aluminium
  pulverbeschichtet
12 Leuchte mit Reflektor Aluminium,
  lichtstreuender Glasscheibe und
  integriertem Blendschutz
13 Bodenaufbau:
  Estrich 50 mm
  Folie mikroperforiert
  Estrich mit Heizrohren 50 mm
  Stahlbeton 280 mm

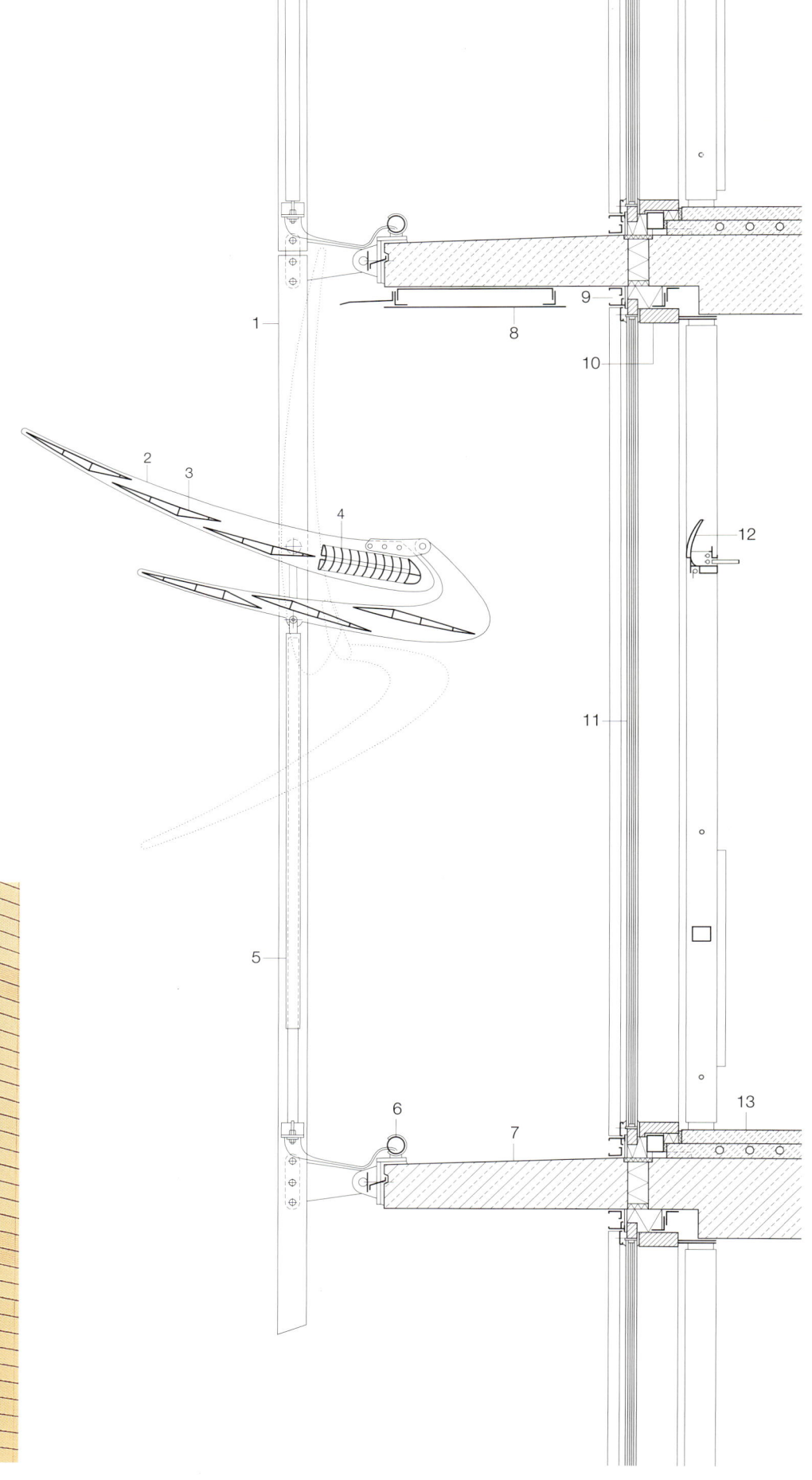

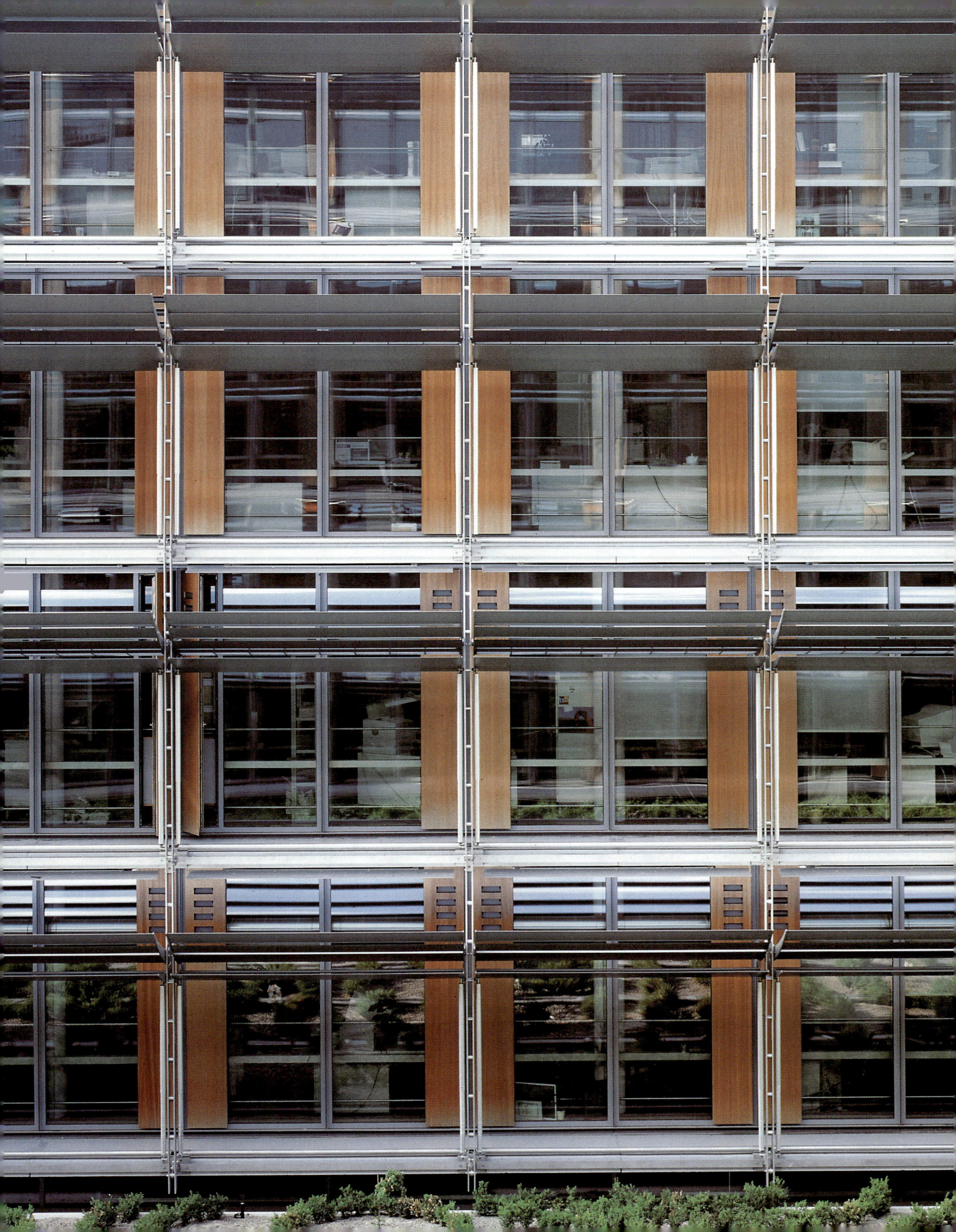

Tageslichtlenkung auf der Südseite
bei Sonnenschein

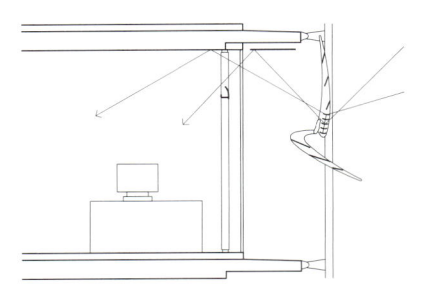

Tageslichtlenkung auf der Südseite
bei bewölktem Himmel

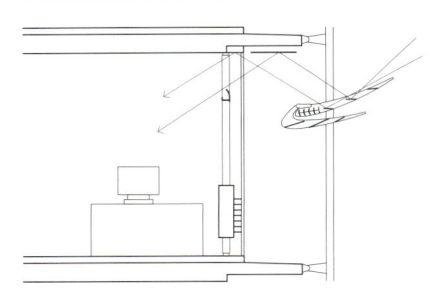

Tageslichtlenkung auf der Nordseite
bei bewölktem Himmel

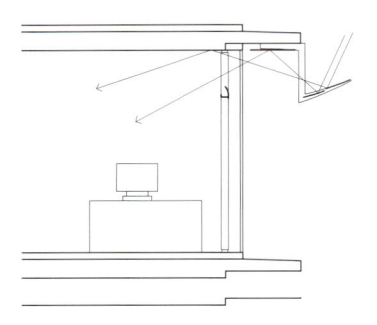

Kontrollierte, zentral gesteuerte
natürliche Lüftung

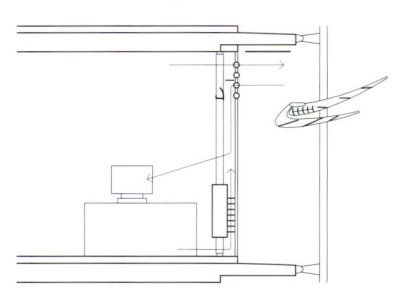

freie Lüftung
bei geöffneten Lüftungsflügeln

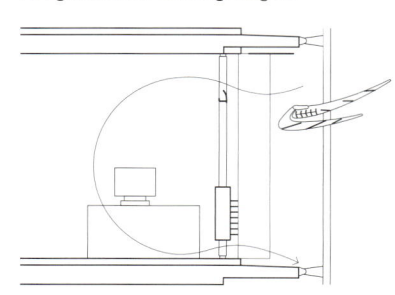

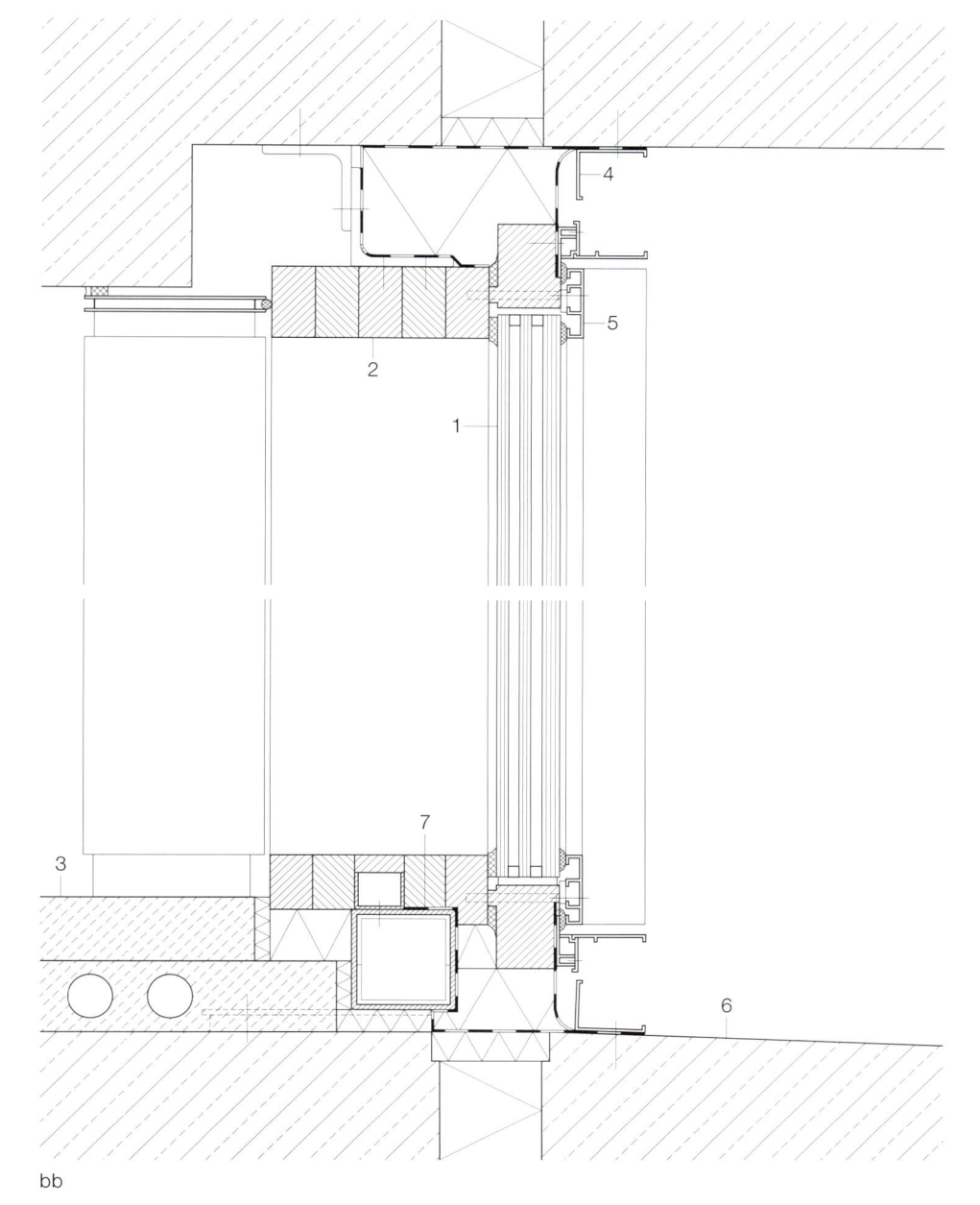

Vertikalschnitt durch Festverglasung
Horizontalschnitt durch Lüftungsöffnungen
Maßstab 1:5

1 Isolierverglasung Floatglas 6 + 5 + 8 mm
2 Rahmen Hemlock
  5-fach verleimt 50/150 mm
3 Bodenaufbau:
  Estrich 50 mm, Folie mikroperforiert
  Estrich mit Heizrohren 50 mm
  Stahlbetonplatte 280 mm
4 Fassadenandichtung
  Aluminium-Strangpressprofil
  mit Dichtung EPDM
5 Pressleiste Aluminium-Strangpressprofil
6 Stahlbetonfertigteil 160 mm
  mit Beschichtung Polyurethan
7 Stahlrohr ⌷ 70/70/3 mm
8 Stoßfugenabdeckung
  Aluminium-Strangpressprofil
9 Kabelführung Stecksystem Aluminium
10 Prallscheibe ESG 6 mm
11 Aufbau Lüftungsflügel:
   Sperrholz mit Furnier Makoré 10 mm
   Rahmen Fichte mehrfachverleimt 60 mm
   bzw. PU-Hartschaumdämmung
   Sperrholz mit Furnier Makoré 6 mm
   Luftschicht 9 mm
   Sperrholz mit Furnier Makoré,
   abnehmbar 15 mm
12 Lüftungsklappe Kunststoff

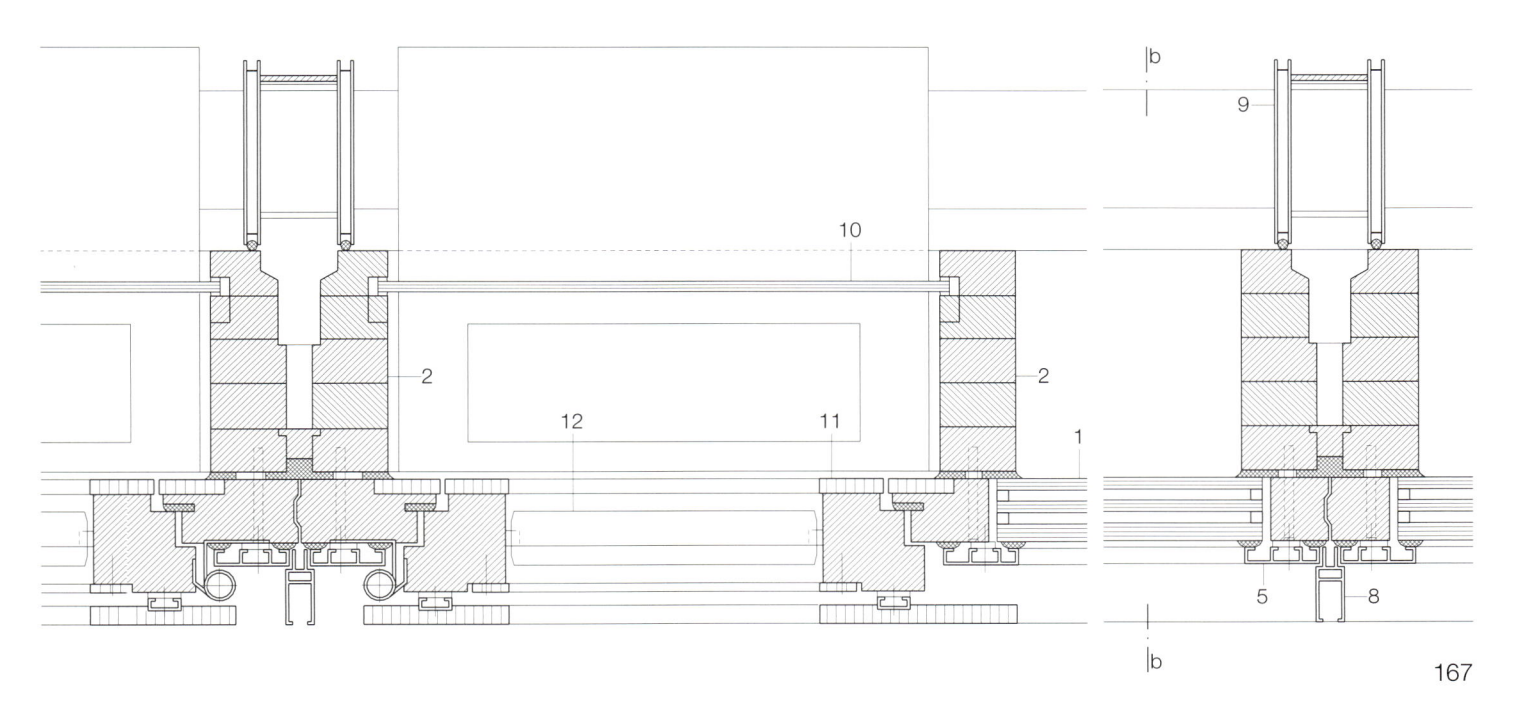

# Messehochhaus in Hannover

Architekten: Herzog + Partner, München

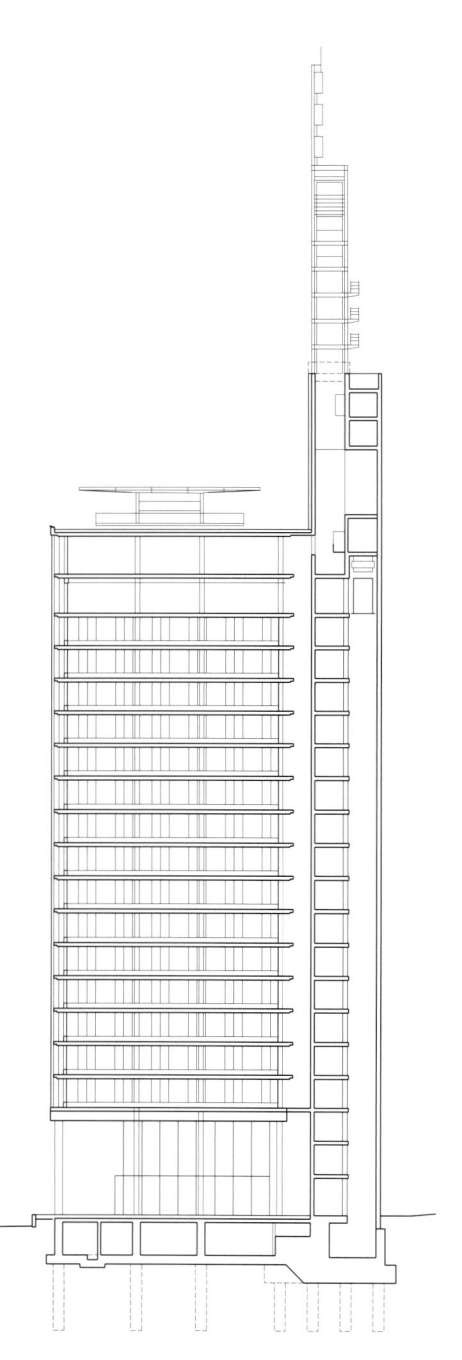

Mit einer Höhe von 85 Metern (ohne Lüftungsaufbauten) ist der neue Messeturm das höchste Gebäude Hannovers. Damit unterstreicht er nicht nur die Bedeutung der Messe für die Stadt, sondern schafft eine weithin sichtbare Landmarke zwischen dem Nordeingang des Messegeländes und dem nördlichen Ende eines großen Grünbereichs. Das Gebäude ist so platziert, dass die Blickbeziehung zwischen diesen wichtigen Freiräumen trotz der beengten Situation erhalten bleibt. Die Auslagerung der Erschließungskerne ermöglicht auf der Eingangsebene ein durchlässiges Foyer. In den 17 Obergeschossen kann die je 400 m² große Hauptnutzfläche als Großraum-, Kombi- oder Zellenbüro mit bis zu 20 gleichwertigen, natürlich belichteten Arbeitsplätzen genutzt werden. Die außen liegenden Erschließungskerne sind so angeordnet, dass sie die verglasten Süd- und Ostfassaden verschatten, was im Hinblick auf die Problematik von Überhitzung und Blendung besondere Bedeutung hat. Als Bekleidung wurden Ziegelplatten mit horizontal gerillter Oberfläche entwickelt. Die Beheizung und Kühlung der Räume basiert maßgeblich auf der thermischen Aktivierung der Gebäudemassen. Die massiven, unverkleideten Geschossdecken mit Verbund-Estrich dienen als Speicher für die im Estrich verlegte Bauteilheizung- und kühlung, wobei die weitgehend internen Wärmequellen ausreichen, um das Gebäude zu heizen. Im Sommer einfallende solare Strahlungswärme wird über die horizontal durchlaufende Doppelfassade direkt abgeführt. Über steuerbare Lüftungslamellen der äußeren Stahl-Glas-Fassade gelangt die Zuluft in den umlaufenden Korridor. Um erhöhte Transparenz zu erreichen und Farbveränderungen bei der Sicht nach draußen gering zu halten, wurde hier Weißglas eingebaut. Raumhohe Schiebefenster der innen liegenden Holzfassade ermöglichen die individuelle Lüftung in jedem Arbeitsraum. Bei geschlossenem Fenster übernehmen Auslässe im integrierten Sockelkanal diese Funktion. Die Abluft wird durch die natürlichen Auftriebskräfte abgesogen, wodurch der ergänzende mechanische Teil der Lüftung mit nur geringem Aufwand an Primärenergie betrieben werden kann.

Schnitt · Grundrisse
Maßstab 1:750

Prinzip der natürlichen Luftführung von außen nach innen über Korridorfassade

A Winter
B Übergangszeit
C Sommer

+ Winddruck
– Windsog
–o Fassadenöffnung
● Temperaturfühler
→ Außenluft, Fortluft
▶ Luftstrom in Korridorfassade
⋙ Zuluft, Abluft
●– Abluftschacht

A

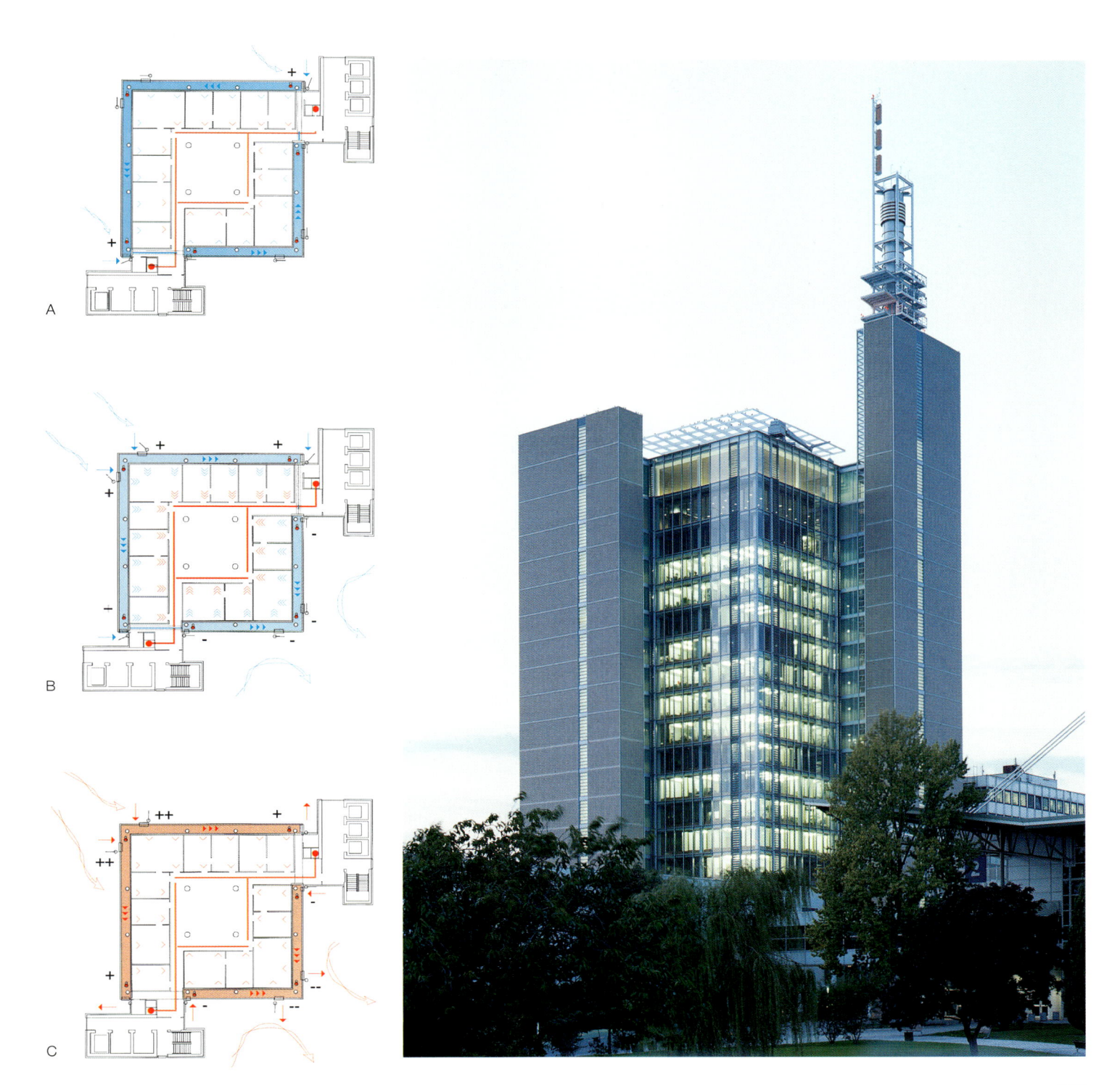

B

C

170

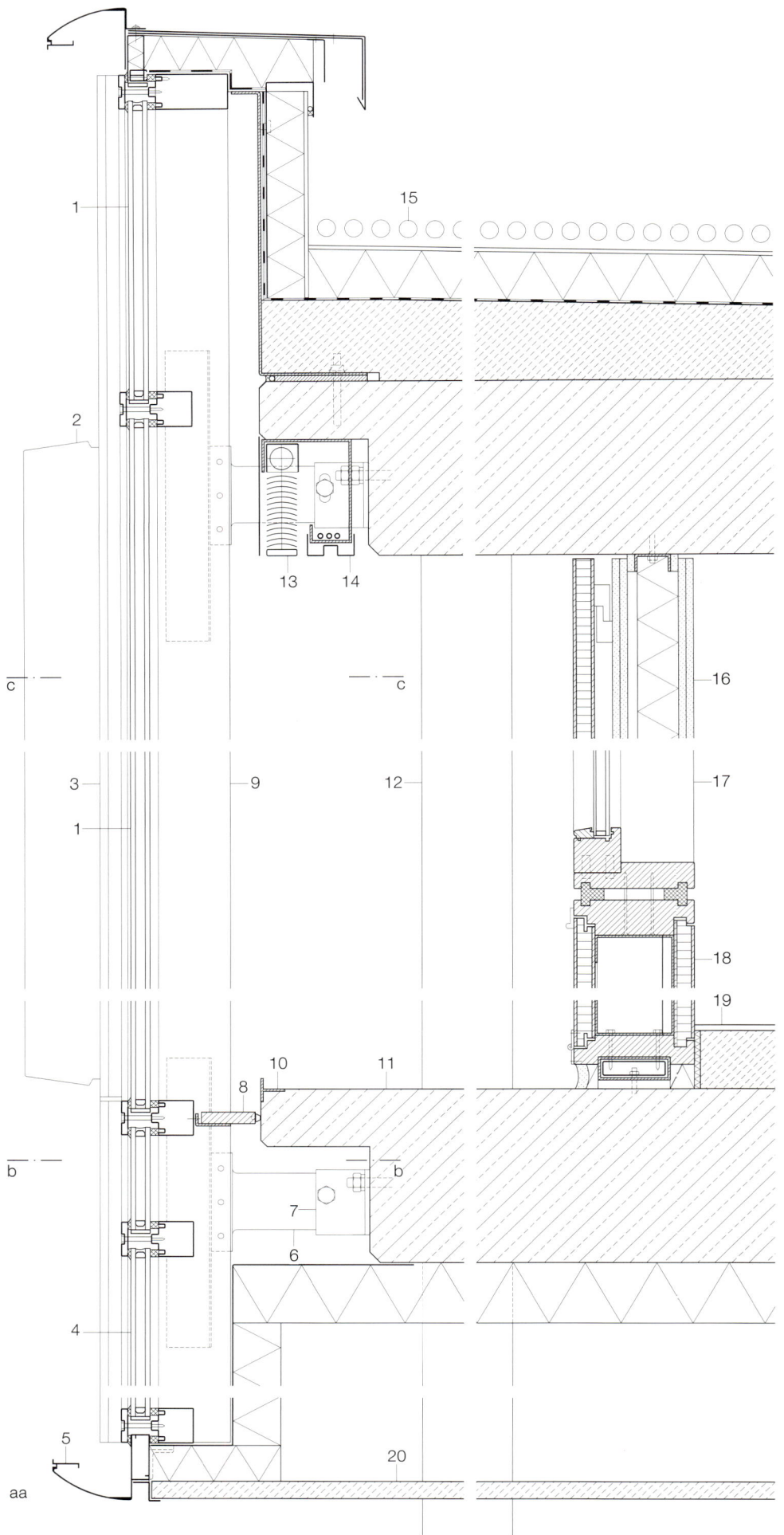

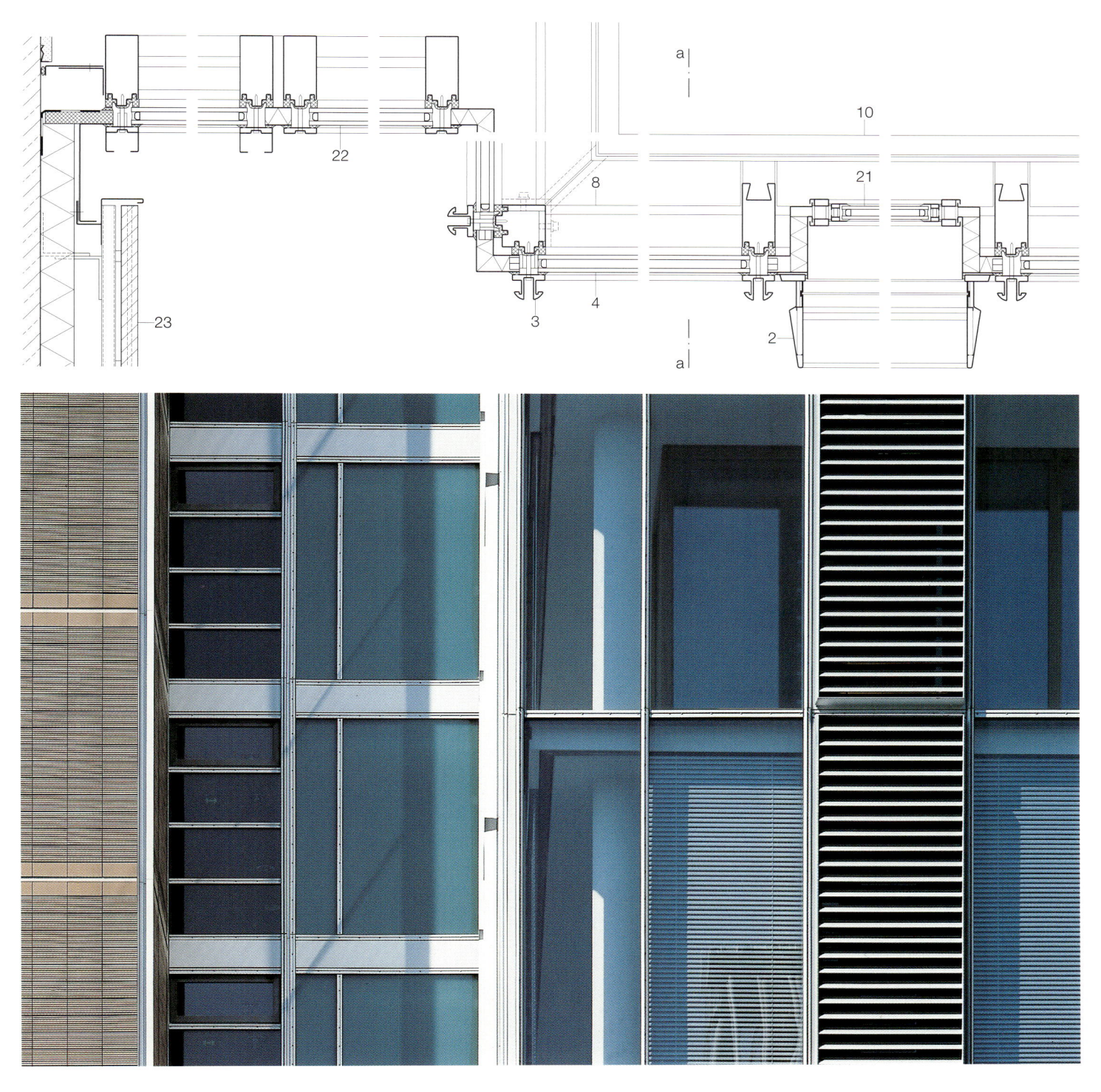

Detailschnitte    Maßstab 1:10

1   Verglasung Stahlfassade 8 + 16 + 8 mm
    U = 1,1 W/m²K,
    Weißglas
2   Lüftungselement Aluminium
    mit Wetterschutzlamellen
3   Deckleiste als Führungsschiene
    der Befahranlage
4   Verglasung Stahlfassade 8 + 16 + 8 mm
    U = 1,1 W/m²K,
    äußere Scheibe weiß bedruckt
5   Aluminiumprofil mit Entwässerungsöffnung
6   Aluminium-Gussteil beschichtet
7   Stahlprofil L 100/100/10 mm feuerverzinkt,
    weiß gestrichen, Verschraubung M 12
8   rauchdichter Fassadenanschluss,
    Hartholz 20 mm
9   Fassadenpfosten mit Befestigungsnut
10  Kantenfassung Stahlprofil T 40/40/4 mm
11  Stahlbetondecke 300 mm,
    oberflächenbeschichtet
12  Stahlbetonstütze Ø 500 mm
13  Sonnenschutzjalousie Aluminium
14  Kabelpritsche mit Abdeckblech Aluminium
15  Grobkies
    Wärmedämmung Hartschaum 80 mm
    ECB-Dachdichtungsbahn 2 mm
    Gefällebeton 120 mm–20 mm
    Stahlbetondecke 300 mm
16  nur im Technikgeschoss:
    furnierte Sperrholzplatte vor GK-Ständerwand
17  Holzfassade Hemlock mit Dickschichtlasur
    Verglasung 4 + 16 + 6 mm
18  Zuluftkanal Hemlock mit Revisionsöffnung
    und raumseitigem Luftauslass
19  Bodenbelag Büros:
    Teppichboden Velour
    Verbundestrich 100 mm mit Elektroinstallation
    und Leitungsschlangen für Bauteilkühlung
20  Decke Eingangshalle Glasfaserbeton 30 mm
21  Glaslamellen Lüftung Korridor
22  Flurverglasung 8 + 16 + 8 mm,
    innere Scheibe VSG
23  Fassade Aufzugskerne:
    Ziegelplatten 30 mm naturfarben,
    Oberfläche gerillt
    Hinterlüftung
    Wärmedämmung Hartschaum 60 mm
    Stahlbetonwand

1 Lüftungselement Aluminium
  mit Wetterschutzlamellen
2 Kabelpritsche mit Abdeckblech Aluminium
3 Lüftung Korridor, Glaslamellen
4 Stahlbetonstütze Ø 500 mm
5 Holzelementfassade Hemlock
  mit Dickschichtlasur
6 Festverglasung 4 + 16 + 6 mm, U=1,1 W/m²K
7 natürliche Lüftung Schiebefenster
8 mechanische Lüftung Sockelkanal
  mit Luftauslass
9 Revisionsöffnung Hemlockfurnier
  auf Sperrholz 35 mm
10 Verkleidung Hemlockfurnier
  auf Sperrholz 35 mm
11 textiler Blendschutz
12 Teppichboden Velours
  Verbundestrich 100 mm mit Elektroinstallation
  und Leitungsschlangen für Bauteilheizung

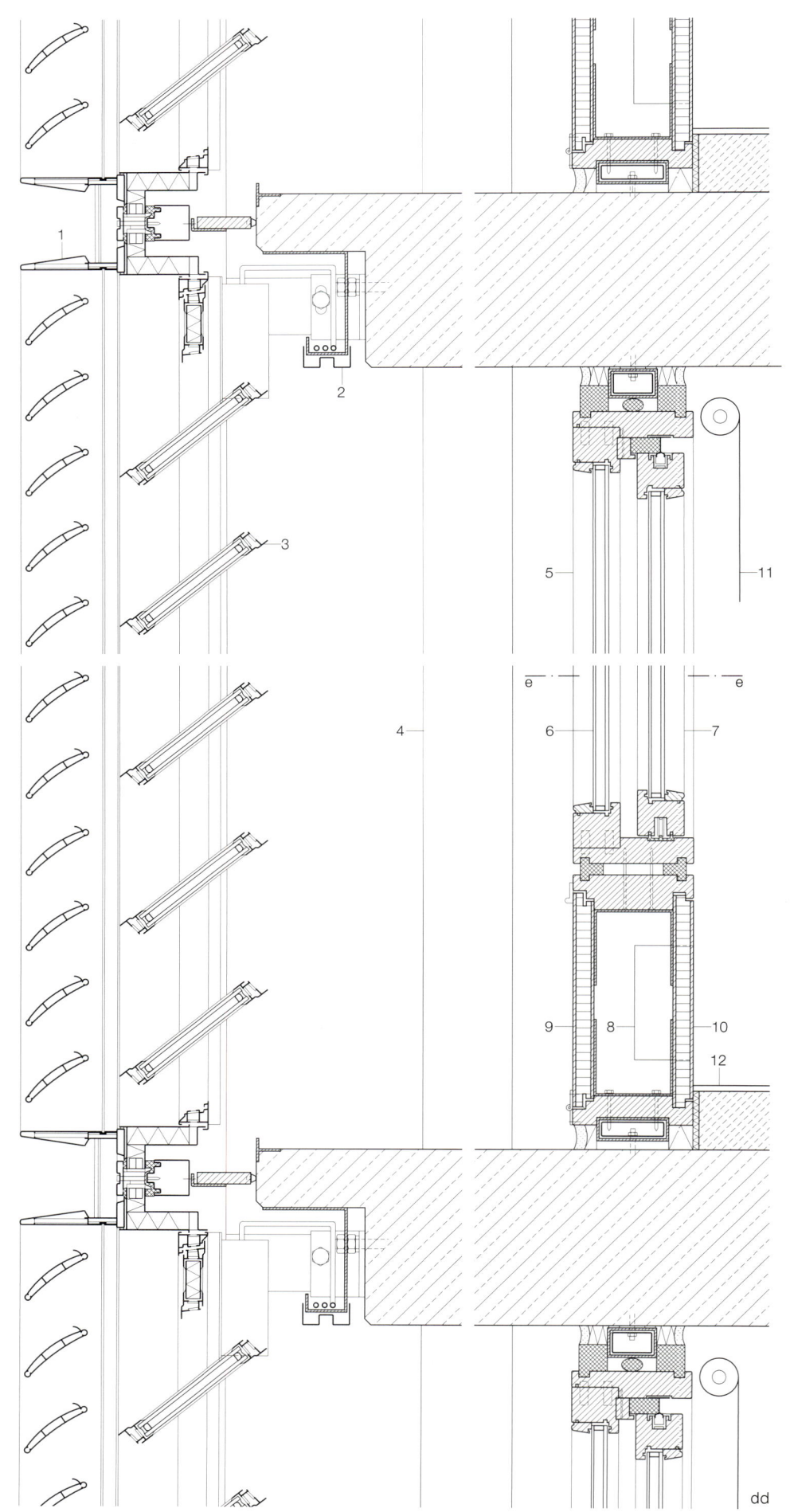

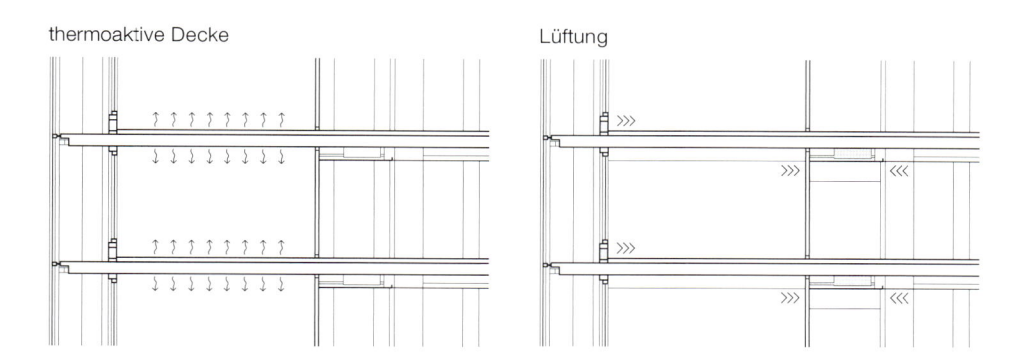

Diagramme Maßstab 1:200
Detailschnitte Doppelfassade Maßstab 1:10

thermoaktive Decke

Lüftung

Winter:
- Temperatur der im Estrich verlegten Rohre zur Heizung ca. 23 °C
  Raumtemperatur ca. 20 °C
- warme Zuluft mechanisch über Brüstungskanal,
  kühle Zuluft natürlich über Fensterlüftung

Sommer:
- Temperatur der im Estrich verlegten Rohre zur Kühlung ca. 21 °C
  Raumtemperatur ca. 26 °C
- kühle Zuluft mechanisch über Brüstungskanal,
  warme Zuluft natürlich über Fensterlüftung

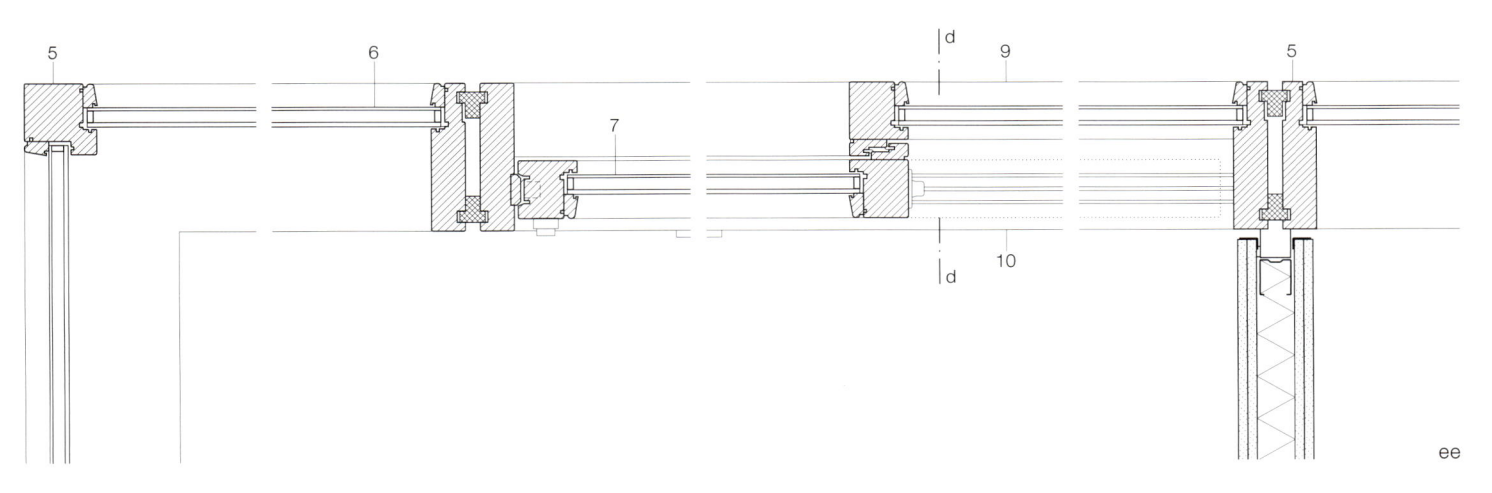

ee

## Verwaltungsgebäude in Berlin

Architekten: Sauerbruch Hutton Architekten, Berlin/London

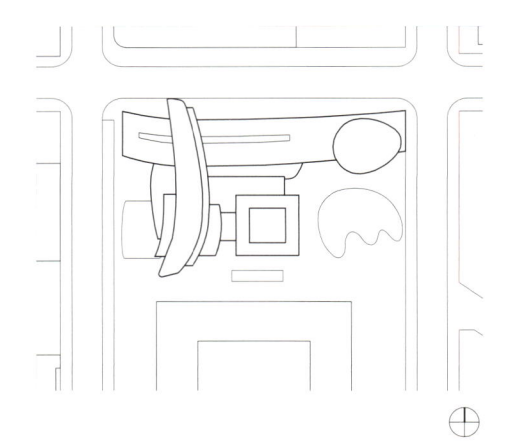

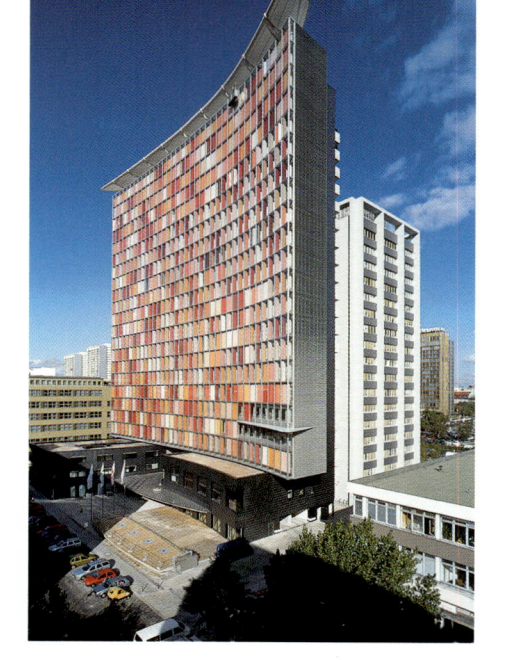

Eine konkave Hochhausscheibe ist dominierender Baukörper des von Sauerbruch Hutton Architekten erweiterten GSW-Komplexes im einstigen Zeitungsviertel der Berliner Friedrichstadt. Um das bestehende Punkthochhaus aus dem Jahre 1961 ist ein Gebäude-Ensemble entstanden, das durch seine Formensprache deutlich gegenüber der umgebenden Bebauung hervor tritt. Das Hochhaus erhebt sich über einem dunkelgrauen, gefliesten Baukörper, der das Grundstück zur Straße hin abschließt. Ein aufgesetztes Oval markiert das Ende dieses niedrigeren Riegels. Gleichzeitig reagiert der Baukörper, dessen Brüstungszonen farbig abgesetzt sind, mit seiner Höhe von 22 m auf die klassische Berliner Traufhöhe. Blickfang des Ensembles ist jedoch die Westfassade der Hochhausscheibe mit ihren in Rot- und Orangetönen gehaltenen Sonnenschutzlamellen. Gemeinsam mit der Ostfassade ist sie wesentliches Element des für den Verwaltungsbau entwickelten Energiekonzeptes. Durch die bewusst schmalen Grundrisse und die zweischalig, als thermische und akustische Puffer ausgeführten Glasfassaden konnte nicht nur eine optimale Nutzung des Tageslichts ermöglicht, sondern auch auf die Installation einer Klimaanlage verzichtet werden.
An der Ostfassade wird den einzelnen Geschossen Frischluft zugeführt. In der doppelschaligen Vorhangfassade sind dafür Lüftungselemente vorgesehen, die außen mit Lamellenblechen abgedeckt, innen über Dreh- oder Kippflügel zu öffnen sind. Durch den natürlichen Luftauftrieb in der ebenfalls zweischaligen Westfassade wird über nach außen kippbare Fenster verbrauchte Luft in Lüftungskanälen angesogen und abgeführt. Bei den Kombi-Büros wird dies durch ein ausgeklügeltes System in den inneren Trennwänden ermöglicht, das Luft durchlässt, Schall jedoch absorbiert.
Das sogenannte Winddach, ein über der Hochhausscheibe liegender aerodynamischer Flügel, erhöht die Sogwirkung der Westfassade. Ihre flexiblen Elemente sind individuell regulierbar und mit einem zentralen Steuerungssystem verbunden. Die innere Schicht beider Fassaden ist isolierverglast, die äußere Hülle ist mit Einscheibensicherheitsglas ausgefacht – auf der Ostseite im Brüstungsbereich mit weiß emailliertem Glas.
Zwischen den Fassadenschichten ist windgeschützt der Sonnenschutz integriert: auf der Ostseite eine Jalousie, auf der Westseite perforierte, dreh- und verschiebbare Aluminiumbleche. Während die Ostfassade betont schlicht gehalten ist, bietet die Westfassade mit ihren farbigen Sonnenschutzlamellen im Berliner Stadtraum ein lebendiges Bild, das durch die geschwungenen Formen des Ensembles noch unterstrichen wird.

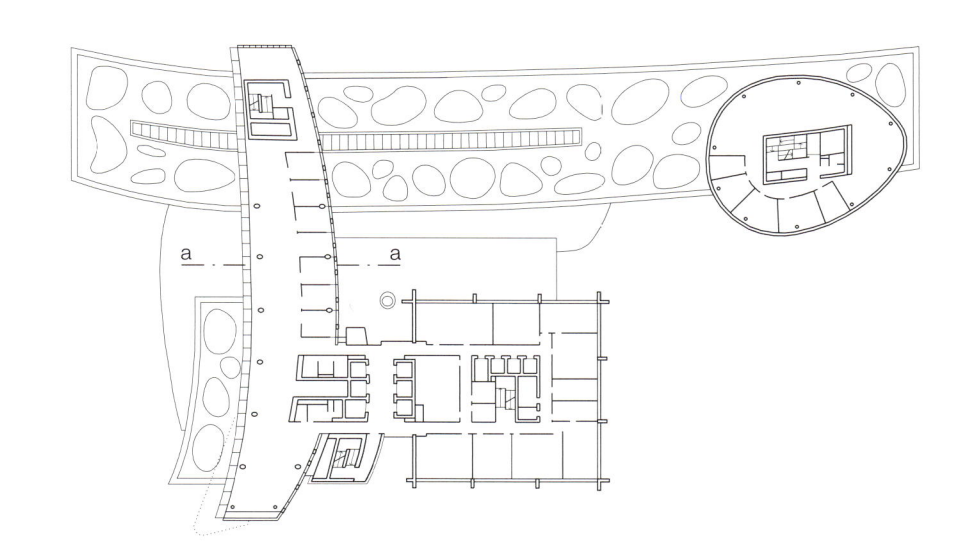

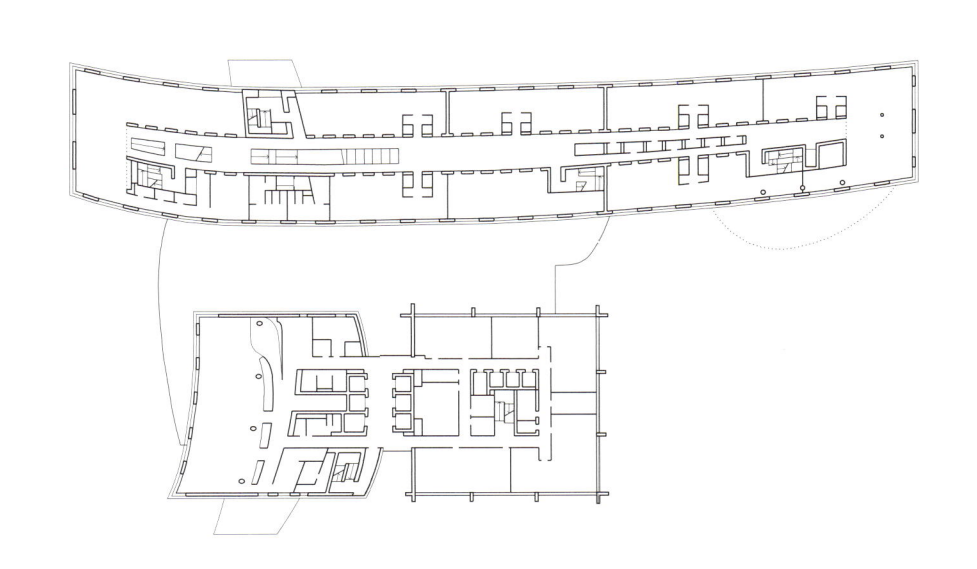

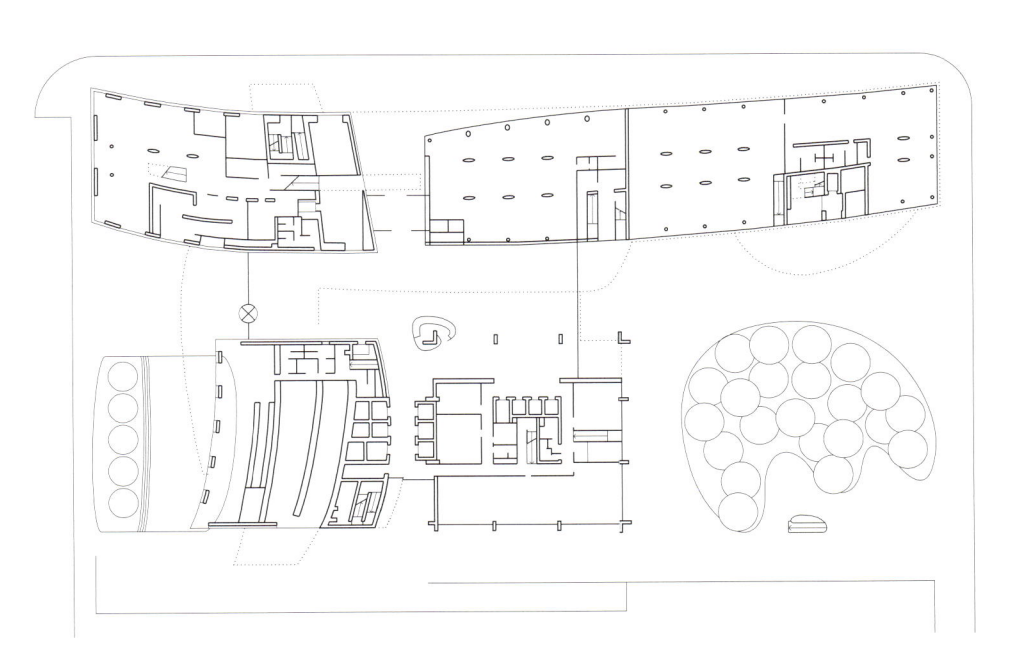

Lageplan
Maßstab 1:3000

Grundrisse
Maßstab 1:1000
Regelgeschoss
1. Obergeschoss
Erdgeschoss

175

aa

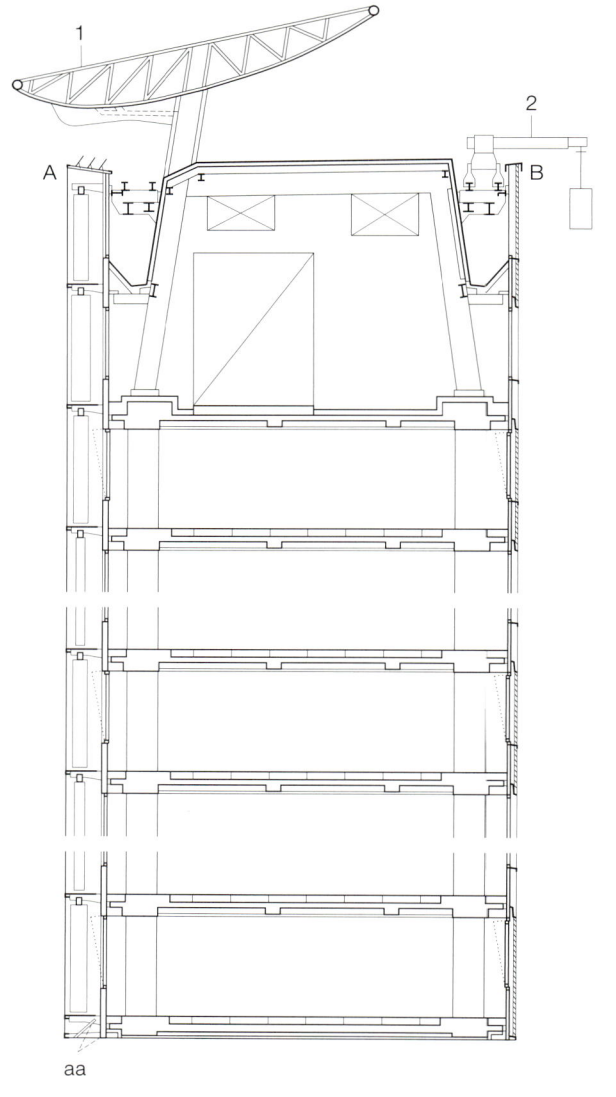

Schnitt  Maßstab 1:200

1 Winddach:
  Stahlkonstruktion
  textile Membran an Unterseite
2 Fassadenbefahranlage

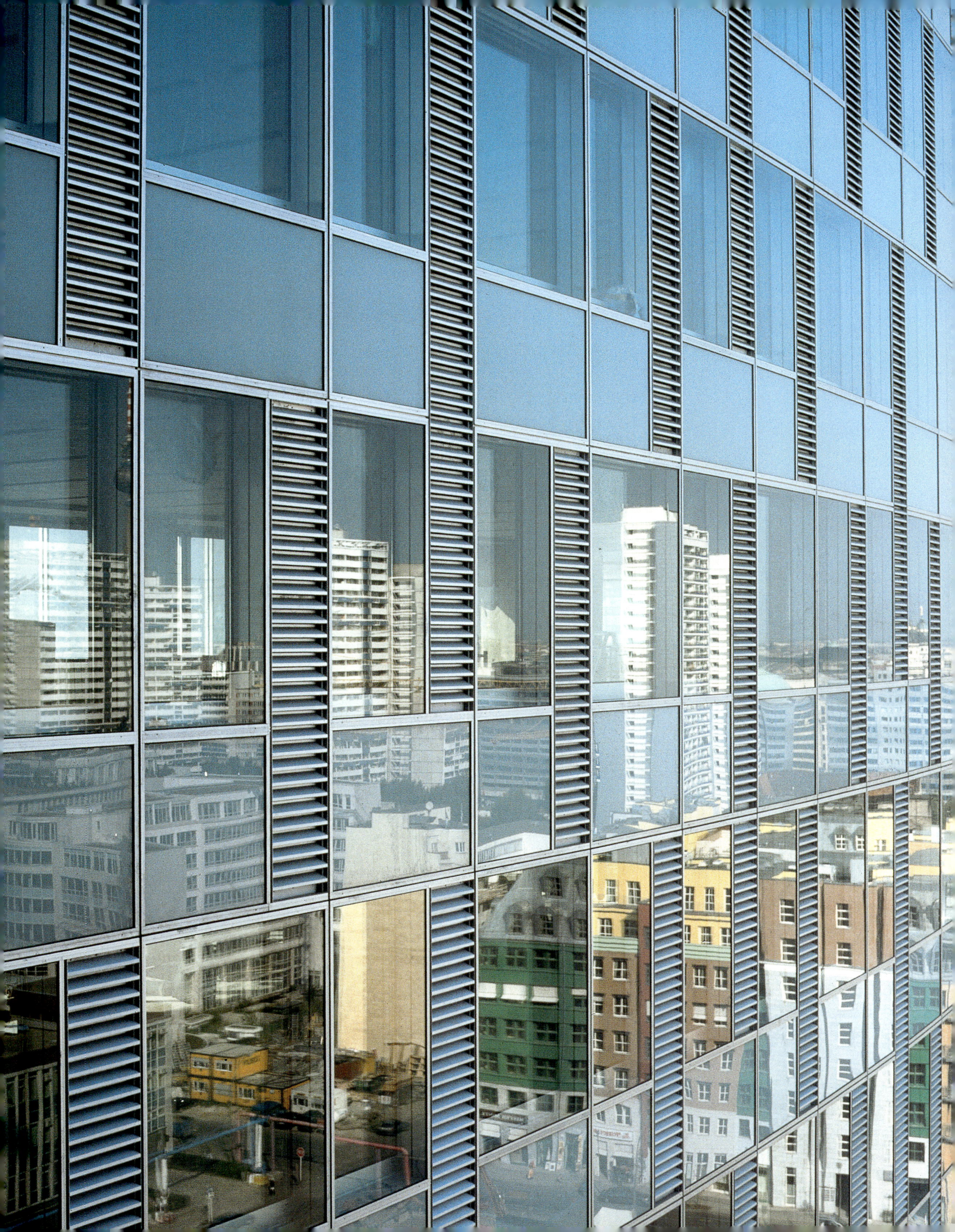

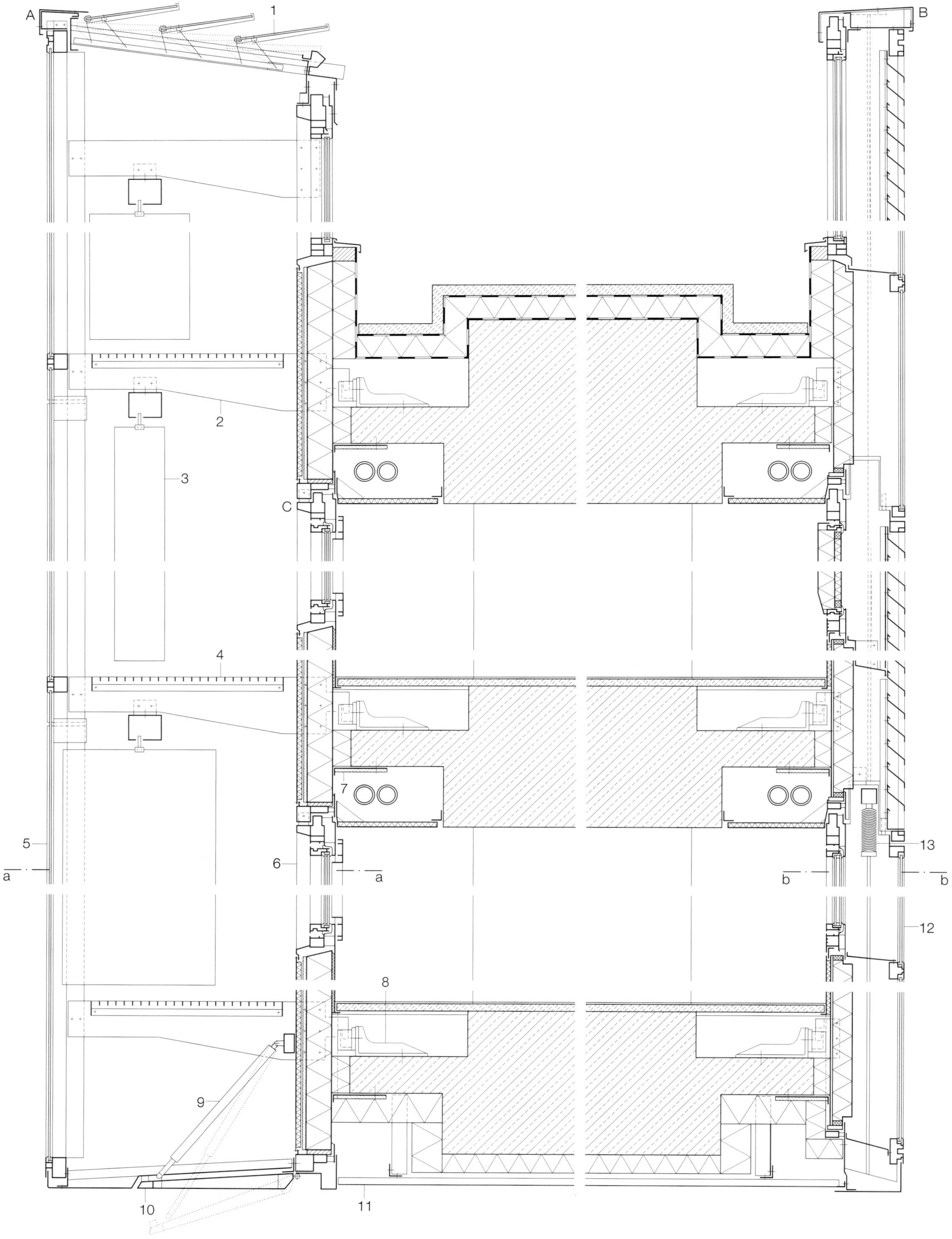
A
1
B
2
3
C
4
5
6
7
a
a
b
b
13
12
8
9
10
11

Westfassade · Ostfassade
Vertikalschnitte
Horizontalschnitte
Maßstab 1:20
Westfassade Fensterdetails
Maßstab 1:5
1 Abluftklappen Glaslamellen
2 Stahlkragarm der Gebäudekrümmung
  entsprechend abgewinkelt
3 Sonnenschutzläden 600/2900 mm
  Aluminium-Lochblech 1,5 mm drehbar
  und seitlich verschiebbar
4 Gitterrost
5 Sekundärfassade Westseite:
  Aluminium-Strangpressprofile,
  Ausfachung ESG 10 mm, 1800/3300 mm
6 Primärfassade Westseite:
  vorgehängte Elemente aus Aluminium-
  Strangpressprofilen 1800/3250 mm,
  zwischen Decke und Brüstung isolierverglaste Fenster 6 mm + SZR 14 mm + 8 mm
  Brüstung: Aluminium-Lochblech 2 mm
  mineralische Dämmung vlieskaschiert 20 mm
  Brandschutzplatte 18 mm auf
  Stahlunterkonstruktion mit integrierter
  Wärmedämmung 100 mm
  Dämmplatte 12 mm raumseitig vlieskaschiert
  Aluminium-Lochblech 2 mm
7 Brandschutzplatte 15 mm
  auf Stahlblech 3 mm
8 Stahlguss-Konsole feuerverzinkt
9 Spindelantrieb
10 Zuluftklappe Aluminiumblech 3 mm
11 Aluminium-Paneel
12 Ostfassade:
   doppelschalige vorgehängte Elemente
   aus Aluminium-Strangpressprofilen
   1800/3250 mm
   äußere Ebene: ESG 10 mm
   im Brüstungsbereich ESG weiß emailliert,
   in jedem zweiten Element
   geschosshohe Aluminium-Lüftungslamellen
   innere Ebene: zwischen Decke
   und Brüstung
   isolierverglaste Fenster
   6 mm + SZR 14 mm + 8 mm,
   hinter Lüftungslamellen geschlossene
   Öffnungsflügel
   Brüstung:
   Brandschutzpaneel
   mit integrierter Wärmedämmung 80 mm
   mineralische Dämmung vlieskaschiert 20 mm
   Aluminium-Lochblech 2 mm
13 Jalousie
14 Pfostenprofil Aluminium
   mit integrierter Führungsnut
   für Fassadenbefahranlage

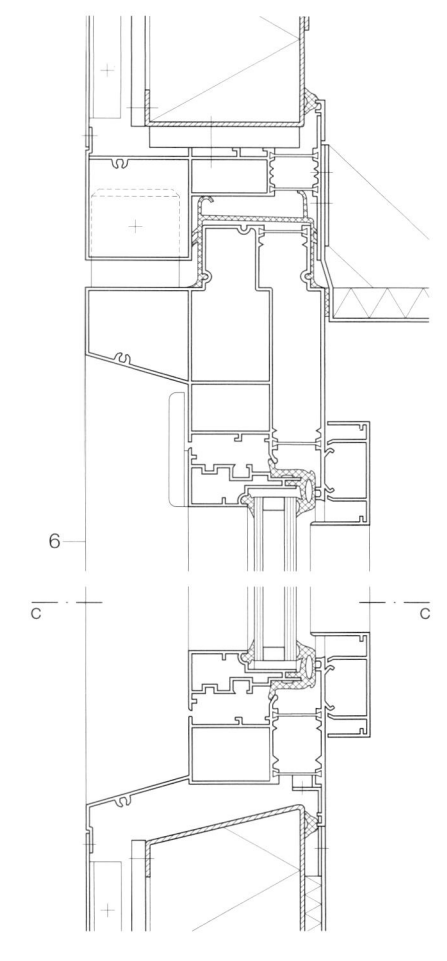

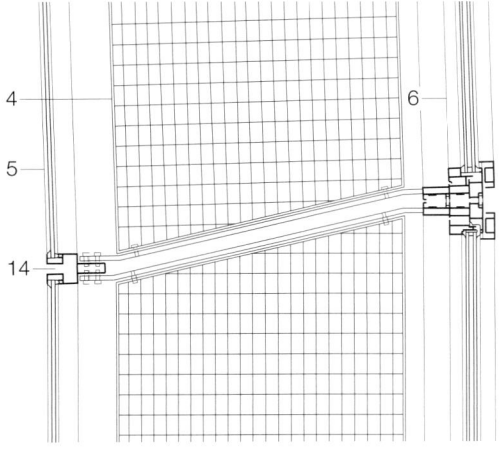

aa 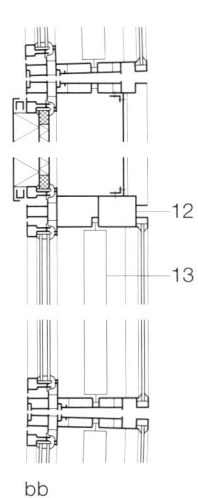   bb 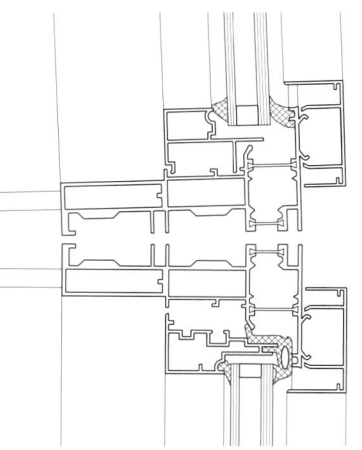   cc

Niedrigenergiekonzept
Das weitgehend passive Konzept (low-tech) wurde mit Hilfe diverser Simulationsprogramme verfeinert (high-tech). Darüber hinaus ist das Gebäude zweimal im Windkanal des Department of Aerospace Engineering in Bristol analysiert worden.
Mit Hilfe der Ergebnisse dieser Analysen soll Heizungs-, Lüftungs- und Beleuchtungsenergie in wesentlichem Umfang eingespart und die Aufenthaltsqualität im Gebäude mit natürlichen Mitteln optimiert werden. Der angestrebte Standard ist mit einem technischen Klimatisierungs-, Lüftungs- und Beleuchtungskonzept vergleichbar.

1 Optimierung der Tagesbelichtung
Durch eine großzügige Verglasung der gesamten Fassade wird die Tagesbelichtung der Büroflächen optimiert. Der Grundriss des Gebäudes ist relativ schmal, so dass die natürliche Belichtung der Arbeitsplätze fast das ganze Jahr hindurch gewährleistet ist.

2 Ausbildung von Pufferzonen
Durch Pufferzonen in Form von zweischichtigen Fassaden an Ost- und Westseite werden die Transmissionswärmeverluste minimiert. Die Ostfassade verfügt über eine ca. 20 cm tiefe, geschossweise hinterlüftete Doppelhaut. Die Westseite ist über die ganze Fläche als Konvektionsfassade ausgebildet. Der für die Luftführung vorgesehene Raum zwischen der isolierverglasten Innenseite und der einfachverglasten Außenseite ist 1 m tief.

3 Ausnutzung der Speichermassen
Die Decken des Gebäudes sind generell ohne Verkleidung ausgeführt, um die Masse des Stahlbetontragwerks zur positiven Beeinflussung des Raumklimas einzusetzen.
3a im Sommer
Insbesondere im Sommer wird die thermische Trägheit des massiven Materials genutzt, um die anfallenden Wärmegewinne aufzunehmen und das Gebäude, das über Nacht durch natürliche Querlüftung abkühlt, tagsüber länger kühl zu halten.
3b im Winter
Ebenso kann im Winter die im Laufe der Nacht aufgenommene Wärme tagsüber an den Raum abgegeben werden.

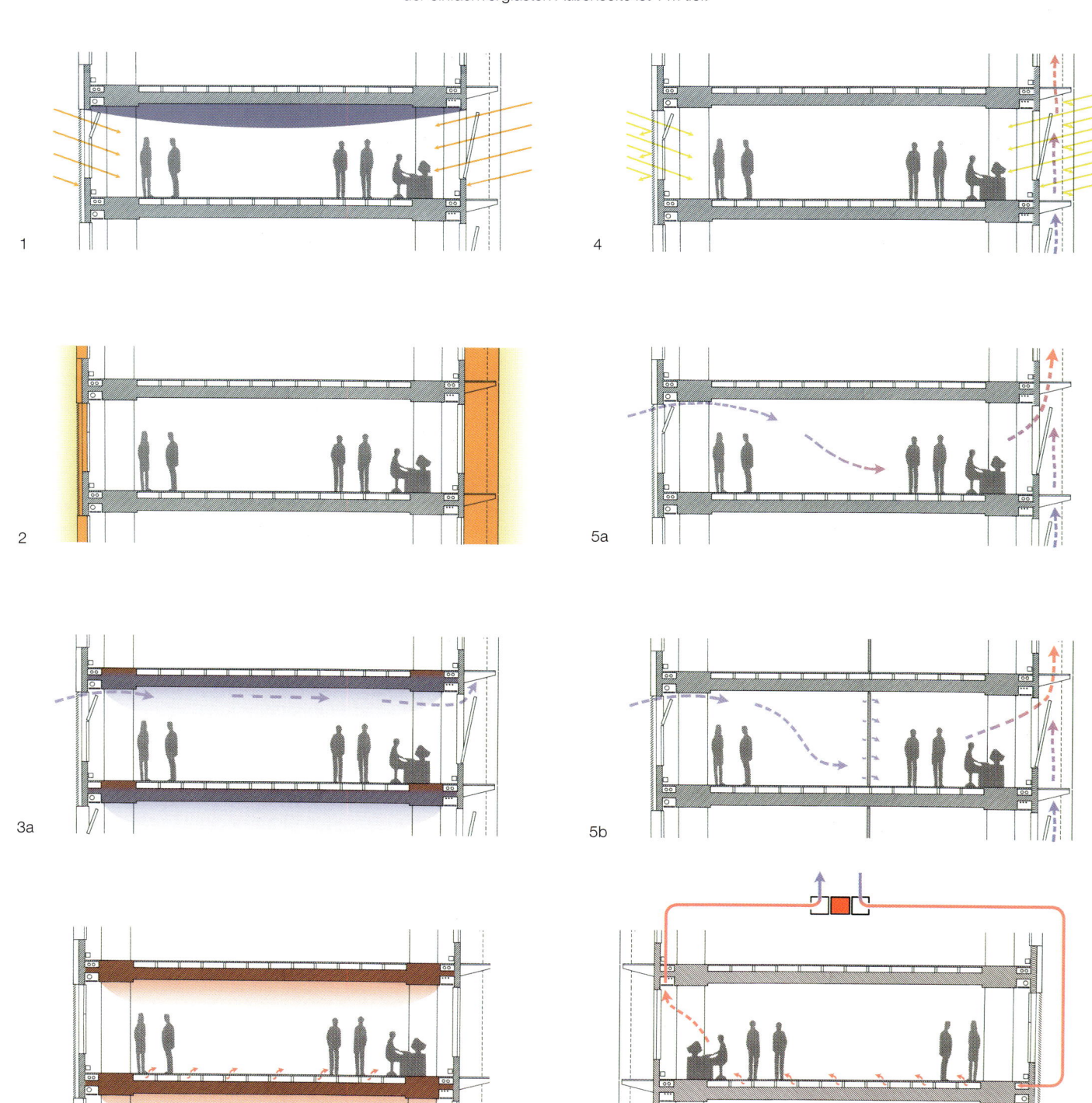

4  Effektiver Sonnenschutz
Zwischen den Schichten der zweischaligen Ost- und Westfassade sind bewegliche Sonnenschutzelemente angeordnet. Diese Elemente können wie die Fensteröffnungen der Fassade von jedem Nutzer individuell, aber auch zentral gesteuert werden.

5  Natürliche Querlüftung
5a  Großraum
5b  Kombi-Büro
Der in der Konvektionsfassade durch natürlichen Wärmeauftrieb entstehende Unterdruck wird benutzt, um frische Luft durch das Gebäude hindurch zu ziehen. Wenn Fenster auf der Ost- bzw. Westseite geöffnet werden, strömt frische Luft von Ost nach West durch das Gebäude.

Diese Luftbewegung ist aufgrund der durch Klappen regelbaren, gleichmäßigen Druckverhältnisse in der westlichen Doppelfassade von Außenbedingungen weitgehend unabhängig und garantiert Luftwechselraten, die mit mechanischen Lüftungen vergleichbar sind.

6  Wärmerückgewinnung
Da im Winter die Außenluft für natürliche Belüftung zu kühl, bzw. der Wärmebedarf zur Heizung der Außenluft zu hoch ist, wird eine zentrale mechanische Lüftungsanlage vorgehalten. Sie erlaubt die Wiedergewinnung der Abluftwärme und senkt damit entsprechend den Heizbedarf.

Winddach
Das sogenannte Winddach ist als Resultat der Gebäudesimulation sowie der zwei Windkanaltests entstanden. Wie ein Schirm schützt es die nach oben offene Konvektionsfassade vor Regen und leitet die Windströme.
Wenn der Wind aus westlichen Richtungen weht (Hauptwindrichtung), wird er durch die Form des Daches direkt über die Oberkante der Abluftfassade geleitet. Durch das Profil des Daches wird der Wind beschleunigt und der Unterdruck in der Fassade erhöht (Venturi-Effekt), so dass deren natürliche Konvektionswirkung unterstützt wird. Weht der Wind in Längsrichtung des Gebäudes, wird Überdruck in der Fassade verhindert, indem der Luftstrom durch am Winddach angebrachte »Windflossen« verwirbelt wird.

## Bibliothek in Delft

Architekten: mecanoo architecten, Delft

Die Bibliothek ist als Teil der Landschaft konzipiert, um von einem dominanten Betonbau aus den 60er-Jahren optisch Distanz zu halten. Sie schiebt sich wie ein Keil unter die Rasenfläche und bietet auf ihrer vom Geländeniveau aus ansteigenden, begrünten »Schale« – eine Betonplatte auf Stahl-Beton-Stützen – einen öffentlichen, extensiv begrünten Freiraum, nutzbar als Sitz- und Liegefläche: Hülle und Landschaft sind nahtlos miteinander verzahnt.

Die Dachlandschaft fällt hinter ihrem höchsten Punkt über dem fünften Obergeschoss bis zum östlichen Rand, der von einer Reihe schlanker Stahlstützen getragen wird, leicht ab. Dagegen zurückgesetzt liegt die geneigte Fassadenebene – eine Glasfront, welche alle drei Seiten der Bibliothek umfasst. Die grüne Gebäudedecke durchdringt ein Oberlichtkegel, der natürliches Licht in die zentrale Halle führt. Technische Aufbauten sind auf dem Dach nicht vorhanden, da das Grundwasser als Energieträger für die Klimatisierung dient. Die Speichermasse der Betondachplatte und die Verdunstung des Regenwassers aus der Vegetationsschicht unterstützen die Kühlung. Auch die Konstruktion der zweischaligen Glasfront dient der natürlichen Temperaturregelung. Ihr Zwischenraum wird durch Luftzufuhr am Sockel und Absaugung an der Decke gekühlt.

Schnitt · Grundriss
Maßstab 1:1250

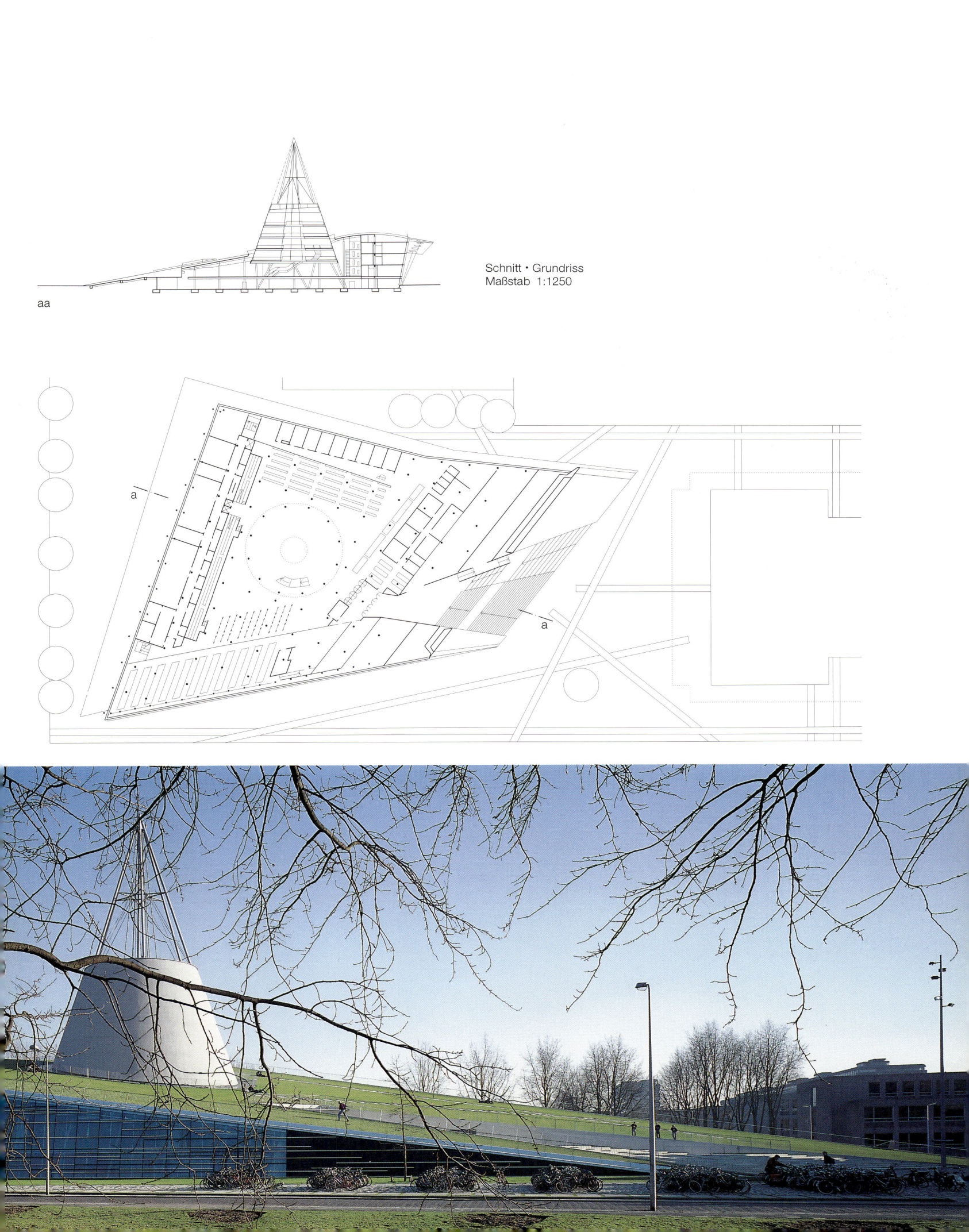

aa

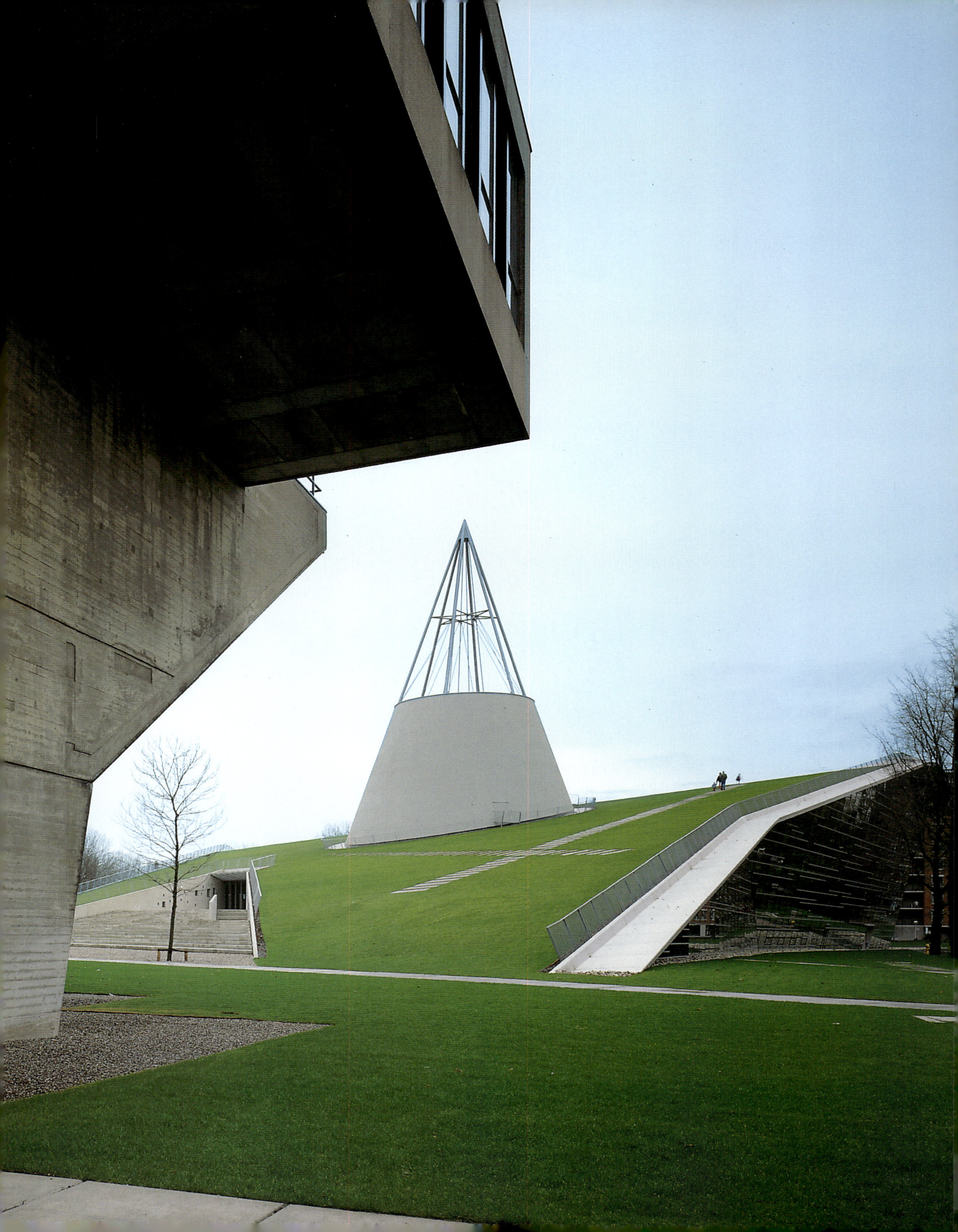

Fassadenschnitt  Maßstab 1:20

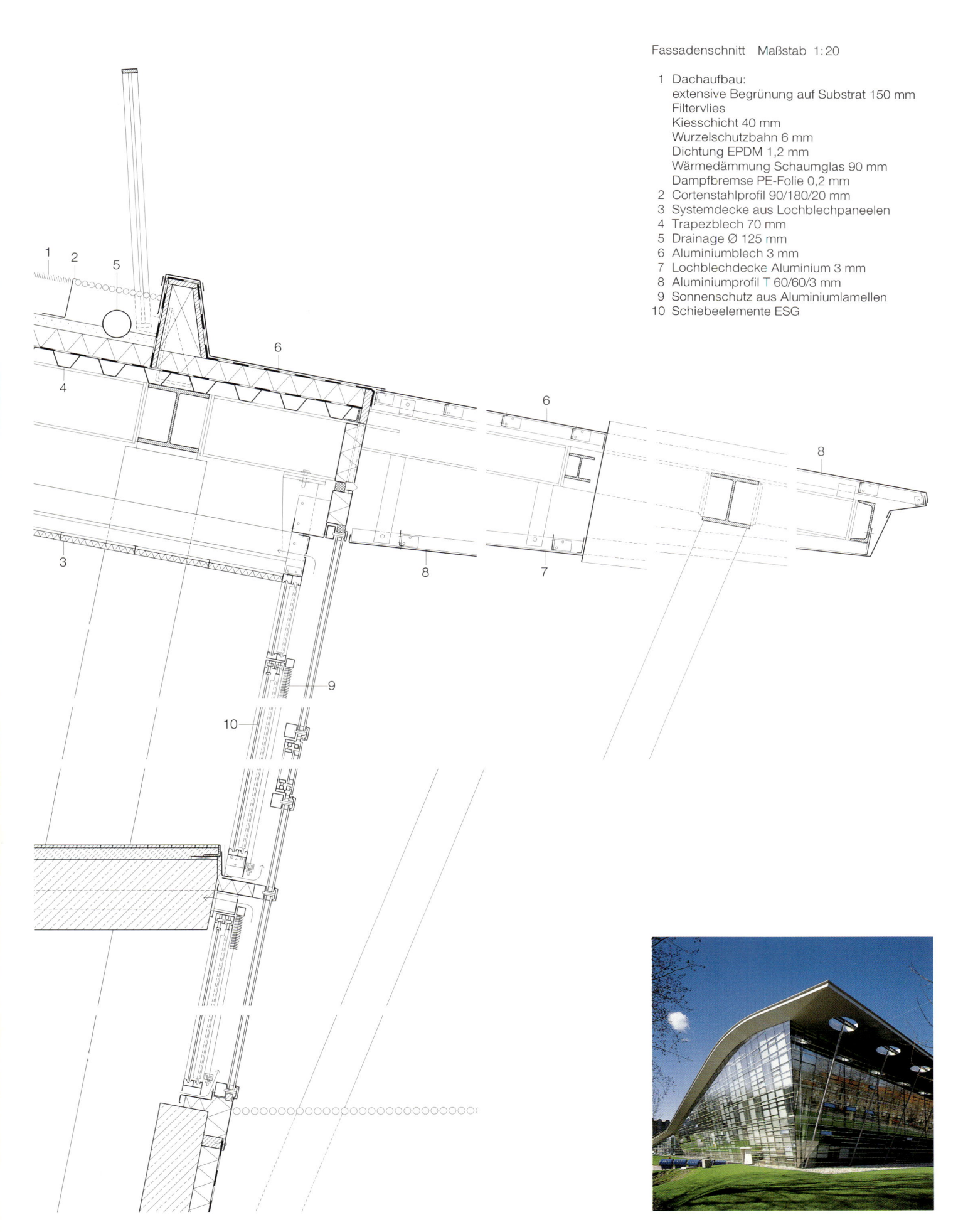

1 Dachaufbau:
  extensive Begrünung auf Substrat 150 mm
  Filtervlies
  Kiesschicht 40 mm
  Wurzelschutzbahn 6 mm
  Dichtung EPDM 1,2 mm
  Wärmedämmung Schaumglas 90 mm
  Dampfbremse PE-Folie 0,2 mm
2 Cortenstahlprofil 90/180/20 mm
3 Systemdecke aus Lochblechpaneelen
4 Trapezblech 70 mm
5 Drainage Ø 125 mm
6 Aluminiumblech 3 mm
7 Lochblechdecke Aluminium 3 mm
8 Aluminiumprofil T 60/60/3 mm
9 Sonnenschutz aus Aluminiumlamellen
10 Schiebeelemente ESG

# Japanischer Pavillon in Hannover

Architekten: Shigeru Ban Architects, Tokio

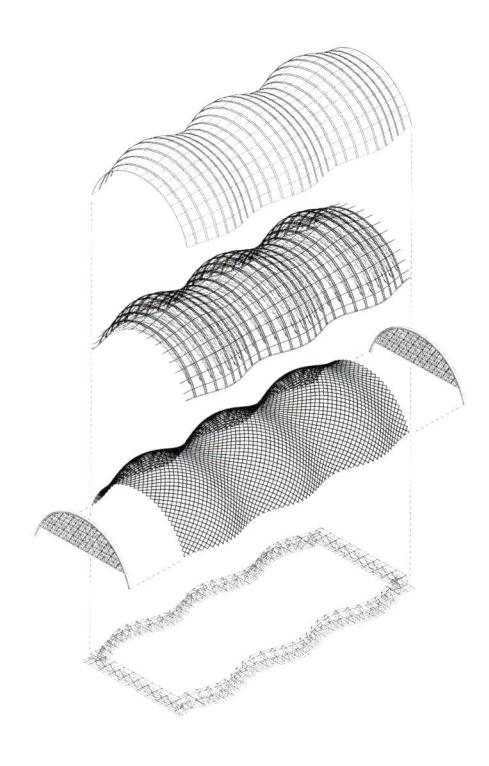

Shigeru Bans Projekte sind gebaute Experimente. Der Architekt ist bekannt für sein Arbeiten mit ungewöhnlichen Materialien, die er immer wieder auf verblüffende Weise in die Architektur integriert. Dies trifft auch auf den Japanischen Pavillon auf der EXPO 2000 zu. Überwiegend aus Papier konstruiert, konnte er am Ende der Weltausstellung demontiert und vollständig recycelt werden. Die sensible Konstruktion betont den ephemeren Charakter des Pavillons, der in seiner Ausführung einen wunderschönen, aber vergänglichen, von einer filigranen Gebäudehülle gefassten Raum ergeben hat. Die Gitterschale der Haupthalle war mit verschnürten Pappröhren aus Altpapier konstruiert, während die Giebelseiten aus seilverspannten Kartonwabengittern bestanden. Als Dachhaut wurde eine fünfschichtige, brand- und wasserfeste Papiermembran speziell für dieses Projekt entwickelt. Aufgrund des starken Kriechverhaltens von Papier musste die Konstruktion durch gebogene Holzleitern verstärkt werden, welche zusammen mit ihren Stahlabspannungen die Lastabtragung übernehmen konnten. Aus Brandschutzgründen forderte die Baubehörde, die Papiermembran mit einem zusätzlichen PVC-Gewebe zu überziehen. Im Bereich der Holzleitern war nur diese transparente Schicht aufgebracht, wodurch die Hülle mit helleren Lichtbögen gegliedert wurde. Textile Baustoffe bestimmten den Innenausbau. Über eine Rampe konnte der Besucher in den eigentlichen Ausstellungsbereich »abtauchen«, der unter einer transparenten Baumwolldecke lag. Die Spitzen der »Inseln« des Ausstellungsparcours ragten aus der durchsichtigen Decke heraus und wirkten von oben gesehen wie die Steinsetzungen eines japanischen Gartens, eingetaucht in das sanfte Licht, das durch die transluzente Haut in den Innenraum fiel.

Axonometrie ohne Maßstab:
Membrane
Holzleiterbögen mit Abspannung
Pappröhren-Gitterschale
mit Giebelwänden aus Kartonwaben
oberirdisches Fundament,
Stahlkonstruktion mit Sand gefüllt

Grundriss · Schnitte
Maßstab 1:1000

1 Eingang
2 überdachte Wartezone
3 Verwaltung
4 Rampe
5 begrünte Laube
6 Ausstellungsinseln

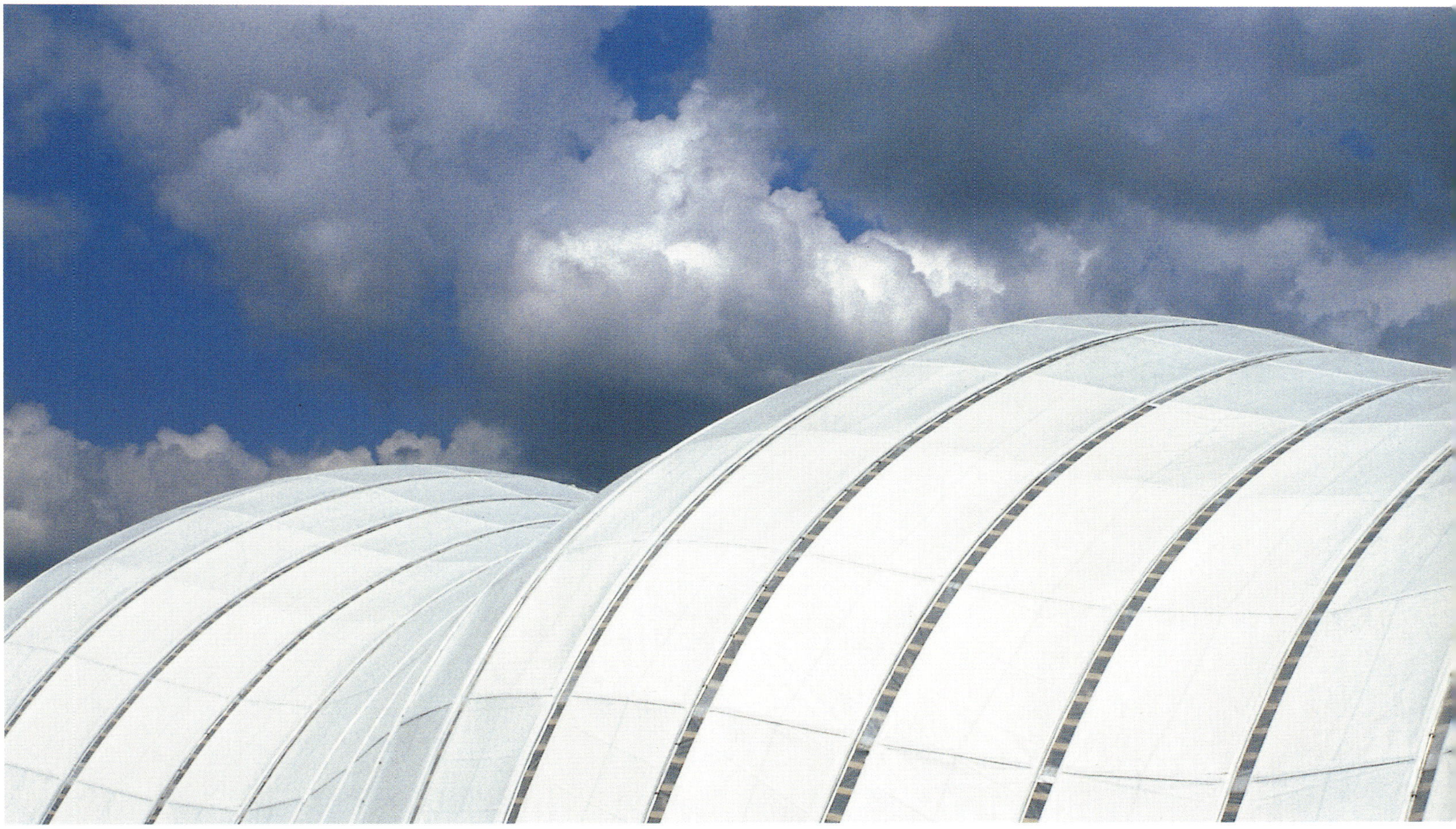

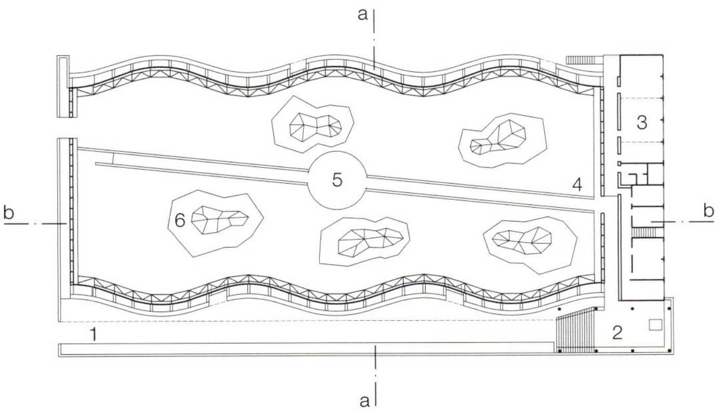
a
3
5
4
b
6
b
1
2
a

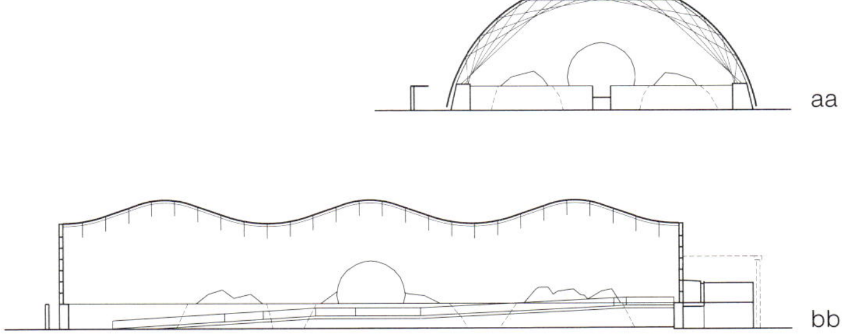
aa
bb

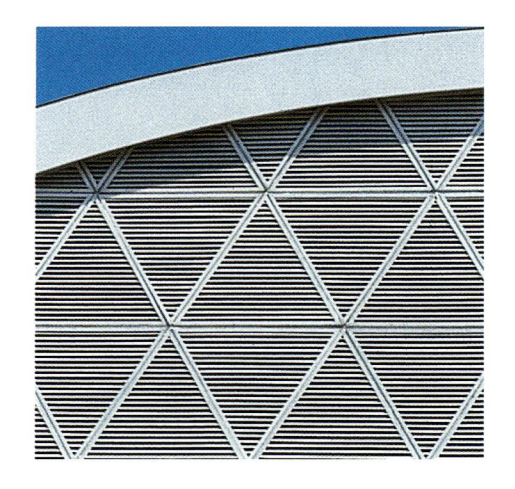

Giebelwand
Schnitt · Außenansicht
Maßstab 1:20

1 Papprohr mit Acryllackierung Ø 120/22 mm
2 Rundholzeinsatz Ø 76 mm
3 Verschraubung M12
4 Untergurt des Randbogens Kiefer 60/700 mm
5 Membran, Sperrholz 30 mm
6 EPDM-Lappen
7 Holzlamellen gestrichen
8 Holzleisten Kiefer gestrichen 30/19 mm
9 dauerelastische Versiegelung
10 Spannseil Edelstahl Ø 12,5 mm
11 Knoten Stahlrohr verzinkt Ø 139,8/9,5 mm
12 Waben aus Karton 30 mm
13 Polyestergewebe, PVC-beschichtet 0,89 mm,
   Papiermembran, fünfschichtig 0,52 mm
14 Gerüstbohlen 250/40 mm
15 Fundament Stahlkonstruktion

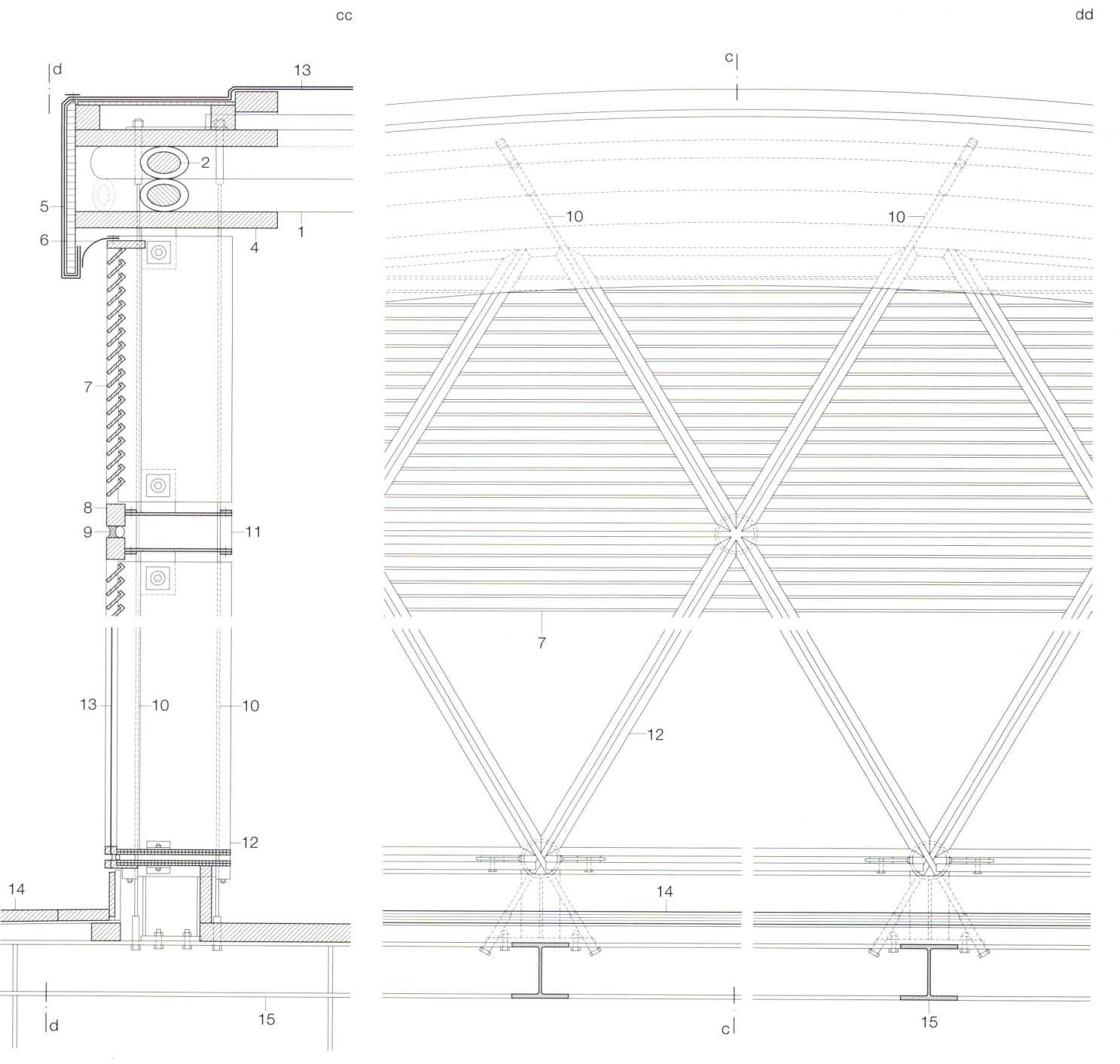

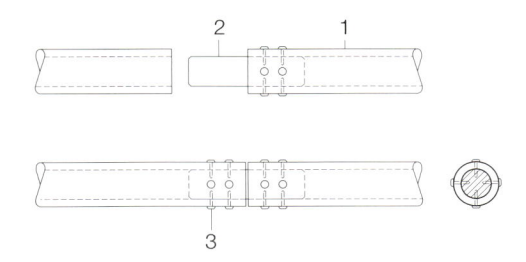

Steckverbindung Papprohre
Maßstab 1:20

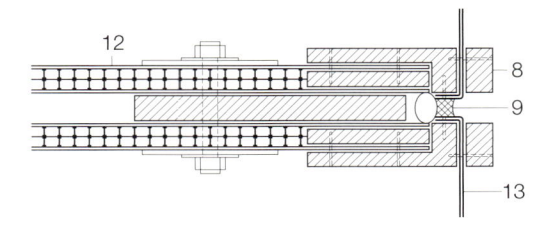

Anschluss Gitterwabe an Membranen
Maßstab 1:5

189

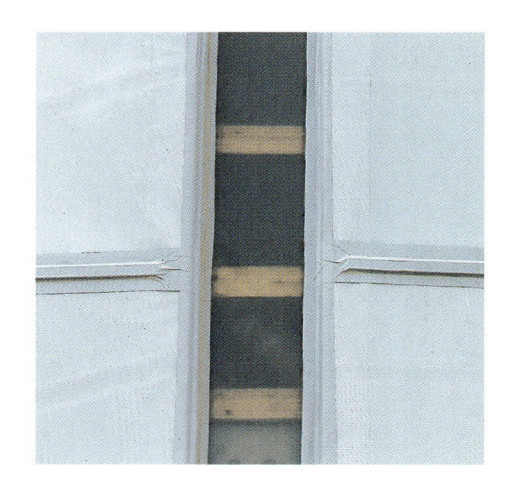

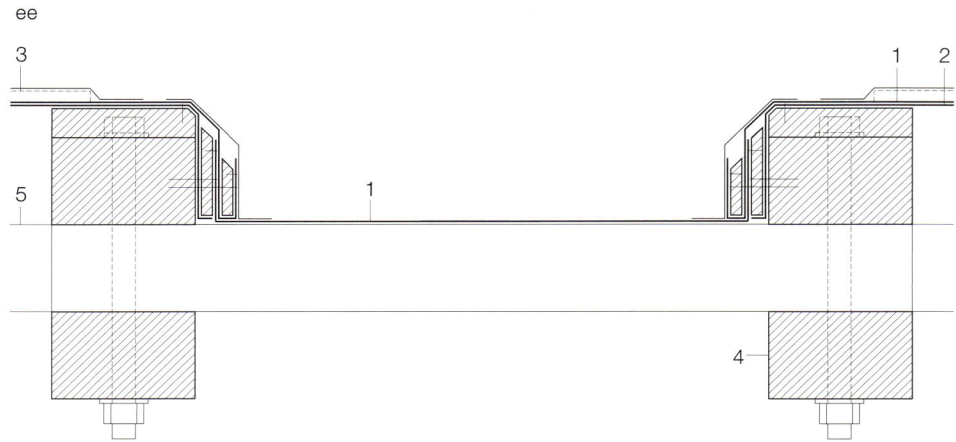

Holzleiter Schnitt   Maßstab 1:5
Fußpunkt Holzleiter Abwicklung • Schnitt
Maßstab 1:50

1 äußere Membran 0,89 mm:
  Polyestergewebe, PVC-beschichtet,
  transparent
2 innere Membran, fünfschichtig 0,52 mm:
  Polyethylenfolie schwer entflammbar,
  nicht brennbares Papier,
  Glasfasergewebe,
  nicht brennbares Papier,
  Polyethylenfolie, schwer entflammbar
3 Sperrholzstreifen in Membrantaschen
  9/60/1950 mm
4 Bogenelement aus Kantholz 60/75 mm
5 durchlaufende Pfette, Kiefer 60/95 mm
6 Gitterschale aus Pappröhren Ø 120/22 mm
7 Spiralseile Edelstahl Ø 6 mm
8 Fundament: Stahlkonstruktion mit
  Gerüstbohlen beplankt und mit Sand gefüllt
9 Stahlkonsole für Holzleiterelemente

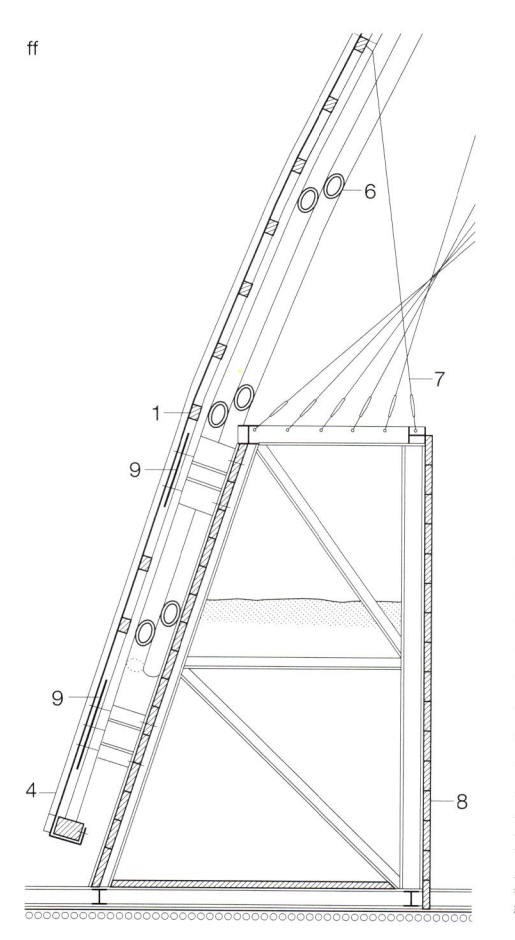

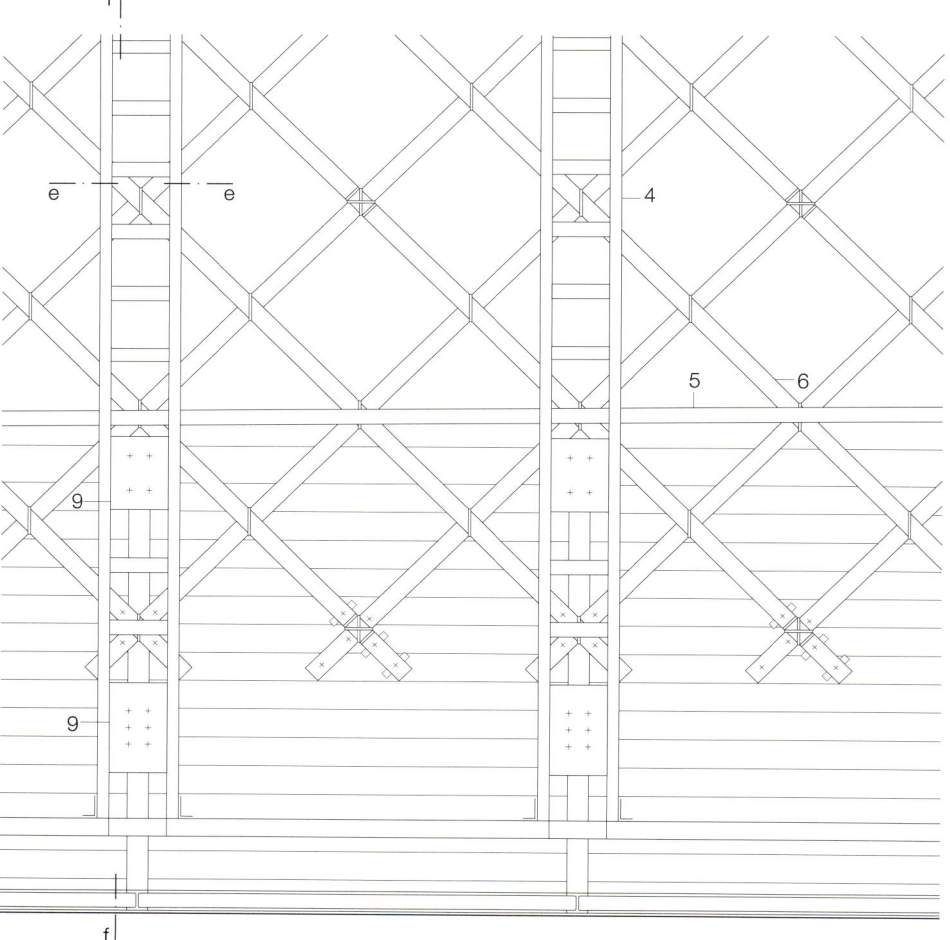

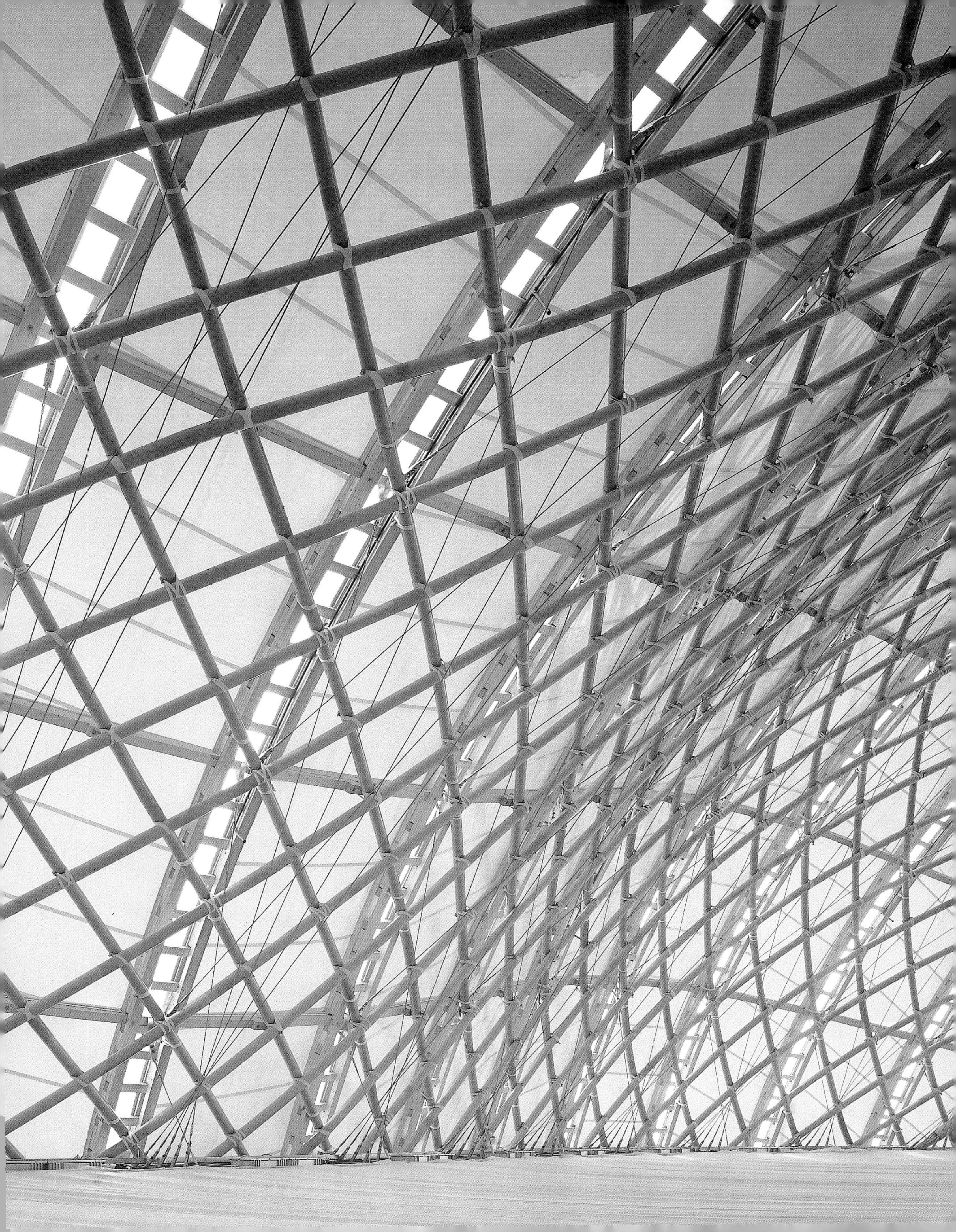

### Raum für einen Sommer

Bauherr:
Studentenprojekt der TU Berlin,
Institut für Entwerfen, Bau-
konstruktion und Städtebau,
Lehrstuhl Prof. Dietrich Fink
Entwurf:
Michael Johl, Radoslaw C. Jozwiak
Cosmas Ph. Th. Ruppel
Betreuung:
Andrew Alberts, Katharina
Feldhusen, Oliver Heckmann,
Regine Siegel
Mitarbeit Ausführung:
El-Agha, Bergenthal,
Arndt, Dzendzel, Eynern, Fink,
Isrusch, de Grossi, Hermann,
Hess, Melenk, Mikkelsan, Pavic,
Radunski, Raizberg, Türk
Baujahr: 2000

Die Entwerfer sind Studenten der
Fachrichtung Architektur an der TU
Berlin.

Michael Johl
Geboren 1975 in Flensburg;
Ausbildung zum Zimmerer.

Radoslaw Cezary Jozwiak
Geboren 1978 in Kowary, Polen.

Cosmas Ph. Th. Ruppel
Geboren 1977 in Bochum.

### Wohnhaus in Okayama

Bauherr:
Privat
Architekten:
Kazuyo Sejima & Ryue Nishizawa,
Tokio
Mitarbeiter:
Sachiko Funaki, Naoki Hori
Tragwerksplanung:
Matsumoto Corporation, Okayama
Baujahr: 1997

Kazuyo Sejima
Geboren 1956 in der Präfektur
Ibaraki; selbstständige Architektin
seit 1987; Zusammenarbeit mit
Ruye Nishizawa seit 1995; 2000
bis 2001 Gastprofessorin an der
KEIO Universität und der Universität
von Universität von Tokio.

Ryue Nishizawa
Geboren 1966 in Tokio; Zusammen-
arbeit mit Kazuyo Sejima seit 1995;
ab 1997 eigenes Architekturbüro;
Gastprofessor an verschiedenen
Universitäten.

### Büro- und Geschäftshaus in Tokio

Bauherr:
Asakura Realestate, Tokio
Architekt:
Maki and Associates, Tokio
Fumihiko Maki, Iwao Shida
Mitarbeiter:
Kei Mizui, Masaaki Yoshizaki,
Hiromi Kouda,
Masayuki Midorikawa
Tragwerksplanung:
Takashi Kojima, Yoshio Aoki, Tokio
Baujahr: 1998

Fumihiko Maki
Geboren 1928 in Tokio;
seit den fünfziger Jahren internationale Lehrtätigkeit; bis 1989
Professor der Universität von Tokio;
zahlreiche Auszeichnungen und
Preise, darunter der Pritzker Preis
für Architektur 1993.

über www.pritzkerprize.com

### Wohnhaus in Amsterdam

Bauherr:
Buro de Binnenstad, Amsterdam
Architekten:
Heren 5 architecten, Amsterdam
Ed. Bijman, Dirk van Gestel, Jan
Klomp, Bas Liesker
Tragwerksplanung:
A.T. Brands, Nieuw Vennep
Stahlfassade:
LIMELIGHT b.v., Breda
Baujahr: 2000

Ed. Bijman
Geboren 1962.

Jan Klomp
Geboren 1960.

Bas Liesker
Geboren 1962.

Gründung des gemeinsamen
Architekturbüros 1990.

www.heren5.nl

### Eden Project bei St. Austell

Bauherr:
Eden Project, Cornwall
Architekt:
Nicholas Grimshaw & Partners,
Londona
Projektarchitekt:
Andrew Whalley
Mitarbeiter:
Jolyon Brewis, Michael Pawlyn,
Perry Hooper, William Horgan,
Oliver Konrath
Tragwerksplanung:
Anthony Hunt, Cirencester
Baujahr: 2000

Nicholas Grimshaw
Selbstständiger Architekt seit 1965;
ab 1980 Nicholas Grimshaw &
Partners; Gastvorlesungen an
internationalen Universitäten.

www.ngrimshaw.co.uk
www.edenproject.com

### Institutsgebäude in Paris

Bauherr:
Ministère de l'Education nationale,
de l'enseignement supérieur et de
la recherche, Paris
Architekten:
Jérôme Brunet & Eric Saunier, Paris
Tragwerksplanung:
Léon Grosse, Versailles
Baujahr: 1998

Jérôme Brunet
geboren 1954 in Gisors; seit 1981
Partnerschaft mit Eric Saunier.

Eric Saunier
geboren 1952 in Paris; seit 1981
Partnerschaft mit Jérôme Brunet.

www.brunet-saunier.com

### Supermarkt und Wohn- gebäude in Muttenz

Bauherr:
Coop Basel Liestal Fricktal
Architekten:
Nissen Wentzlaff Architekten, Basel
Edi Bürgin, Timothy O. Nissen,
Daniel Wentzlaff
Mitarbeiter:
Patricia Oeltges, Martin Schlegel,
Markus Küng, Philippe Laplace,
Hans-Peter Lüttin, Matthias Müller,
Tobias Nissen
Tragwerksplanung:
Berchtold und Eicher, Zug
Fassadenplanung:
Emmer Pfenninger Partner AG,
Münchenstein
Baujahr: 1998

Timothy O. Nissen
geboren 1939 in Boston; Architekt
seit 1962; mit Edi Bürgin 1982
Gründung von Bürgin & Nissen;
ab 1992 Partnerschaft mit Daniel
Wentzlaff; Lehrtätigkeit in der
Schweiz und den USA.

Daniel Wentzlaff
Geboren 1962 in Lindau am
Bodensee; seit 1992 Partnerschaft
mit Edi Bürgin und Timothy O.
Nissen; Lehrtätigkeit ab 2000.

über www.architekten-bsa.ch

### Museum Liner in Appenzell

Bauherr:
Stiftung Carl Liner Vater und Sohn
Architekten:
Gigon / Guyer, Zürich
Annette Gigon, Mike Guyer
Mitarbeiter:
Urs Birchmeier, Daniel Kaufmann
Tragwerksplanung:
Aerni + Aerni, Zürich
Baujahr: 1998

Annette Gigon
geboren 1959 in Herisau, Schweiz;
eigenes Architekturbüro seit 1987;
ab 1989 Büropartnerschaft mit
Mike Guyer.

Mike Guyer
geboren 1958 in Ohio, USA; seit
1987 Lehrtätigkeit und eigenes
Architekturbüro; ab 1989
Büropartnerschaft mit
Annette Gigon.

www.gigon-guyer.ch

## Wohn- und Geschäftshaus in Düsseldorf

Bauherr:
Kunst- und Medienzentrum Rheinhafen GmbH
Architekten:
Frank O. Gehry, Santa Monica
Beucker Maschlanka und Partner, Düsseldorf
Projektarchitekt:
Christoph Haselhoff
Mitarbeiter:
Holger Amft, Wieland Freudiger, Michael Landert, Silke Frischbutter
Tragwerksplanung:
Philipp Holzmann, Frankfurt / Main
Fensterbau:
Planung:
BM+P Architekten
Fassadenberatung:
Büro PBi Wiesbaden
Fensterunternehmer:
Reinhold + Mahla
Baujahr: 1999

Frank O. Gehry
geboren 1929 in Toronto; eigenes Architekturbüro seit 1962; zahlreiche Auszeichnungen und Preise, darunter der Pritzker Preis für Architektur 1989.

www.zollhof.de
über www.pritzkerprize.com
www.bmp-architekten.de

## Schwimmhalle in Cranbrook

Bauherr:
Cornell University, Cranbrock
Architekten:
Tod Williams Billie Tsien & Associates, New York
Projektarchitekt:
Martin Finio
Mitarbeiter:
Kyra Clarkson, Leslie Hanson, Vivian Wang
Tragwerksplanung:
Severud Associates
Ed Messina, Brian Falconer
Baujahr: 1999

Tod Williams
geboren 1943;
Lehrtätigkeit und Gastprofessuren an verschiedenen Universitäten; Zusammenarbeit mit Billie Tsien seit 1977, Partnerschaft ab 1986.

Billie Tsien
geboren 1949;
1971 bis 1975 als Malerin und Lehrerin tätig; ab 1977 Architektin; Zusammenarbeit mit Tod Williams seit 1977, Partnerschaft ab 1986.

www.twbta.com

## New 42nd Studios in New York

Bauherr:
The New 42nd Street Inc., New York
Architekten:
Platt Byard Dovell Architects, New York
Charles A. Platt, Paul Spencer Byard, Ray H. Dovell
Projektarchitekten:
Phillip Turino, Elissa Icso
Mitarbeiter:
Scribner, Holterman, Frocheur, Gilman, Verzosa, Prado, Ajemian, Somogyi
Tragwerksplanung:
Anastos Engineering Associates
Lichtplanung Fassade:
Vortex Lightning, New York
Anne Militello
Baujahr: 2000

Charles A. Platt
geboren 1932;
selbstständiger Architekt seit 1965; seit 1989 Partnerschaft Platt Byard.

Paul Spencer Byard
geboren 1939; seit 1988 Partnerschaft Platt Bayard.

Ray H. Dovell
geboren 1956; ab 1990 Partnerschaft Platt Byard Dovell.
www.pbd-arch.com

## Wohnhaus in Nidau

Bauherr:
Familien Etter und Zahnd, Nidau
Architekten:
Leimer Tschanz, Biel
Daniel Leimer, Urs Tschanz
mit Jürg Saager, Brügg
Tragwerksplanung:
WAM Partner, Bern
Fassadenbau:
Hirsch Metallbau, Biel
Baujahr: 1998

Daniel Leimer
geboren 1957; Partnerschaft mit Urs Tschanz seit 1990.

Urs Tschanz
geboren 1959; Partnerschaft mit Daniel Leimer seit 1990.

Jürg Saager
geboren 1955; seit 1998 Stadtbaumeister (Stadtarchitekt) von Biel.

www.ltarchitekten.ch

## Glasgow Science Centre

Bauherr:
Glasgow Science Centre Limited
Architekten:
Building Design Partnership, Manchester
Projektarchitekt:
Colin Allan, Andrea Borland, David Craig, Neil Crawford, Mark Dennis, Peter Dunne, Alistair Elder (Fassade), Sandy Ferguson, Fraser Harle, Sandy Hendry, Andy McCrory, Gareth Maguire, Marnie Macdonald, Andrew Morrison, Paul Smith, Keith Stephen, Andrew Stupart
Tragwerksplanung:
WA Fairhurst, Glasgow
Fassade:
Mero System GmbH, Würzburg
Baujahr: 2000

BDP
Besteht seit 1961.

Colin C. Allan
geboren 1953; selbstständiger Architekt seit 1979; seit 1983 bei BDP, ab 1997 als Direktor.

www.bdp.co.uk

## Wohnhaus in Leffe

Bauherr:
Privat
Architekten:
Studio Archea, Florenz
Laura Andreini, Marco Casamonti, Giovanni Polazzi
Mitarbeiter:
Antonella Dini, Guiseppe Fioroni, Jacopo Maria Giagnoni, Matthew Peek, Francesca Privitera, Nicola Santini, Pier Paolo Taddei
Tragwerksplanung:
Gianfranco Calderoni
Baujahr: 1998

Laura Andreini
geboren 1964 in Florenz;
1988 Gründung des Architekturbüros Studio Archea

Marco Casamonti
geboren 1965 in Florenz;
1988 Gründung des Architekturbüros Studio Archea

Giovanni Polazzi
geboren 1959 in Florenz;
1988 Gründung des Architekturbüros Studio Archea
seit 1996 Professor in Genua;

www.archea.it

## Pavillon in Amsterdam

Bauherr:
Woningcorporatie Het Oosten
Architekten:
Steven Holl Architects, New York
Rappange & Partners, Amsterdam
Projektarchitekten:
Steven Holl, Justin Korhammer, Bart Kwant, Bert Wever
Tragwerksplanung:
van Rossum, Amsterdam
Lichtdesign:
L`Obervatoire international, New York
Baujahr: 2000

Steven Holl
geboren 1947 in Bremerton, Washington;
Gründung des eigenen Architekturbüros 1976; seit 1981 Lehrtätigkeit; Gastvorlesungen und Professuren an verschiedenen Universitäten.

www.stevenholl.com

## Wohnhaus bei Tokio

Bauherr:
Privat
Architekt:
Shigeru Ban Architects, Tokio
Projektarchitekten:
Shigeru Ban, Anne Scheou, Mamiko Ishida
Tragwerksplanung:
Hoshino Architects and Engineers
Baujahr: 2000

Shigeru Ban
geboren 1957 in Tokio;
selbstständiger Architekt seit 1985; 2000 Gastprofessor in New York, ab 2001 Professor in Tokio.

### Christus-Pavillon in Volkenroda

Bauherr:
Evangelisches Büro für die Weltausstellung EXPO 2000
Architekten:
von Gerkan, Marg und Partner, Hamburg
Entwurf:
Meinhard von Gerkan, Joachim Zais
Projektleitung:
Joachim Zais, Jörn Ortmann
Mitarbeiter:
Entwurf:
Gregor Hoheisel, Sona Kazemi, Stephan Rewolle
Ausführung:
Düsterhöft, Dreusicke, Hahn, Otto, Radomski, Reimer, Schlüter, van Vught, Weiß
Tragwerksplanung:
Büro Binnewies, Hamburg
Baujahr: 2000

Meinhard von Gerkan
geboren 1935 in Riga; seit 1965 Partnerschaft mit Volkwin Marg; ab 1974 Professur in Braunschweig, internationale Gastprofessuren.

Joachim Zais
geboren 1951 in Marburg / Lahn; 1983 bis 1989 Lehrtätigkeit in Braunschweig; seit 1993 Partner bei gmp.

www.gmp-architekten.de

### Polizeistation in Boxtel

Bauherr:
Politie Brabant Noord
Architekt:
Wiel Arets, Maastricht
Projektarchitekten:
Dorte Jensen, René Thijssen, Lars Dressen
Mitarbeiter:
Rhea Harbers, Harold Hermans, Ralf van Mameren, Dominic Papa, Hein Urlings
Tragwerksplanung:
Bouwbedrijf van der Pas Oss bv
Baujahr: 1997

Wiel Arets
geboren 1955 in Heerlen; selbstständiger Architekt seit 1984; Lehrtätigkeit ab 1986, Gastprofessor an internationalen Universitäten.

### Museum Hiroshige Ando in Batoh

Bauherr:
Bato machi
Architekt:
Kengo Kuma and Associates, Tokio
Ando Architecture Design Office
Mitarbeiter:
Shoji Oshio, Susumu Yasukouchi, Toshio Yada, Hiroshi Nakamura, Yoshinori Sakano, Takeshi Goto, Ryusuke Fujieda design team, Ando Architects - Masami Nakatsu, Takashi Shibata
Tragwerksplanung:
Aoki Structural Engineers
Baujahr: 2000

Kengo Kuma
geboren 1954 in der Präfektur Kanagawa; selbstständig seit 1987; ab 1990 Kengo Kuma and Associates; Professor der Keio Universität 1998 und 1999.

www/02.so-net.ne.jp/~kuma

### Werkhalle in Bobingen

Bauherr:
Kaufmann Holz AG, Bobingen
Architekt:
Florian Nagler, München
Mitarbeiter:
Stefan Lambertz, Matthias Müller, Barbara Nagler
Tragwerksplanung:
Merz Kaufmann Partner, Dornbirn
Konrad Merz, Gordian Kley, Hansueli Bühlmann
Baujahr:1999

Florian Nagler
geboren 1967 in München; Lehre als Zimmerer; eigenes Architekturbüro ab 1996.

### Kirche in München

Bauherr:
Katholische Pfarrkirchenstiftung Herz Jesu, vertreten durch das Erzbischöfliche Ordinariat München
Architekten:
Allmann Sattler Wappner Architekten, München
Markus Allmann, Amandus Sattler, Ludwig Wappner
Mitarbeiter:
Karin Hengher, Susanne Rath, Annette Gall, Michael Frank
Tragwerksplanung:
Ingenieursgesellschaft mbH Hagl, München
Fassadenbau:
Brandl Metallbau, Eitensheim
Baujahr: 2000

Markus Allmann
geboren 1959 in Ludwigshafen / Rhein; 1987 Gründung des Architekturbüros Allmann Sattler Architekten.

Amandus Sattler
geboren 1957 in Marktredwitz; 1987 Gründung des Architekturbüros Allmann Sattler, Architekten.

Ludwig Wappner
geboren 1957 in Hösbach; seit 1993 Partnerschaft Allmann Sattler Wappner Architekten.

www.herzjesu-muenchen.de

### Veranstaltungs- und Kongresszentrum in San Sebastián

Bauherr:
Centro Kursaal - Kursaal Elkargunea S.A.
Architekt:
Rafael Moneo, Madrid
Projektarchitekt:
Luis Rojo
Mitarbeiter:
Inaba, Borges, Price, Gould, Creppell, Chen, Ho, Quemada, Belzunce, Iznaola, Kleinhues, Maurino, Zanetti, Robinowitz, Beldarrain, Elcuaz, Iturria
Tragwerksplanung:
Javier Manterola, Madrid
Hugo Corres & Associates, Madrid
Jesús Jiménez Cañas, Madrid
Baujahr: 1999

Rafael Moneo
geboren 1937 in Tudela, Navarra; eigenes Architekturbüro und Lehrtätigkeit ab 1966; seit 1970 Professuren in Barcelona und Madrid; Gastprofessuren und Vorlesungen an internationalen Universitäten; Zahlreiche Auszeichnungen und Preise, darunter der Pritzker Preis für Architektur in 1996 .

über www.pritzkerprize.com

### Radsporthalle in Berlin

Bauherr:
OSB Sportstätten GmbH, Berlin
Architekten:
Dominique Perrault, Paris
Reichert, Pranschke, Maluche, München
Schmidt-Schicketanz und Partner, München
Projektarchitekten:
Wolfgang Keuthage (Radsporthalle), Hella Rolfes (Schwimmsporthalle), Gebhard Weißenhorn (Ausschreibung und Vergabe) Peter Edward (Bauleitung)
Tragwerksplanung:
Ove Arup und Partner, London / Berlin
Baujahr: 1998

Dominique Perrault
geboren 1953 in Clermont-Ferrand; Eigenes Architekturbüro seit 1981.

www.RPM-ARCHITEKTEN.de

### Badehalle in Bad Elster

Bauherr:
Sächsische Staatsbäder GmbH Bad Elster, vertreten durch das Staatliche Vermögens- und Hochbauamt Zwickau
Architekten:
Behnisch und Partner, Stuttgart
Günter Behnisch, Manfred Sabatke
Projektarchitekt:
Christof Jantzen
Projektgruppe:
Michael Blank, Dieter Rehm, Richard Beßler, Nicole Stuemper, Thorsten Kraft
Tragwerksplanung:
Fischer & Friedrich, Stuttgart
Fassadenberatung:
Ingenieurbüro Brecht, Stuttgart
Baujahr: 1999

Günter Behnisch
geboren 1922 in Dresden; ab 1966 Behnisch und Partner.

Manfred Sabatke
Geboren 1938; ab 1967 freier Mitarbeiter bei Behnisch & Partner; seit 1970 Partner in Behnisch & Partner.

www.behnisch.com

## Verwaltungsgebäude in Kronberg

Bauherr:
Braun AG, Kronberg
Architekten:
Schneider + Schumacher,
Frankfurt/Main
Till Schneider,
Michael Schumacher
Projektarchitekt:
Stefano Turri
Mitarbeiter:
Thomas Zürcher, Diane Wagner,
Britta Heiner, Torsten Schult,
Karoline Dina Sievers, Niko
Alexopoulos, Stefan Goeddertz
Tragwerksplanung:
Bollinger + Grohmann,
Frankfurt / Main
Haustechnik:
Ove Aup, Berlin
Baujahr: 2000

Till Schneider
geboren 1959 in Koblenz;
ab 1989 Partnerschaft mit Michael
Schumacher.

Michael Schumacher
geboren 1957 in Krefeld; ab 1989
Partnerschaft mit Till Schneider;
1999 Gastprofessor in Frankfurt /
Main.

www.schneider-schumacher.com

## Messehochhaus in Hannover

Bauherr:
Deutsche Messe AG, Hannover
Architekten:
Herzog + Partner, München
Thomas Herzog,
Hanns Jörg Schrade
Projektarchitekt:
Roland Schneider
Mitarbeiter:
Nico Kienzl, Christian Schätzke,
Thomas Straub, Brigitte Tacke,
Stephanie Zierl
Tragwerksplanung:
Sailer Stepan und Partner,
Hannover
Fassadenbau:
Seufert-Niklaus, Bastheim (Holz)
Magnus Müller, Butzbach (Metall)
Trauco Spezialbau (Ziegel)
Baujahr: 1999

Thomas Herzog
geboren 1941 in München; eigenes
Büro ab 1971; seit 1974 Professor –
ab 1993 an der TU München.

Hanns Jörg Schrade
geboren 1951 in Stuttgart;
seit 1994 Partnerschaft mit
Thomas Herzog.

www.herzog-partner-architekten.de

## Bibliothek in Delft

Bauherr:
ING Vastgoed Ontwikkeling b.v.,
Den Haag
TU Delft Vastgoedbeheer, Delft
ING Vastgoed Ontwikkeling b.v.,
Den Haag
Architekten:
mecanoo architecten, Delft
Projektarchitekten:
Francine Houben, Chris de Weijer
Tragwerksplanung:
ABT adviesbureau voor bouw-
techniek b.v., Delft
Baujahr: 1997

Francine Houben
geboren 1955 in Sittard,
Niederlande; 1984
Gründungsmitglied von mecanoo;
Professuren in
Mendrisio und Delft.

www.mecanoo.nl

## Verwaltungsgebäude in Wiesbaden

Bauherr:
Zusatzversorgungskasse des
Baugewerbes VVaG
Architekt:
Herzog + Partner, München
Prof. Thomas Herzog,
Hanns Jörg Schrade
Projektarchitekt:
Klaus Beslmüller
Mitarbeiter:
Fissan (Leitung Fassadenplanung),
Schmid (Leitung Werkplanung),
Bathke, Berg, Braun, Bürklein,
Dicke, Donath, Frazzlca, Geisel,
Grüner, Hefele, Heinlin, Kal-
tenbach, Kaufmann, Madeddu,
Schankula, Scholze, Sinning,
Stocker, Volz, Wiegel, Zengler
Energiekonzept:
Kaiser Consult
Prof. Dr. Ing. Hausladen
Prof. Dr. Ing. Oesterle, DS-Plan
Lichtplanung:
Bartenbach Lichtlabor
Baujahr: 2001

Kurzbiografien siehe
nachfolgendes Projekt.

www.herzog-und-partner.de

## Verwaltungsgebäude in Berlin

Bauherr:
Gemeinnützige Siedlungs- und
Wohnungsbaugesellschaft mbH,
Berlin
Architekten:
Sauerbruch Hutton Architekten,
Berlin/London
Matthias Sauerbruch,
Louisa Hutton
Projektarchitekt:
Juan Lucas Young
Mitarbeiter:
Bader-Hardt, Engelbrecht,
Gerritsen, Lilley, Ludloff, Theden
Tragwerksplanung:
Arup, Berlin
Haustechnik:
Arge IGH/Arup, Berlin
Fassadenberatung:
Emmer, Pfenniger + Partner,
Münchenstein
Fassade: Götz, Ludwigsburg
Baujahr: 1999

Matthias Sauerbruch
geboren 1955 in Konstanz;
seit 1989 gemeinsames Büro mit
Louisa Hutton; ab 1995 Professur
an der TU Berlin.

Louisa Hutton
geboren 1957 in Norwich;
ab 1989 Partnerschaft mit Matthias
Sauerbruch.

www.sauerbruchhutton.de

## Japanischer Pavillon in Hannover

Bauherr:
JETRO Japan External Trade
Organization, Berlin
Architekt:
Shigeru Ban Architects, Tokio
Mitarbeiter:
Nobutaka Hiraga, Shigeru Hiraki,
Jun Yashiki
Tragwerksplanung:
Büro Happold, Berlin
Tragwerksberatung:
Frei Otto, Warmbronn
Baujahr: 2000

Shigeru Ban
geboren 1957 in Tokio;
selbstständiger Architekt seit 1985;
2000 Gastprofessor in New York,
ab 2001 Professor in Tokio.

## Autoren

**Christian Schittich** (Herausgeber)

Jahrgang 1956
Architekturstudium an der TU München
anschließend 7 Jahre Büropraxis, publizistische Tätigkeit
seit 1991 Redaktion DETAIL, Zeitschrift für Architektur und Baudetail, seit 1992 verantwortlicher Redakteur
seit 1998 Chefredakteur

**Werner Lang**

Jahrgang 1961
Architekturstudium an der TU München, Architectural Association, London und der University of California, Los Angeles
Diplom 1988
Master of Architecture (UCLA) 1990
1990 bis 1994 Büropraxis
1994 bis 2001 Wissenschaftlicher Assistent der TU München, Promotion 2000
Seit 2001 eigenes Architekturbüro in München
Seit 1989 publizistische Tätigkeit

**Roland Krippner**

Jahrgang 1960
Ausbildung als Maschinenschlosser
Architekturstudium an der Gesamthochschule Kassel
1993 bis 1995 Büropraxis
Seit 1995 wissenschaftlicher Mitarbeiter an der TU München
Seit 1994 publizistische Tätigkeit

## Abbildungsnachweis

Allen, die durch Überlassung ihrer Bildvorlagen, durch Erteilung von Reproduktionserlaubnis und durch Auskünfte am Zustandekommen des Buches mitgeholfen haben, sagen die Autoren und der Verlag aufrichtigen Dank. Sämtliche Zeichnungen in diesem Werk sind eigens angefertigt. Nicht nachgewiesene Fotos stammen aus dem Archiv der Architekten oder aus dem Archiv der Zeitschrift Detail. Trotz intensivem Bemühen konnten wir einige Urheber der Fotos und Abbildungen nicht ermitteln, die Urheberrechte sind aber gewahrt. Wir bitten um dementsprechende Nachricht.

**Von Fotografen, Bildarchiven und Agenturen:**
- André, Yves, CH-St. Aubin: S. 92–95, 97
- Angewandte Solarenergie – ASE GmbH, Putzbrunn: 3.6
- Barnes, Richard, San Francisco: S. 8
- Barthelme, Michael/Götz GmbH, Würzburg: 2.4
- Bitter Bredt Fotografie, Berlin: S. 181
- Burt, Simon/APEX, Exminster, Exeter: S. 65
- Cook, Peter/View, London: S. 64
- Esch, Hans-Georg, Hennef-Stadt Blankenberg: 2.10, 2.12
- Feiner, Ralph, Chur: S. 28
- Fessy, Georges, Paris: S. 68–69
- Fink, Dietrich, TU Berlin: S. 62, 63
- Hagen, Frîa, Hannover: S. 104
- Halbe, Roland/artur, Köln: S. 119–120
- Hegger Hegger Schleiff, Kassel: 3.8
- Heinrich, Michael, München: 1.24
- Helfenstein, Heinrich, Zürich: S. 76–77
- Hempel, Jörg, Aachen: S. 153–155, 157–159
- Hirai, Hiroyuki, Tokio: S. 99–101
- Holzherr, Florian, München: S. 107, 111
- Hummel, Kees, Amsterdam: S. 74–75
- Hunter, Keith/arcblue.com: S. 80–81
- Huthmacher, Werner, Berlin: S. 133, 135, 137
- Janzer, Wolfram/artur, Köln: S. 140–141, 144 oben
- Kaltenbach, Frank, München: S. 102 Mitte und oben, 108, 113, 167, 186
- Kandzia, Christian, Esslingen: S. 146, 150–151
- Kaufman, Elliott Photography, New York, (212) 227 4735: S. 86–87
- Kirsch, Guido, Freiburg: S. 48
- Kisling, Annette, Berlin: 2.14, S. 174–177, 179
- Kitajima, Toshiharu, Tokio: S. 71
- Koppelkamm, Stefan, Berlin: S. 13
- Korn, Moritz/artur, Köln: S. 172–173
- Krippner, Roland, München: 3.2, 3.9
- Lang, Werner, München: 2.2, 2.11
- Leistner, Dieter/artur, Köln: S. 169–171
- Malagamba, Duccio, Barcelona: S. 122–125
- Mayer, Thomas, Neuss: S. 78–79
- Miralles Sambola, Jordi, Barcelona: 3.10
- Moran, Michael, New York: S. 83
- Müller-Naumann, Stefan/artur, Köln: S. 139, 142, 144 unten, 145
- Nikolic, Robertino/artur, Köln: S. 161, 163
- Ott, Thomas, Mühltal: S. 164–166
- Ouwerkerk, Erik-Jan, Berlin: S. 136
- Pictor International: 1.27
- Richters, Christian, Münster: S. 105, 109–110, 182–185, 191
- Savorelli, Pietro/Ciampi, Alessandro, Florenz: S. 84–85
- Schittich, Christian, München: 1.2, 1.4, 1.11, 1.16, 1.19–1.21, 1.26, 2.3, 2.6, 2.7, 2.13, 2.16, S. 17, 23, 70, 102 unten, 112, 138, 187–190
- Schodder, Martin, Stuttgart: S. 147–148
- Shinkenchiku-sha, Tokio: 1.28, 1.29, S.20, 67, 98, 103, 126–131
- Spiluttini, Margherita, Wien: 1.18, 1.25
- Suzuki, Hisao, Barcelona: S. 66, 114, 117
- Waki, Tohru, Tokio: 2.15
- Walti, Ruedi, Basel: 1.15, S. 72, 73
- Warchol, Paul, New York: S. 88–91
- Willebrand, Jens, Köln: 3.3
- Young, Nigel, UK-Surrey: 3.4, 3.5
- Zentrum für Sonnenenergie- und Wasserstoff-Forschung, Baden-Württemberg: 3.7
- Zwarts, Kim, Maastricht: S. 115
- Zwerger, Klaus, Wien: 1.3

**Aus Büchern und Zeitschriften:**
- Daidalos, Nr. 66, 1997, S. 85: 1.6
- Gebhard, Helmut, Besser bauen im Alltag, München 1982, S. 8/9: 2.8, 2.9
- Piano, Renzo, Building Workshop, Band 1, Stuttgart 1994, S. 3: 2.5
- Sullivan, Louis, The function of ornament, 1986, S. 69: 1.8; S. 93: 1.9

**Foto Schutzumschlag:**
Kunsthaus Bregenz
Architekt: Peter Zumthor
Foto: Christian Schittich